高等学校经济管理类教材

KUAIJI DIANSUANHUA SHIYAN JIAOCHENG

会计电算化实验教程

主　编⊙蔡　军　江　炼
副主编⊙张红云　许世平　赵红英

广东高等教育出版社
Guangdong Higher Education Press
·广州·

图书在版编目（CIP）数据

会计电算化实验教程/蔡军，江炼主编．—广州：广东高等教育出版社，2016.12

ISBN 978－7－5361－5794－1

Ⅰ.①会…　Ⅱ.①蔡…②江…　Ⅲ.①会计电算化－实验－高等学校－教材　Ⅳ.①F232－33

中国版本图书馆 CIP 数据核字（2016）第 301549 号

出版发行	广东高等教育出版社 地址：广州市天河区林和西横路 邮政编码：510500　电话：（020）85250745 http://www.gdgjs.com.cn
印　　刷	佛山市浩文彩色印刷有限公司
开　　本	787 毫米×1 092 毫米　1/16
印　　张	19.25
字　　数	457 千
版　　次	2016 年 12 月第 1 版
印　　次	2016 年 12 月第 1 次印刷
定　　价	38.00 元

前　言

会计电算化是一门应用性很强的学科。通过对会计电算化这门课程的学习，学生应掌握用ERP（Enterprise Resource Planning，即企业资源计划）系统财务软件处理会计业务的应用性技能。中共中央、国务院在《国家中长期人才发展规划纲要（2010—2020年）》和《教育部财政部关于实施高等学校本科教学质量与教学改革工程的意见》（教高〔2007〕1号）中明确指出，要"大力加强实验、实践教学改革"，"推进高校实验教学内容、方法、手段、队伍、管理及实验教学模式的改革与创新"。在此思想指导下，为全面提高劳动者职业技能水平，加快技能人才队伍建设，加强职业培训和促进就业，作者编著此教材。

本书以企业日常经营活动为原型设计，以实战为主导思想，重点介绍在信息化管理环境下企业各项财务业务的处理方法与处理流程。本书分别介绍了用友ERP软件中系统管理、基础设置、总账管理、UFO报表管理、薪资管理、固定资产管理、应收款管理和应付款管理等模块的应用方法，除第1章外，每章内容中都包括系统概述与分模块实验。系统概述主要介绍了各系统的基本功能、业务流程。每个分模块实验均包括实验目的、实验要求、实验内容、实验准备、实验资料与操作指导等内容，有效引导学生学习会计信息系统财务链的业务流程与操作，注重体现业务流程思想。本书涵盖了会计信息系统财务链的所有重点问题。本书附录提供一套综合实验资料，用以自测检验。

本书实验案例具备整体性，企业经营活动业务的案例资料以业务项的形式展现出来，通过讲授对企业各项业务活动的处理方法，使学生具有通过使用信息化手段处理企业业务的技能，以便更好地理解企业的业务流、资金流与信息流的集成性、统一性、实时性和共享性的内涵。在对某一任务操作时，会涉及多个模块与功能命令的使用，能充分体现出业务流程特点，学生可充分体验在ERP系统中数据流转的过程。实验资料涉及各个模块各个功能，但数据量不大，便于学生将更多精力放在探索与分析解决问题上，而不是机械的数据输入上。在分模块实验之后，安排自测实验，教师可以讲授分模块实验，让学生自己通过操作自测实验，培养动手能力，提高实操水平。此外，为方便教师教学，对每个实验提供分账套数据备份（账套资料可从http://pan. baidu. com/s/1boJi64n 下载），便于教师检查学生学习情况，也是在学生备份丢失情况下的应急方案。

本书采用用友 ERP－U8 V10. 1 版本进行编写，紧密结合企业实际业务，使学校教学内容与目前企业主流的软件版本一致，与企业实际应用紧密衔接，可兼顾全国信息化大赛要求。除了可以在会计电算化课程教学中使用，本书还可作为会计从业资格证考试与中级会计电算化年检课程的学习教材，是应用型学科学习的有效参考资料。

本书第 1 章由赵红英编写，第 2、3 章由蔡军编写，第 5、6 章由许世平编写，第 7、8 章由江炼编写，第 4 章和附录由张红云编写。参与本书编写的人员还有：张会英、陈丹漫、黄晓龄、林佳敏、蔡楠、马玲、魏梦瑶、梁凯勤、林可涵、袁敏洵、郑绍勇、刘晓敏、陈巧慧。

在编写本教材过程中，参考了许多专家学者的著作；用友新道科技股份有限公司为本教材编写及操作提供了教学软件，在此表示衷心的感谢。

由于编者水平有限，教材难免存在不足之处，恳请广大读者提出宝贵意见。

编　者

2016 年 10 月

目 录

第 1 章
导　论

1.1　会计信息系统与 ERP 概述

会计信息系统融会了会计、管理和信息技术等多门学科的相关知识，日益与 ERP（Enterprise Resource Planning，即企业资源计划系统）相融合，是一门典型的跨学科课程。会计信息系统可以在一定程度上规范企业业务流程，而企业管理达到高层次后也会对会计信息系统的结构与功能提出进一步要求。因此，兼顾学科发展的理论前沿性、采用市场主流的软件作为实践工具进行教学是非常必要的。

1.1.1　会计信息系统的发展历程

会计信息系统的发展与计算机硬件、系统软件及应用软件的发展和专业人才的培养密切相关。根据会计信息系统的系统结构、功能与技术的变化过程，大体上将我国会计信息系统的发展分为 4 个阶段：

1. 1979—1987 **年，会计信息系统理论研究与定点开发阶段**

1979 年，财政部拨款 500 万元，在长春第一汽车制造厂进行计算机辅助会计工作的试点工作。1981 年，在长春市召开的财务、会计、成本应用电子计算机专题讨论会上，正式提出了“会计电算化”一词。

在 1979—1987 年这 9 个年头里，会计核算软件主要是以单项定点开发为主，计算机技术人员和企业财务人员组成的开发组只能在摸索中前进，人力、物力浪费严重。应用单位并不完全了解计算机技术，也不能全面地描述自己的业务需求。企业财务人员不知道哪些业务处理可以由计算机实现，只能阐述手工记账、算账与形成报表的过程，而计算机技术人员在对计算机技术与会计业务处理的结合尚不能达到融会贯通的情况下，开发的软件只能依靠个人的理解，仅限于模拟手工业务处理过程。

2. 1988—1996 **年，商品化会计软件与多项开发与应用阶段**

1988 年，召开了第一届会计电算化学术讨论会，主题是讨论会计信息系统的通用化问题。同年，国内最大的管理软件供应与服务公司——用友软件股份有限公司成立。1989 年，财政部颁布了关于会计电算化第一个法规——《会计核算管理软件的几项规定（试行）》，建立了商品化会计核算软件的评审制度。

在此期间，开发出的商品化会计软件主要是以计算机替代手工会计核算和减轻会计人员的记账工作量为目标，我们称之为“核算型”会计软件，其主要功能包括账务处理、报表生成、工资核算、固定资产核算、材料核算、销售核算和库存核算。各模块可以独立运行，模块之间在结构关联上是松散的，不能称之为一个系统整体，未能解决数据重复录入和数据一致性控制机制等问题。在这期间，从计算机在企业定点开发发展到了由专业公司的开发通用化、商品化会计核算软件。

这期间的第一批商品化会计软件基于 DOS 操作系统下，是小型桌面数据库系统（dBASEⅢ、FoxPro、Access 等）的单机版本。

3．1997—2000 年，**会计信息系统与管理信息系统融合阶段**

1994 年，财政部颁布《会计核算软件基本功能规范》，对提高会计软件质量和商品化起到积极作用。1995 年起，财政部在全国大规模开展会计电算化培训，提高了会计人员的计算机应用水平。

这个阶段的会计信息系统开发更规范，功能更集成，业务模块划分更合理，实现了会计信息系统各模块数据关联的整体化与集成化。会计信息系统由核算型发展为管理型，由财务链资金管理发展到购销存业务一体化管理，由财务部门级应用系统发展为跨部门的企业级系统，由单机版发展到网络版，由单一财务模块发展到具有账务、报表、应收、应付、工资、固定资产、采购、存货、销售、成本、财务分析、决策支持、预算等各功能高度集成的通用会计信息系统。

这一阶段的会计信息系统主要使用 Windows 平台的面向对象的开发工具（如 C + +、PB、VB 等），提高了开发效率并且优化了界面。数据库采用如 Oracle、SQL Server 等，提高了系统安全性与处理效率。网络体系结构主要采用 C/S（客户机/服务器）结构，并逐步出现了三层 C/S 结构与 B/S 结构。

4．2001 **年至今，财务业务管理一体化阶段**

计算机技术、网络技术和分布式数据库等技术的飞速发展，ODBC 开放式接口技术以及强大的开发工具为管理一体化软件提供了技术支撑。全球经济一体化进程加快，中国企业参与世界市场的竞争逐步推进，这就要求企业尽快在内部管理和财务制度方面实现与国际接轨，实现管理的现代化，由过去的计划管理转向经营决策型，企业需要将企业经营方面情况和多方面情况相联系，形成以财务核算数据为基础的、全面动态分析、判断企业的经营成效及财务状况的理论体系和理论方法。自 1995 年以后，外国财务软件和 ERP 软件厂商开始进入我国，我国的软件厂商也进入了 ERP 时代。

此阶段的会计信息系统已与 ERP 高度融合，从企业经营管理的角度设计，建立在一体化基础之上的会计信息系统能够跨部门应用，使信息资源充分共享，实现企业资金流与物流的一体化管理，实现购销存业务管理、会计核算和财务管理的一体化，提供经营决策的预测、控制和分析手段，能有效控制成本和经营风险，提供企业级的分析决策信息。在这种企业管理中，各部门都能够第一时间得到其最需要的相关信息。

随着电子商务、供应链和云端应用等的发展，未来 ERP 与会计信息系统也将随着技术与管理的发展而不断发展，并呈现出数据化、网络化、集成化、智能化、柔性化、行业化和本地化的特点。

1.1.2　ERP

1．**ERP 的内涵**

ERP 是为了适应当前知识经济时代特征——顾客、竞争、变化，整合了企业内部和外部的所有资源，使用信息技术建立起来的面向供应链的管理工具（具有供应商和客户管理）。ERP 的基本思想是将企业的运营流程看作是一个紧密连接的供应链，其中包括供应商、制造工厂、分销网络和客户等，并能对供应链的所有环节进行有效的管理。这些环节包括订单、采购、库存、计划、生产制造、质量控制、运输、分销、服务与维护、财务管理、人事管理、实验室管理、项目管理和配方管理等。ERP 有以下 3 层含义：

（1）管理思想。

管理思想是由美国著名的计算机技术咨询和评估集团——嘉德集团有限公司（Garter Group Inc.）提出的一整套企业管理系统体系标准。其实质是在 MRP Ⅱ（Manufacturing Resource Planning，制造资源计划）的基础上进一步发展而成的面向供应链（Supply Chain）的管理思想。

（2）软件产品。

软件产品是综合应用了客户机/服务器体系、关系数据库结构、面向对象技术、图形用户界面、第四代语言（4GL）和网络通信等信息产业成果，以 ERP 管理思想为灵魂的软件产品。

（3）管理系统。

管理系统是整合了企业管理理念、业务流程、基础数据、人力物力、计算机硬件和软件于一体的企业资源管理系统。

2．**ERP 发展历程**

（1）20 世纪 60 年代。

制造业为了打破“发出订单，然后催办”的计划管理方式，设置了安全库存量，为需求与订货提前提供缓冲。

（2）20 世纪 70 年代。

企业管理者认识到，真正的需要是保证有效的订货交货日期，因而产生了对物料清单的管理与利用，形成了物料需求计划——MRP。

（3）20 世纪 80 年代。

企业管理者认识到要以生产与库存控制的集成方法解决问题，而不是以库存来弥补或以缓冲时间的方式去补偿，由此产生 MRP Ⅱ。制造和财务两个子系统的关系密切，所有数据来源于企业中央数据库，各子系统在统一数据环境下工作，保证了数据的一致性。MRP Ⅱ具有模拟功能，能根据不同的决策方针模拟各种未来将会发生的结果。MRP Ⅱ最显著的效果是减少库存量和物料短缺现象，但仅局限于企业内部物流、资金流和信息流的管理。

（4）20 世纪 90 年代以来。

传统的人工管理方式难以适应企业发展的要求，信息的集成度要求扩大到企业的整个资源的利用和管理，因而产生了 ERP。ERP 在 MRP Ⅱ的基础上扩展了管理范围，给出了新的结构，把客户需求和企业内部的制造活动，以及供应商的制造资源整合在一起，体现了完全按用户需求制造的思想。ERP 强调企业的事前控制能力，并具有对质量、适应变化、客户满意度和效绩等关键问题的实时分析能力。

1.2 用友 ERP－U8 管理软件简介

1.2.1 用友 ERP－U8 总体结构

用友软件集团是我国领先的软件、云服务和金融服务的提供商。用友 ERP－U8＋系列软件提供成长型企业互联网应用平台，为成长型企业提供预配置的最佳管理与业务实践，以企业全面精细化管理方案为核心，涵盖财务、物流、生产制造、CRM、OA、管理会计、决策支持、网络分销、人力资源、集团应用以及企业应用集成等全面应用。用友 ERP－U8 管理软件的总体结构如图 1－1 所示。

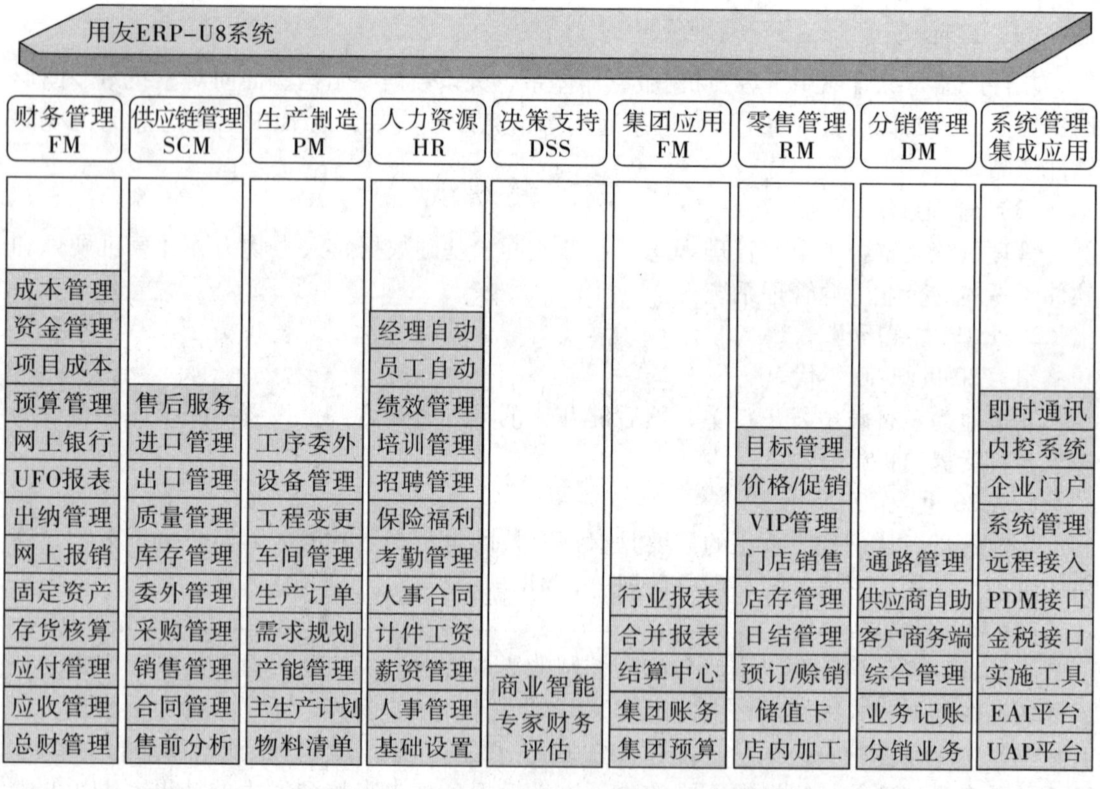

图 1－1　用友 ERP－U8 管理软件的总体结构

本教材的内容主要针对财务管理部分，也包括部分人力资源管理中薪资管理的内容。

1.2.2 数据关联

如图 1－2 所示，本教材主要选用财务链所包含的总账、报表、薪资、固定资产、应收款和应付款等模块。

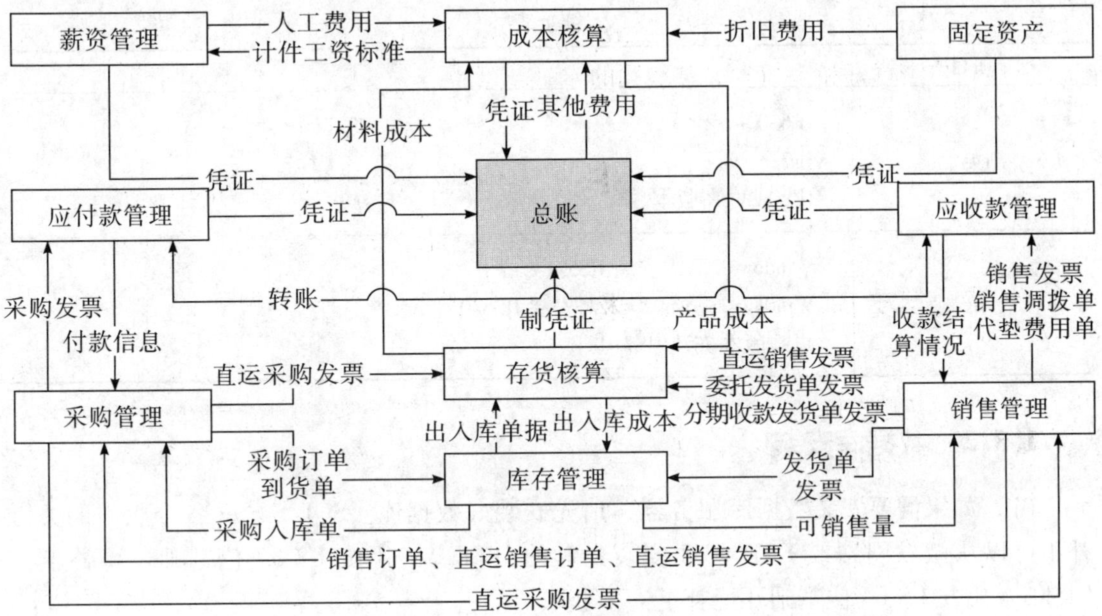

图 1－2　模块间的数据关系

1.3　教学系统安装

用友 ERP－U8 采用数据服务器、应用服务器和客户端三层 C/S 架构。在物理上，可以将数据服务器、应用服务器和客户端分别安装或全部安装在一台机器上；也可以将数据服务器、应用服务器安装在一台机器，客户端安装在另一台机器。安装使用时，对计算机有最低的配置要求。

1.3.1　系统运行环境要求

用发 ERP－U8 系统运行环境要求如表 1－1 所示。

表 1－1　用友 ERP－U8 系统运行环境要求

项目	环　境　要　求
操作系统	Windows XP＋SP2 或更高版本补丁 Windows Server 2003＋SP2 或更高版本补丁 Windows Vista＋SP1 或更高版本补丁 Windows Server 2008＋SP1 或更高版本补丁 Windows 7 或 SP1 或更高版本补丁 Windows 2008 R2 或 SP1 或更高版本
数据库	SQL Server 数据库版本： SQL Server 2000（包括 MSDE）、SP4（及更高版本补丁） SQL 2005（包括 EXPRESS）、SP2（及更高版本补丁） SQL 2008（SP 或更高版本补丁）

续上表

项目	环境要求
浏览器	IE6.0+SP1 IE7 IE8 或更高版本
IIS	Windows XP 需安装 IIS5.1 Windows Server 2003 需安装 IIS6.0 更高版本安装 IIS7.0

1.3.2 数据库安装

（1）如果需要安装数据库服务器，请先安装好数据库。SQL Server 各个版本的关键补丁可以从微软网站或 ERP－U8 安装光盘的 DISK 2（用友 U8 32 位基础环境补丁）、DISK3（用友 U8 64 位基础环境补丁）上获取。

（2）SQL Server 的安装方法请阅读 SQL Server 的安装帮助。比如 SQL 2005 请在安装过程中点击“帮助”按钮查阅“SQL Server 安装程序帮助”；SQL 2000 请在 SQL Server 的安装界面点击“浏览安装/升级帮助”查阅。

（3）简体中文数据库默认安装即可。

（4）繁体和英文数据库安装请选择“自定义安装”。点击“服务器排序规则”设置为简体中文（PRC），安装成功后显示“Chinese_ PRC_ CI_ AS”（注：一旦安装完毕，此设置不可修改，只能在安装数据库时进行选择）。

（5）繁体和英文数据库所对应的操作系统默认语言必须修改为简体中文（PRC），否则将导致 U8 V10.1 数据库服务器无法使用。

（6）支持数据的多实例使用，但前提条件为必须有默认实例（包括对应的关键补丁）存在，否则将导致 U8 V10.1 数据库服务器启动失败。

（7）SQL Server 服务的登录身份必须设置为“本地系统账户（local system）”或属于本机管理员组的用户，否则将导致无法正确创建 U8 账套。

（8）SQL Server 服务的身份验证模式请选择“混合模式”，并设置管理员“sa”账号的密码。

1.3.3 用友 ERP－U8 管理软件的安装与启动

（1）以操作系统管理员身份注册进入系统，将用友 ERP－U8 管理软件光盘放入服务器的共享光盘中，打开 Windows 的资源管理器，然后打开光盘目录，双击“SetShell.exe”文件，运行 U8 V10.1 安装程序。如图 1－3 所示。

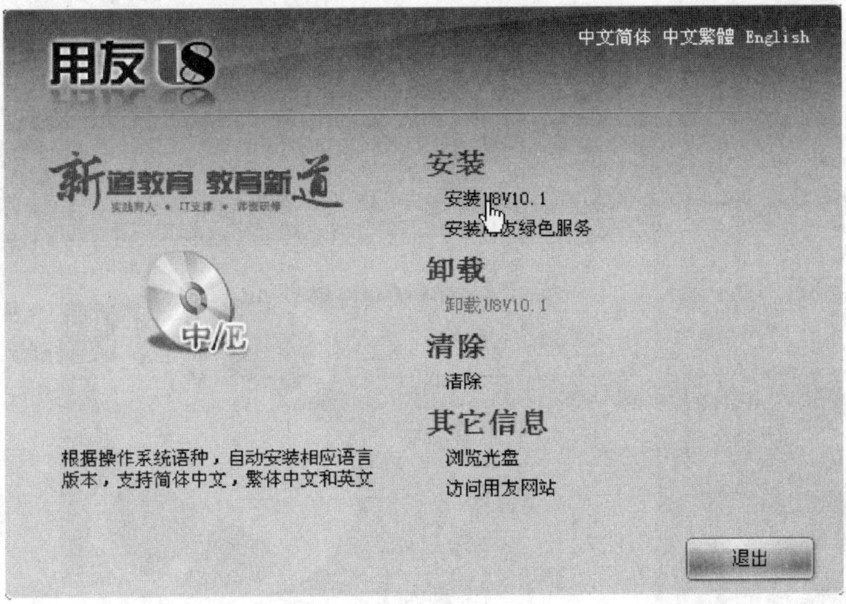

图1-3 启动安装界面

（2）点击"安装U8 V10.1"，进入欢迎界面，自动根据客户端操作系统环境选择对应语言的安装界面。点击"下一步"进入安装授权许可证协议界面，接受协议内容后才能继续安装。

（3）点击"下一步"，首先检测是否存在历史版本的U8产品。如果存在历史版本残留内容，根据提示并开始清理历史版本残留内容（清理MSI安装包时间较长，请耐心等待），如果因为安装过程（包括卸载、修改或修复过程）异常中断导致失败，有可能在清理完毕后提示重新启动，此时按照提示操作即可。

（4）在图1-4所示界面输入用户名和公司名称，用户名默认为本机的机器名。

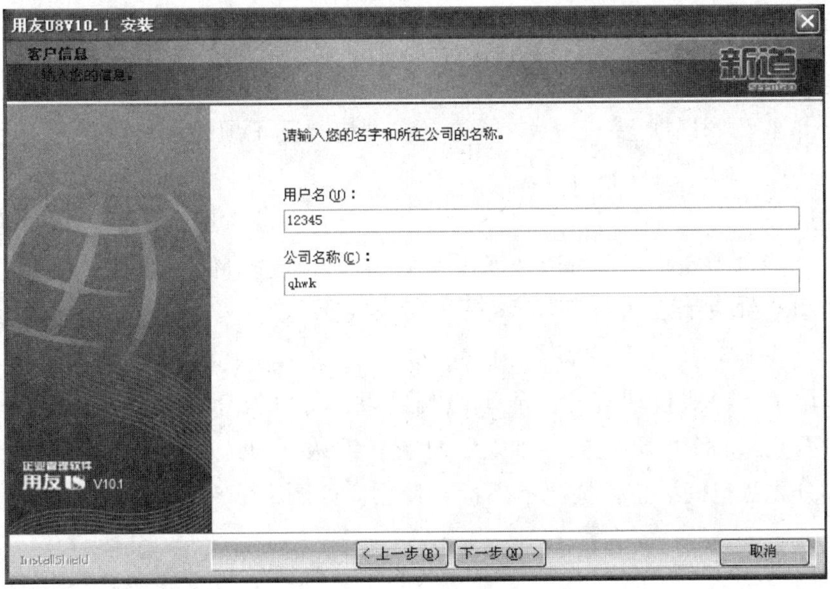

图1-4 客户信息输入

（5）选择安装程序安装文件的文件夹，可以点击“浏览”修改安装路径和文件夹。点击“下一步”，选择最适合自己的安装类型，有 4 种选择。如图 1－5 所示。

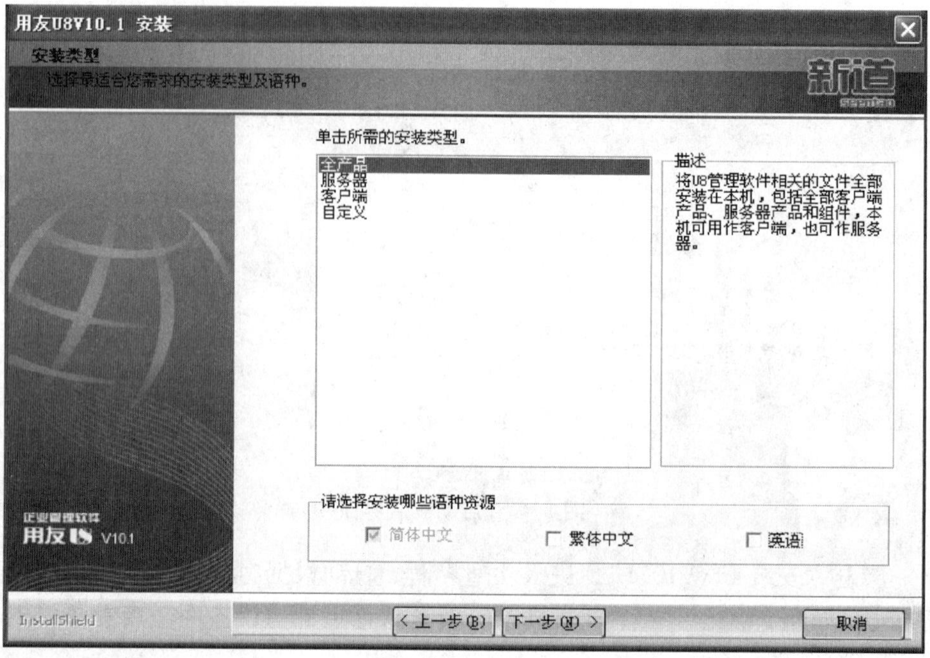

图 1－5　安装类型选择

①全产品：安装应用服务器、数据库服务器和客户端所有文件。选择“全产品”，系统直接显示安装状态界面，即可完成安装。

②服务器：安装应用服务器、数据库服务器和 Web 服务器的相关文件，用户也可分别选择进行安装。

③客户端：只安装客户端相关文件，不使用的产品可以不安装。

④自定义：如果上述安装都不能满足用户要求时，用户可自定义选择安装产品。

（6）环境监测。根据上一步所选择的安装类型及其子项检测环境的适配性。环境检测分为基础环境、缺省组件和可选组件 3 个部分。“基础环境”不符合要求，需要退出当前安装环境后手工安装所需的软件和补丁；没有安装“缺省组件”的，可以通过“安装缺省组件”功能自动安装，也可以选择手工安装；“可选组件”可选择安装也可以选择不安装。如图 1－6 所示。

（7）当“基础环境”和“缺省组件”都满足要求后，点击“确认”进入下一步；检测报告以记事本形式自动打开并显示检测结果，可以保存；点击“下一步”，可以选择是否记录安装每一个 MSI 包的详细安装日志，默认不勾选；勾选将延长一定的安装时间并占用部分磁盘空间，正常情况下不推荐使用。如图 1－7 所示。

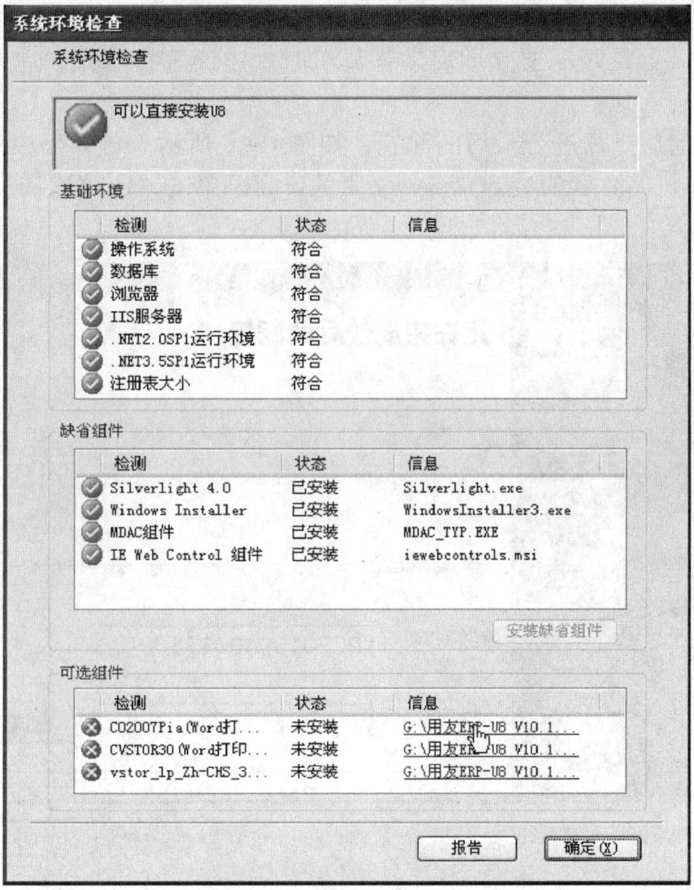

图 1－6 系统环境检查

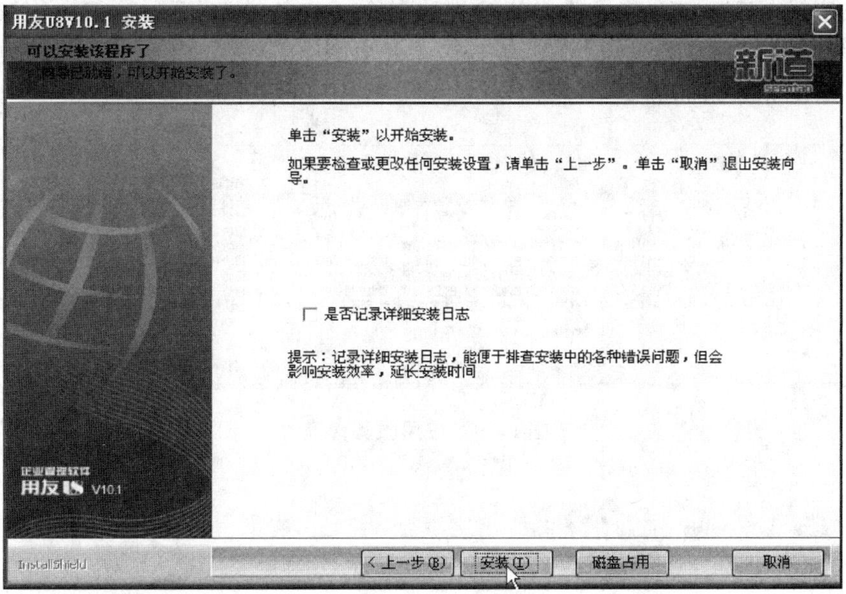

图 1－7 记录安装日志选择

（8）点击“安装”，进行产品安装。无论哪种类型的安装完成后，系统都会提示已成功安装。界面显示是否需要立即启动计算机时，建议选择“是，立即重新启动计算机”。

（9）系统重启后，需进行最后的配置，如图1－8所示。在界面中输入数据库名称（一般是本地计算机名）和安装SQL Server时的口令，单击“测试连接”。若正常，则出现连接成功的提示。

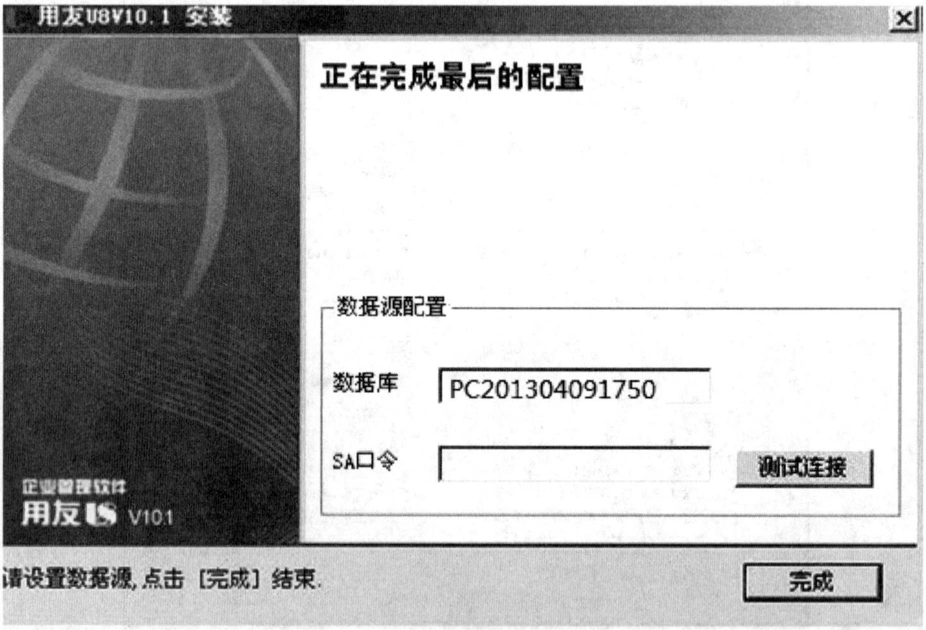

图1－8　测试数据连接

（10）连接完成后，会提示是否初始化数据库。单击“是”，运行初始化数据库。初始化完成后，安装全部完成。此时，屏幕右下角任务栏显示SQL Server数据服务器图标和U8应用服务器图标。双击，进入如图1－9所示界面，各项服务已安装成功。

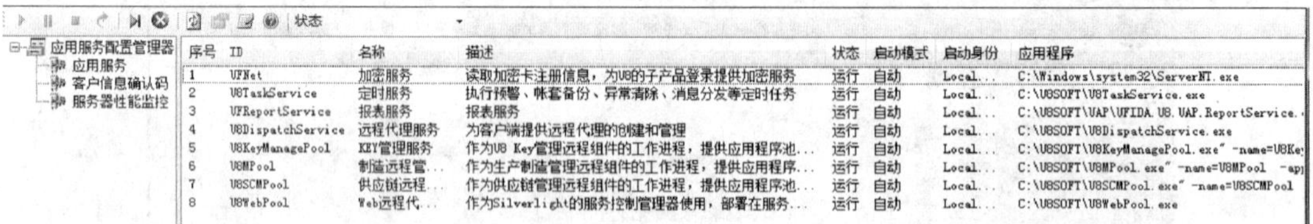

图1－9　应用服务管理

第 2 章
系统管理与基础设置

2.1　系统管理

系统管理是用友 ERP－U8 管理系统中一种非常特殊的组成部分，它的主要功能是对用友 ERP－U8 管理系统的各种产品进行统一的操作管理和数据维护。系统管理具体包括账套管理、年度账管理、操作员及权限的集中管理和系统数据及运行安全的管理等几个方面。

2.1.1　登录系统管理

系统允许以两种身份注册进入，一种是以系统管理员的身份，另一种是以账套主管的身份。

系统管理员（admin）负责整个系统的总体控制和数据维护工作，可以管理该系统中所有的账套。以系统管理员的身份注册进入，可以进行账套的建立、引入和输出，设置角色和权限，指定账套主管，设置和修改用户的密码和权限等，但不能进入到建立的具体账套中进行修改。

账套主管负责所选账套的维护工作，主要包括对所选账套参数进行修改，对年度账的管理（包括年度账的建立、清空、引入、输出和结转上年数据），以及该账套操作员权限的设置。

2.1.2　账套管理

每个企业可以为每一个独立核算的单位建立一个核算账套，即每一个核算单位都有一套完整的账簿体系。核算单位一套完整的账簿体系就是账套。对账套的管理包括建立账套、修改账套、账套输出和账套恢复。

1. 建立账套

建立账套就是在企业财务管理软件中为本企业或本核算单位建立一套符合核算要求的账簿体系。核算账套主要包括账套基本信息和核算单位基本信息两大部分。

2. 修改账套

只有账套主管才具有进行账套信息修改的权限。在修改过程中，系统会自动列示建账过程中所设置的账套信息、单位信息、核算信息和基础信息等。账套主管可以根据需要，对允许修改的信息进行调整。账套参数信息若已被使用，进行修改可能会造成数据库数据的紊乱，因而对账套信息的修改应慎重对待。

3. 账套输出

账套的输出即账套备份，将财务软件系统产生的数据备份到硬盘或其他存储介质上保存起来，其目的就是保存财务数据，防止数据丢失。

账套输出有账套信息“UfErpAct. Lst”和账套数据“UFDATA. BAK”两个文件。

4. 账套恢复

账套恢复是指将系统外的某账套数据引入到本系统中，即将备份到硬盘或其他存储介质中的备份数据恢复到硬盘上指定的目录中。对于集团公司，可以将子公司账套数据定期引入母公司系统中。

2.1.3 操作员与权限管理

操作员与权限管理就是根据电算化规章制度、基本岗位职责分工及信息系统管理的要求，设置允许使用财务管理软件的操作人员的姓名和操作权限。一般情况下，由系统管理员来设置某一账套的账套主管和操作员的管理，账套主管拥有对该账套的全部管理权限；账套主管可以对所辖操作人员的权限进行管理。

1. 设置操作员

通常，在企业财务管理软件系统中，系统管理员拥有该系统的全部操作权限。系统管理员可以根据财务管理的要求来设置系统所需要的操作员权限，并根据需要对已有操作员进行修改、删除和注销等处理。

操作员的设置分两个层次：角色设置和用户设置。

(1) 角色设置。

角色是拥有一类职能的组织。角色组织可以是实际部门，也可以是由拥有一类职能的人构成的虚拟组织。

(2) 用户设置。

用户设置是为财务管理软件系统设置具体的操作员。

系统对角色和用户的设置个数均不受限制。一个角色可以拥有多个用户，一个用户可以分属于不同的角色或不属于任何角色，作为独立的用户存在。

用户和角色设置可以不分先后顺序。但对于自动传递权限来说，应建立角色，并设置角色权限，然后将操作员指定为某一角色，则该操作员具备该角色的所有权限（包括功能权限与数据权限）。

2. 设置操作员权限

一般而言，系统的授权分为两个层次，即系统管理员授权和账套主管授权。

系统管理员是软件系统默认的最高权力执行者，拥有执行软件系统的全部权利，可以指定账套主管或取消账套主管权限，也可以对各个账套的操作员进行授权。

账套主管的权限局限于其所管理的账套。在该账套内，账套主管被默认为拥有该账套的全部操作权利，可以对本账套的操作员进行权限设置。

操作权限划分为 3 个层次：

①功能级权限管理：该权限将提供划分更为细致的功能级权限管理功能，包括功能权限查看和分配（系统管理仅可设置功能级权限）。

②数据级权限管理：该权限针对业务对象进行控制，可以选择对特定业务对象的某些项目（字段级）或某些记录（记录级）进行权限控制。

③金额级权限管理：该权限主要实现对具体处理的数量级划分，对于一些敏感金额可以进行集中控制。

2.1.4　年度账管理

1. 建立年度账

在财务管理软件系统中，不仅可以建立多个账套，而且每一个账套中可以存放不同年度的会计数据。

2. 年度账输出与引入

年度账操作中的输出和引入操作与账套操作中的输出和引入含义基本一致，所不同的是年度账操作中的输出和引入不是针对某个账套，而是针对账套中的某一年度的年度账进行的。

年度账的备份输出操作与账套输出的备份操作基本一致，不同之处在于年度账的备份输出在备份操作界面上选择的是具体的年度而非账套。

年度账的恢复引入操作与账套的恢复引入操作基本一致，不同之处在于年度账恢复的是年度数据备份文件，即系统备份的年度账的备份文件，前缀名统一为“UfErpYer”。

3. 结转上年数据

一般情况下，企业是持续经营的。因此企业的会计工作是一个连续性的工作。每到年末，启用新年度账时，就需要将上年度中相关账户的余额及其他信息结转到新年度账中。

4. 清空年度数据

在财务管理软件系统中，年度账“清空”并不是指全部清空年度账的数据，还是要保留一些信息的。所保留的信息包括基础信息和系统预置的科目报表等。保留这些信息主要是为了方便用户使用清空后的年度账重新做账。

系统管理是用友 ERP－U8 管理软件为各子系统提供的公共管理平台，对系统中的各种产品进行统一的操作管理和数据维护。具体包括账套管理、年度账管理、操作员及权限管理、系统数据及运行安全的管理等几个方面。

2.1.5　系统运行安全管理

1. 系统运行监控

为了便于对系统进行动态监控，以系统管理员身份注册进入系统后可以查看到已登录的操作员在子系统中正在执行的功能。

2. 清除系统运行异常

系统运行过程中的数据冲突与单据锁定等错误，可以通过此功能进行排除，使系统恢复正常运行。

3. 形成上机日志

系统对各产品或模块的操作记录进行自动登记，并形成上机日志，这都是系统维护和内部控制的重要依据。

4. **设置自动备份计划**

此功能可自动对设置的多个账套进行定时备份，有效地保障数据安全，减轻管理人员的工作量。

5. **升级数据**

系统通过此功能可一次性将数据升级到新产品。

2.2 企业应用平台与基础设置

基础信息设置（即公共基础设置）是企业应用平台中的一项主要内容，其中许多项目的设置将直接影响到财务管理软件系统应用方案的选择使用和软件功能能否得到正确、充分地被使用。

2.2.1 企业应用平台

企业应用平台集中了用友 ERP - U8 应用系统的所有功能，为各个子系统提供了一个公共的交流平台，成为用友 ERP - U8 管理系统的控制台和工作中心。通过企业应用平台，企业员工可以通过单一的访问入口访问企业的各种信息，定义自己的业务工作，并设计自己的工作流程。

企业应用平台提供了业务导航功能，通过此功能可以快速地针对相关业务模块进行业务处理。在业务导航视图中，各节点所包含的内容视子系统启用不同存在一定的差异，但其处理方式是相同的，通过选择目录中双击相关功能节点，即可启动相关功能模块。

2.2.2 基础设置

1. **基本信息设置**

基本信息设置可以对建账过程中确定的编码方案和数据精度进行修改，并进行系统启用设置。用友 ERP - U8 管理系统中各模块可独立运行也可集成使用，企业可根据需求启用相应的系统。一种方法是在建账完成后立即进行系统启用，另一种方法是建账结束后由账套主管在基础设置中进行系统启用。只有设置了系统启用的模块才能登录使用。

2. **基础档案设置**

基础档案是系统日常业务处理必需的基础资料，是系统运行的基础。账套中多个子系统共享公司的基础档案信息，从而实现财务业务一体化管理，主要包括以下基础数据：

（1）机构人员档案。

机构人员档案主要包括本单位信息设置、部门档案设置、人员类别设置和职员档案设置等。

（2）客商信息档案。

客商信息档案主要包括地区分类、客户分类、供应商分类、行业分类、客户级别、客户档案和供应商档案设置等。

（3）存货档案。

存货档案主要包括存货分类、计量单位和存货档案设置等。

（4）财务档案。

财务档案主要包括会计科目、凭证类别、外币设置、项目目录、结算方式、付款条件和本单位开户银行设置等。

（5）业务档案。

业务档案主要包括仓库档案、收发类别、采购类型、销售类型和产品结构设置等。

（6）其他。

其他包括常用摘要、自定义项、自定义表结构、指标库等。

3. **数据权限设置**

操作权限划分为3个层次，具体内容见2.1.3节。系统管理仅可设置功能级权限，此处可以设置数据级和金额级权限。

4. **单据设置**

用友ERP－U8管理系统允许用户对系统预置的单据模板和打印模板进行设置，以满足本企业需要。

实验一　系统管理与基础设置

【实验目的】

1. 掌握用友ERP－U8 V10.1中总账管理系统的系统管理和基础设置的相关内容。
2. 理解系统管理在整个系统中的作用及基础设置的重要性。

【实验内容】

1. 建立单位账套。
2. 增加操作员及进行操作员权限分配。
3. 输入基础信息。
4. 账套操作：备份、引入和修改。

【实验准备】

已正确安装ERP－U8 V10.1。

【实验资料与操作指导】

一、系统管理模块

◉业务1：建立账套

（1）账套信息。

账套名称：广州三和有限公司（简称广州三和公司，账套号为学生学号后三位）；账套启用日期：2016年1月。

（2）单位信息。

地址：广州学院路甲2号；法人代表：张永和；邮政编码：510000；联系电话及传真：020－58581177；电子邮件：gzsh@163.com；税号：11355799933038。该公司为股份制企业，主要从事教育工具制作、发行及相关配套商品的经营与推广活动。

（3）核算类型。

记账本位币：人民币；企业类型：工业；行业性质：2007年新会计制度科目；账套主管：李达。选中“按行业性质预置科目”复选框，以预置一级会计科目。

（4）基础信息。

要求客户、供应商、存货进行分类，有外币核算业务。

（5）分类编码方案。

会计科目编码级次：42222；客户与供应商权限组级次：234；客户与供应商编码级次：124；部门编码级次：122；结算方式编码级次：12。

数据精度：存货与开票单价小数位为4，其余为2。

不进行系统启用。

◉业务2：增加操作员及设置其权限

（1）01李达，密码：01。

部门：财务部

角色：账套主管

权限：账套主管

（2）02梁家乐，密码：02。

部门：财务部

权限：具有总账的全部操作权限；具有应收款管理系统、应付系统、固定资产和工资系统的全部操作权限

（3）03周淑芬，密码：03。

部门：运营部

权限：具有采购管理、销售管理、库存管理和存货管理系统的全部操作权限

（4）04吴小芸，密码：04。

部门：财务部

权限：具有出纳签字权、出纳的操作权限

►【操作提示】

①执行“开始→程序→用友U8 V10.1→系统服务→系统管理”命令，启动系统管理。如图2－1所示。

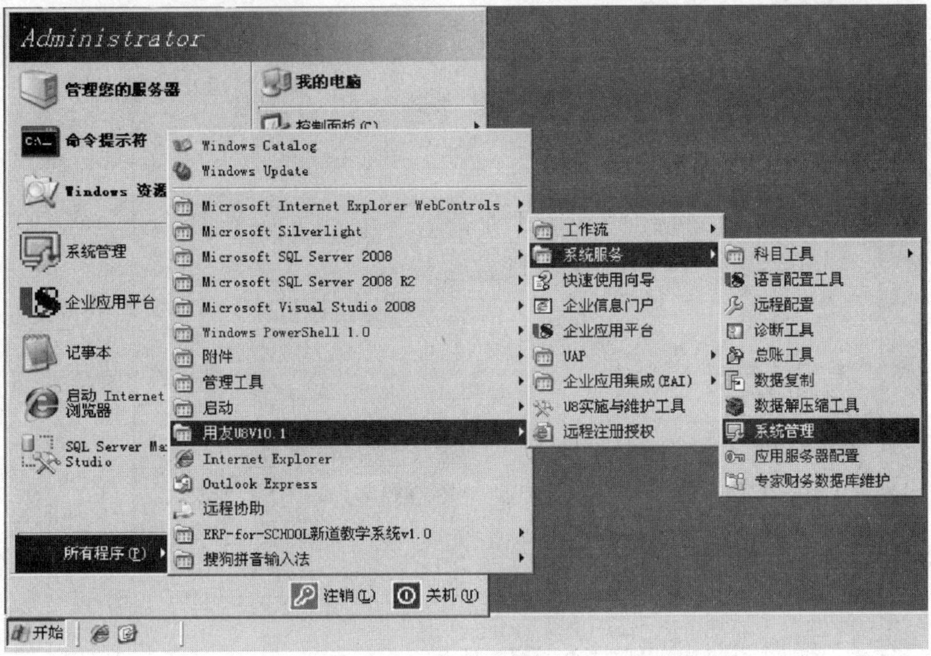

图 2－1　登录路径

②执行“系统→注册”命令，打开“注册系统管理”对话框，使用系统管理员（admin）登录。如图 2－2 所示。

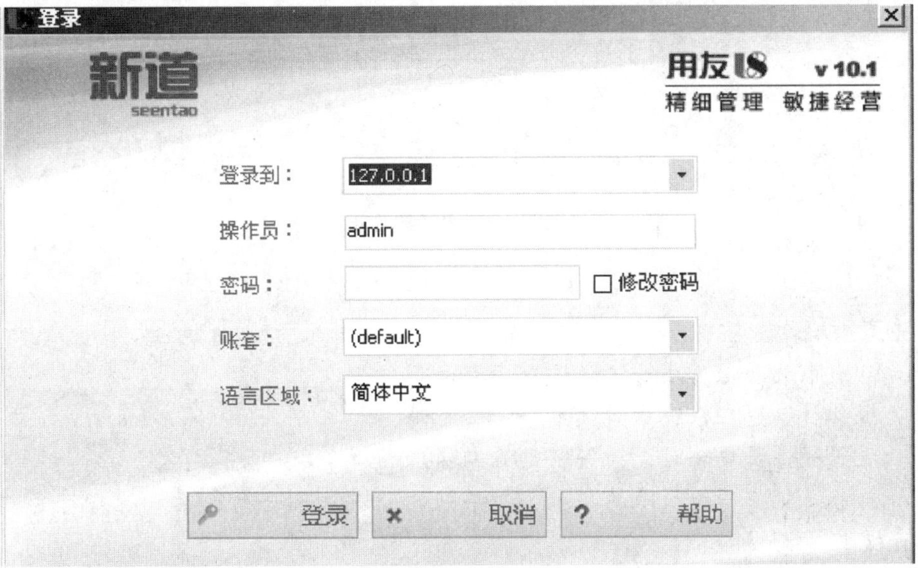

图 2－2　登录界面

③增加操作员。执行“权限→用户”命令，进入“用户管理”窗口。单击工具栏的“增加”按钮，打开“操作员详细情况”对话框，输入操作员资料。完成后单击工具栏的“退出”按钮，退出“用户管理”窗口。如图 2－3 所示。

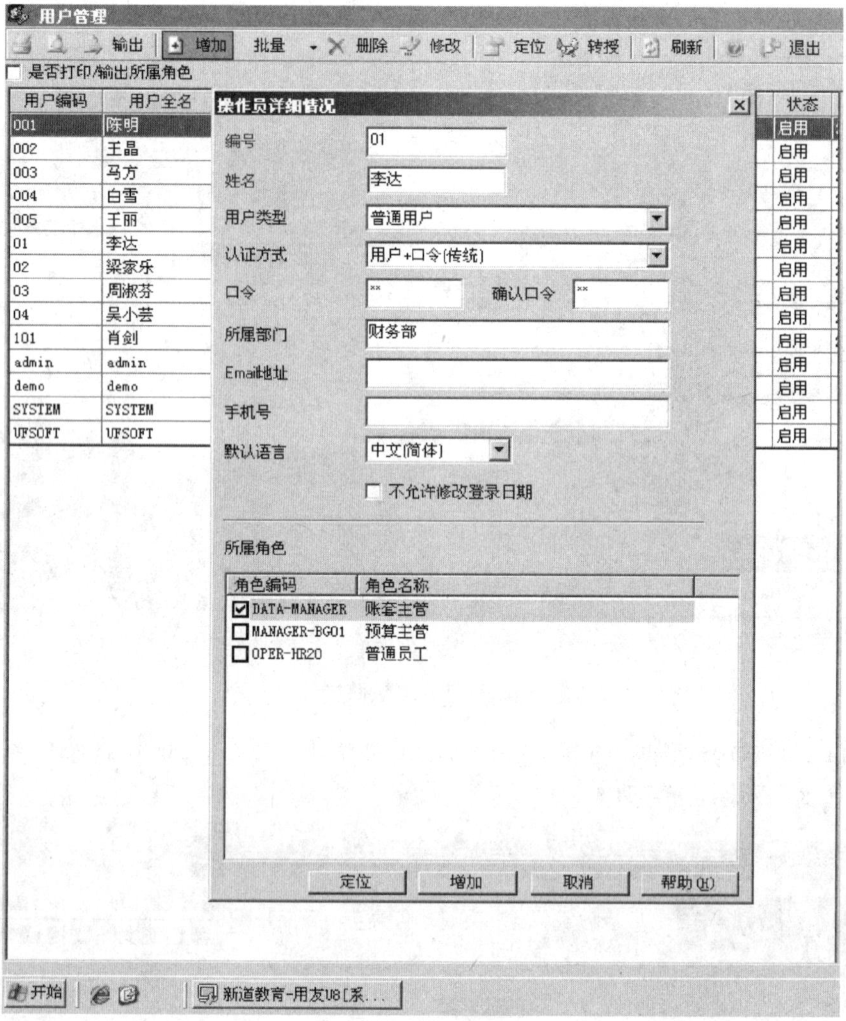

图 2－3　增加操作员

注意：

1. 只有系统管理员才有权限设置角色和用户。
2. 操作员编码在系统中必须唯一。
3. 设置操作员口令时，为保密起见，输入的口令以“＊”号显示。
4. 角色是拥有一组权限的组织，当某用户归属于某一角色后，就拥有了该角色的所有权限。

④建立账套。执行“账套→建立”命令。打开“创建账套”对话框，选择新建空白账套后单击下一步。如图 2－4 所示。

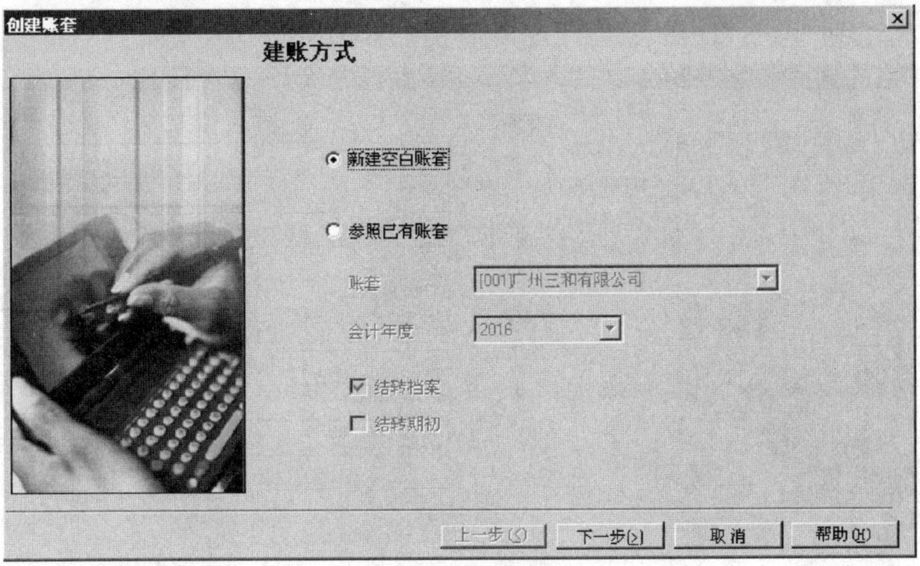

图 2－4　新建账套

⑤输入账套信息。输入账套号、账套名称、账套路径（此处为默认路径）、启用时间（2016 年 1 月）。输入完成后单击“下一步”按钮，进行单位信息设置。如图 2－5 所示。

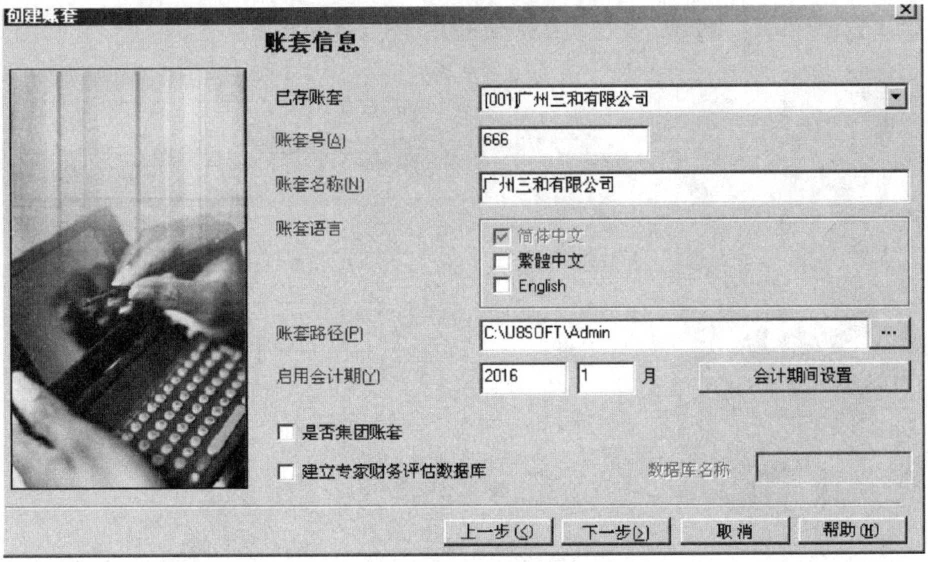

图 2－5　输入账套信息

注意：

账套路径是用来确定新建账套将要被放置的位置。系统默认的路径为“C:\U8SOFT\Admin”。可通过“…”按钮修改路径。

⑥输入单位信息。如图 2－6 所示。

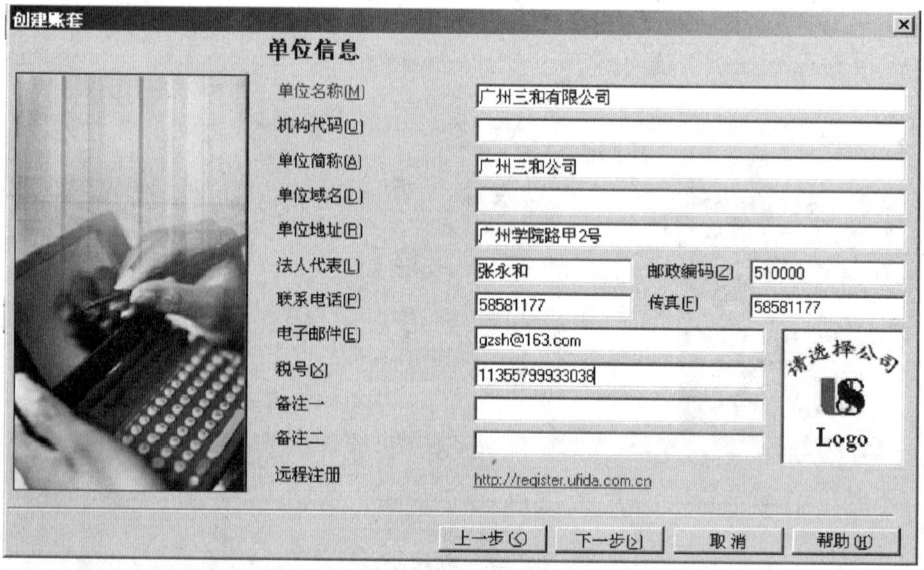

图 2－6　输入单位信息

⑦输入核算类型。如图 2－7 所示。

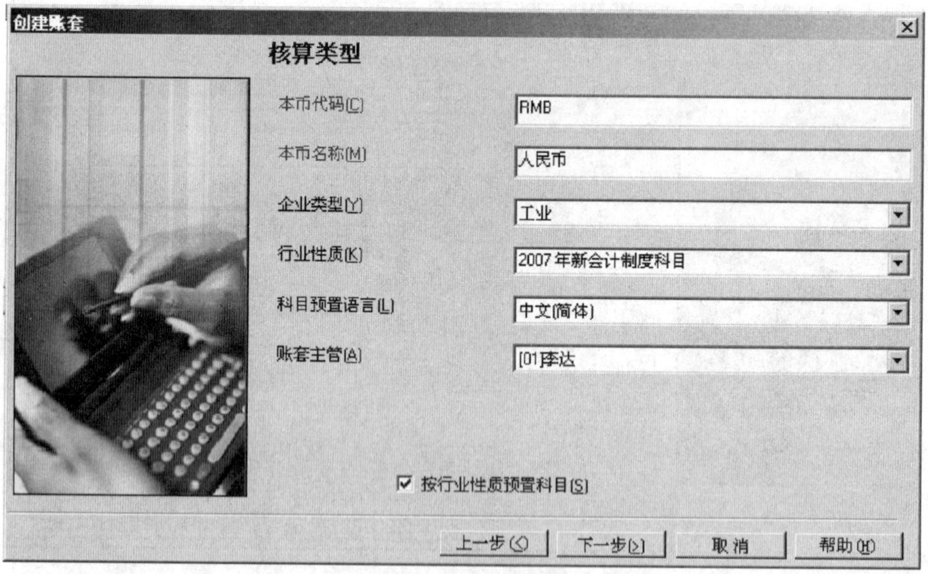

图 2－7　输入核算类型

注意：

企业性质与行业性质涉及后续会计科目与账套功能，一旦账套建立就不能修改。

⑧创建账套。根据需要，单位的存货、客户、供应商可进行分类核算。按照实验资

料所给内容选择复选框，单击“完成”按钮，系统弹出“可以创建账套了么?”提示柜，单击“是”按钮。如图 2 – 8 和图 2 – 9 所示。

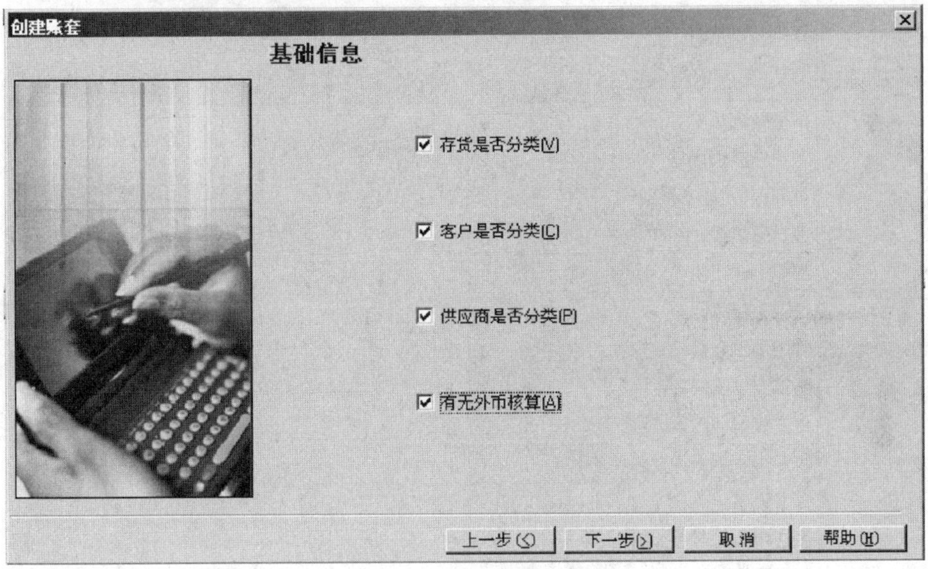

图 2 – 8　是否进行分类管理

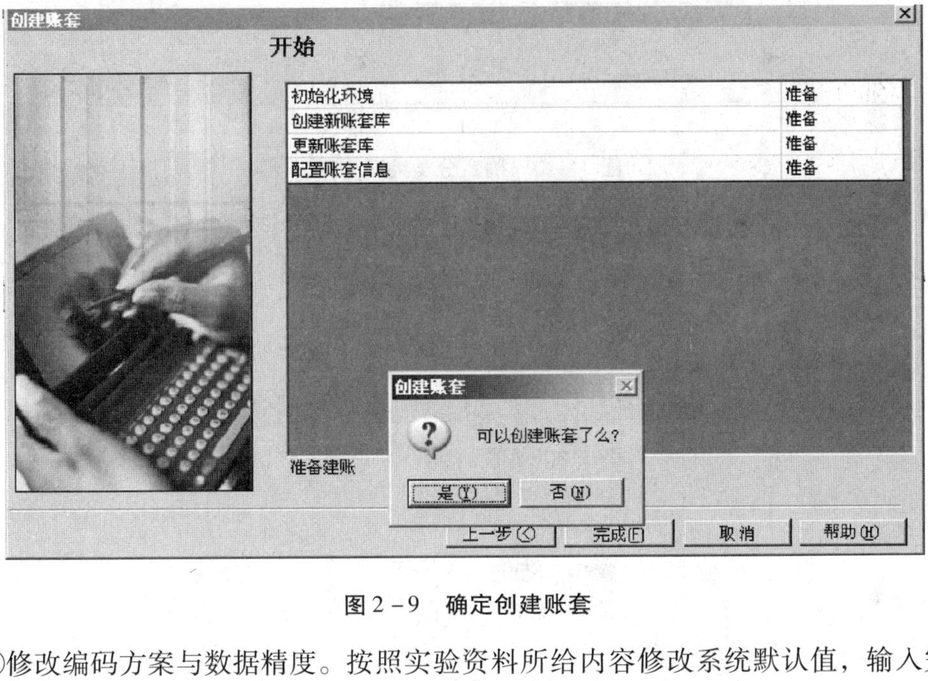

图 2 – 9　确定创建账套

⑨修改编码方案与数据精度。按照实验资料所给内容修改系统默认值，输入完成后单击“确定”按钮。打开“数据精度定义”对话框，根据实验资料修改数据。输入完成确认后单击“确定”按钮，然后单击“取消”按钮，返回。如图 2 – 10 和图 2 – 11 所示。

编码方案

项目	最大级数	最大长度	单级最大长度	第1级	第2级	第3级	第4级	第5级	第6级	第7级	第8级	第9级
科目编码级次	13	40	9	4	2	2	2	2				
客户分类编码级次	5	12	9	1	2	4						
供应商分类编码级次	5	12	9	1	2	4						
存货分类编码级次	8	12	9	2	2	2	2	3				
部门编码级次	9	12	9	1	2	2						
地区分类编码级次	5	12	9	2	3	4						
费用项目分类	5	12	9	1	2							
结算方式编码级次	2	3	3	1	2							
货位编码级次	8	20	9	2	3	4						
收发类别编码级次	3	5	5	1	1	1						
项目设备	8	30	9	2	2							
责任中心分类档案	5	30	9	2	2							
项目要素分类档案	6	30	9	2	2							
客户权限组级次	5	12	9	2	3	4						

确定(O)　取消(C)　帮助(F)

图 2－10　确定分类编码方案

数据精度

请按您单位的需要认真填写

存货数量小数位	2
存货体积小数位	2
存货重量小数位	2
存货单价小数位	4
开票单价小数位	2
件数小数位	2
换算率小数位	2
税率小数位	2

确定(O)　取消(C)　帮助(F)

图 2－11　确定数据精度

⑩建账成功后提示是否需要进行系统启用。如图 2 – 12 所示。可以即时启用，也可以延时启用，为操作方便，此处先不启用。

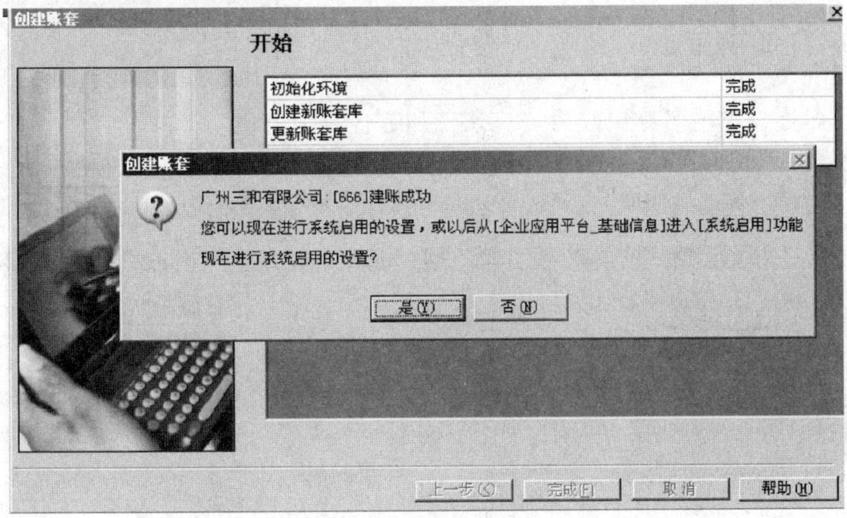

图 2 – 12　建账成功提示

注意：

1. 创建账套时间较长，请耐心等待。

2. 此部分亦可以在建账完成后，由账套主管在“企业门户→基础设置→基础信息→编码方案”中设置或修改。

⑪设置权限。执行“权限→权限”命令，进入“操作员权限”窗口。在窗口左侧操作员列表中选择“02 梁家乐”，单击工具栏上“修改”按钮，勾选财务会计中的（GL）总账、（AR）应收款管理、（AP）应付款管理、（FA）固定资产以及人力资源中的（WA）薪资管理。同理输入其他操作员权限。如图 2 – 13 所示。

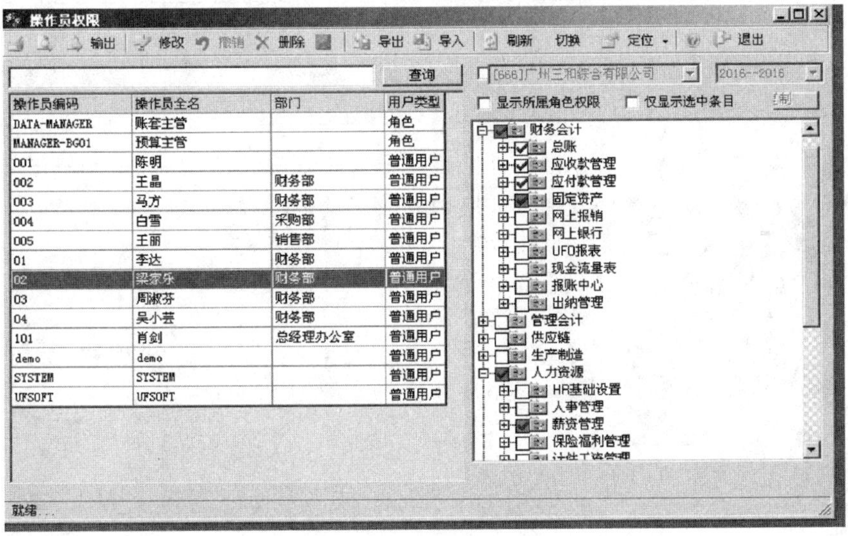

图 2 – 13　设置权限

注意：
设置权限应该先选择账套，再选择人员，再设置权限。

◉业务3：修改账套

将账套名称与单位名称更改为“广州三和综合有限公司”。

►【操作提示】

①执行“系统管理→注册”命令，以账套主管的身份登录系统管理。如图2-14所示。

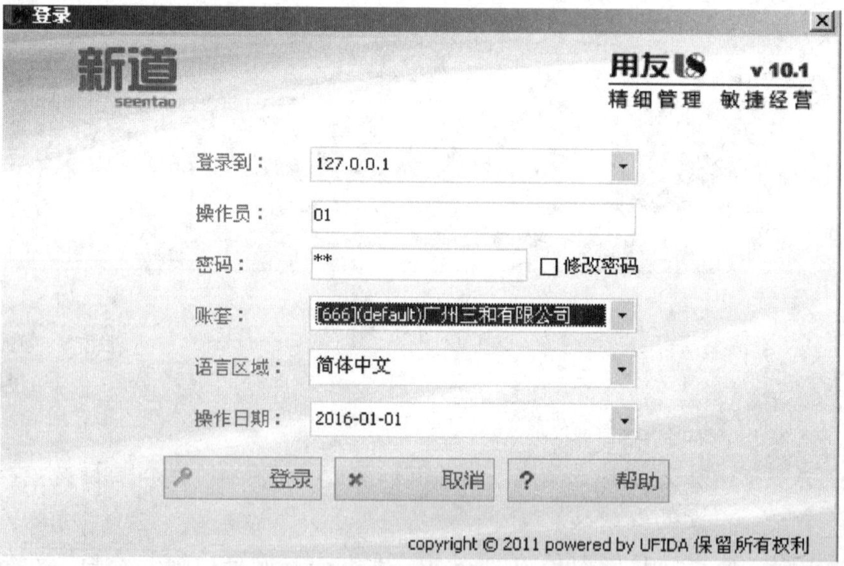

图2-14　以账套主管身份登录

②执行“账套→修改”命令，打开“修改账套”窗口，将账套名称修改为“广州三和综合有限公司”。如图2-15所示。点击“下一步”修改单位名称。

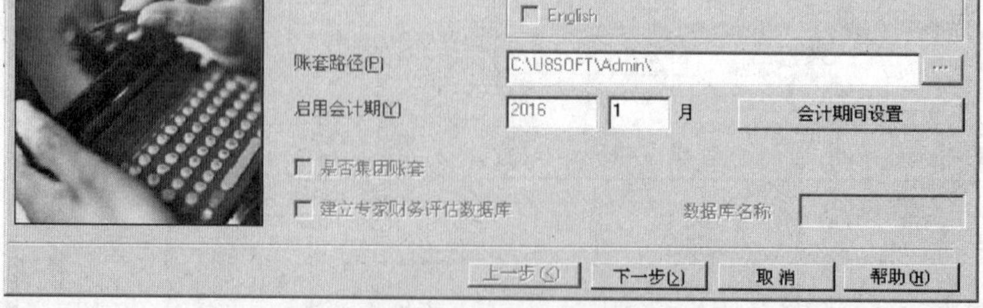

图2-15　修改账套

③单击下一步直到弹出“修改账套”窗口，单击“是”按钮。如图 2－16 所示。

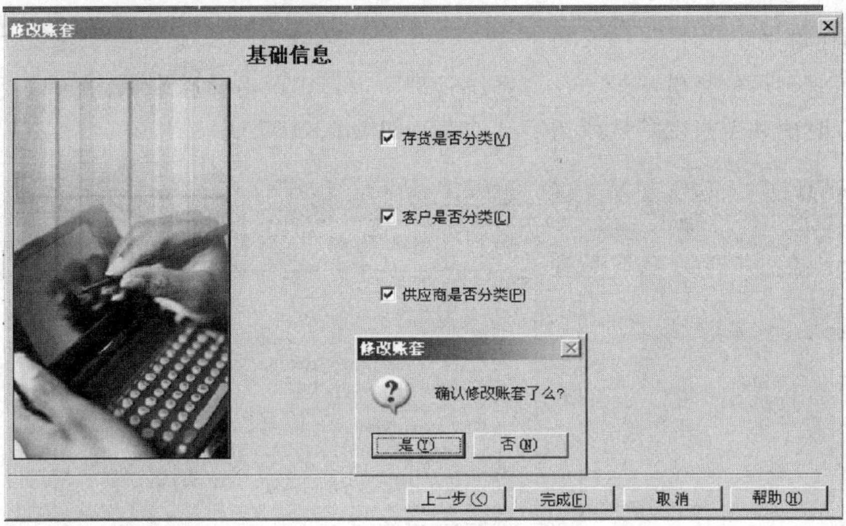

图 2－16　确认修改账套

注意：

系统管理员（admin）可以创立、输出、引入账套，但不能修改账套，只有账套主管才能修改账套信息。

◉业务 4：输出账套

▶【操作提示】

以系统管理员的身份（admin）登录，在“系统管理”窗口中单击“账套”，选中“输出”，并选中“666”账套，单击“确定”，双击备份文件夹进行备份。如果要删除当前账套，则在“删除当前输出账套”前打上钩；如不删除可直接单击“确认”。如图 2－17 所示。

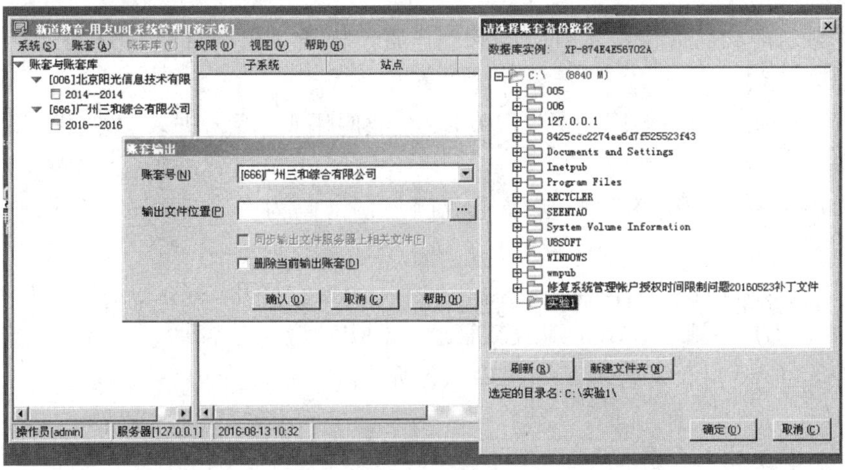

图 2－17　账套输出备份

◉业务5：引入账套

▶【操作提示】

以系统管理员的身份登录，在“系统管理”窗口中单击“账套”，选中“引入”，将已备份的账套引入至系统默认或指定文件夹。如图2-18所示。

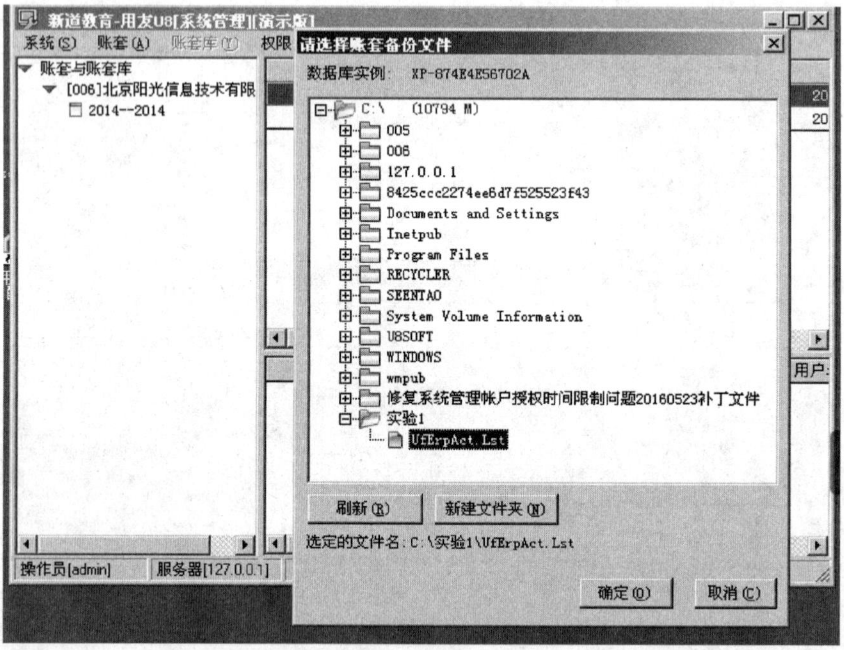

图2-18 账套引入

二、基础设置

◉业务6：系统启用

启用总账、应收、应付、工资管理和固定资产模块。启用日期均为2016-01-01。

▶【操作提示】

①执行“开始→程序→用友U8 V10.1→企业应用平台”，进入“登录”窗口。如图2-19所示。

②选择账套主管“01 李达”登录企业门户，密码为“01”，操作日期改为2016-01-01。

③执行“基础设置→基本信息→系统启用”命令，打开“系统启用”窗口。勾选财务会计中的（GL）总账、（AR）应收款管理、（AP）应付款管理、（FA）固定资产以及人力资源中的（WA）薪资管理。如图2-20所示。

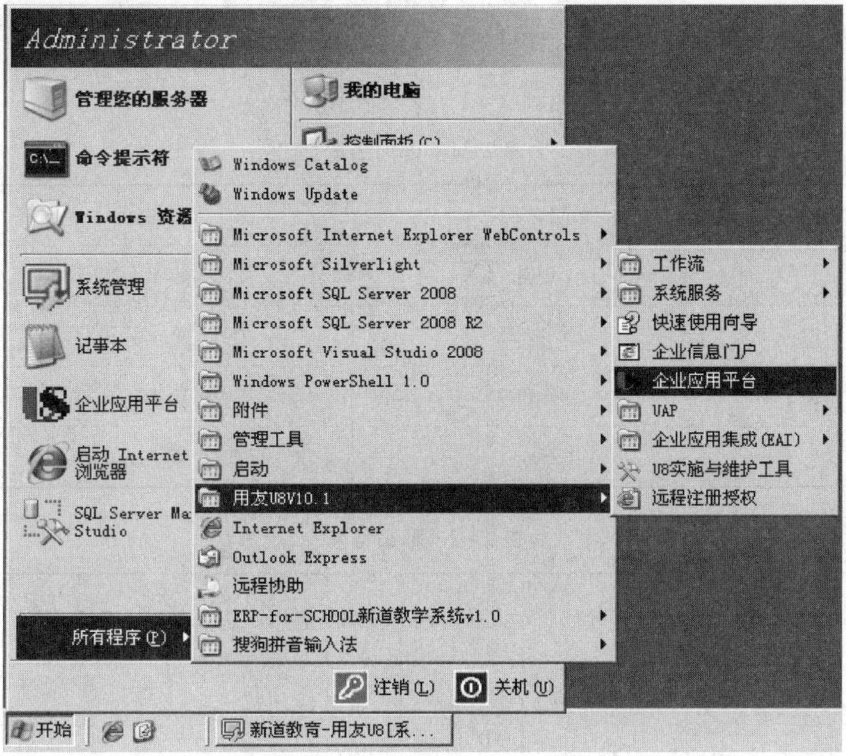

图 2－19　企业应用平台路径

系统编码	系统名称	启用会计期间	启用自然日期	启用人
☑GL	总账	2016-01	2016-01-01	李达
☑AR	应收款管理	2016-01	2016-01-01	李达
☑AP	应付款管理	2016-01	2016-01-01	李达
☑FA	固定资产	2016-01	2016-01-01	李达
☐NE	网上报销			
☐NB	网上银行			
☐WH	报账中心			
☐SC	出纳管理			
☐CA	成本管理			
☐PM	项目成本			
☐FM	资金管理			
☐BM	预算管理			
☐CM	合同管理			
☐PA	售前分析			
☐SA	销售管理			
☐PU	采购管理			
☐ST	库存管理			
☐IA	存货核算			

图 2－20　系统启用

◉业务7：设置部门档案及职员档案

部门档案、职员档案、信息如表2－1、表2－2所示。

表2－1　部门档案

部门编码	部门名称	成立时间
1	计划部	2016年1月1日
2	财务部	2016年1月1日
3	制作部	2016年1月1日
4	市场部	2016年1月1日

表2－2　职员档案

人员编码	姓名	行政部门	人员类别	性别	雇用状态	是否为操作员	是否为业务员
101	张永和	计划部	正式工	男	在职	否	是
102	黄子健	计划部	正式工	男	在职	否	是
201	李　达	财务部	正式工	男	在职	是	是
202	梁家乐	财务部	正式工	女	在职	是	是
203	周淑芬	财务部	正式工	女	在职	是	是
204	吴小芸	财务部	正式工	女	在职	是	是
301	钱建工	制作部	正式工	男	在职	否	是
302	孙　俊	制作部	正式工	男	在职	否	是
303	冯　杰	制作部	正式工	男	在职	否	是
401	商　端	市场部	正式工	男	在职	否	是
402	杜海航	市场部	正式工	男	在职	否	是
403	崔达民	市场部	正式工	男	在职	否	是

►【操作提示】

①执行“基础设置→基础档案→机构人员→部门档案”命令，打开“部门档案”窗口，单击“增加”，输入部门信息。如图2－21所示。

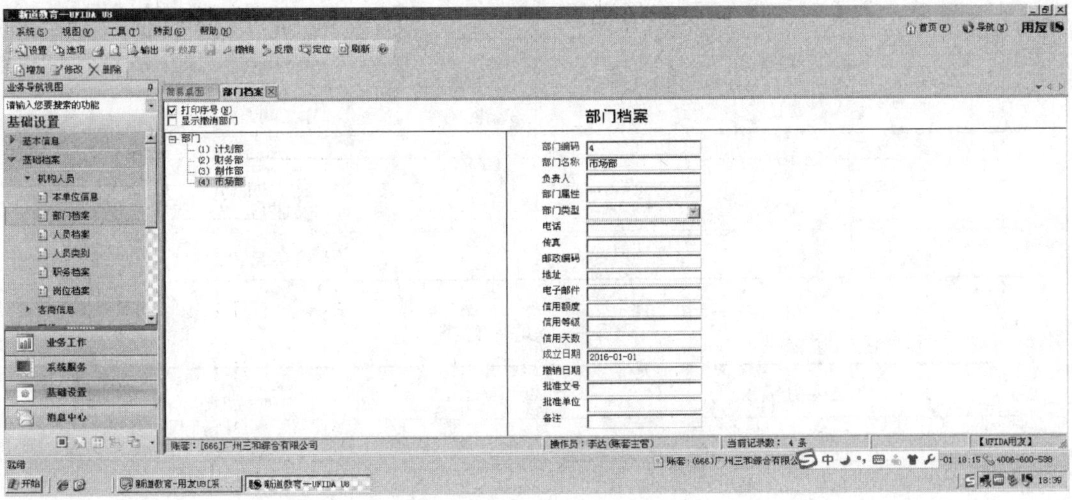

图 2－21　部门档案设置

②执行“基础设置→基础档案→机构人员→人员档案”命令，打开“人员档案”窗口。单击“增加”按钮，输入职工信息。如图 2－22 所示。

图 2－22　人员档案设置

◉业务 8：设置客户分类、地区分类、客户档案、供应商分类与供应商档案

客户分类、地区分类、客户档案、供应商分类、供应商档案信息如表 2－3 至表 2－7 所示。

表 2－3　客户分类

分类编码	分类名称
1	代理商
101	一级代理
102	二级代理
9	零散客户

表 2－4　地区分类

地区分类编码	地区分类名称
01	东北地区
01001	黑龙江省
01002	吉林省
01003	辽宁省
02	华南地区
02001	广州市
02002	深圳市
02003	广西
02004	云南省
02005	福建省
99	其他

表 2－5　客户档案

客户编号	客户名称	客户简称	所属分类码	所属地区码	所属行业	邮编	开户银行	银行账号
001	广州启迪学校	启迪	9	02001	事业单位	100077	工行	123456
002	深圳梅林公司	梅林	101	02002	商业	200088	工行	234567
003	广州博雅书店	博雅	102	02001	事业单位	100088	工行	345678

表 2－6　供应商分类

分类编码	分类名称
1	硬件供应商
2	软件供应商

表 2－7　供应商档案

供应商编号	供应商名称	简称	所属分类码	所属地区码	所属行业	开户银行	银行账号
001	广州益民科技公司	益民	1	02001	商业	工行	456
002	广州天空软件公司	天空	2	02001	商业	工行	567
003	广州前进出版社	前进出版社	2	02001	事业	工行	678

►【操作提示】

①执行“基础设置→基础档案→客商信息→客户分类”命令，进入“客户分类”窗口。单击“增加”，录入完成后保存退出。如图 2－23 所示。

②执行“基础设置→基础档案→客商信息→地区分类”命令，进入“地区分类”窗口。单击“增加”，录入完成后保存退出。界面类似图 2－23。

③执行“基础设置→基础档案→客商信息→供应商分类”命令，进入“供应商分类”窗口。单击“增加”，录入完成后保存退出。界面类似图 2－23。

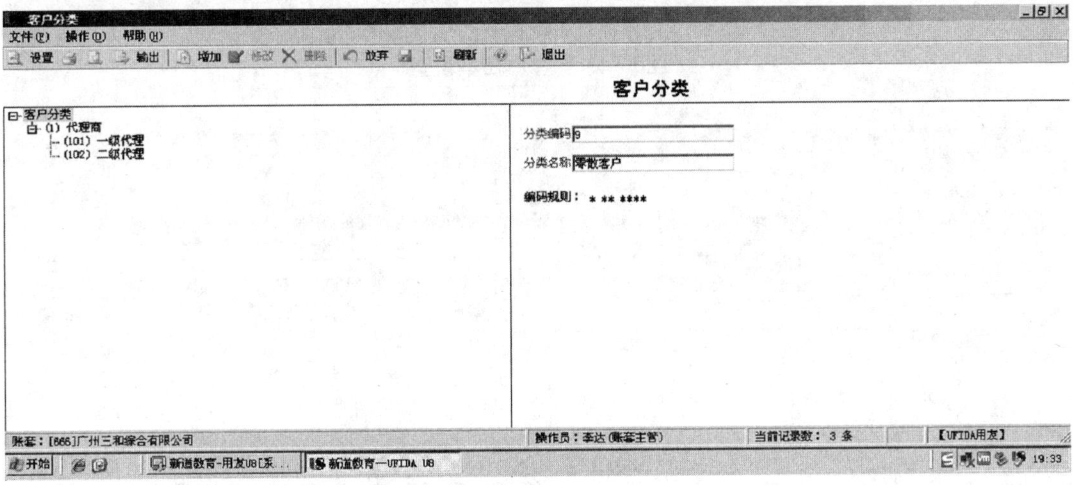

图 2－23　客户分类档案设置

④执行“基础设置→基础档案→客商信息→客户档案”命令，进入“客户档案”窗口。单击“增加”按钮，进入“增加客户档案”窗口。录入相关信息。如图 2－24 所示。左上角可录入“银行、地址、联系、开票”详细信息。如图 2－25 所示。录入完成后保存退出。

⑤执行“基础设置→基础档案→客商信息→供应商档案”命令，进入“供应商档案”窗口。单击“增加”按钮，进入“增加供应商档案”窗口，并输入供应商信息。录入完成后保存退出。界面类似图 2－24 和图 2－25。

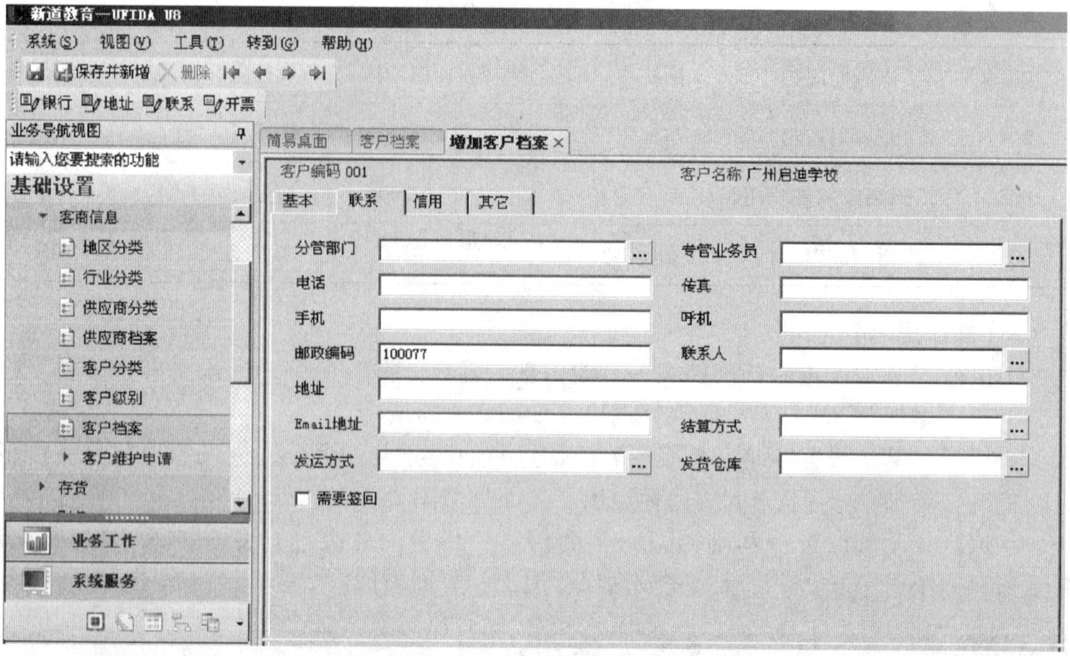

图 2－24　客户档案设置

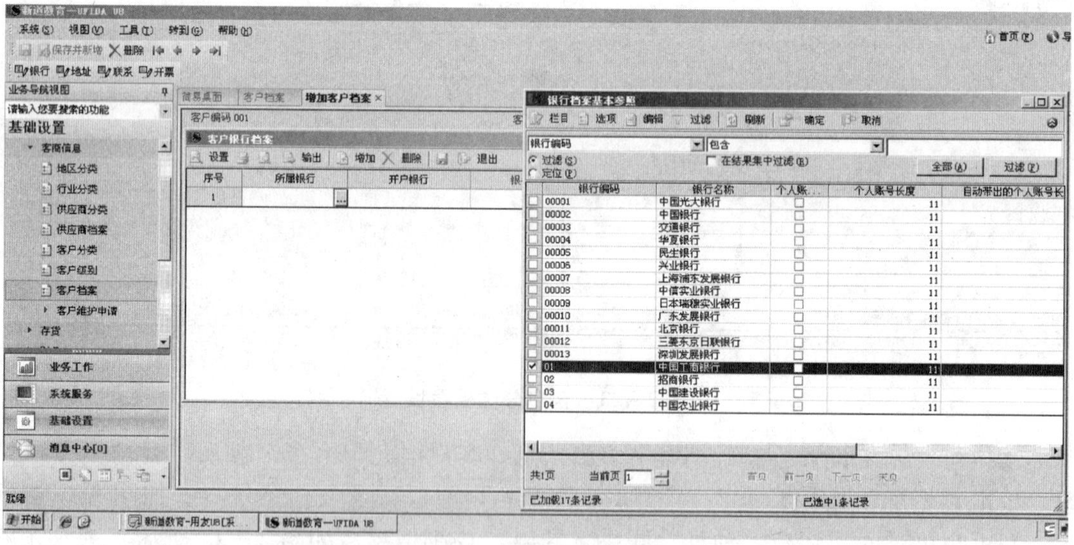

图 2－25　客户档案信息录入

◉业务 9：设置存货分类、计量单位及存货档案

存货分类、存货计量单位、存货档案信息如表 2－8 至表 2－10 所示。

表 2－8　存货分类

分类编码	分类名称
01	自制产品
02	外购产品

表 2－9　存货计量单位

计量单位组编码	计量单位组名称	计量单位组类别	计量单位编码	计量单位名称
01	无换算	无换算率	01001	片
			01002	盒
			01003	套
			01004	部分

表 2－10　存货档案

存货编码	存货名称	计量单位	是否销售	是否外购	是否自制	是否生产耗用	计划价格	参考成本	参考售价	最低售价	最新成本
0001	CD－RW 光盘片	片	√	√		√	90	60	80	75	70
0002	CD－R 光盘片	片	√	√		√	15	7	20	12	8
0003	3.5 英寸软盘	盒	√	√		√	30	20	28	28	12
0004	多媒体教程	套	√	√			32	28	0	0	0
0005	电子商务讲座	套	√	√			25	20	0	0	0
0006	多媒体开发工具	套	√	√			8 000	6 500	0	0	0
0007	网页制作工具	套	√	√			1 200	800	0	0	0
0008	多媒体课件	套	√	√			58	35	0	0	0
0009	财务软件产品	套	√		√		100 000	80 000	0	0	0
0010	网站内容	部分	√		√		60 000	45 000	0	0	0
0011	财务软件培训工具	套	√		√		78	38	0	0	0

注：增值税税率 17%。

▶【操作提示】

①执行“基础设置→基础档案→存货→存货分类”命令，打开“存货分类”窗口。单击工具栏上“增加”按钮，输入存货分类信息，单击保存，输入完成后单击“退出”按钮，关闭窗口。

②执行“基础设置→基础档案→存货→计量单位”命令，打开“计量单位”窗口。单击工具栏上“分组”按钮，进入“计量单位组”窗口。单击“增加”按钮，输入计量单位组编码、计量单位组名称，选择计量单位组类别为无换算率。如图 2－26 所示。在“计量单位”窗口，单击“无换算”组，然后单击工具栏上的“单位”按钮，打开“计

量单位”窗口。单击“增加”按钮，并输入计量单位相关信息。如图 2－27 所示。

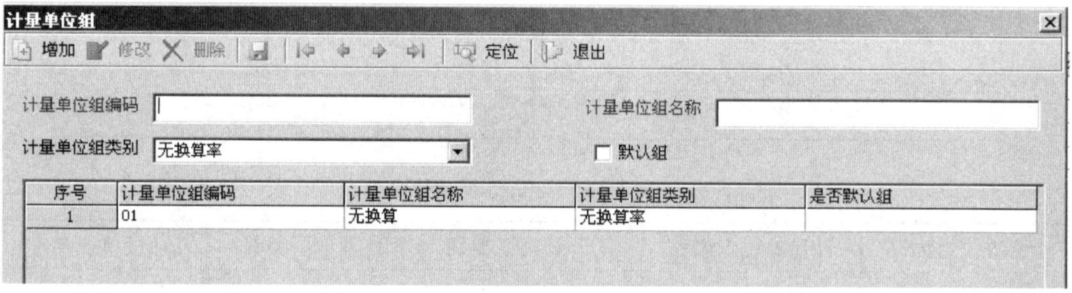

图 2－26　计量单位组设置

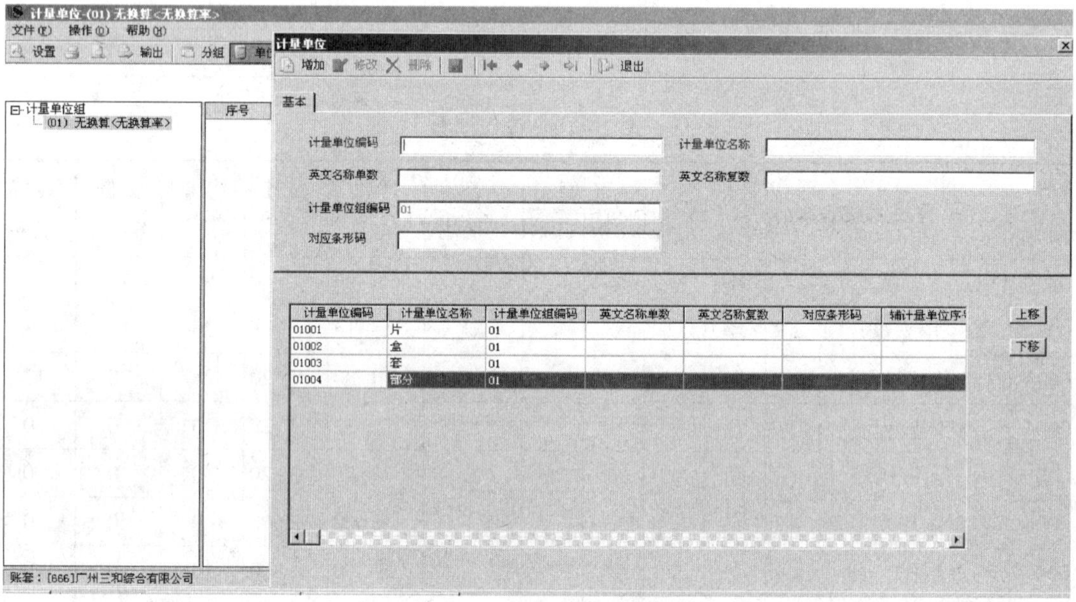

图 2－27　计量单位设置

注意：

1. 计量单位组的设置分三种应用方案，一是计量单位组设置为固定换算率；二是计量单位组设置为浮动换算率；三是计量单位组设置为无换算。

2. 当计量单位组设置为固定换算率时，可以设置两个以上的计量单位，且每一个辅助计量单位对主计量单位的换算率不为空。

3. 当计量单位组设置为浮动换算率时，计量单位可以设置为一个或多个。

4. 当计量单位组设置为无换算时，各个计量单位彼此独立，无换算关系。

③执行“基础设置→基础档案→存货→存货档案”命令，打开“存货档案”窗口。单击工具栏上“增加”按钮，打开“增加存货档案”窗口。在“基本”窗口中，输入存货的相关信息。如图 2－28 所示。在“成本”窗口中，输入存货成本。如图 2－29 所示。

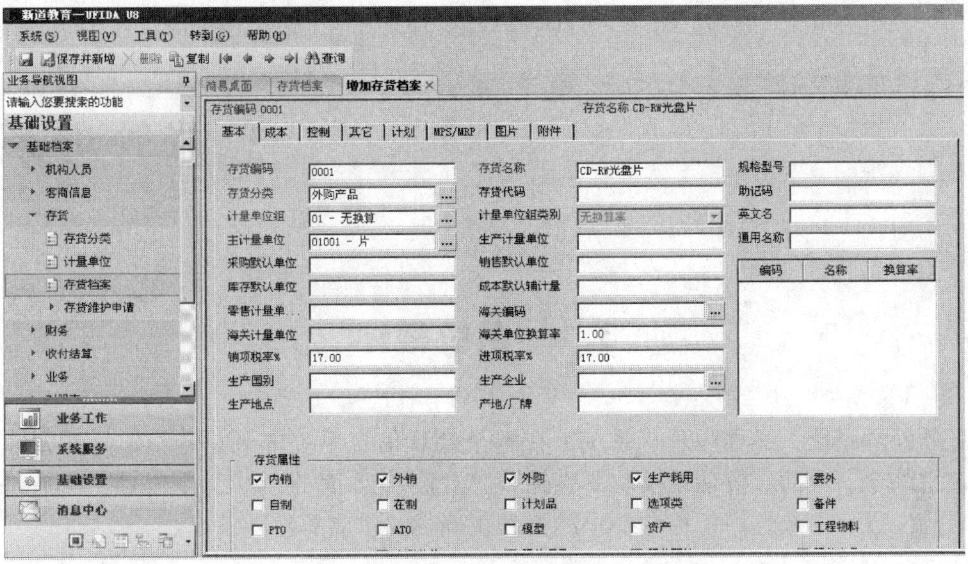

图 2－28　存货档案信息

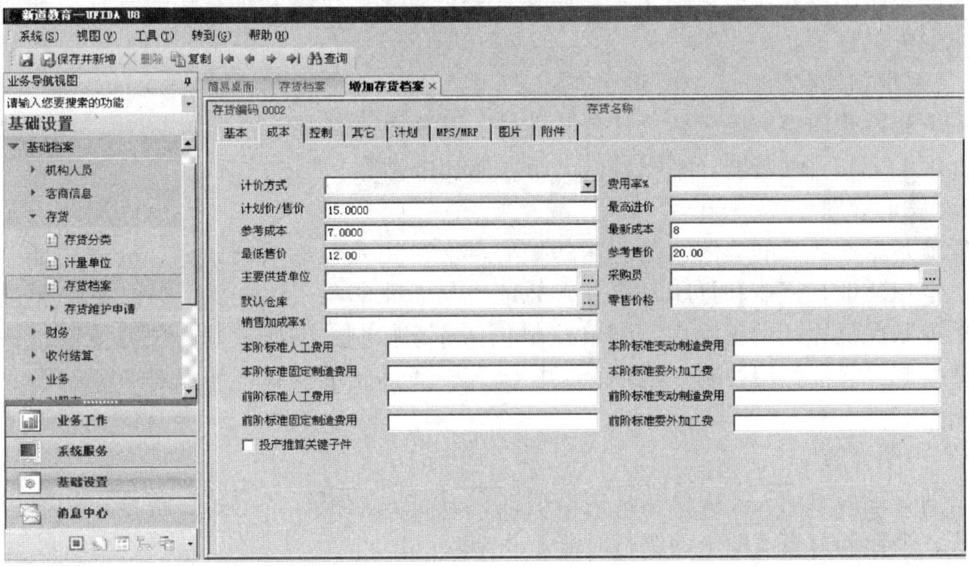

图 2－29　存货档案成本信息

注意：

1. 存货档案应按存货编码方案要求进行设置，只有在存货分类的最末级才能设置存货档案。

2. 存货档案的建立应保证存货核算的完整性，需要将随同发货单或发票一起开具的应税劳务或采购费用等也设置在存货档案信息中。

实验结束，备份账套。

第3章 总账管理系统

3.1 系统概述

账务处理系统，又称为总账系统，在整个会计信息系统中既是中枢，又是最基本的系统，它综合、全面、概括地反映了企业供产销各个方面的会计工作内容，具有综合性强、规范性强、一致性好、控制要求严格和正确性要求高等特点。

3.1.1 总账管理系统主要功能

总账系统的主要功能包括系统初始化、凭证管理、出纳管理、账簿管理、辅助核算和期末业务处理等。

1. **系统初始化**

系统初始化内容主要包括设置会计科目、设置凭证类别与结算方式、设置会计账簿、设置外汇汇率和自动转账、结账科目、录入期初余额等。

2. **凭证管理**

凭证是企业业务的载体，是总账的核心部分。主要包括填制凭证、查询凭证、凭证修改、审核凭证、记账和打印等业务，凭证也是总账的唯一数据源。总账系统通过严密的制单控制保证凭证的正确性。制单控制包括赤字控制、支票控制、预算控制、外币折算误差控制、凭证类型控制、制单金额控制等，通过制单控制可加强对业务的及时管理和控制。

3. **出纳管理**

出纳管理为出纳人员提供集成资金管理的功能，如银行日记账、现金日记账、资金日报表、余额调节表及期末的银行对账。

4. **账簿管理**

账簿管理主要包括总账查询与输出、明细账查询与输出、多栏账和日记账查询与输出等，还包括总账、明细账与凭证的多级联查功能。

5. **辅助核算**

总账的辅助核算内容主要包括数量核算、项目核算、部门核算、往来单位核算、供应商往来和客户往来等。利用辅助核算可以细化企业的管理和核算，简化会计科目体系，能更方便地查询专项信息。

6. **期末业务处理**

期末处理工作主要有以下几个环节：根据自动转账功能进行期末账项调整，如损益类科目的结转、试算平衡、对账、结账、生成月末工作报告等。

3.1.2　总账管理系统与其他系统的主要关系

总账管理系统与其他系统的主要关系如图 3－1 所示。

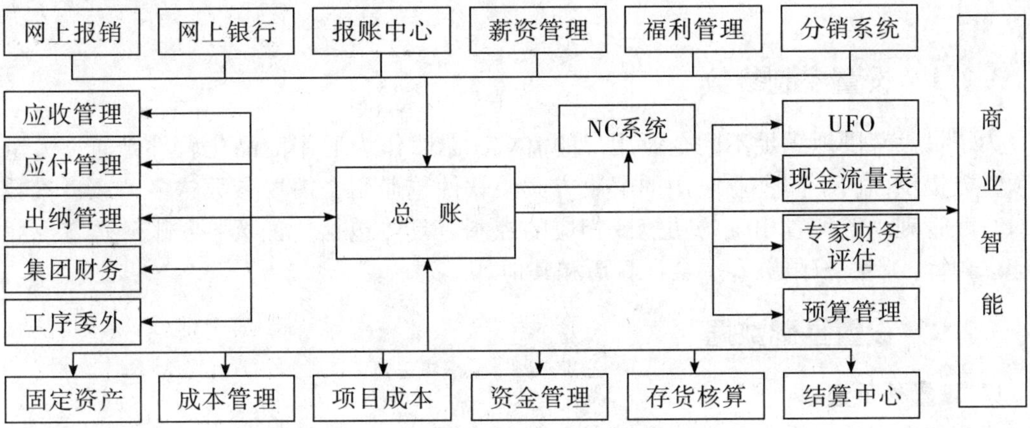

图 3－1　总账管理系统与其他系统的主要关系

3.1.3　总账管理系统的业务处理流程

对于实际业务比较简单、数据量较少的小型企业，只使用账务系统，按照制单、审核、记账、查询、结账的业务流程进行即可。如果企业业务比较复杂，建议使用总账系统提供的各种辅助功能进行管理，如项目、部门、个人往来、客户与供应商往来管理等。总账管理系统的业务处理流程如图 3－2 所示。

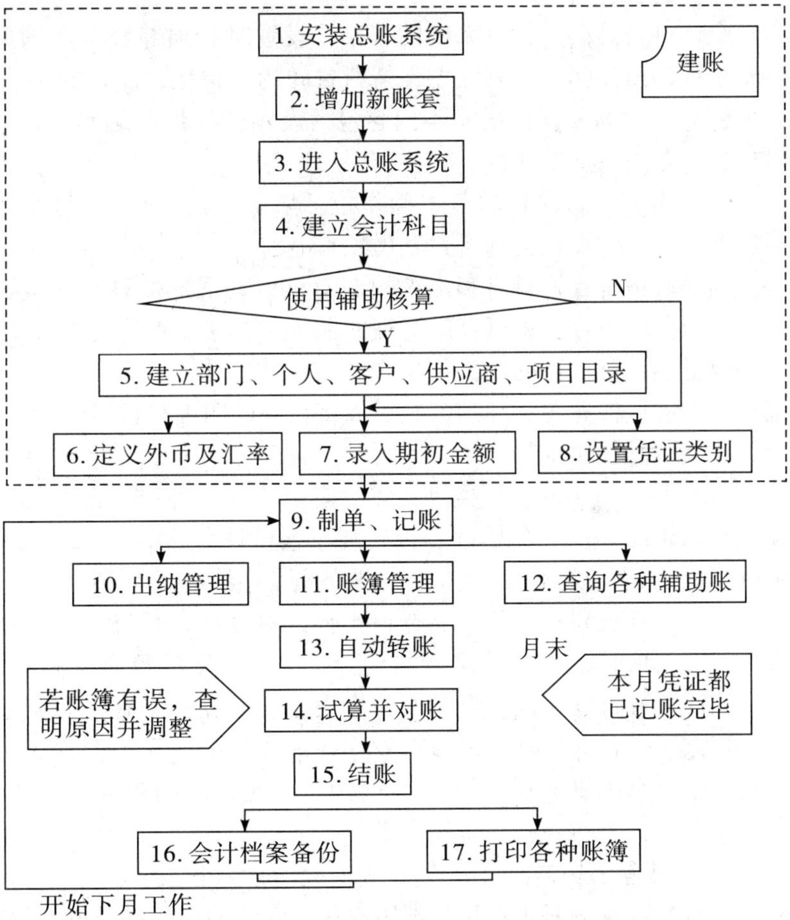

图 3－2　总账管理系统的业务处理流程图

3.2 总账管理系统日常业务处理初始设置

3.2.1 设置控制参数

为了最大范围地满足不同企业用户的需求，总账作为通用商品化软件，通过大量的选项参数提供面向不同企业应用的解决方案。软件越通用，内置参数越多。通过参数设置对总账管理系统配置相应的功能或相应的控制，具体包括凭证页签、账簿页签、凭证打印、预算控制、权限页签、会计日历和其他。

3.2.2 设置基础数据

1. 设置外币汇率

企业如果出现外币业务或外币汇率发生变动等，需通过外币汇率功能进行定义。在填制凭证时所用的汇率应先在此进行定义，以便制单时调用，减少录入汇率的次数和差错。

2. 设置会计科目

会计科目是会计核算系统的基础，设置时必须综合考虑满足会计报表编制的需要与各子系统的衔接问题，要注意保持科目间的协调性、体系的完整性和相对稳定性。

（1）会计科目设置的基本内容包括设置会计科目编码、科目助记词、科目名称、科目类型、方向、辅助属性。

（2）会计科目设置的基本操作包括增加会计科目、删除会计科目、修改会计科目、指定会计科目、设置会计科目辅助项目。

其中，指定会计科目和出纳的专管科目。系统中只有指定科目后，才能执行出纳签字，从而实现现金、银行存款管理的保密性，才能查看现金、银行存款日记账。

设置会计科目辅助项目如果企业有许多往来单位，个人、部门、项目是通过设置明细科目来进行核算和管理的，则可以将相应的明细科目设置为辅助核算进行核算和管理。

3. 设置凭证类别

（1）系统提供的凭证类别设置方案主要有5种：①记账凭证；②收款凭证、付款凭证、转账凭证；③现金凭证、银行凭证、转账凭证；④现金收款凭证、现金付款凭证、银行收款凭证、银行付款凭证、转账凭证；⑤自定义凭证类别。

（2）系统提供了以下5种限制类型，对会计科目进行必要的使用限制设置：①借方必有，即制单时，此类凭证借方至少有1个限制科目有发生；②贷方必有，即制单时，此类凭证贷方至少有1个限制科目有发生；③凭证必有，即制单时，此类凭证无论借方还是贷方至少有1个限制科目有发生额；④凭证必无，即制单时，此类凭证无论借方还是贷方不可有限制科目有发生额；⑤无限制，即制单时，此类凭证可使用所有合法的科目。

4. 设置结算方式

结算方式是用来建立和管理用户在经营活动中所涉及的与银行之间的货币结算方式，

它与财务结算方式一致，如现金结算、支票结算、电汇结算、商业汇票和银行汇票等。

结算方式设置的主要内容包括：结算方式编码、结算方式名称和票据管理标志。

5. 设置辅助核算档案

辅助核算档案可以立体化核算业务。部门人员、客商等档案已在前面阐述。此处主要介绍项目档案设置。

设置项目档案可通过向导提示一步步完成，其基本过程大体可分为以下四步：

第一步，定义项目大类。项目大类即项目核算的分类类别，主要设置项目大类名称、指定该大类使用的会计科目、设置项目分类编码方案和设置项目栏目。

第二步，设置项目大类核算科目。在设置会计科目时，根据需要将进行项目核算的科目设置为项目核算会计科目，如对在建工程、生产成本及其下级科目设置项目核算的辅助账类。

第三步，定义项目细分。为了便于统计，可以对同一项目大类下的项目进行进一步划分，这就需要进行项目分类定义。

第四步，设置项目目录。设置项目目录是将各个大类中的具体项目输入系统，具体输入的内容又取决于项目中所拟定义的栏目名称或数据。

6. 录入期初余额

录入期初余额时，只要求录入最末级核算科目的余额和累计发生额，上级科目的余额和累计发生额由系统自动计算。如果会计科目设置为辅助核算，则需录入辅助核算信息。

期初余额及累计发生额录入完毕后，为了保证初始数据的正确性，必须依据“资产+成本费用=负债+所有者权益+收入”和“借贷平衡”的原则进行试算平衡。校验工作由计算机自动完成，校验完成后系统自动生成校验报告，如果试算结果不平衡，则应依次逐项进行检查、更正，并再次进行试算平衡，直到平衡为止。

若系统建账之初，使用了部门、项目等辅助核算管理功能，期初余额录入时要求录入辅助账，为确保总账与明细账、总账与辅助账数据信息一致，需要进行期初对账。

3.3 总账管理系统日常业务处理

初始化设置完成后，可以开始进行日常账务处理了。日常业务包括凭证管理、出纳管理、账簿管理等。

3.3.1 凭证管理

记账凭证是登记账簿的依据，是总账管理系统的唯一数据源。凭证管理的内容包括填制凭证、审核凭证、凭证汇总和凭证记账等功能。

1. 填制凭证

在实际工作中，可直接在计算机上根据审核无误准予报销的原始凭证填制记账凭证，也可以先由人工制单而后集中录入。企业采用哪种方式应根据本单位的实际情况决定。一般来说，业务量不多、基础较好或使用网络版的企业可采用前一种方式；而在第一年使用或人机并行阶段，则比较适合采用后一种方式。

（1）增加凭证。

记账凭证的内容一般包括两个部分：一是凭证头部分；二是凭证正文部分。如果输入会计科目有辅助核算要求，则应输入辅助核算内容；如果一个科目同时兼有多种辅助核算，则要求同时输入各种辅助核算的有关内容。

（2）生成和调用常用凭证。

可以将某张凭证作为常用凭证存入常用凭证库中，以后可以按所存代号调用这张常用凭证。

在填制一张与“常用凭证”相类似的或完全相同的凭证时，可调用此常用凭证，这样会加快凭证的录入速度。

（3）修改凭证。

在填制凭证中，通过翻页查找或输入查询条件，找到要修改的凭证，将光标移到需修改的地方进行修改即可。可修改内容包括摘要、科目、辅助项、金额及方向和增删分录等。

外部系统传过来的凭证不能在总账管理系统中进行修改，只能在生成该凭证的系统中操作。

（4）作废、恢复凭证。

当某凭证出现不想要或不便修改的错误时，可将其作废。

作废的操作方法是：打开“填制凭证”后，找到要作废的凭证，执行“填制凭证→作废/恢复”命令，凭证上显示“作废”字样，表示已将该凭证作废，作废凭证仍保留凭证内容及凭证编号。

若当前凭证已作废，还可执行“填制凭证→作废/恢复”命令，取消作废凭证标志，并将当前凭证恢复为有效凭证。

（5）凭证整理。

凭证整理即删除所有作废凭证，并按需要对未记账凭证重新编号。若本月已有凭证记账，那么，本月最后一张已记账凭证之前的凭证将不能进行凭证整理，只能对其后面的未记账凭证作凭证整理。若想进行凭证整理，应先利用“恢复记账前状态”功能中恢复至本月初的记账前状态，再做凭证管理。

（6）制作红字冲销凭证。

对于已记账的凭证，若发现有错误，可以制作一张红字冲销凭证。执行“填制凭证→冲销凭证”命令，制作红字冲销凭证。制作红字冲销增加的凭证，应视同正常凭证进行保存管理。

（7）查看凭证有关信息。

总账管理系统的填制凭证功能不仅是各账簿数据的输入口，同时也提供了强大的信息查询功能。通过“填制凭证→查询凭证”功能，可以查询符合条件的凭证信息；通过“查看”菜单可以查看当前科目最新余额、外部系统制单信息和联查明细账等。

2. 审核凭证

为确保登记到账簿的每一笔经济业务的准确性和可靠性，制单员填制的每一张凭证都必须经过审核员的审核。审核凭证主要包括出纳签字、主管签字和审核凭证三方面工作，根据会计制度规定，审核与制单不能为同一人。

（1）出纳签字。

出纳凭证由于涉及企业现金的收入与支出，应加强对出纳凭证的管理。出纳人员可通过出纳签字功能对制单员填制的带有现金银行科目的凭证进行检查核对，主要核对出纳凭证的出纳科目金额是否正确，审查认为错误或有异议的凭证，应交予填制人员修改后再核对。

出纳签字应先更换操作员，由具有签字权限的出纳人员来进行。对于出纳凭证可以单个签字，也可以成批签字。

（2）主管签字。

为了加强对会计人员制单的管理，系统提供“主管签字”功能供用户选择。选择该功能后，会计人员填制的凭证必须经主管签字才能记账。

（3）审核凭证。

审核凭证时，审核员按照财会制度，对制单员填制的记账凭证进行检查核对，主要审核记账凭证与原始凭证是否相符、会计分录是否正确等。审查认为错误或有异议的凭证，应交予填制人员修改后再审核，具有审核权的人才能进行审核操作。

凭证审核同出纳签字一样需要重新更换操作员，由具有审核权限的操作员来进行。凭证既可逐张审核，也可成批审核。

3. **凭证汇总**

凭证汇总是按条件对记账凭证进行汇总并生成一张凭证汇总表。进行汇总的凭证可以是已记账凭证，也可以是未记账凭证，因此财务人员可以在凭证未全部记账前，随时查看企业目前的经营状况及其他财务信息。

4. **凭证记账**

记账凭证经审核签字后，即可用来登记总账、明细账、日记账、部门账、往来账、项目账以及备查账。记账一般采用向导方式，使记账过程更加明确，记账工作由计算机自动进行数据处理，防止人工干预。

3.3.2　出纳管理

出纳管理是总账管理系统为出纳人员提供的一套管理工具，包括出纳签字、现金和银行存款日记账的输出、支票登记簿的管理以及银行对账功能，可对银行长期未达账提供审计报告。

1. **出纳签字**

前面介绍审核凭证功能时，已介绍过出纳签字功能。

2. **日记账及资金日报表**

日记账是指现金和银行存款日记账。日记账有计算机登记，日记账的作用只是用于输出。只要建立会计科目时在“日记账”选项打上“√”标记，即表明该科目要登记日记账。

（1）现金日记账。

必须在“基础设置→基础档案→财务→会计科目”中执行“编辑→指定科目”命令，预先指定现金科目。

（2）银行存款日记账。

欲查询银行存款日记账，银行存款科目必须在“基础设置→基础档案→财务→会计科目”中执行“编辑→指定科目”命令，预先指定银行存款科目。银行日记账的查询与现金日记账的查询基本相同，所不同的只是银行日记账设置有“结算号”栏，它主要是对账用的。

（3）资金日报表。

资金日报表是反映现金、银行存款日发生额及余额情况的报表。在手工方式下，资金日报表由出纳员逐日填写，反映当天营业终止时现金、银行存款的收支情况及余额。在电算化方式下，资金日报表主要用于查询，输出或打印资金日报表，提供当日借、贷金额合计和余额以及发生的业务量等信息。

3．支票登记

在手工记账时，出纳员通常利用支票领用登记簿，用来登记支票领用情况，为此总账管理系统特为出纳员提供了“支票登记簿”功能，以提供其详细登记支票领用人、领用日期、支票用途和是否报销等情况。

使用支票登记簿要注意以下几点：

（1）只有在会计科目中设置了银行账辅助核算的科目，才能使用支票登记簿。

（2）只有在结算方式设置中选择票据控制，才能选择登记银行科目。

（3）领用支票时，银行出纳员需使用“支票登记”功能据实登记领用日期、领用部门、领用人、支票号和备注等。

（4）支票支出后，经办人持原始单据（发票）报销，会计人员据此填制记账凭证。在录入该凭证时，系统要求录入该支票的结算方式和支票号。填制完成该凭证后，系统自动在支票登记簿中将该号支票写上报销日期，该号支票即为已报销。对报销的支票，系统用不同的颜色来加以区分。

（5）支票登记簿中的报销日期栏，一般是由系统自动填写的，但对于有些已报销而由于人为原因而造成系统未能自动填写报销日期的支票，可进行手工填写。

（6）已报销的支票不能再进行修改，可以取消报销标志，再行修改。

（7）在实际应用中，如果要求领用人亲笔签字，最后不使用支票登记簿，这会增加输入的工作量。

4．银行对账

银行对账是出纳管理中一项很重要的工作，此工作通常是在期末进行，因此银行对账的功能放在下一节介绍。

3.3.3 账簿管理

企业发生的经济业务经过制单、审核和记账等程序后，就形成了正式的会计账簿。除了前面介绍的现金和银行存款的查询和输出外，账簿管理还包括基本会计核算账簿的管理，以及各种辅助核算账的管理。

1．基本会计核算账簿管理

基本会计核算管理包括总账、余额表、明细表、序时账、多栏账等账簿的查询及打印。

（1）总账的查询及打印。

总账查询可以查询各总账科目的年初余额、各月发生额合计和月末余额。

（2）余额表的查询及打印。

发生额及余额表用于查询统计各级科目的本月发生额、累计发生额和余额等，可输出某月或某几个月的所有的总账科目或明细科目的期初余额、本期发生额、累计发生额和期末余额，因此建议利用“发生额及余额表”代替总账。

（3）明细账的查询及打印。

明细账查询用于平时查询各账户的明细发生情况，及按任意条件组合查询明细账。在查询过程中可以包含未记账凭证。

（4）序时账的查询及打印。

序时账实际就是以流水账的形式反映单位的经济业务，查询打印比较简单。此处不做详述。

（5）多栏账的查询及打印。

本功能用于查询多栏明细账。在查询多栏账之前，必须先定义查询格式，进行多栏账栏目定义有两种方式：自动编制栏目和手动编制栏目。一般先进行自动编制再进行手动调整，可提高录入效率。

2. 各种辅助核算账簿管理

辅助核算账簿管理包括个人往来、部门核算、项目核算账簿的总账、明细账查询输出以及部门收支分析和项目统计表的查询输出。当供应商往来和客户往来采用总账管理系统核算时，其核算账簿的管理在总账管理系统中进行；否则，应分别在应付款管理和应收款管理系统中进行。

3.4　总账管理系统期末处理

期末处理主要包括银行对账、自动转账、对账、月末处理及年末处理。与日常业务相比，期末业务数量不多，但业务种类繁杂且时间紧迫。在计算机环境下，由于各会计工作期间的许多期末业务具有较强的规律性，且方法很少改变，如费用计提和分摊的方法等。由计算机来处理这些有规律的业务，不但减少了会计人员的工作量，也可以加强财务核算的规范性。

3.4.1　银行对账

1. 输入银行对账期初数据

通常许多企业在使用总账管理系统时，先不使用银行对账模块。例如，某企业 2014 年 1 月开始使用总账管理系统，而银行对账功能是从 5 月开始使用，那么银行对账则应该有一个启用日期（启用日期应为使用银行对账功能前的最后一次手工对账的截止日期），并在此录入最后一次对账时企业方与银行方的调整前余额，以及启用日期之前的单位日记账和银行对账单的未达项。

2. **输入银行对账单**

要实现计算机自动对账，在每月末对账前，须将银行开出的银行对账单输入计算机。

本功能用于平时录入银行对账单，在指定账户（银行科目）后，可录入本账户下的银行对账单，以便于与企业银行存款日记账进行对账。

3. **银行对账**

银行对账采用自动对账与手工对账相结合的方式。

自动对账即由计算机根据对账依据将银行日记账未达账项与银行对账单进行自动核对、勾销。对账依据通常是“结算方式 + 结算号 + 方向 + 金额”或“方向 + 金额”。对于已核对上的银行业务，系统将自动在银行存款日记账和银行对账单都写上两清标志，并视为已达账项，否则，视其为未达账项。由于自动对账是以银行存款日记账和银行对账单双方对账依据完全相同为条件，所以为了保证自动对账的正确和彻底，必须保证对账数据的规范合理。

手工对账是对自动对账的补充。采用自动对账后，可能还有一些特殊的已达账没有对出来，而被视为未达账项，为了保证对账更彻底正确，可通过手工对账进行调整勾销。

下面 4 种情况中只有第 1 种情况能自动核销已对账的记录，后 3 种情况均需通过手工对账来强制核销。

（1）对账单文件中一条记录和银行日记账未达账项文件中一条记录完全相同。

（2）对账单文件中一条记录和银行日记账未达账项文件中多条记录完全相同。

（3）对账单文件中多条记录和银行日记账未达账项文件中一条记录完全相同。

（4）对账单文件中多条记录和银行日记账未达账项文件中多条记录完全相同。

4. **余额调节表的查询输出**

在对银行账进行两清勾对后计算机自动整理汇总未达账和已达账，生成“银行存款余额调节表”，以检查对账是否正确。该余额调节表为截止到对账截止日期的余额调节表，若无对账截止日期，则为最新余额调节表。如果余额调节表显示账面余额不平，应查“银行期初录入”中的相关项目是否平衡，“银行对账单”录入是否正确，“银行对账”中勾对是否正确，对账是否平衡。如不正确则进行调整。

5. **对账结果查询**

对账结果查询，主要用于查询单位日记账和银行对账单的对账结果。它是对余额调节表的补充，可进一步了解对账后，对账单上勾对的明细情况（包括已达账项和未达账项），从而进一步查询对账结果。检查无误后，可通过核销银行账来核销已达账。

银行对账不平时，不能使用核销功能。核销不影响银行日记账的查询和打印，核销错误可以进行反核销。

3.4.2 自动转账

转账分为外部转账和内部转账，外部转账是指将其他专项核算子系统生成的凭证转入总账管理系统中；内部转账是指在总账管理系统内部把某个或某几个会计科目中的余额或本期发生额结转到一个或多个会计科目中。

实现自动转账包括转账定义和转账生成两部分。

1. **转账定义**

转账定义包括自定义转账、对应结转、销售成本结转、汇兑损益结转、期间损益结转、自定义比例转账和费用摊销和预提。

（1）自定义转账设置。

自定义转账功能可以完成的转账业务主要有：费用分配的结转，如工作分配等；费用分摊的结转，如制造费用等；税金计算的结转，如增值税等；提取各项费用的结转，如提取福利费等；各项辅助核算的结转，如部门核算、项目核算、个人核算等。

如果使用应收款或应付款管理系统，在总账管理系统中则不能按客户或供应商辅助项进行结转，只能按科目总数进行结转。

（2）对应结转设置。

对于结转不仅可以进行两个科目一对一结转，还提供科目的一对多结转功能，对应结转的科目可为上级科目，但其下级科目的科目结构必须一致（相同明细科目），如有辅助核算，则两个科目的辅助账类也必须一一对应。该功能只结转期末余额，若结转发生额，需在自定义结转中设置。

（3）销售成本结转设置。

销售成本结转设置主要用来辅助没有启用供应链管理系统的企业完成销售成本的计算和结转，分两种方法：全月平均法和售价（计划价）法。

（4）汇兑损益结转设置。

该功能用于期末自动计算外币账户的汇兑损益，并在转账生成中自动生成汇兑损益凭证。汇兑损益只处理外汇存款账户、外币现金账户、外币结算的各项债权和债务；不包括所有者权益类账户、成本类账户和损益类账户。

为了保证汇兑损益计算正确，填制某月的汇兑损益凭证时，必须先将本月的所有未记账凭证先记账。

汇兑损益入账科目不能是辅助账科目或有数量外币核算的科目。

若启用了应收款或应付款管理系统，则计算汇兑损益的外币科目不能带客户或供应商往来核算的科目。

（5）期间损益结转设置。

该功能用于在一个会计期间终止时，将损益类科目的余额结转到本年利润科目中，从而及时反映企业利润的盈亏情况。期间损益结转主要是对于管理费用、销售费用、财务费用、销售收入和营业外收支等损益类科目的结转。

损益科目结转中将列出所有的损益科目，如果希望某损益科目参与期间损益的结转，则应在该科目所在行本年利润科目栏填写本年利润科目代码；若为空，则不结转此损益科目的余额。

损益科目的期末余额将结转到该行的本年利润科目中去。

若损益科目与本年利润科目都有辅助核算，则辅助账类必须相同。

损益科目结转表中本年利润科目必须为末级科目，且为本年利润入账科目的下级科目。

（6）自定义比例结转。

当两个或多个科目及辅助项存在一一对应关系时，可将其余额按一定比例进行一对

一、多对一或多对多结转。本功能只结转期末余额。

（7）费用摊销和预提。

可按一定结转比例或金额实现分期等费用摊销与预提，可一对一结转，也可一对多结转。

2. **生成转账凭证**

定义完转账凭证后，每月月末只需执行该功能即可通过计算机快速生成转账凭证，在此生成的转账凭证将自动追加到未记账凭证中去，通过审核、记账后才能真正完成结转工作。

由于转账凭证中定义的公式基本上取自账簿，因此，在进行月末转账之前，必须将所有未记账凭证全部记账，否则，生成的转账凭证中的数据可能不准确，特别是对于一组相关转账分录，必须按顺序依次进行转账生成、审核和记账。

如果启用了应收款或应付款管理系统，在总账管理系统中则不能按客户、供应商进行结转。

根据需要选择生成结转方式、结转月份及需要结转的转账凭证，系统在进行结转计算后显示将要生成的凭证，确认无误后，将生成的凭证追加到未记账凭证中。

结转月份为当前会计月，且每月只结转一次。在生成结转凭证时，要注意操作日期，一般都在月末进行。

若转账科目有辅助核算，但未定义具体的转账辅助项，可以选择“按所有辅助项结转”或“按有发生的辅助项结转”。

按所有辅助项结转：转账科目的每一个辅助项生成一笔分录。

按有发生的辅助项结转：按转账科目下每一个有发生的辅助项生成一笔分录。

3.4.3 对账

对账是对账簿数据进行核对，以检查记账是否正确以及账簿是否平衡。它主要是通过核对总账与明细账、总账与辅助账数据来完成账账核对。

试算平衡就是将系统中设置的所有科目的期末余额按会计平衡公式“借方余额 = 贷方余额”进行平衡检验，并输出科目余额表及是否平衡等信息。

一般来说，实行计算机记账后，只要记账凭证录入正确，计算机自动记账后各种账簿都应是正确、平衡的。但由于非法操作或计算机病毒或其他原因有时可能会造成某些数据被破坏，因而引起账账不符。为了保证账证相符和账账相符，应经常使用该功能进行对账，至少一个月一次，一般可在月末结账前进行。

如果使用应收款或应付款管理系统，则在总账管理系统中不能对客户往来账、供应商往来账进行对账。

当对账出现错误或记账有误时，系统允许“恢复记账前状态”，进行检查、修改，直到对账正确。

3.4.4 结账

在电算化方式下，结账工作与手工工作相比简单多了。结账是一种成批数据处理，每月只结账一次，主要是对当月日常处理限制和对下月账簿的初始化，由计算机自动完成。

在结账之前要进行下列检查：

（1）检查本月业务是否全部到账，若有未记账凭证不能结账。

（2）月末结转必须全部生成并记账，否则本月不能结账。

（3）检查上月是否已结账，如上月未结账，则本月不能记账。

（4）核对总账与明细账，主体账与辅助账，总账管理系统与其他子系统数据是否一致，若不一致不能结账。

（5）检查损益类账户是否全部结账完毕，否则本月不能结账。

（6）若与其他子系统联合使用，其他子系统是否已结账；若没有，则本月不能结账。

（7）结账前要进行数据备份，结账后不得再录入本月凭证，并终止各账户的记账工作，计算本月各账户发生额合计和本月账户期末余额并将余额结转至下月初。

（8）如果结账以后发现结账错误，可以进行“反结账”取消结账标志，然后进行修正，再进行结转工作。

（9）每月月底都要进行结账处理，结账实际上就是计算和结转各账簿的本期发生额和期末余额，并终止本期的账务处理工作。

实验二　总账管理系统初始设置

【实验目的】

1. 掌握用友 ERP – U8 V10.1 中总账管理系统初始设置的相关内容。
2. 熟悉总账管理系统初始设置的意义。
3. 掌握总账管理系统初始设置的具体内容与操作方法。

【实验内容】

1. 总账管理的系统参数设置。
2. 基础档案、会计科目、凭证类别、外币及汇率、结算方式和辅助核算等设置。
3. 期初余额录入。

【实验准备】

引入“实验一”的账套数据。

【实验资料与操作指导】

◉业务 1：设置总账参数

▶**【操作提示】**

以账套主管“01 李达”的身份登录企业门户，操作日期为 2016 年 1 月 1 日。

执行“业务工作→财务会计→总账→设置→选项”命令，进入“选项”窗口进行设置，凭证选项设置如图 3 – 3 所示。其他设置同系统默认。

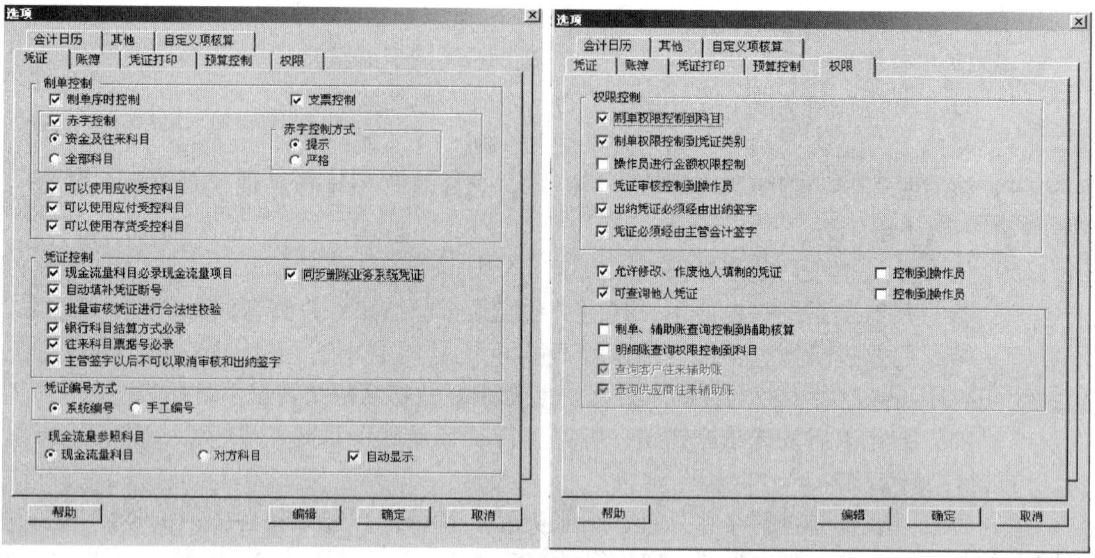

图3－3　总账参数设置

◉业务2：数据权限设置（将所有科目与部门的操作权限赋给02操作员）

►【操作提示】

①执行“系统服务→权限→数据权限控制设置”命令，进入“数据权限控制设置”窗口，取消勾选“用户”复选框。如图3－4所示。

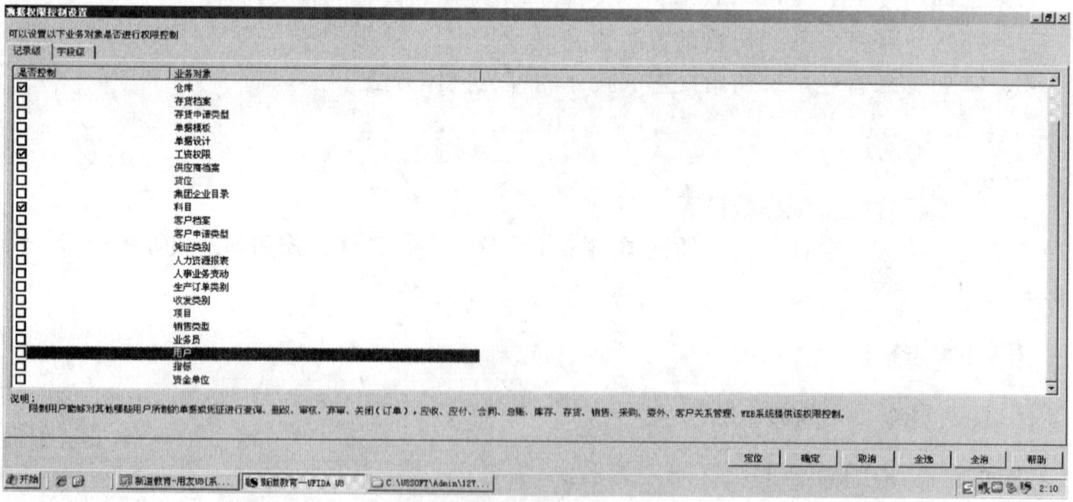

图3－4　取消对用户控制

②执行“业务工作→财务会计→总账→设置→数据权限分配”命令，进入“权限浏览”窗口。如图3－5所示。

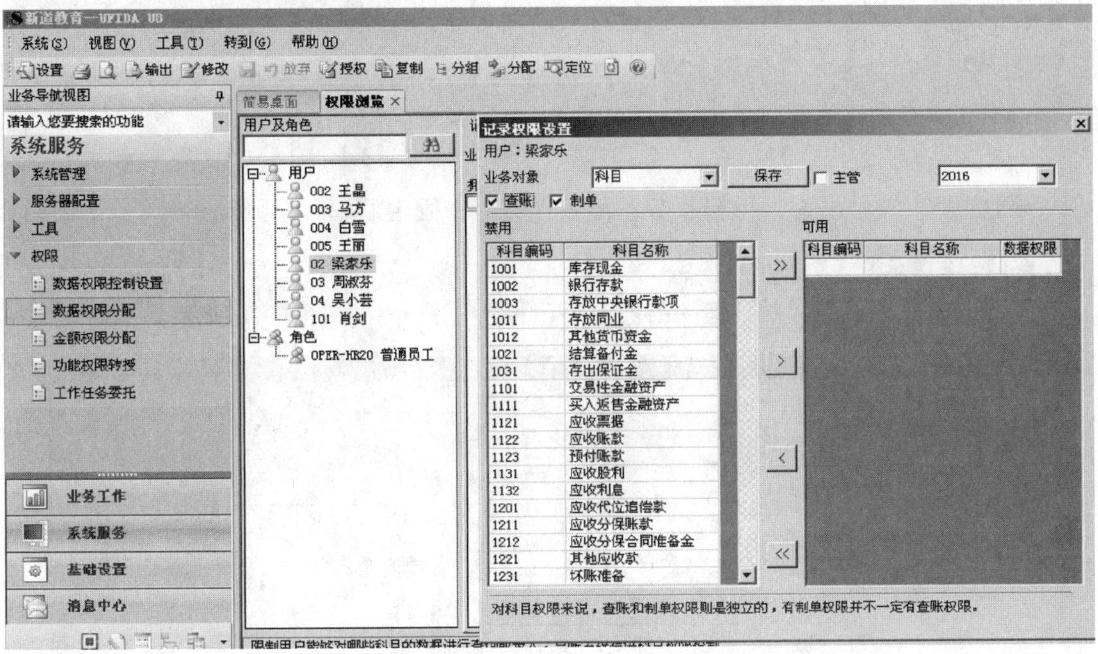

图 3－5　数据权限分配

③选中“02 梁家乐”，在“业务对象”选择框中选择“科目”，单击工具栏上“授权”按钮，进入“记录权限设置”，将所有科目移至右边。单击“保存”按钮。

④在“业务对象”选择框中选择“部门”，单击工具栏上“授权”按钮，进入“记录权限设置”，将所有部门移至右边。单击“保存”按钮。关闭记录权限设置窗口。如图 3－6 所示。

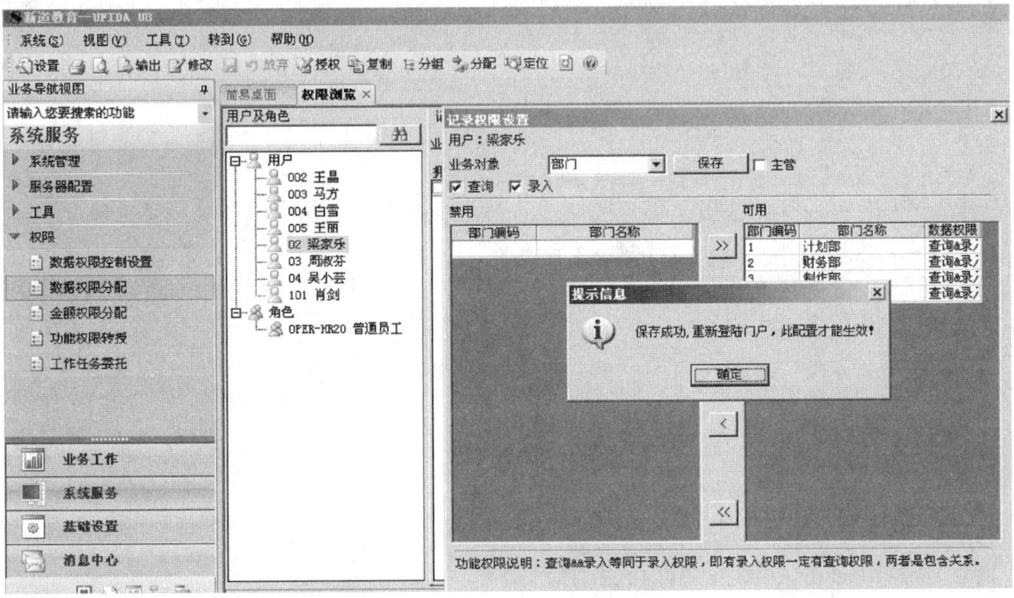

图 3－6　部门权限分配

> **注意：**
> 业务 1 中若选择“明细权限控制到科目”选项，则此处需要进行明细权限设置，否则此处的设置并不起作用。

◉业务 3：外币设置（币符：$；币名：美元；固定汇率，记账汇率为：6.872 5）

▶【操作提示】

执行“基础设置→基础档案→财务→外币设置”命令。如图 3－7 所示。

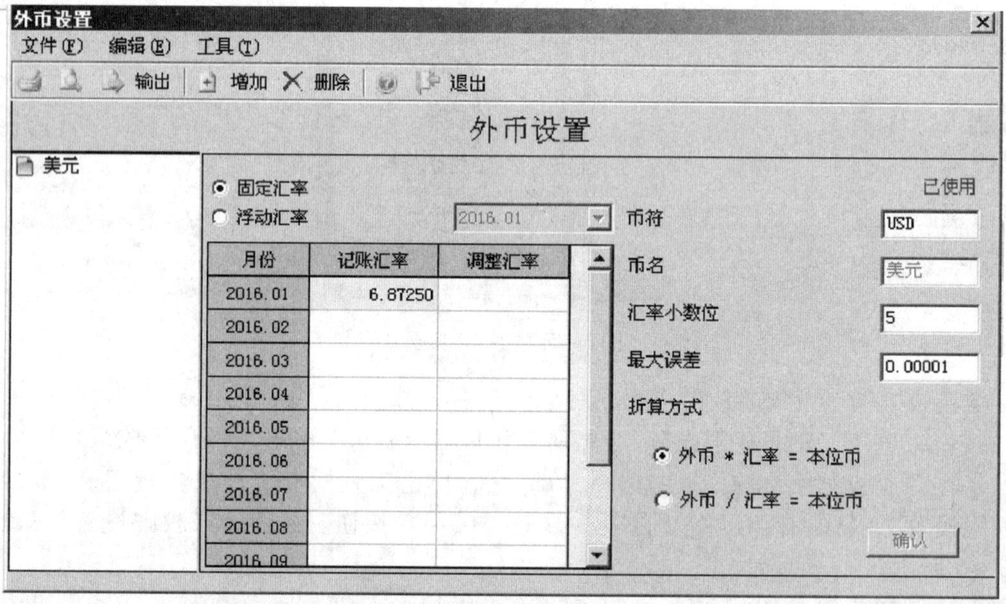

图 3－7　外币设置

> **注意：**
> 1. 当汇率变化时，应预先在此进行调整，否则，制单时不能自动正确录入汇率。
> 2. 对于使用固定汇率（即使用月初或年初汇率）作为记账汇率的用户，在填制每月的凭证前，应预先在此录入该月的记账汇率，否则在填制该月外币凭证时，将会出现汇率为零的错误。
> 3. 对于使用变动汇率（即使用当日汇率）作为记账汇率的用户，在填制当天的凭证前，应预先在此录入当天的记账汇率。

◉业务 4：设置会计科目

请参照表 3－1 设置调整会计科目。

表 3－1　2016 年 1 月会计科目

科目名称	设置	方向	科目名称	设置	方向
库存现金（1001）	日记账	借	实收资本（4001）		贷
银行存款（1002）		借	资本公积（4002）		贷
工行——人民币户（100201）	银行日记账	借	盈余公积（4101）		贷
招行——美元户（100202）	银行日记/外币 $	借	本年利润（4103）		贷
应收票据（1121）	客户往来	借	利润分配（4104）		贷
应收账款（1122）	客户往来	借	提取盈余公积（410401）		贷
预付账款（1123）	供应商往来	借	应付股利（410402）		贷
其他应收款（1221）		借	未分配利润（410403）		贷
备用金（122101）	部门核算	借	生产成本（5001）	项目核算	借
应收个人款（122102）	个人往来	借	直接材料（500101）	项目核算	借
坏账准备（1231）		贷	直接工资（500102）	项目核算	借
材料采购（1401）		借	制造费用（500103）	项目核算	借
原材料（1403）		借	生产成本转出（500199）	项目核算	借
CD－RW 光盘片（140301）	数量金额：张	借	制造费用（5101）	项目核算	借
CD－R 光盘片（140302）	数量金额：张	借	工资费用（510101）	项目核算	借
软盘（140303）	数量金额：盒	借	折旧费用（510102）	项目核算	借
库存商品（1405）		借	其他费用（510103）	项目核算	借
多媒体教程（140501）	数量金额：套	借	主营业务收入（6001）		贷
电子商务讲座（140502）	数量金额：套	借	多媒体教程（600101）	数量金额	贷
多媒体开发工具（140503）	数量金额：套	借	电子商务讲座（600102）	数量金额	贷
	数量金额：套	借	多媒体开发工具（600103）	数量金额	贷
网页制作工具（140504）	数量金额：套	借	网页制作工具（600104）	数量金额	贷
多媒体课件（140505）	数量金额：套	借	多媒体课件（600105）	数量金额	贷
固定资产（1601）		借	其他业务收入（6051）		贷
累计折旧（1602）		贷	营业外收入（6301）		贷
固定资产清理（1606）		借	主营业务成本（6401）		借
无形资产（1701）		借	多媒体教程（640101）	数量金额	借
累计摊销（1702）		贷	电子商务讲座（640102）	数量金额	借
短期借款（2001）		贷	多媒体开发工具（640103）	数量金额	借
应付票据（2201）	供应商往来	贷	网页制作工具（640104）	数量金额	借

续上表

科目名称	设置	方向	科目名称	设置	方向
应付账款（2202）	供应商往来	贷	多媒体课件（640105）	数量金额	借
预收账款（2203）	客户往来	贷	其他业务成本（6402）		借
应付职工薪酬（2211）		贷	营业税金及附加（6403）		借
工资（221101）		贷	销售费用（6601）		借
职工福利（221102）		贷	工资费用（660101）		借
社会保险（221103）		贷	折旧费用（660102）		借
应交税费（2221）		贷	办公费用（660103）		借
应交增值税（222101）		贷	其他费用（660104）		借
进项税额（22210101）		贷	管理费用（6602）		借
销项税额（22210102）		贷	工资费用（660201）	部门核算	借
转出多交增值税（22210103）		贷	折旧费用（660202）	部门核算	借
			办公费用（660203）	部门核算	借
转出未交增值税（22210104）		贷	业务招待费（660204）	部门核算	借
			其他费用（660205）	部门核算	借
应交营业税（222102）		贷	财务费用（6603）		借
应交城建税（222103）		贷	利息支出（660301）		借
应交所得税（222104）		贷	银行手续费（660302）		借
未交增值税（222105）		贷	资产减值损失（6701）		借
应交个人所得税（222106）		贷	计提的坏账准备（670101）		借
应付利息（2231）		贷	营业外支出（6711）		借
其他应付款（2241）		贷	所得税费用（6801）		借

►【操作提示】

①以账套主管“01 李达”的身份登录企业门户，选择设置选项卡，执行“基础设置→基础档案→财务→会计科目”命令。

②单击工具栏上的“增加”按钮，进入“新增会计科目”窗口。根据表格进行增加会计科目或根据已有的科目进行修改，单击工具栏上“修改”按钮，按要求选择外币、

数量核算、各种辅助核算。应收票据、应收账款等科目需在受控系统中选择“应收款管理系统”，应付票据、应付账款等科目需在受控系统中选择“应付系统”。如图 3－8 所示。

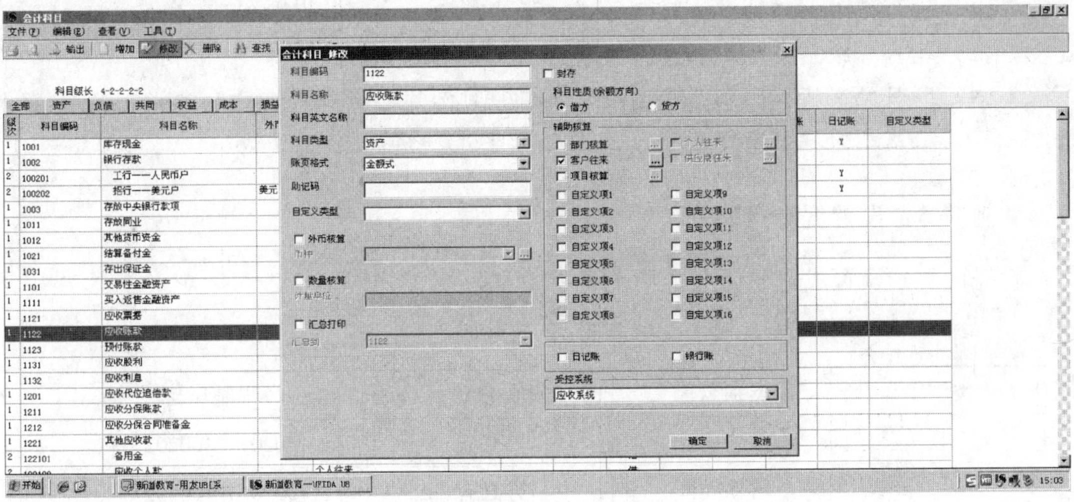

图 3－8　增加及修改科目

③执行“编辑→指定科目”命令，在“会计科目”窗口中，单击“编辑”按钮，进入指定科目窗口。将“库存现金”“银行存款”移至右边，并单击“确定”按钮。如图 3－9所示。

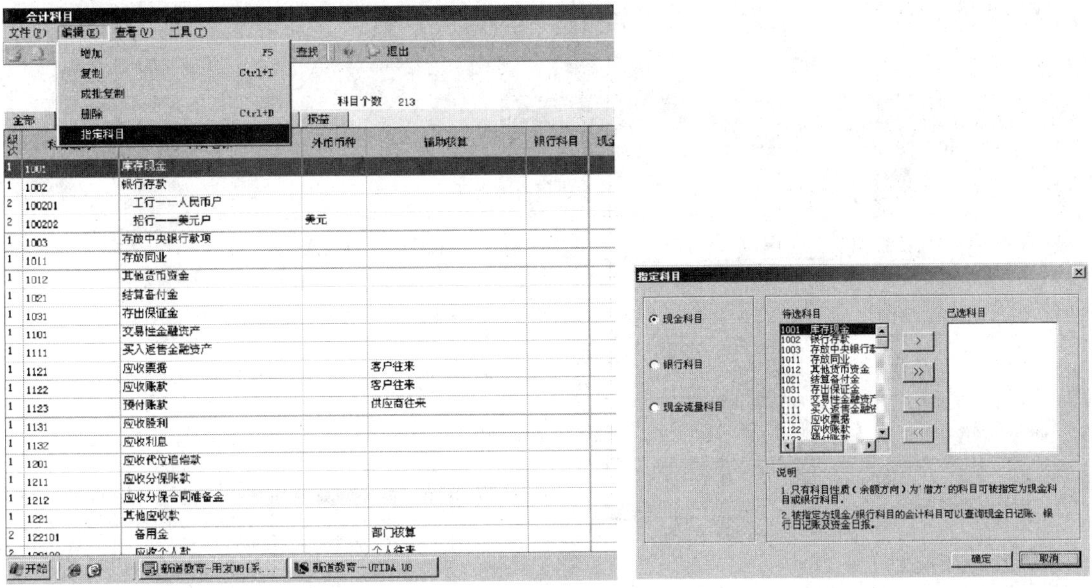

图 3－9　指定会计科目

注意：

1. 会计科目编码设置必须遵循以下原则：

（1）科目编码必须唯一，不能重复；

（2）科目编码必须按照其级次的先后顺序建立；

（3）输入各级科目编码长度必须符合所定义的科目编码长度；

（4）科目编码输入明细科目时要求上级科目必须已经输入。

2. 不指定科目现金与银行科目，不能执行出纳签字的操作。

◉业务5：设置凭证类别

将凭证类别设置成记账凭证，如表3－2所示。

表3－2　凭证类别设置

类别字	类别名称	限制类型	限制科目
收	收款凭证	借方必有	1001，100201，100202
付	付款凭证	贷方必有	1001，100201，100202
转	转账凭证	凭证必无	1001，100201，100202

►【操作提示】

执行“基础设置→基础档案→财务→凭证类别”命令，进入“凭证类别设置”窗口。选择“收款凭证　付款凭证　转账凭证”，单击“确定”按钮，进入“凭证类别”活动窗，单击工具栏上的“修改”按钮，设置凭证类别信息后，单击“退出”按钮。如图3－10所示。

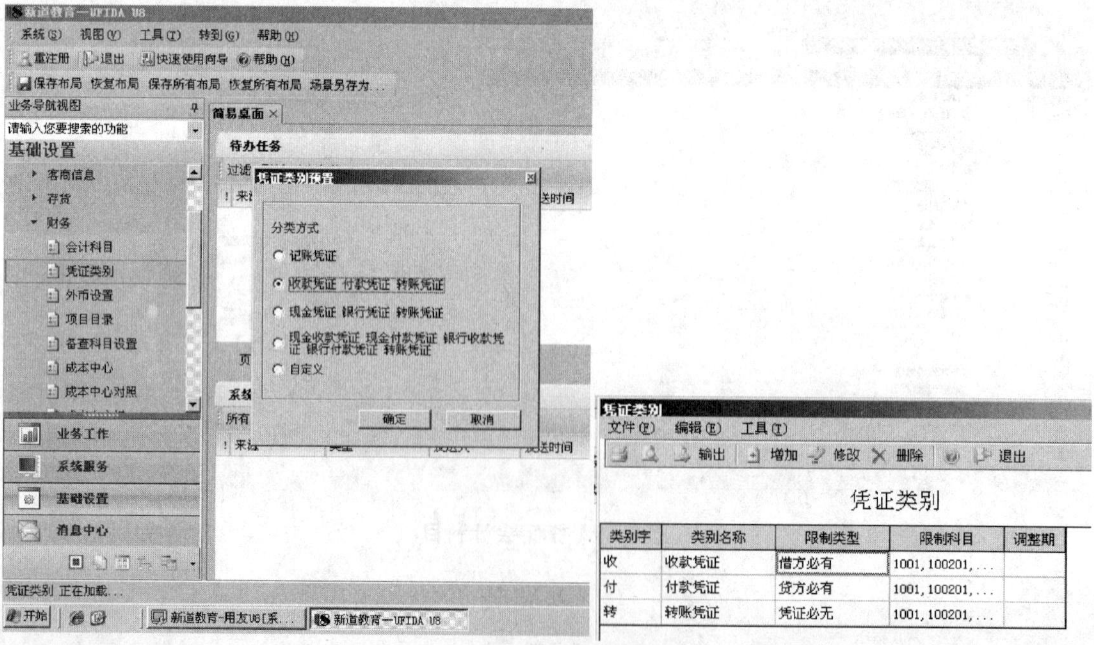

图3－10　定义凭证类别

注意：

限制科目中“，”输入法应改成英文状态。

◉业务 6：定义项目

企业项目大类及项目目录如表 3－3 所示。

表 3－3　定义项目类别及项目目录

核算科目	项目大类：产品生产		
	教学工具包研发		ERP 实验室建设
	多媒体学习光盘	电子教案	实验室规划设计
5001　生产成本			
500101　直接材料			
500102　直接工资			
500103　制造费用			
500199　生产成本转出			
5101　制造费用			
510101　工资费用			
510102　折旧费用			
510103　其他费用			

▶【操作提示】

①执行“基础设置→基础档案→财务→项目目录”命令，进入“项目档案”弹窗，单击“增加”按钮，进入“项目大类定义—增加”窗口，并输入项目大类名称“产品生产”，单击“下一步”进入项目档案，默认系统信息，单击“完成”按钮返回“项目档案”窗口。如图 3－11 所示。

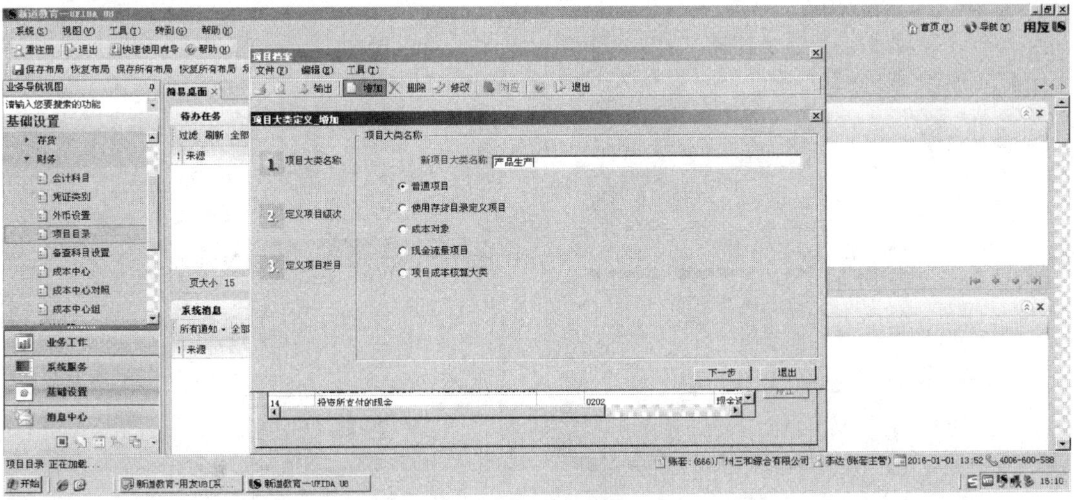

图 3－11　增加项目大类

②选择项目分类定义，在项目大类中选择“产品生产”，输入分类编码1，分类名称为教学工具包研发，单击“确定”按钮，输入分类编码2，分类名称为“ERP实验室建设”，单击“确定”按钮。如图3－12所示。

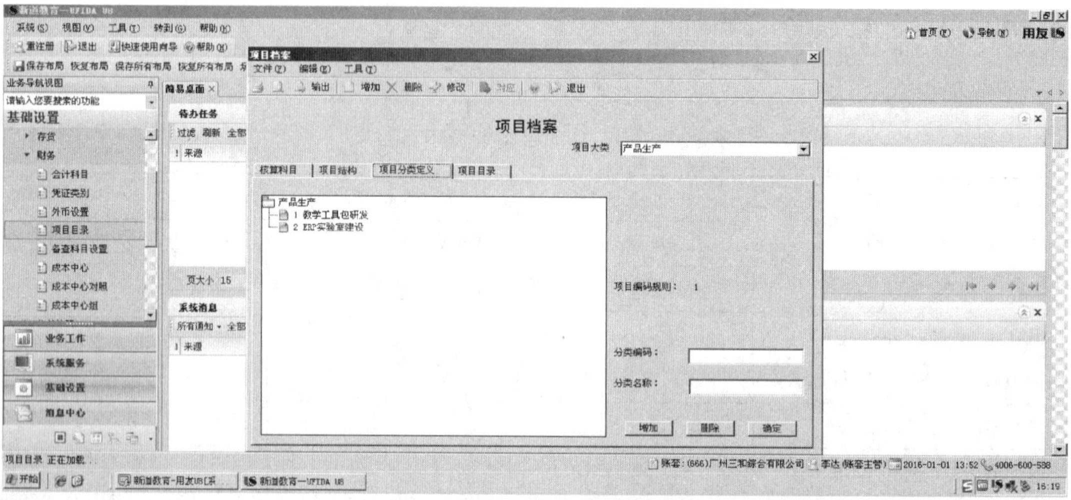

图3－12 增加项目分类

③选择项目目录，单击“维护”按钮，进入项目档案窗口。单击工具栏上“增加”按钮，并依次输入多媒体学习光盘、电子教案、实验室规划设计，单击“退出”按钮。如图3－13所示。

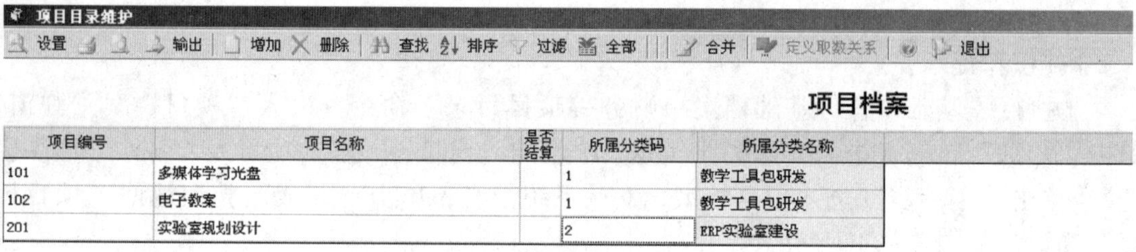
项目目录维护

设置 输出 增加 删除 查找 排序 过滤 全部 合并 定义取数关系 退出

项目档案

项目编号	项目名称	是否结算	所属分类码	所属分类名称
101	多媒体学习光盘		1	教学工具包研发
102	电子教案		1	教学工具包研发
201	实验室规划设计		2	ERP实验室建设

图3－13 维护项目档案

④选择核算科目，将所有科目从左边移至右边。如图3－14所示。

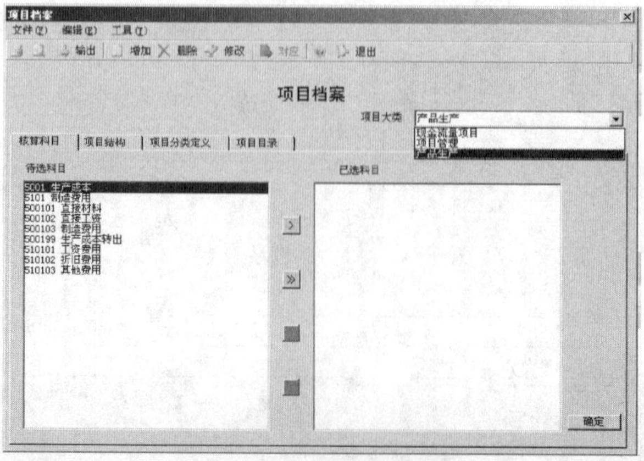

图3－14 选择核算科目

注意：
操作过程中，项目大类始终选择“产品生产”。

◉业务 7：设置结算方式

设置结算方式方如表 3－4 所示。

表 3－4　结算方式一览表

结算方式编码	结算方式名称	票据管理
1	现金结算	否
2	支票	否
201	现金支票	是
202	转账支票	是
3	银行汇票	否
4	商业汇票	否
401	商业承兑汇票	否
402	银行承兑汇票	否
5	其他	否

▶【操作提示】

执行“基础设置→基础档案→收付结算→结算方式”命令，进入“结算方式”窗口进行设置。如图 3－15 所示。

图 3－15　设置结算方式

◉业务 8：设置付款条件为 5/10，2/20，1/30，*n*/60

设置付款条件如表 3－5 所示。

表 3-5　设置付款条件

付款条件编码	信用天数	优惠天数 1	优惠率 1	优惠天数 2	优惠率 2	优惠天数 3	优惠率 3	优惠天数 4	优惠率 4
01	60	10	5	20	2	30	1	60	*n*

说明：表中优惠天数 1 为 10、优惠率 1 为 5 即 5/10；优惠天数 2 为 20、优惠率 2 为 2 即 2/20，以此类推。5/10，2/20，1/30，*n*/60，是指在 10 天以内还款，给予 5% 的现金折扣，20 天以内还款，给予 2% 的现金折扣，以此类推。

▶【操作提示】

执行“基础设置→基础档案→收付结算→付款条件”命令，进入“付款条件”窗口进行设置。如图 3-16 所示。

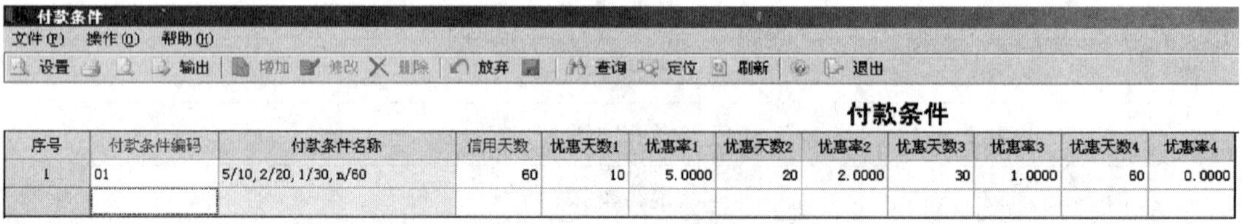

图 3-16　设置付款条件

◉业务 9：设置开户银行

如设置开户银行为工行海淀支行，账号：622208091001。

▶【操作提示】

执行“基础设置→基础档案→收付结算→开户银行”命令，进入“本单位开户银行”窗口，单击工具栏上“增加”按钮，进入“增加本单位开户银行”窗口，输入信息。如图 3-17 所示。

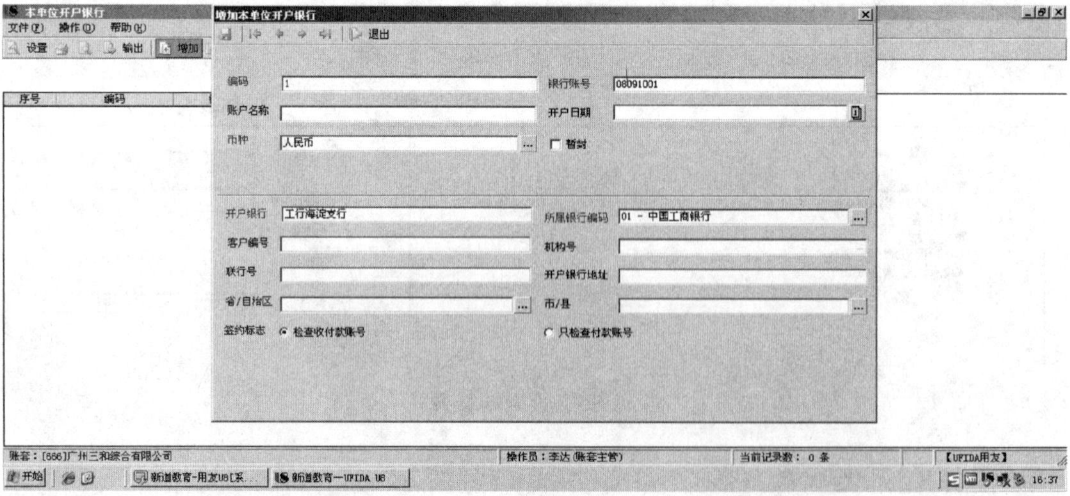

图 3-17　设置开户银行

◉业务 10：录入期初余额

期初金额信息如表 3－6 至表 3－10 所示。

表 3－6　2016 年 1 月份期初余额

科目名称	方向	币别/计量	期初余额
库存现金（1001）	借		7 417. 70
银行存款（1002）	借		194 598. 83
工行——人民币户（100201）	借		194 598. 83
招行——美元户（100202）	借		0. 00
	借	美元	0. 00
应收票据（1121）	借		0. 00
应收账款（1122）	借		160 000. 00
预付账款（1123）	借		0. 00
其他应收款（1221）	借		3 800. 00
备用金（122101）	借		2 000. 00
应收个人款（122102）	借		1 800. 00
坏账准备（1231）	贷		800. 00
材料采购（1401）	借		0. 00
原材料（1403）	借		2 050. 00
CD－RW 光盘片（140301）	借		400. 00
	借	张	5. 00
CD－R 光盘片（140302）	借		450. 00
	借	张	30. 00
软盘（140303）	借		1 200. 00
	借	盒	40. 00
库存商品（1405）	借		200 000. 00
多媒体教程（140501）	借		28 000. 00
	借	套	1 000. 00
电子商务讲座（140502）	借		21 000. 00
	借	套	1050. 00
多媒体开发工具（140503）	借		40 000. 00
	借	套	5. 00
网页制作工具（140504）	借		6 000. 00
	借	套	5. 00

续上表

科目名称	方向	币别/计量	期初余额
多媒体课件（140505）	借		105 000.00
	借	套	3 000.00
固定资产（1601）	借		260 680.00
累计折旧（1602）	贷		12 512.64
固定资产清理（1606）	借		0.00
无形资产（1701）	借		58 500.00
累计摊销（1702）	贷		5 878.06
短期借款（2001）	贷		200 000.00
应付票据（2201）	贷		0.00
应付账款（2202）	贷		222 300.00
预收账款（2203）	贷		0.00
应付职工薪酬（2211）	贷		8 400.00
工资（221101）	贷		0.00
职工福利（221102）	贷		8 400.00
社会保险（221103）	贷		0.00
应交税费（2221）	贷		-17 000.00
应交增值税（222101）	贷		0.00
进项税额（22210101）	贷		0.00
销项税额（22210102）	贷		0.00
转出多交增值税（22210103）	贷		0.00
转出未交增值税（22210104）	贷		0.00
应交营业税（222102）	贷		0.00
应交城建税（222103）	贷		0.00
应交所得税（222104）	贷		0.00
未交增值税（222105）	贷		-17 000.00
应交个人所得税（222106）	贷		0.00
应付利息（2231）	贷		0.00
其他应付款（2241）	贷		2 100.00
实收资本（4001）	贷		500 000.00
资本公积（4002）	贷		0.00
盈余公积（4101）	贷		0.00
本年利润（4103）	贷		0.00

续上表

科目名称	方向	币别/计量	期初余额
利润分配（4104）	贷		－30 778. 43
提取盈余公积（410401）	贷		0. 00
应付股利（410402）	贷		0. 00
未分配利润（410403）	贷		－30 778. 43
生产成本（5001）	借		17 165. 74
直接材料（500101）	借		155. 00
直接工资（500102）	借		15 000. 00
制造费用（500103）	借		2 010. 74
生产成本转出（500199）	借		0. 00

说明：项目核算的期初余额均为“多媒体学习光盘”项目余额。

表 3－7　2016 年 1 月份其他应收款（部门核算）期初余额一览表

部门编码	部门名称	方向	本币期初余额
4	市场部	借	2 000
合计		借	2 000

表 3－8　2016 年 1 月份其他应收款（个人核算）期初余额一览表

日期	凭证号数	部门名称	个人名称	摘要	方向	本币期初余额
2015－12－31	记－18	市场部	杜海航	出差借款	借	1 800
合计					借	1 800

表 3－9　2016 年 1 月份应收账款期初余额一览表

会计科目：1122　应收账款　　　　　　　　　　　余额：借 160 000 元

单据类型	单据编号	单据日期	客户	科目	摘要	方向	金额	部门	业务员
普通发票	P1111	2015－10－24	启迪	1122	销售财务软件产品 1 套	借	100 000. 00	市场部	杜海航
专用发票	Z1111	2015－11－10	梅林	1122	销售网站内容 1 部分	借	60 000. 00	市场部	杜海航

表 3－10　2016 年 1 月份应付账款期初余额一览表

会计科目：2202　应付账款　　　　　　　　　　　余额：贷 222 300 元

单据类型	单据编号	单据日期	供应商	科目	摘要	方向	金额	部门	业务员
专用发票	C3333	2015－09－19	益民	2202	购买 CD － RW 光盘片 3705 片	贷	222 300. 00	市场部	商端

▶【操作提示】

①以 01 号操作员的身份登录企业门户，选择“业务”选项卡，执行“账务会计→总账→设置→期初余额”命令。

②在输入期初余额中，表格出现“白、灰、橙”三种颜色。白色框可直接输入，灰色框由其明细科目的期初余额汇总而得，橙色框由辅助明细数据汇总而得。例如：库存现金金额可直接输入，银行存款金额由“工行——人民币户”和“招行——美元户”汇总得出。

③橙色科目需双击录入明细。如录入“应收账款”时，应双击“应收账款”科目所在行的“期初余额”进入“辅助期初余额”窗口查看。单击“往来明细”按钮，进入“期初往来明细”界面，单击“增行”按钮，录入应收账款的期初往来资料，单击汇总，然后退出窗口，返回“辅助期初余额”窗口，输入余额。如图 3－18 至 3－20 所示。同理录入其他科目金额。

图 3－18　期初往来明细录入

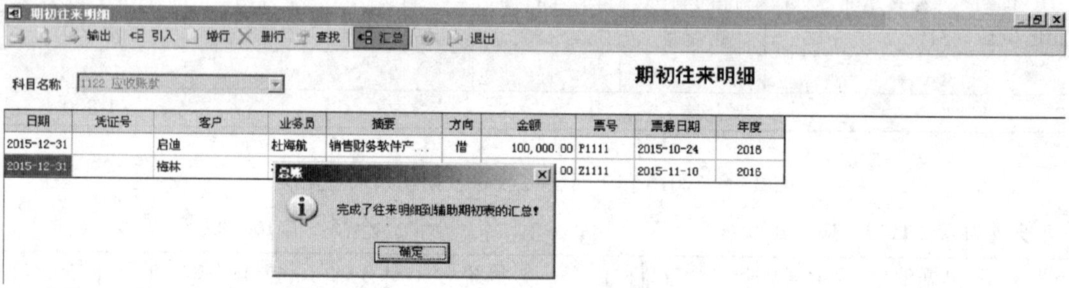

图 3－19　期初往来明细汇总

图 3－20　辅助账期初明细

④录入完所有余额后，在“期初余额录入”对话框中单击“试算”按钮，可查看期初余额试算平衡表，检查余额已经平衡后，则如图 3－21 返回。否则进行修改。

⑤在“期初余额录入”对话框中单击“试算”按钮，之后单击“对账”按钮，在弹出的对话框中单击“开始”按钮，对当前期初余额进行对账。如图 3－21 所示。如果对账后发现有错误，可单击“显示对账错误”按钮，系统将把对账中发现的问题列出来。

⑥若期初余额试算对账平衡，单击“退出”按钮。

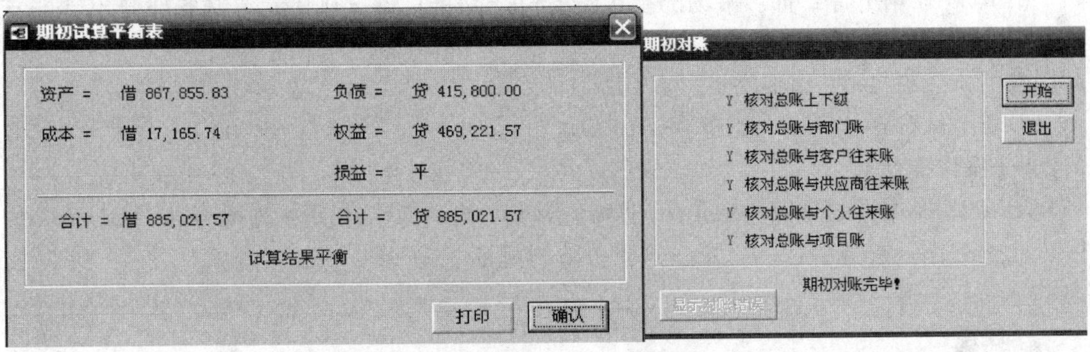

图 3－21　期初余额试算对账

注意：

期初余额试算或对账不平衡时，将不能记账，但可以填制凭证。已经记过账，则不能再录入、修改期初余额，也不能执行“结转上年余额”的功能。所以应进行试算平衡，再录入本期凭证。

实验结束，备份账套。

实验三　总账管理系统日常业务处理

【实验目的】

1. 掌握用友 ERP－U8 V10.1 中总账管理系统日常业务处理的相关内容。
2. 熟悉总账管理系统日常业务处理的各种操作。
3. 掌握凭证管理、出纳管理的具体内容与方法。

【实验内容】

1. 凭证管理：填制凭证、审核凭证、凭证记账等工作。
2. 出纳管理：出纳签字等工作。

【实验准备】

引入“实验二”的账套数据。

【实验资料与操作指导】

◉业务1：填制凭证

（1）2016年1月2日，市场部崔达民支付产品推广费3 000元，财务部开出转账支票一张（附单据2张，支票号1234）。

借：销售费用——其他费用（660104）　　3 000

　贷：银行存款——人民币户（100201）　　3 000

▶【操作提示】

①以02操作员的身份登录企业门户，密码为02，操作日期为2016年1月31日。执行“业务工作→财务会计→总账→凭证→填制凭证”命令。

注意：

第一张凭证为样本，不可使用，需要点击“增加”来增加凭证。

②单击“增加”按钮，增加一张空白凭证。

③选择凭证类型“付款凭证”；单击进行选择制单日期，或者直接手动输入制单日期“2016－01－02”；输入附单据数2。

④输入摘要“支付产品推广费”；直接输入科目编码660104，或者单击选择对应的科目名称，借方金额3 000，按Enter键，摘要自动转到下一行。

⑤在输入科目编码100201后，弹出“辅助项”对话框，单击选择转账支票的结算方式，输入支票号1234，发生日期“2016－01－02”，单击“确定”按钮。如图3－22所示。贷方金额3 000，或者将光标定格在贷方金额处按“＝”可以调取借方数据。

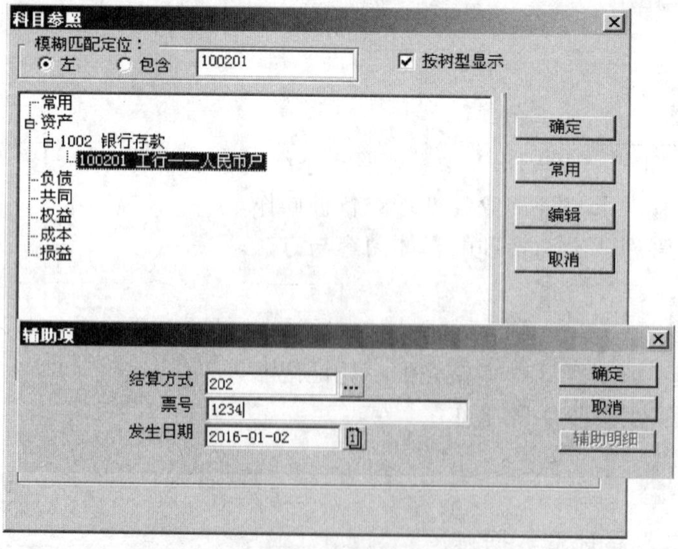

图3－22　银行存款科目及辅助项

⑥凭证输入完成后，若此张支票未登记，则系统弹出“此支票尚未登记，是否登记?”信息提示对话框，单击“是”按钮。随后弹出“票据登记”对话框，输入领用日期“2016 - 01 - 02”，领用部门“市场部”，姓名“崔达民”，用途“支付产品推广费”，单击“确定”按钮。如图 3 - 23 所示。

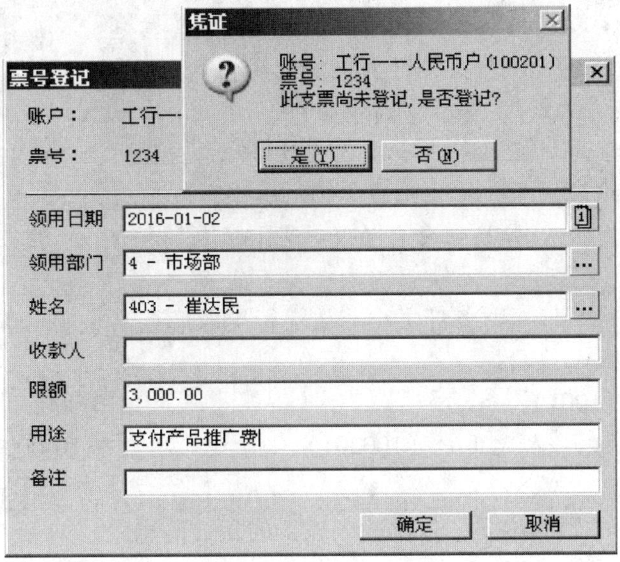

图 3 - 23　支票登记

⑦生成凭证。如图 3 - 24 所示。单击按钮保存，系统弹出“凭证已成功保存!”信息提示框，单击“确定”按钮。

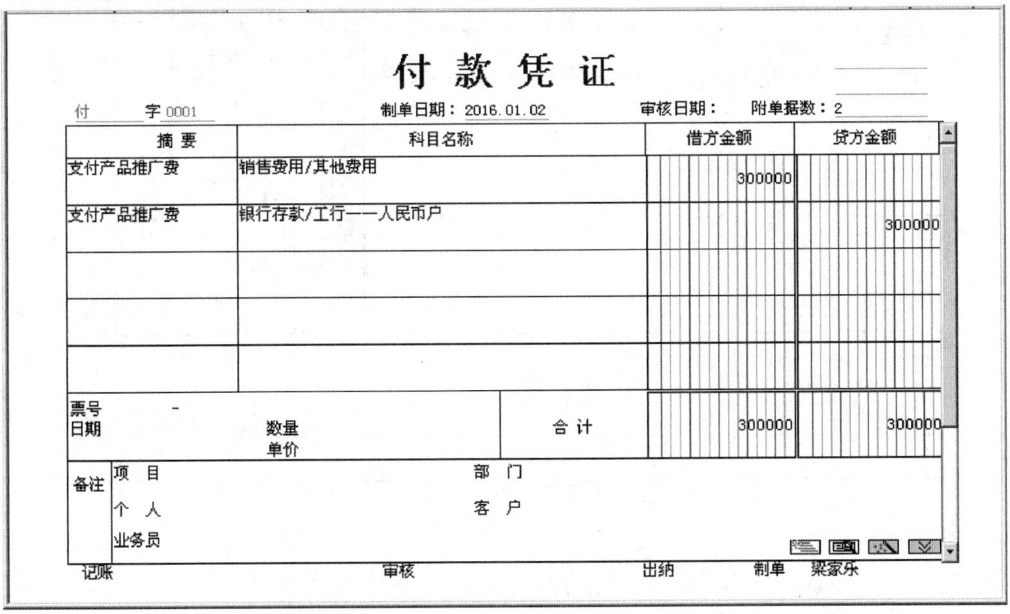

图 3 - 24　付款凭证

注意：

1. 摘要不能为空。不同行的摘要可以相同也可以不同，每行摘要将随相应的会计科目在明细账、日记账中出现。

2. 科目必须是最末一级明细科目。

3. 输入银行存款科目后，须继续输入其辅助核算信息。

4. 金额列的红线后面的数据单位为角、分。金额不能为零，红字以“－”号表示。

5. 借贷方的金额必须相等。当借方有数据时，在贷方金额处按“＝”可以调取借方数据。

6. 直接单击“增加”按钮会自动保存当前填制的凭证。

（2）2016 年 1 月 5 日，财务部吴小芸从银行提取库存现金 10 000 元（附单据 1 张，库存现金支票号 2345）。

借：库存现金（1001）　　　　　　　　　　　　　10 000

　贷：银行存款——人民币户（100201）　　　　　　　10 000

►【操作提示】

①参照第（1）小题的步骤，依次输入凭证的相关信息。

②生成凭证。如图 3－25 所示。

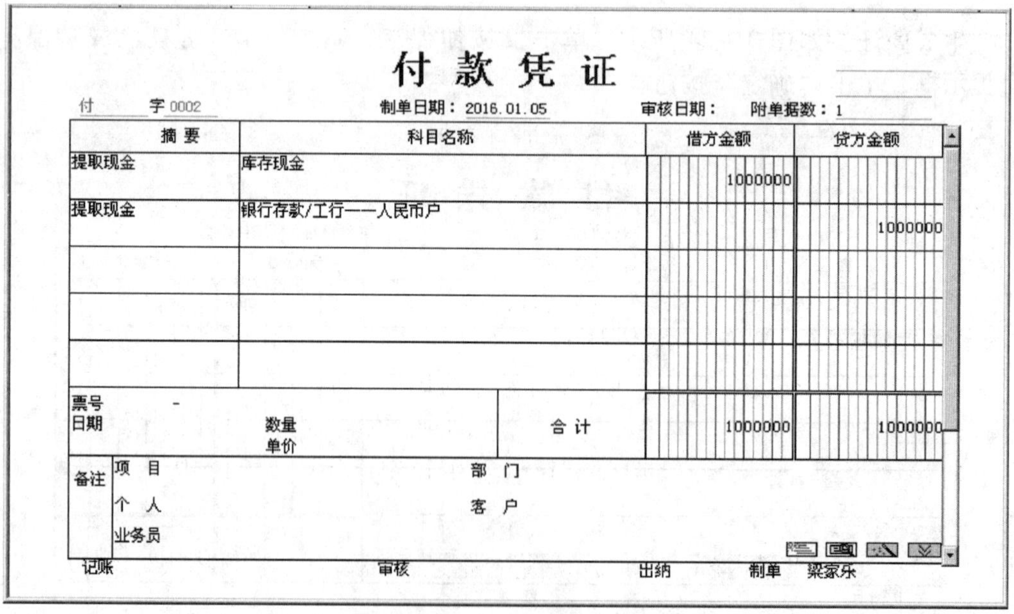

付款凭证

付 字 0002　　制单日期：2016.01.05　　审核日期：　　附单据数：1

摘要	科目名称	借方金额	贷方金额
提取现金	库存现金	1000000	
提取现金	银行存款/工行——人民币户		1000000
票号 - 日期	数量 单价	合计 1000000	1000000

备注　项目　　部门

　　　个人　　客户

　　　业务员

记账　　审核　　出纳　　制单　梁家乐

图 3－25　付款凭证

（3）2016 年 1 月 8 日，市场部商端支付本月租房费 1 800 元，财务部开出转账支票一张（附单据 2 张，支票号 1235）。

借：销售费用——其他费用（660104）　　　　　　　　　　1 800

　贷：银行存款——人民币户（100201）　　　　　　　　　　1 800

►【操作提示】

①参照第（1）小题的步骤，依次输入凭证的相关信息。

②生成凭证。如图 3－26 所示。

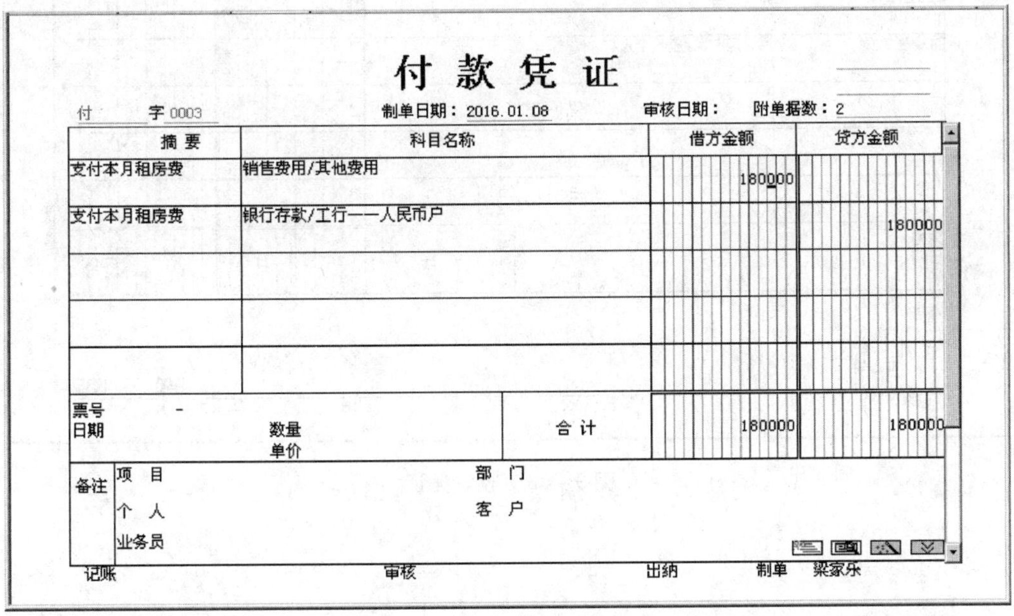

图 3－26　付款凭证

（4）2016 年 1 月 10 日，市场部杜海航出差归来，报销差旅费 1 600 元，交回现金 200 元（附单据 1 张，票号 201601001）。

借：销售费用——其他费用（660104）　　　　　　　　　　1 600

　　　　　——库存现金（1001）　　　　　　　　　　　　200

　贷：其他应收款——应收个人款（122102）　　　　　　　1 800

►【操作提示】

①参照第（1）小题的步骤，依次输入凭证的相关信息。

②在输入科目编码 122102 后，弹出“辅助项”对话框，单击…选择部门“市场部”，个人“杜海航”，票号“201601001”，发生日期“2016－01－10”，单击“确认”按钮。如图 3－27 所示。

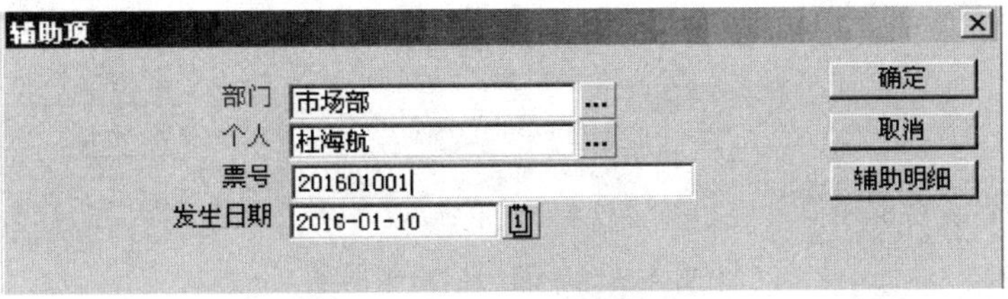

图 3－27　个人往来辅助项

③生成凭证。如图 3－28 所示。

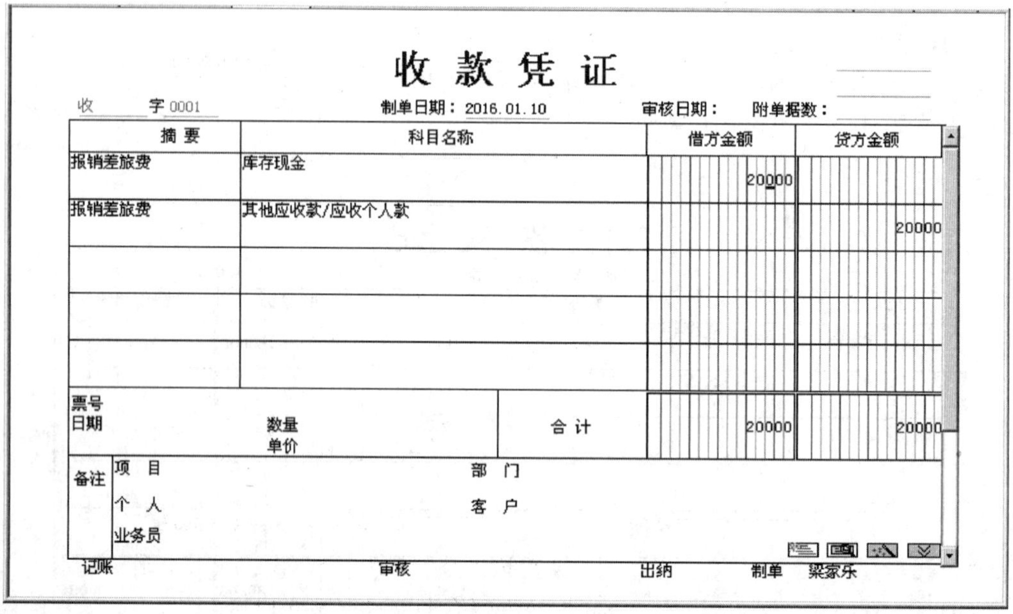

图 3－28 收款凭证

注意：

因“其他应收款/应收个人款”科目设置了“个人往来”辅助项，所以要求设置辅助信息。

（5）2016 年 1 月 10 日，财务部吴小芸以转账支票支付计划部电信费 620 元（附单据 1 张，支票号 1236）。

借：管理费用——其他费用（660205） 620

贷：银行存款——人民币户（100201） 620

▶【操作提示】

①参照第（1）小题的步骤，依次输入凭证的相关信息。

②在输入科目编码 660205 后，弹出“辅助项”对话框，单击 … 选择部门“计划部”，单击“确认”按钮。如图 3－29 所示。

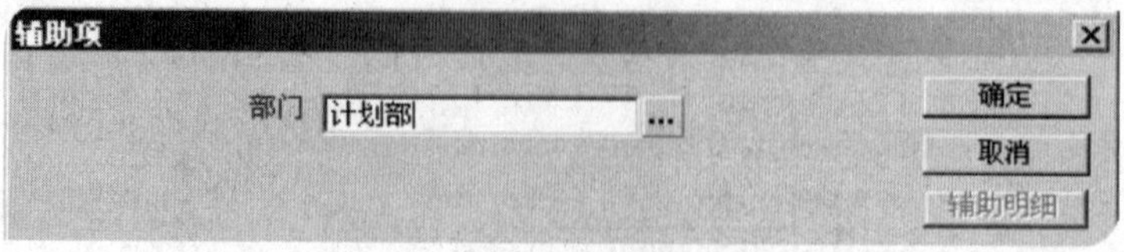

图 3－29 部门核算辅助项

③生成凭证。如图 3－30 所示。

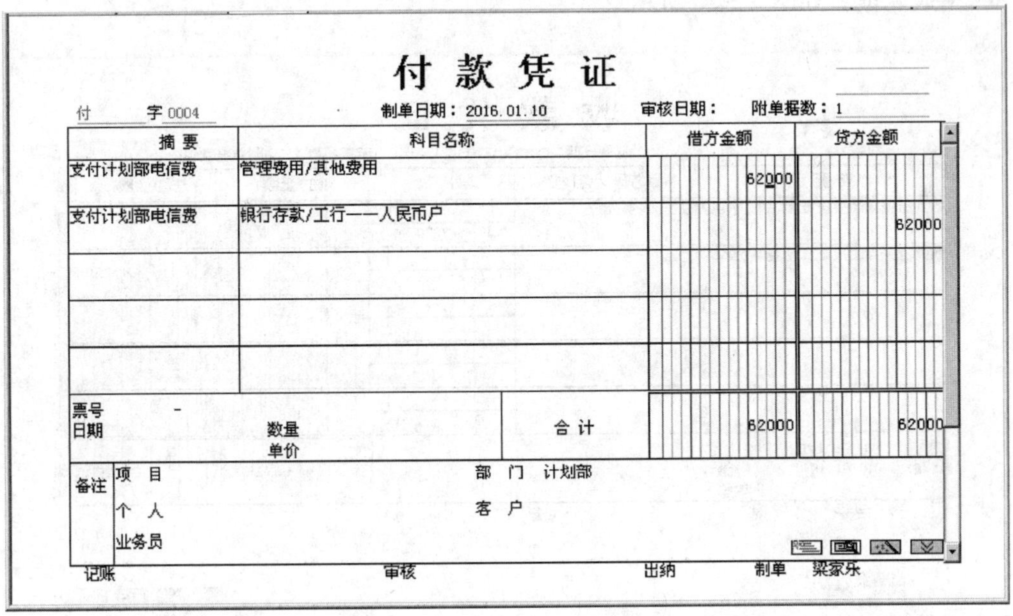

图 3－30　付款凭证

注意：

因"管理费用/其他费用"科目设置了"部门核算"辅助项，所以要求设置部门辅助信息。

（6）2016 年 1 月 10 日，收到泛美集团投资资金 10 000 美元，银行汇票，票号 0202，款项已存入银行（附单据 2 张）。

借：银行存款——美元户（100202）　　　　68 725

　贷：实收资本（4001）　　　　68 725

▶【操作提示】

①参照第（1）小题的步骤，依次输入凭证的相关信息。

②在输入科目编码 100202 后，弹出"辅助项"对话框，单击…选择银行汇票的结算方式，输入支票号 0202，发生日期"2016－01－10"，单击"确认"按钮。如图 3－31 所示。

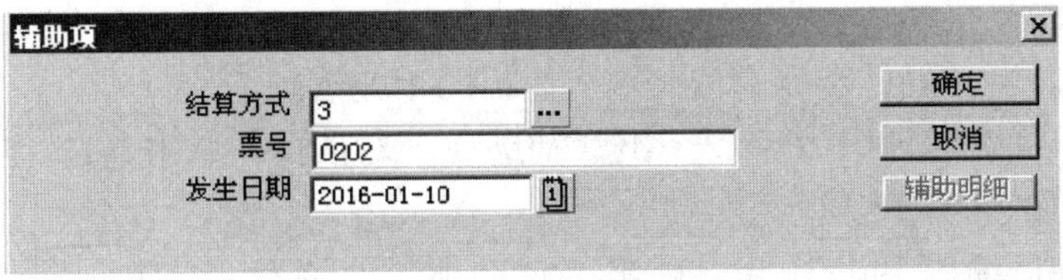

图 3－31　银行存款辅助项

③在"外币"金额栏处，直接输入外币金额 10 000，根据自动显示的外币汇率 6.872 5，当光标切换至"借方金额"栏时系统会自动生成本币金额数。

④生成凭证。如图 3－32 所示。

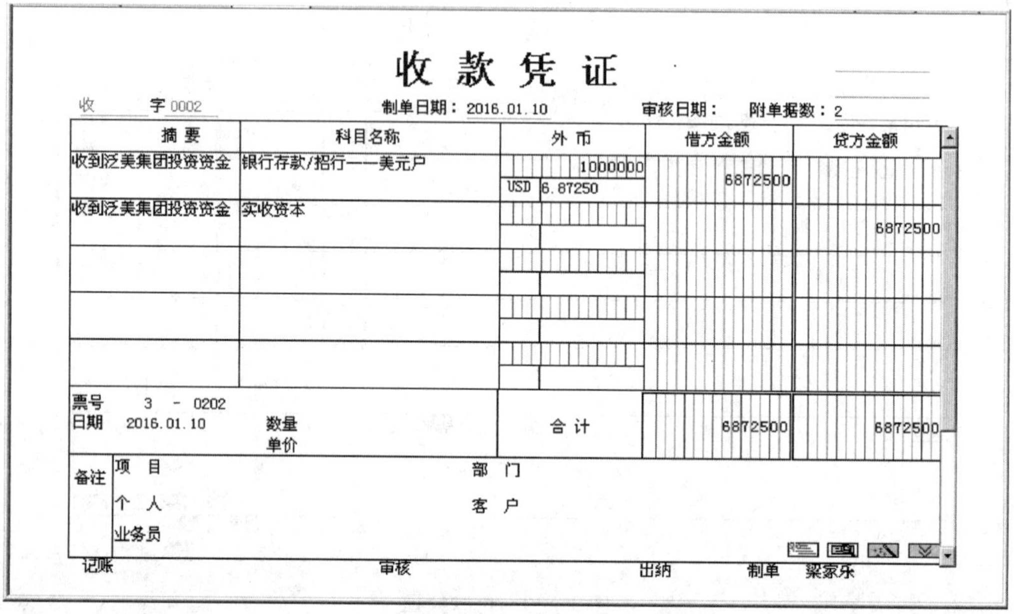

图 3－32　收款凭证

注意：

因“银行存款/招行——美元户”科目为外币科目，设置了外币计量，故输入外币金额时会自动根据当初设置的记账汇率将外币金额转为本币金额（汇率也可以根据当前汇率进行更改，如果因为汇率相差太大，可以在本币金额处按“F11”重新计算）。

（7）2016 年 1 月 15 日，制作部为 ERP 多媒体学习光盘研发工程领取 CD－RW 光盘片 5 张，CD－R光盘片 10 张，软盘 4 盒（附单据 1 张）。

借：生产成本——直接材料（500101）　　670

　贷：原材料——CD－RW 光盘片（140301）　　400

　　　——CD－R 光盘片（140302）　　150

　　　——软盘（140303）　　120

▶【操作提示】

①参照第（1）小题的步骤，依次输入凭证的相关信息。

②在输入科目编码 500101 后，弹出“辅助项”对话框，单击 选择项目名称，单击“确认”按钮。如图 3－33 所示。

③在输入科目编码 140301 后，弹出“辅助项”对话框，单击 输入数量“5”，单价 80，单击“确认”按钮；依次输入各种材料的数量与单价。如图 3－33 所示。

④生成凭证。如图 3－34 所示。

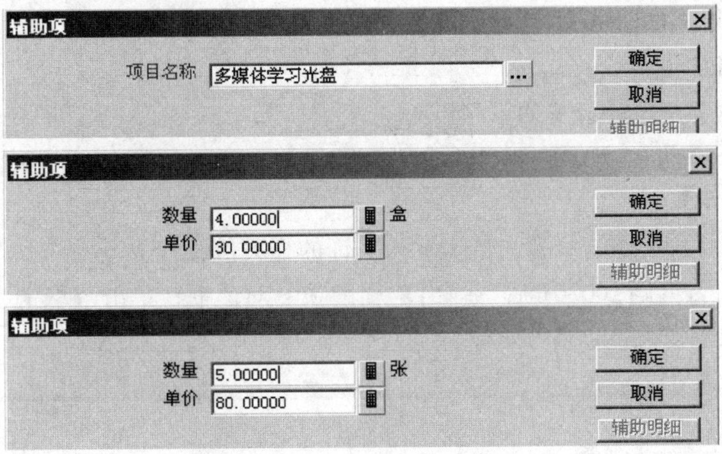

图 3－33　项目核算辅助项

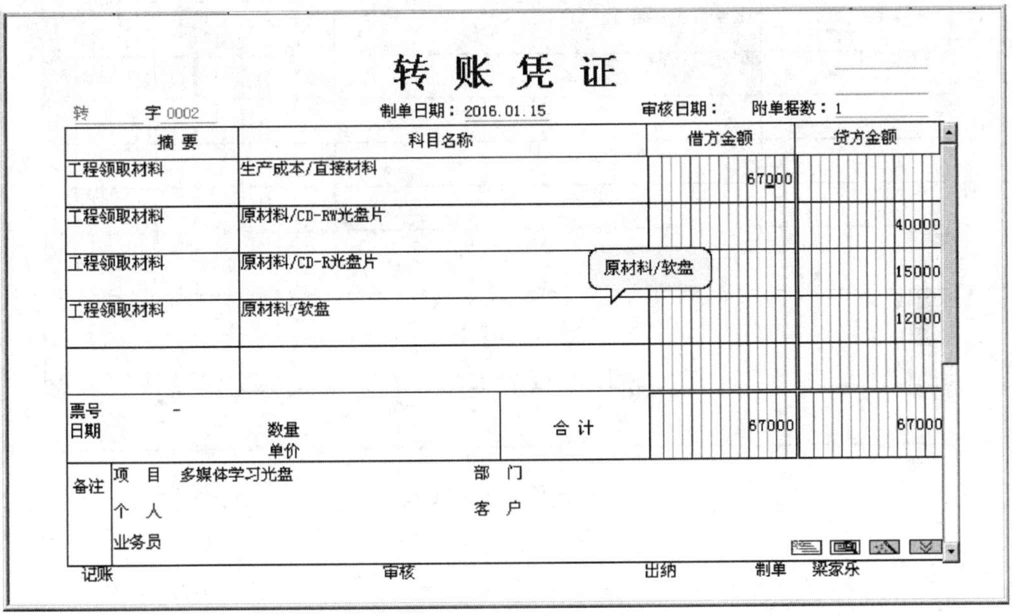

转账凭证

转 字 0002　　制单日期：2016.01.15　　审核日期：　　附单据数：1

摘要	科目名称	借方金额	贷方金额
工程领取材料	生产成本/直接材料	67000	
工程领取材料	原材料/CD-RW光盘片		40000
工程领取材料	原材料/CD-R光盘片		15000
工程领取材料	原材料/软盘		12000
票号 - 日期　数量 单价	合计	67000	67000

备注　项目 多媒体学习光盘　　部门
个人　　客户
业务员

记账　审核　出纳　制单 梁家乐

图 3－34　转账凭证

注意：

1. 因“生产成本/直接材料”科目设置了“项目核算”辅助项，所以要求设置项目辅助信息。

2. 因原材料科目账页格式为“数据金额式”，并且设置了计量单位，故会提示要求输入“数量”与“单价”。

3. 在有数据的情况下，按空格键可以切换数据的借贷方向。

4. 在有数据的情况下，按“－”号，可以改变数据的颜色，即改变金额的“正、负”。

5. 如果分录的辅助项出现了错误，可以先选择该分录，然后双击该分录的辅助项进行修改。

（8）2016 年 1 月 16 日，计划部购买办公用品 100 元，以现金支付，02 号操作员填制如下错误凭证。

借：管理费用——办公费用（660203）　　　　100

　贷：银行存款/工行——人民币户（100201）　　　　100

►【操作提示】

①参照第（1）小题的步骤，依次输入凭证的相关信息。

②在输入科目编码 100201 后，弹出“辅助项”对话框，单击“取消”按钮。

③生成凭证。如图 3－35 所示。

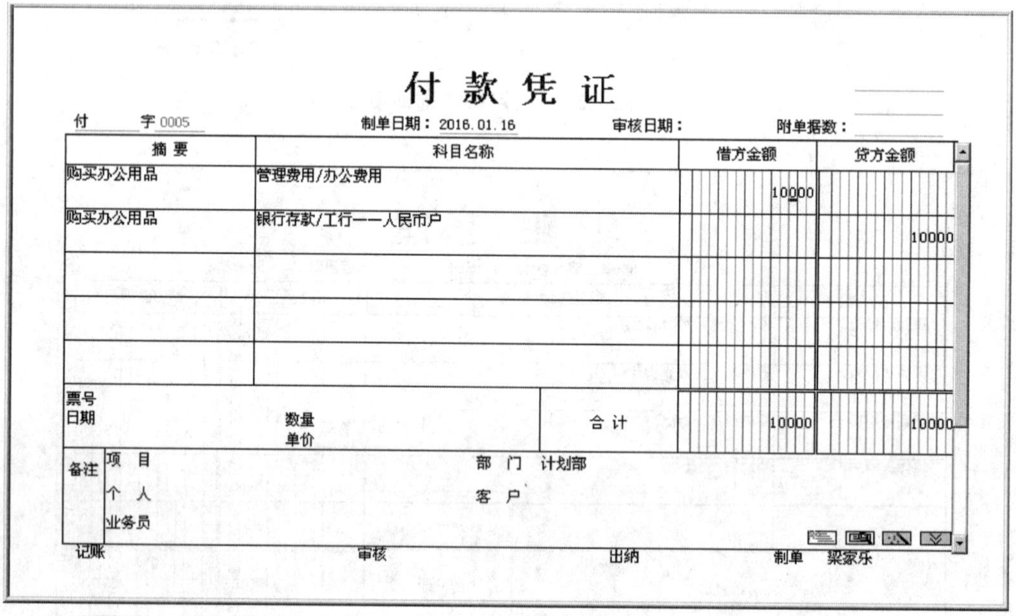

付款凭证

付 字 0005　　制单日期：2016.01.16　　审核日期：　　附单据数：

摘要	科目名称	借方金额	贷方金额
购买办公用品	管理费用/办公费用	10000	
购买办公用品	银行存款/工行——人民币户		10000
票号 日期	数量 单价 合计	10000	10000

备注　项目　　部门 计划部

　　　个人　　客户

　　　业务员

记账　　审核　　出纳　　制单 梁家乐

图 3－35　付款凭证

◉业务 2：审核凭证

以 01 号操作员的身份登录企业门户，对业务 1 中 02 操作员填制的凭证进行审核。将第（1）～（7）笔业务凭证审核通过，并对第（8）笔业务进行标错。

►【操作提示】

①以 01 号操作员的身份登录企业门户，密码 01，操作日期 2016 年 1 月 31 日。执行“业务工作→财务会计→总账→凭证→审核凭证”命令。

②在“凭证审核”对话框中输入查询条件，单击“确定”按钮，进入“凭证审核”的凭证列表窗口。如图 3－36 所示。

图 3－36　凭证审核查询条件对话框

③双击要审核的凭证，或者单击“确定”按钮，进入“凭证审核”的审核凭证窗口。如图 3－37 所示。

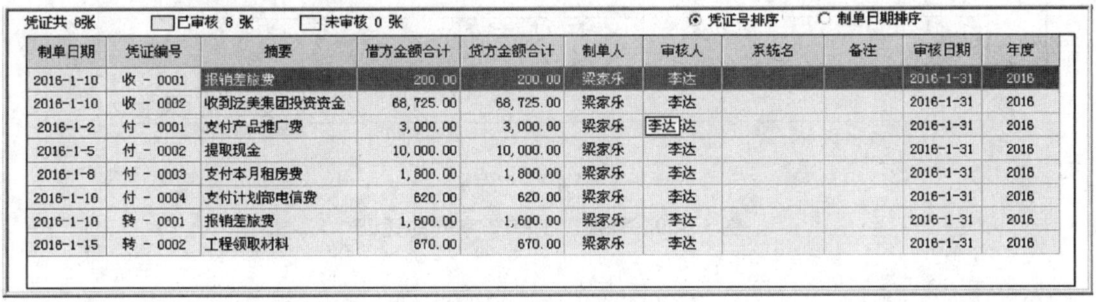

制单日期	凭证编号	摘要	借方金额合计	贷方金额合计	制单人	审核人	系统名	备注	审核日期	年度
2016-1-10	收 - 0001	报销差旅费	200.00	200.00	梁家乐	李达			2016-1-31	2016
2016-1-10	收 - 0002	收到泛美集团投资资金	68,725.00	68,725.00	梁家乐	李达			2016-1-31	2016
2016-1-2	付 - 0001	支付产品推广费	3,000.00	3,000.00	梁家乐	李达			2016-1-31	2016
2016-1-5	付 - 0002	提取现金	10,000.00	10,000.00	梁家乐	李达			2016-1-31	2016
2016-1-8	付 - 0003	支付本月租房费	1,800.00	1,800.00	梁家乐	李达			2016-1-31	2016
2016-1-10	付 - 0004	支付计划部电信费	620.00	620.00	梁家乐	李达			2016-1-31	2016
2016-1-10	转 - 0001	报销差旅费	1,600.00	1,600.00	梁家乐	李达			2016-1-31	2016
2016-1-15	转 - 0002	工程领取材料	670.00	670.00	梁家乐	李达			2016-1-31	2016

图 3－37　凭证审核列表窗口

④检查要审核的凭证，无误后，单击“审核”按钮，凭证底部的“审核”处自动签上审核人名字。如图 3－38 所示。按照要求依次审核第（1）～（7）笔业务的凭证。

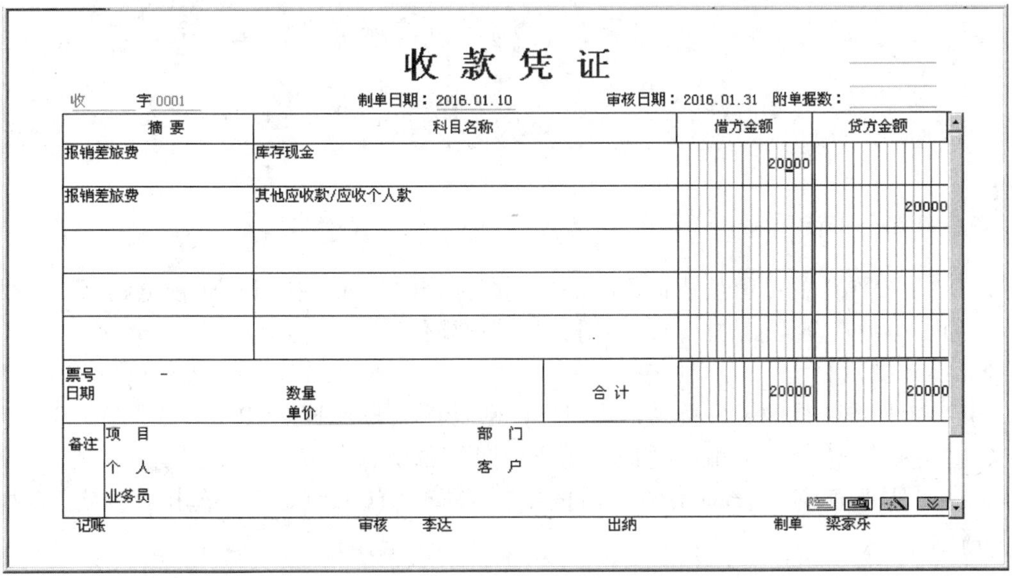

图 3－38　审核人签字

⑤查找到第（8）笔业务的凭证，对其进行标错处理，单击“标错”按钮即可。如图 3－39 所示。

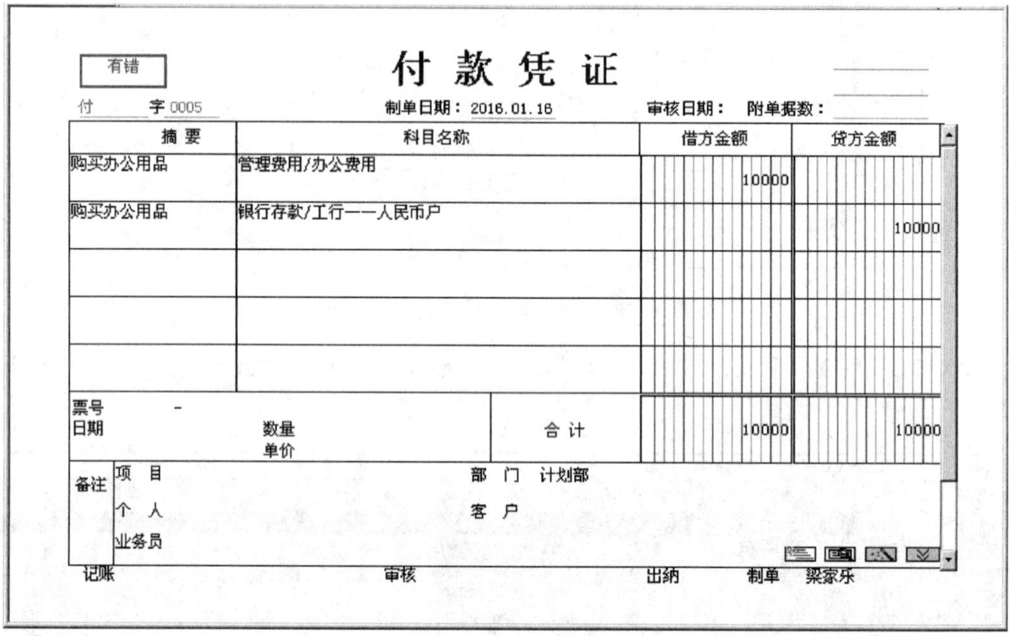

图 3－39 标注“有错”字样的凭证

注意：

1. 凭证审核人与制单人不能为同一人。
2. 单击“审核”凭证会自动转到下一张凭证。
3. 审核的快捷键是“F2”。
4. 凭证一经审核，不能被修改、删除，只有取消审核签字后才可以修改或删除。
5. 已标记作废字样的凭证不能被审核，需要先取消作废标志后才能审核。

◉业务 3：查询凭证

以 02 号操作员的身份登录企业门户，查询标错的凭证，执行打印预览的操作。此练习主要为了练习查询凭证的操作，不用进行其他操作。

▶【操作提示】

①以 02 号操作员的身份登录企业门户，密码 02，操作日期 2016 年 1 月 31 日。执行“业务工作→财务会计→总账→凭证→凭证查询”命令。

②在“凭证查询”查询条件对话框中，选择“有错凭证”，单击“确定”。如图 3－40所示。

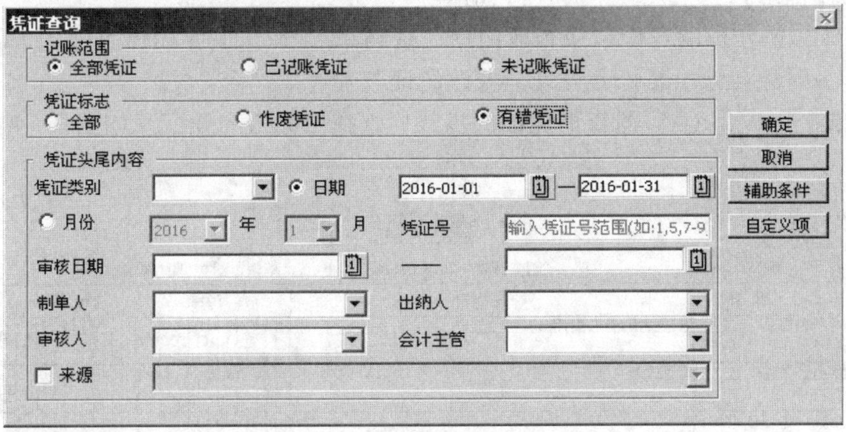

图 3－40　凭证查询条件对话框

③在"凭证查询"的凭证列表窗口中，选中要查询的凭证后，单击"预览"按钮。如图 3－41 所示。

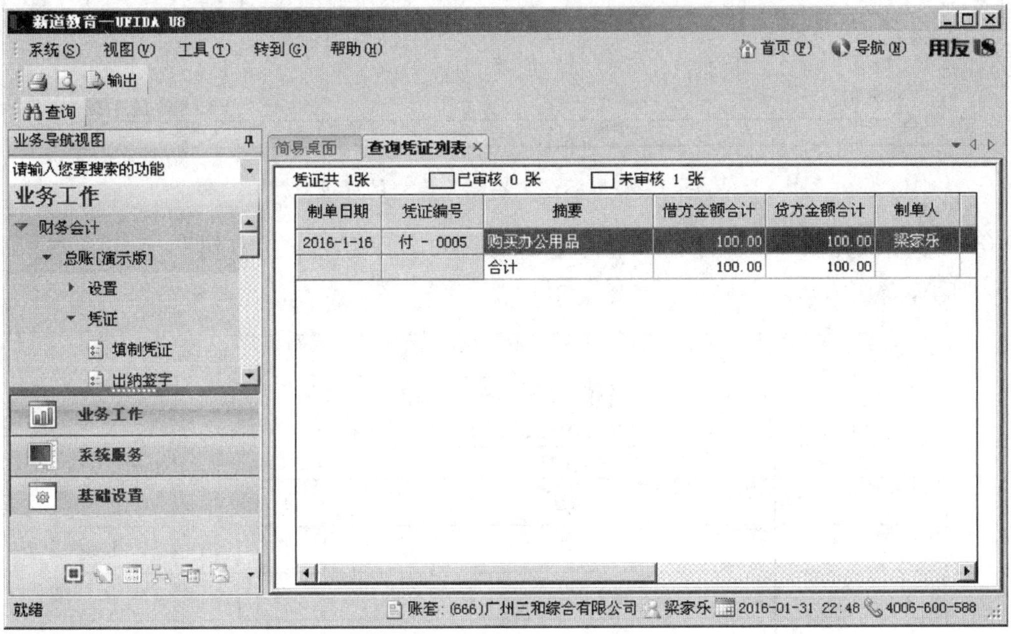

图 3－41　查询凭证列表窗口

◉业务 4：修改凭证

以 02 号操作员的身份登录企业门户，对标错的凭证进行修改，改为如下凭证，并保存。

借：管理费用——办公费用（660203）　　100

　贷：库存现金（1001）　　100

►【操作提示】

①以 02 号操作员的身份登录企业门户，密码 02，操作日期 2016 年 1 月 31 日。执行“业务工作→财务会计→总账→凭证→修改凭证”命令。

②参照业务 1 第（4）题查询凭证的步骤，查找出标错的凭证。如图 3－42 所示。

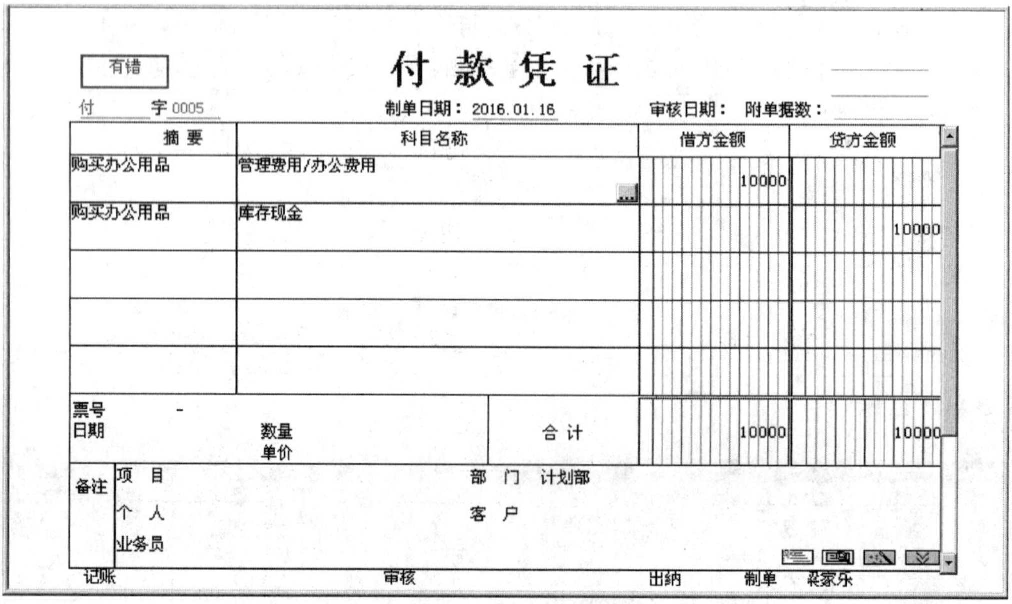

有错

付款凭证

付 字 0005 制单日期：2016.01.16 审核日期： 附单据数：

摘要	科目名称	借方金额	贷方金额
购买办公用品	管理费用/办公费用	10000	
购买办公用品	库存现金		10000
票号 - 日期	数量 单价 合计	10000	10000

备注 项 目 部 门 计划部

个 人 客 户

业务员

记账 审核 出纳 制单 梁家乐

图 3－42 标注“有错”字样的凭证

③在原错误凭证上按要求进行修改，保存即可。保存后，“有错”字样消失。如图 3－43 所示。

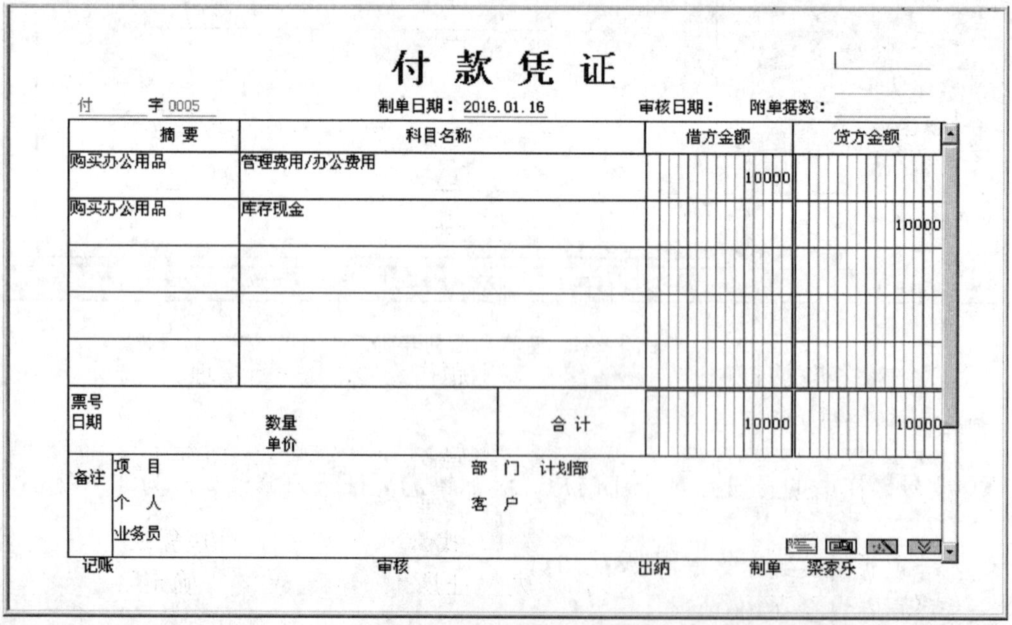

付款凭证

付 字 0005 制单日期：2016.01.16 审核日期： 附单据数：

摘要	科目名称	借方金额	贷方金额
购买办公用品	管理费用/办公费用	10000	
购买办公用品	库存现金		10000
票号 日期	数量 单价 合计	10000	10000

备注 项 目 部 门 计划部

个 人 客 户

业务员

记账 审核 出纳 制单 梁家乐

图 3－43 修改后的凭证

> **注意：**
> 凭证填制人与修改人是否需为同一人，可以在总账设置中进行设置。

◉业务 5：作废凭证

以 02 号操作员的身份登录企业门户，对上题修改的凭证进行作废处理。

►【操作提示】

①以 02 号操作员的身份登录企业门户，密码 02，操作日期 2016 年 1 月 31 日。执行“业务工作→财务会计→总账→凭证→填制凭证”命令。

②参照业务 1 第（4）题查询凭证的步骤，找到需要作废的凭证。

③单击“作废/恢复”按钮

。如图 3－44 所示。

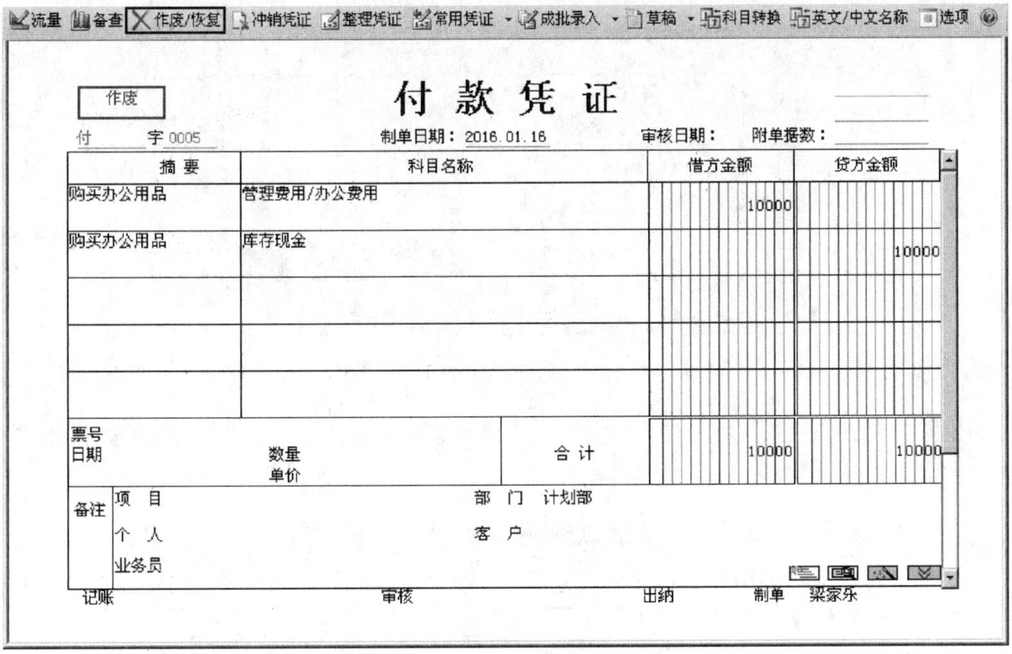

图 3－44　作废的凭证

◉业务 6：删除作废凭证

以 02 号操作员的身份登录企业门户，对上题作废的凭证进行整理。

►【操作提示】

①以 02 号操作员的身份登录企业门户，密码 02，操作日期 2016 年 1 月 31 日。执行“业务工作→财务会计→总账→凭证→填制凭证”命令。

②参照业务 1 第（4）题查询凭证的步骤，找到需要删除的已作废凭证。

③单击“整理凭证”按钮，选择作废凭证所在期间，单击“确定”按钮。如图 3－45所示。

图 3－45　凭证期间选择

④进入作废凭证表，单击“全选”按钮，或者双击选中作废的凭证，再单击“确定”按钮即可删除该凭证。如图 3－46 所示。

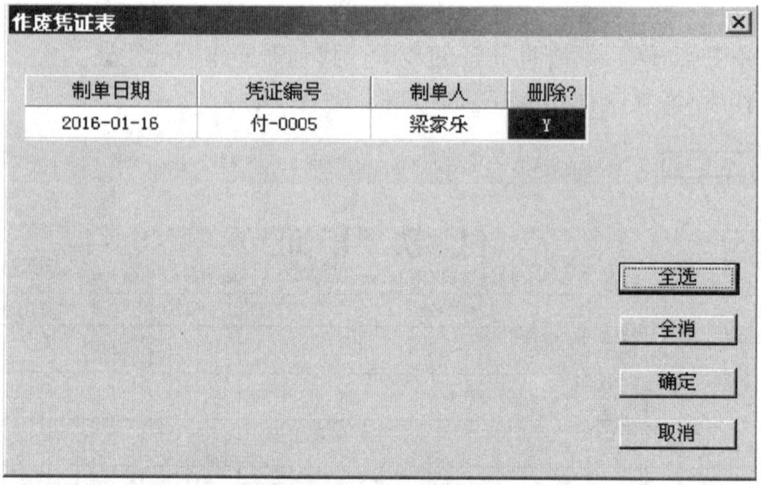

图 3－46　作废凭证表

⑤删除作废凭证后，会出现“是否还需整理凭证断号”提示框，选择重排的类型，再单击“是”，操作完成。如图 3－47 所示。

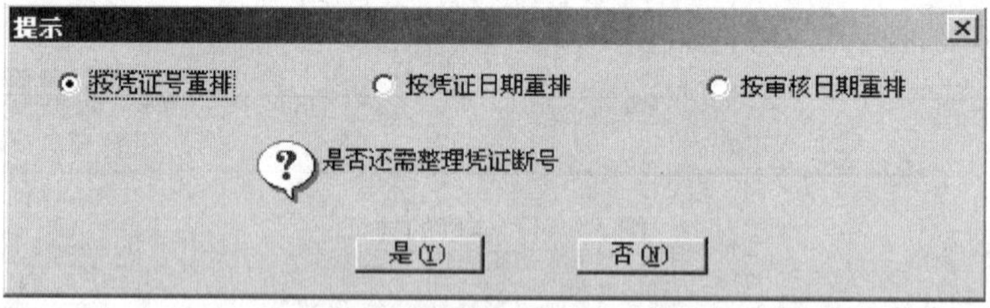

图 3－47　整理凭证断号提示框

注意：

执行记账工作时不会对作废的凭证进行记账。

◉业务 7：执行出纳签字

以 04 号操作员的身份登录企业门户，对所有需要出纳签订的凭证进行出纳签字。

►【操作提示】

①以 04 号操作员的身份登录企业门户，密码 04，操作日期 2016 年 1 月 31 日。执行“业务工作→财务会计→总账→凭证→出纳签字”命令。

②在“出纳签字”过滤条件窗口中，选择凭证期间，单击“确定”按钮。如图 3 – 48所示。

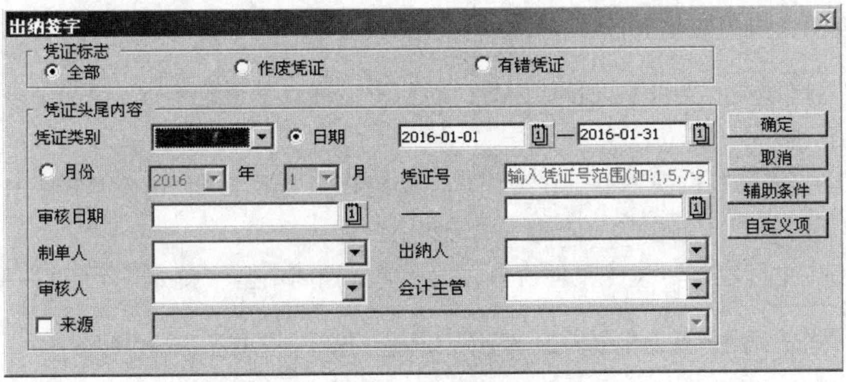

图 3 – 48　出纳签字过滤条件窗口

③在显示的“出纳签字列表”窗口中，双击需要进行签字的凭证。如图 3 – 49 所示。

制单日期	凭证编号	摘要	借方金额合计	贷方金额合计	制单人	签字人	系统名	备注	审核日期	年度
2016-1-10	收 - 0001	报销差旅费	200.00	200.00	梁家乐				2016-1-31	2016
2016-1-10	收 - 0002	收到泛美集团投资资金	68,725.00	68,725.00	梁家乐				2016-1-31	2016
2016-1-2	付 - 0001	支付产品推广费	3,000.00	3,000.00	梁家乐				2016-1-31	2016
2016-1-5	付 - 0002	提取现金	10,000.00	10,000.00	梁家乐				2016-1-31	2016
2016-1-8	付 - 0003	支付本月租房费	1,800.00	1,800.00	梁家乐				2016-1-31	2016
2016-1-10	付 - 0004	支付计划部电信费	620.00	620.00	梁家乐				2016-1-31	2016

图 3 – 49　出纳签字列表

④进入“出纳签字”窗口，单击菜单栏中的“签字”按钮，即在凭证下方的出纳处显示操作员的名字。如图 3 – 50 所示。

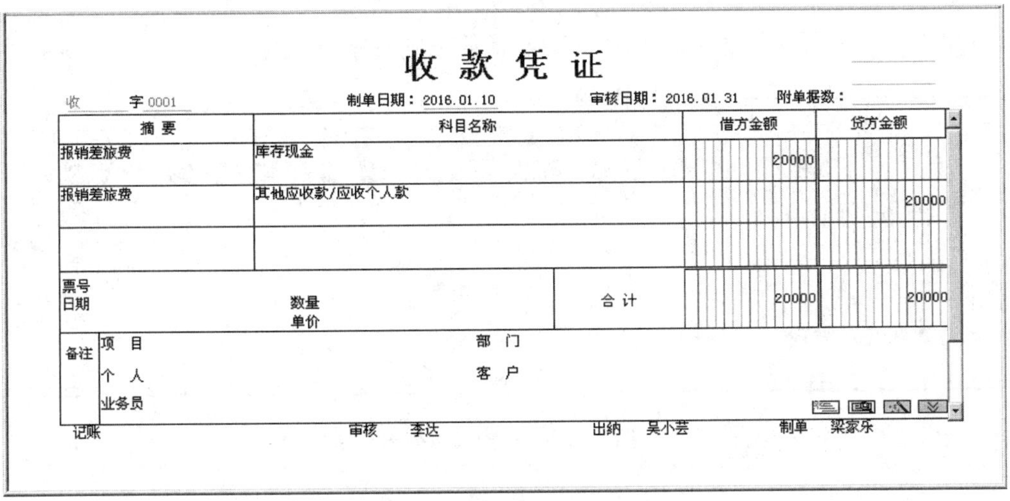

图 3 – 50　出纳签字

⑤单击“下张凭证”按钮，依次完成其他凭证的签字。

注意：在“出纳签字”窗口，可直接执行“批处理→成批出纳签字”命令，完成所有待签字凭证的成批出纳签字。

◉业务8：执行主管签字

以01号操作员的身份登录企业门户，对所有凭证进行主管签字。

►【操作提示】

①以01号操作员的身份登录企业门户，密码01，操作日期2016年1月31日。执行“业务工作→财务会计→总账→凭证→主管签字”命令。

②进入“主管签字”过滤条件窗口，选择凭证期间单击“确定”。如图3－51所示。

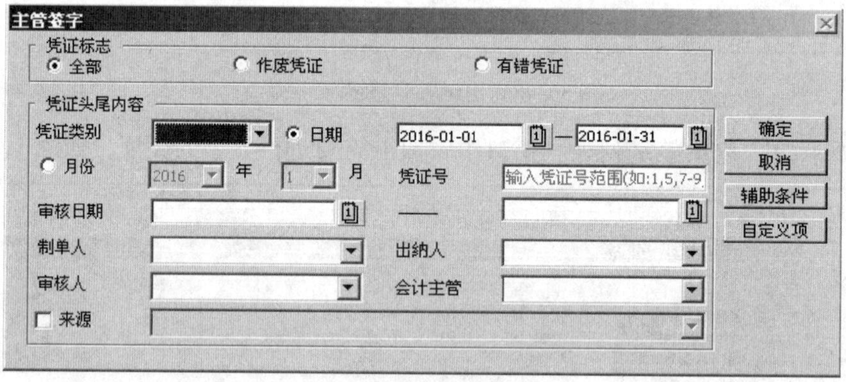

图3－51　主管签字过滤条件窗口

③进入“主管签字列表”窗口后，双击需要进行签字的凭证。如图3－52所示。

④进入“主管签字”窗口，单击菜单栏中的“签字”按钮，即在凭证右上方显示主管李达红字印章。如图3－53所示。

⑤单击“下张凭证”按钮，依次完成其他凭证的签字。

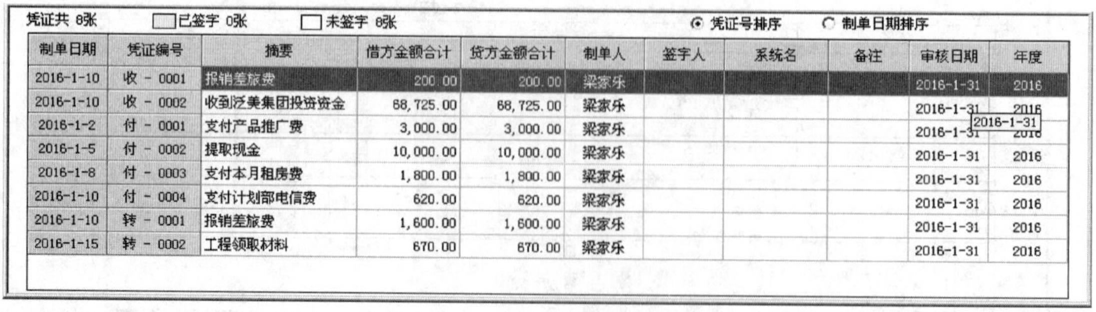

凭证共 8张　已签字 0张　未签字 8张　◉凭证号排序　○制单日期排序

制单日期	凭证编号	摘要	借方金额合计	贷方金额合计	制单人	签字人	系统名	备注	审核日期	年度
2016-1-10	收 - 0001	报销差旅费	200.00	200.00	梁家乐				2016-1-31	2016
2016-1-10	收 - 0002	收到泛美集团投资资金	68,725.00	68,725.00	梁家乐				2016-1-31	2016
2016-1-2	付 - 0001	支付产品推广费	3,000.00	3,000.00	梁家乐				2016-1-31	2016
2016-1-5	付 - 0002	提取现金	10,000.00	10,000.00	梁家乐				2016-1-31	2016
2016-1-8	付 - 0003	支付本月租房费	1,800.00	1,800.00	梁家乐				2016-1-31	2016
2016-1-10	付 - 0004	支付计划部电信费	620.00	620.00	梁家乐				2016-1-31	2016
2016-1-10	转 - 0001	报销差旅费	1,600.00	1,600.00	梁家乐				2016-1-31	2016
2016-1-15	转 - 0002	工程领取材料	670.00	670.00	梁家乐				2016-1-31	2016

图3－52　主管签字列表

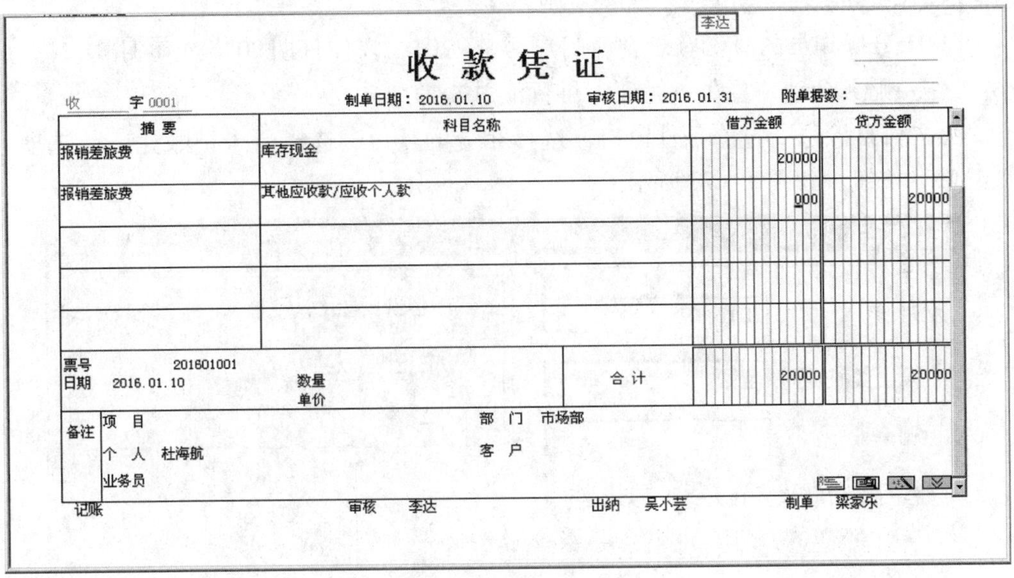

图 3-53 主管签字

注意：

在“主管签字”窗口，可直接执行“批处理→成批主管签字”命令，完成所有待签字凭证的成批主管签字，如图 3-54、图 3-55 所示。

主管签字必须在审核和出纳签字后才能进行。

图 3-54 批量主管签字

图 3-55 刷新凭证列表数据

◉业务 9：对凭证进行科目汇总

以 01 号操作员的身份对所有未记账的凭证进行科目汇总，并执行“打印预览”命令。

▶【操作提示】

①以01号操作员的身份登录企业门户，密码01，操作日期2016年1月31日。执行“业务工作→财务会计→总账→凭证→科目汇总”命令。

②在“科目汇总”过滤条件窗口，选择相应的月份，选择“未记账凭证”选项，单击“汇总”按钮。如图3－56所示。

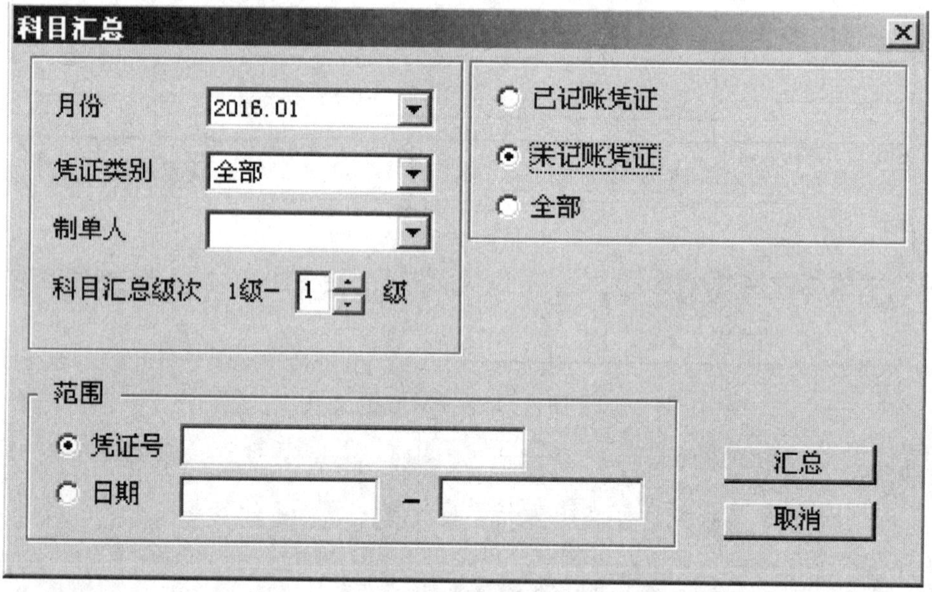

图3－56　科目汇总过滤条件窗口

③进入“科目汇总表”窗口。如图3－57所示。单击“打印预览”，出现“预览科目汇总结果”提示框，再点击“预览”。如图3－58所示。

科目汇总表

共8张凭证，其中作废凭证0张，原始单据共10张　　　　月份：2016.01

科目编码	科目名称	外币名称	计量单位	金额合计		外币合计		数量合计	
				借方	贷方	借方	贷方	借方	贷方
1001	库存现金			10,200.00					
1002	银行存款			68,725.00	15,420.00				
1221	其他应收款				1,800.00				
1403	原材料				670.00				
资产 小计				78,925.00	17,890.00				
美元						10,000.00			
4001	实收资本				68,725.00				
权益 小计					68,725.00				
5001	生产成本			670.00					
成本 小计				670.00					
6601	销售费用			6,400.00					
6602	管理费用			620.00					
损益 小计				7,020.00					
合计				86,615.00	86,615.00				
美元						10,000.00			

图3－57　科目汇总表

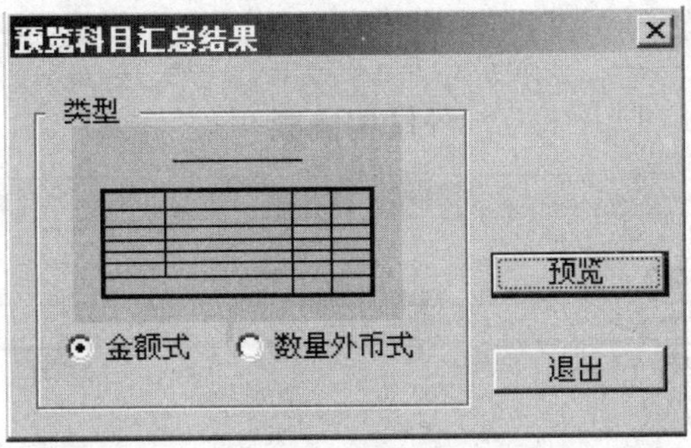

图 3－58　预览科目汇总结果提示框

④进入“科目汇总表打印预览”窗口。如图 3－59 所示。

科目汇总表

月份：2016.01

共8张凭证，其中作废凭证0张，原始单据共10张　　页号：1-1

科目编码	科目名称	金额合计	
		借方	贷方
1001	库存现金	10,200.00	
1002	银行存款	68,725.00	15,420.00
1221	其他应收款		1,800.00
1403	原材料		670.00
资产 小计		78,925.00	17,890.00
4001	实收资本		68,725.00
权益 小计			68,725.00
5001	生产成本	670.00	
成本 小计		670.00	
6601	销售费用	6,400.00	
6602	管理费用	620.00	
损益 小计		7,020.00	
合计		86,615.00	86,615.00

单位：广州三和有限公司　制表：李达　打印日期：2016.01.31

[用友软件]

图 3－59　科目汇总表打印预览

◉业务 10：设置常用摘要

设置常用语摘要为：001 支付费用；002 提取库存现金；003 报销差旅费。

►【操作提示】

①以 01 号操作员的身份登录企业门户，密码 01，操作日期 2016 年 1 月 31 日。执行“基础设置→基础档案→其他→常用摘要”命令。

②进入“常用摘要”窗口，单击“增加”按钮，输入摘要编码“001”，摘要内容为“支付费用”，按要求依次输入其他内容后，再单击“退出”按钮。如图 3－60 所示。

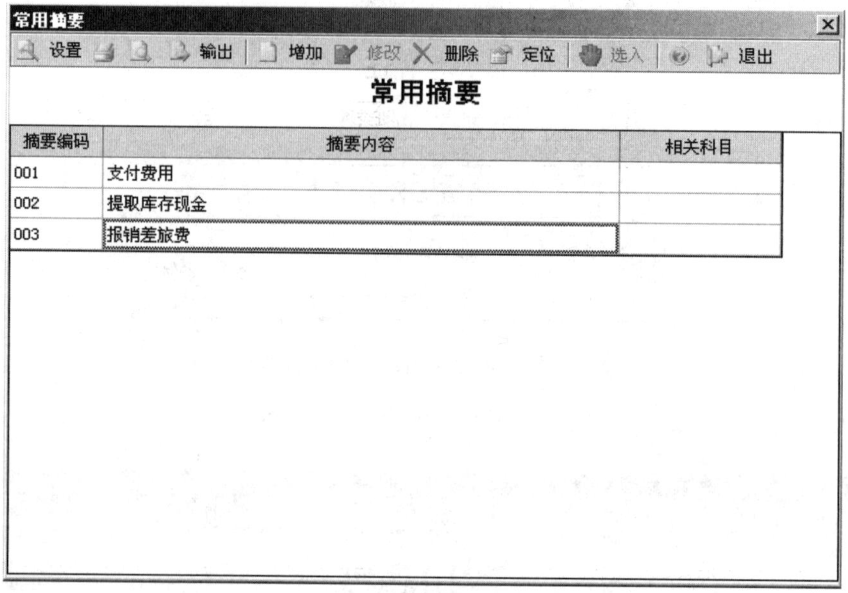

图 3 - 60　常用摘要

◉业务 11：设置常用凭证

设置以下 3 张常用凭证：

（1）001 提取库存现金。

借：库存现金（1001）

　贷：银行存款——人民币户（100201）

（2）002 报销差旅费。

借：销售费用——其他费用（660104）

　贷：其他应收款——应收个人款（122102）

（3）003 支付费用。

借：管理费用——其他费用（660205）

　贷：银行存款——人民币户（100201）

▶【操作提示】

①以 01 号操作员的身份登录企业门户，密码 01，操作日期 2016 年 1 月 31 日。执行"业务工作→财务会计→总账→凭证→常用凭证"命令。

②进入"常用凭证"窗口，单击"增加"按钮，分别设置"编码、说明、凭证类别与附单据数"，设置完成后再单击"详细"，再设置借、贷方科目。如图 3 - 61 所示。

③设置完成后再单击"详细"，进入"常用凭证设置"窗口，单击"增分"，再设置借、贷方科目。如图 3 - 62 所示。

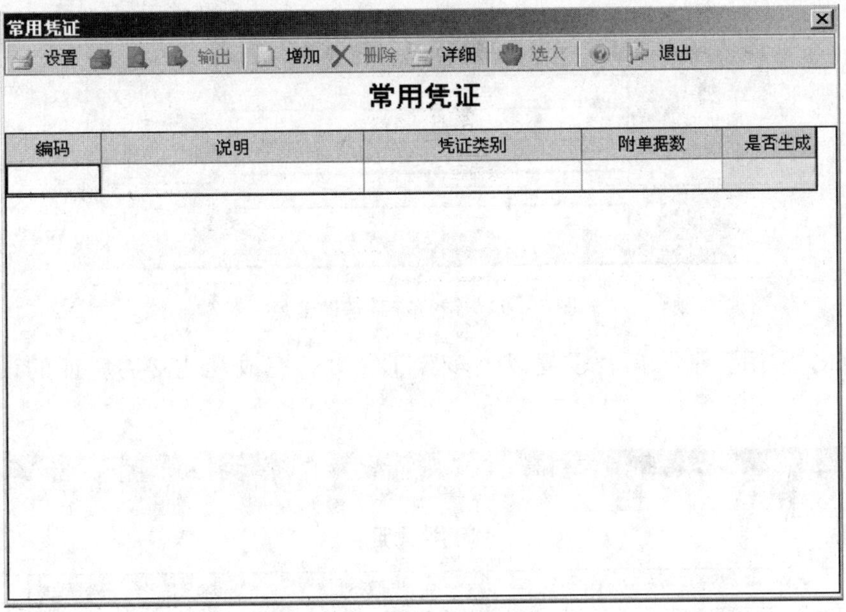

图 3 – 61　常用凭证

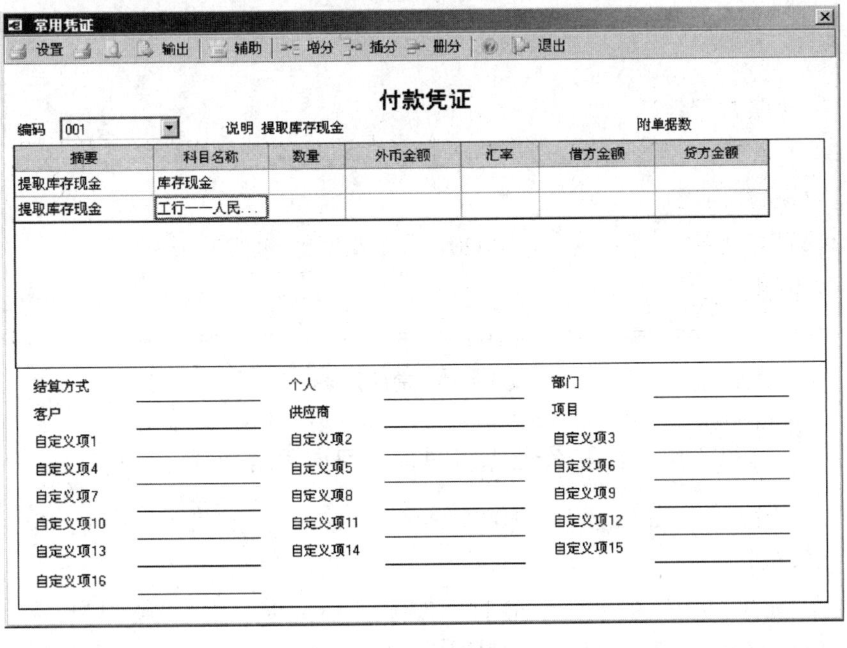

图 3 – 62　常用凭证设置

④001 号凭证中，当输入银行存款后会出现“辅助信息”窗口，单击“取消”。如图 3 – 63 所示。在“常用凭证设置”窗口，再单击“退出”按钮，返回“常用凭证”窗口。

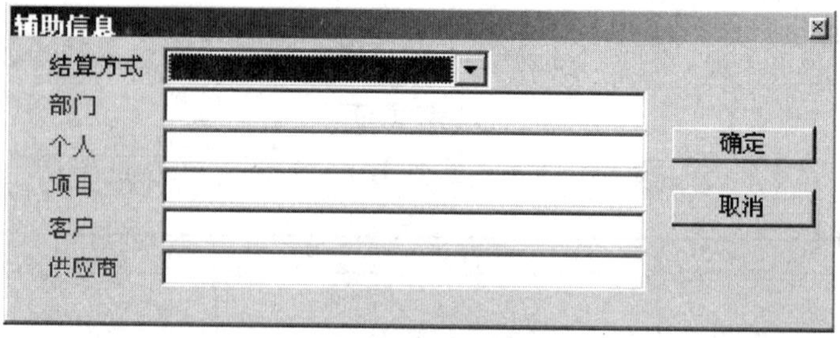

图 3－63 银行存款辅助信息

⑤返回“常用凭证”后，重复以上步骤①②③，完成其他常用凭证的设置。如图 3－64所示。

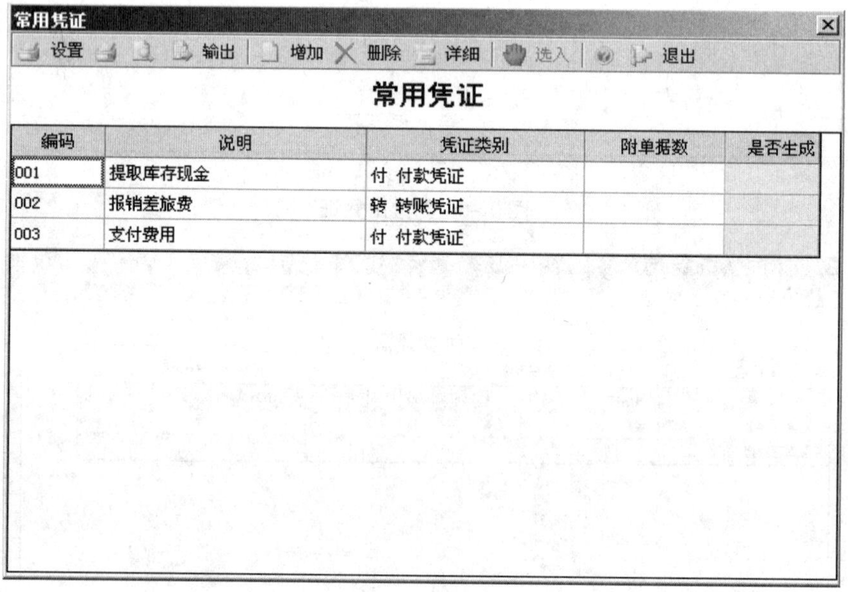

图 3－64 常用凭证

◉业务 12：以 02 操作员登录企业门户，练习调用常用凭证

2016 年 1 月 18 日，财务部从银行提取现金 20 000 元。（附单据 1 张，库存现金支票号 2346）

借：库存现金（1001） 20 000

贷：银行存款——人民币户（100201） 20 000

►【操作提示】

①以 02 号操作员的身份登录企业门户，密码 02，操作日期 2016 年 1 月 31 日。执行“业务工作→财务会计→总账→凭证→填制凭证”命令。

②进入填制凭证窗口，在菜单栏中单击“常用凭证→调用常用凭证”，进入“调用常用凭证”窗口，选择凭证类型。如图 3－65 所示。

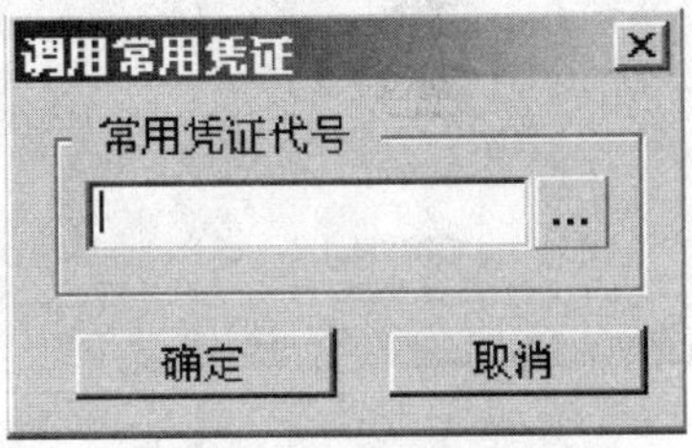

图 3－65　调用常用凭证

③可以直接输入常用凭证代号后单击“确定”按钮，或者单击…，进入常用凭证列表窗口，选中对应的凭证类型，单击“选入”按钮，即可调用该凭证。如图 3－66 所示。

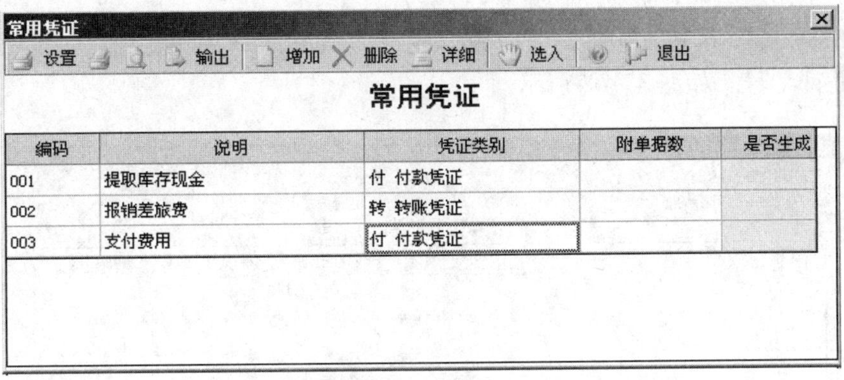

图 3－66　常用凭证列表

④进入填制凭证窗口，再输入借贷方的金额即可。如图 3－67 所示。

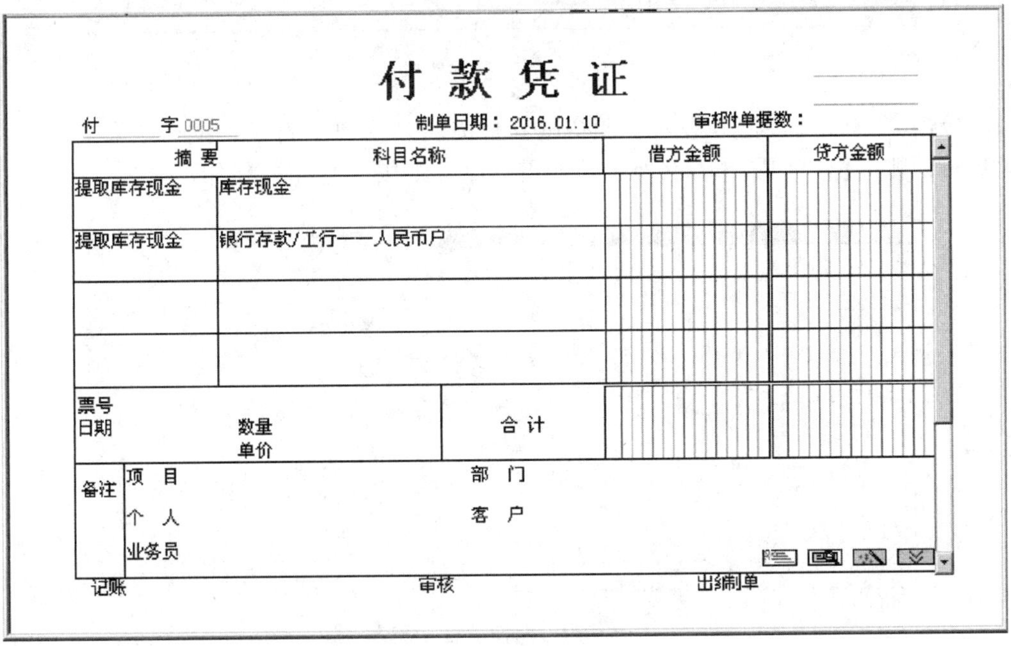

图 3－67　填制凭证窗口

> **注意：**
> 调用常用凭证前不能单击“增加”，否则无法调用。

◉业务 13：以 01 操作员确认将所有凭证审核通过，并进行记账

▶【操作提示】

①以 01 号操作员的身份登录企业门户，密码 01，操作日期 2016 年 1 月 31 日。执行“业务工作→财务会计→总账→凭证→记账”命令。

②以 01、04 操作员的身份对业务 12 所生成的凭证进行审核、出纳签字、主管签字的操作，详细步骤参照业务 2、业务 7、业务 8。

③以 01 号操作员的身份进入“记账”窗口，单击“全选”按钮，记账范围栏处显示选中的凭证编号。如图 3－68 所示。

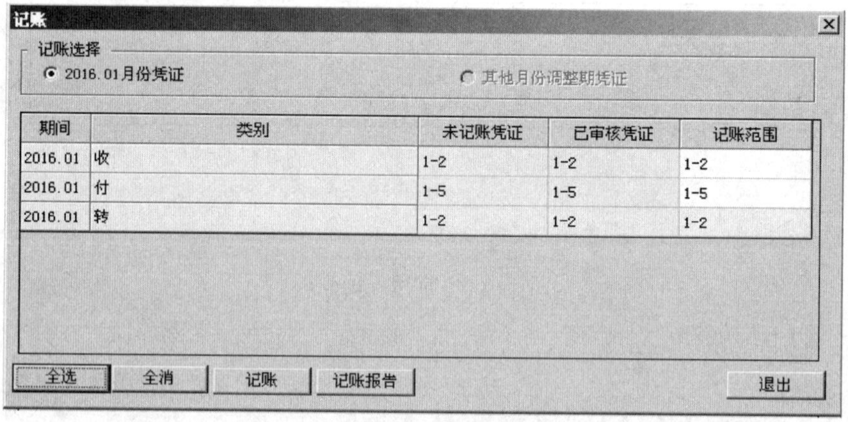

图 3－68　记账选择

④单击“记账”按钮，进入“期初试算平衡表”窗口，若显示试算结果平衡，则可继续进行记账操作。如图 3－69 所示。如需打印，则按“打印”按钮。

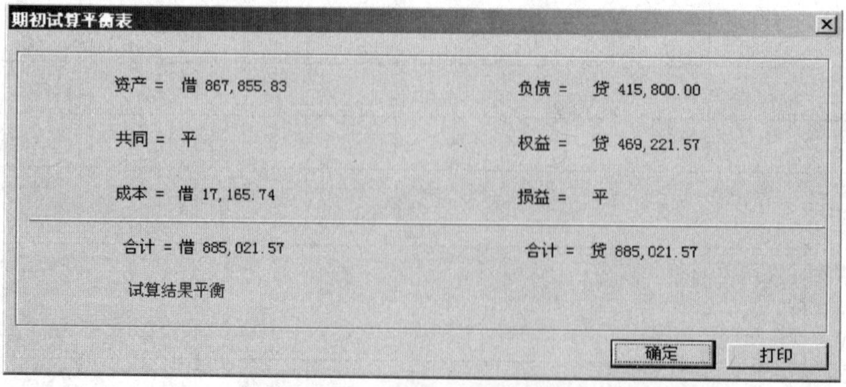

图 3－69　期初试算平衡表

⑤单击“确定”按钮，进入“记账”窗口，当系统记账完成时，将出现“记账完毕!”提示框，此时，总账记账结束，单击“确定”按钮。如图 3－70 所示。

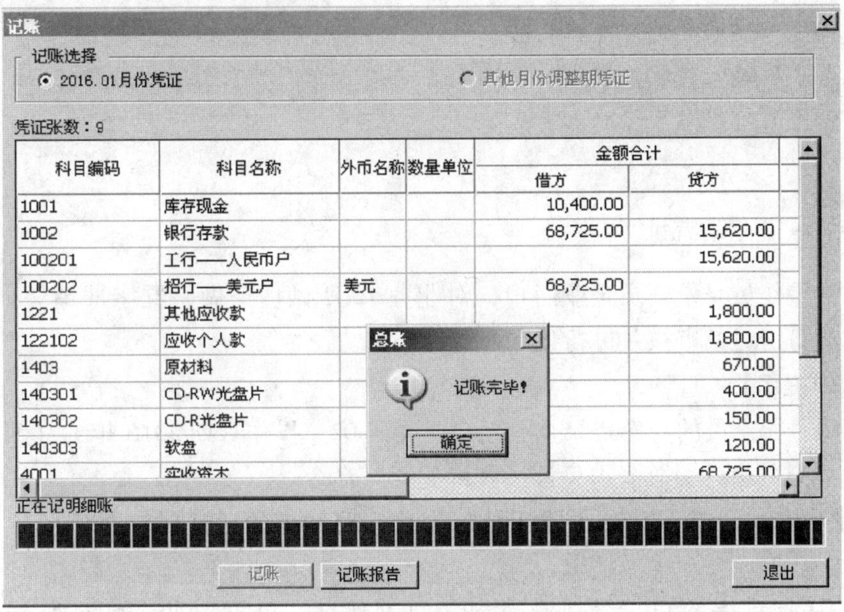

图 3－70　记账完毕

⑥单击“退出”按钮即可。如需打印或预览，则按“打印”或“预览”按钮。如图 3－71 所示。

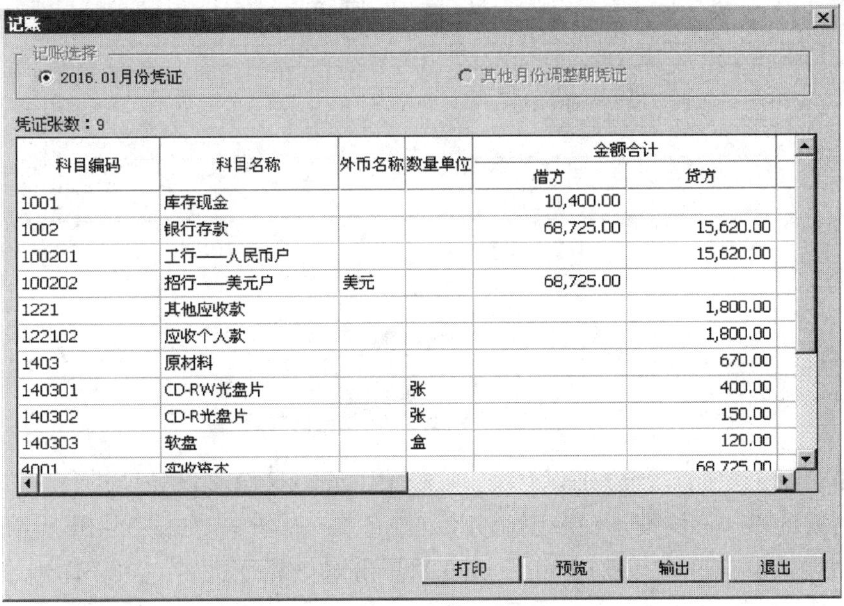

图 3－71　记账完毕后期操作

> **注意：**
> 1. 未审核的凭证不能进行记账。
> 2. 已经记账的凭证不能进行修改。
> 3. 第一次记账时会检查期初余额是否平衡，如果不平衡不能进行记账。
> 4. 一个月可以多次记账。

◉业务 14：冲销凭证

以 02 号操作员身份登录企业门户，对业务 12 所做凭证做一红字冲销凭证，然后再以 01 操作员身份对其审核并进行记账。

►【操作提示】

①以 02 号操作员的身份登录企业门户，密码 02，操作日期 2016 年 1 月 31 日。执行“业务工作→财务会计→总账→凭证→查询凭证”命令。

②选中“月份”选项，在“凭证号”中输入要冲销的凭证付字 0005 号，点击确定即可。

③进入凭证列表窗口后双击该凭证，打开凭证，单击“冲销凭证”按钮（如图 3－72所示），即生成一张红字冲销凭证。如图 3－73 所示。

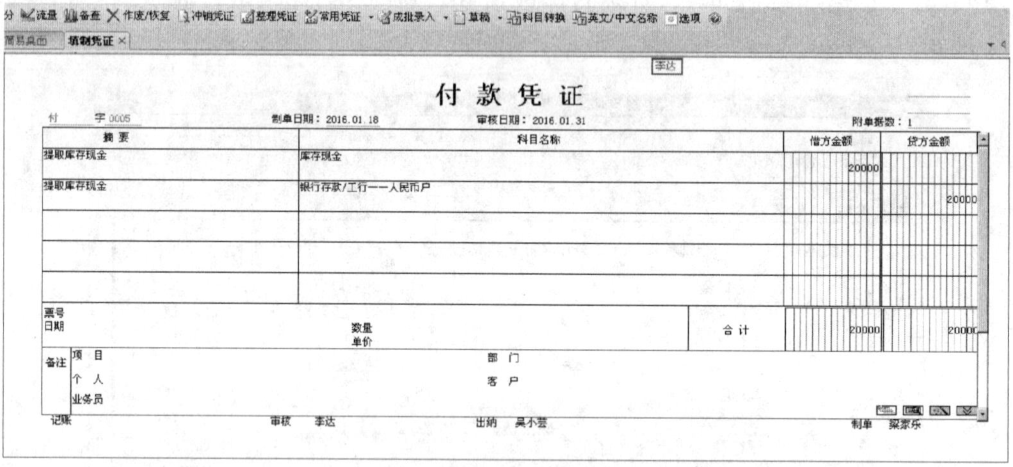

图 3－72　冲销业务 12 生成的凭证

④重新登录企业门户，分别以 01、04 号操作员的身份对该凭证进行审核、出纳签字、主管签字的操作，详细步骤参照业务 2、业务 7、业务 8。如图 3－74 所示。

⑤重新登录企业门户，以 01 号操作员的身份对该凭证进行记账。详细步骤参照业务 13。

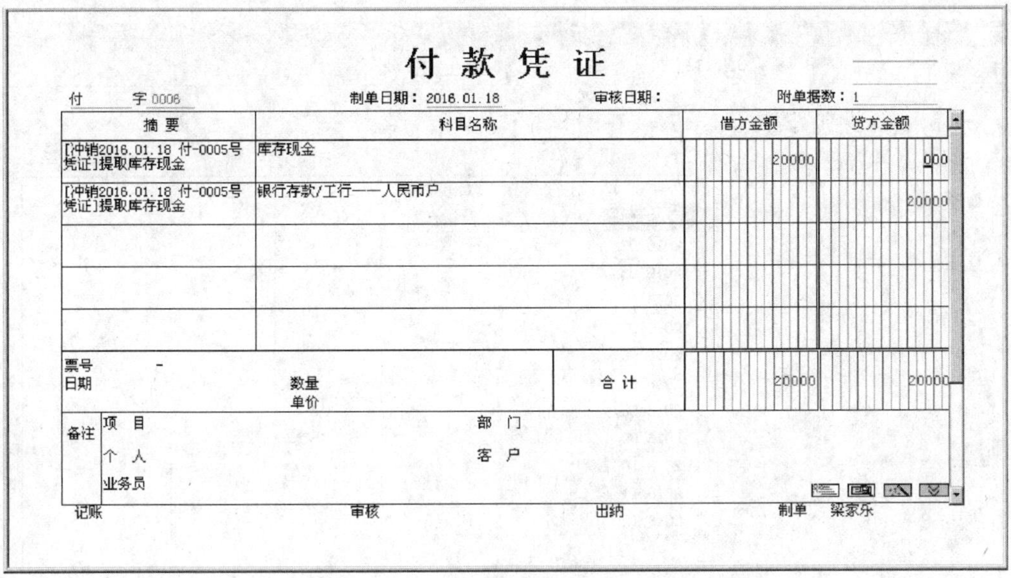

付 款 凭 证

付　字 0006　　制单日期：2016.01.18　　审核日期：　　附单据数：1

摘 要	科目名称	借方金额	贷方金额
[冲销2016.01.18 付-0005号凭证]提取库存现金	库存现金	20000	000
[冲销2016.01.18 付-0005号凭证]提取库存现金	银行存款/工行——人民币户		20000
票号 - 日期	数量 单价	合 计 20000	20000

备注　项 目　　部 门

个 人　　客 户

业务员

记账　　审核　　出纳　　制单　梁家乐

图 3－73　业务 12 红字冲销凭证

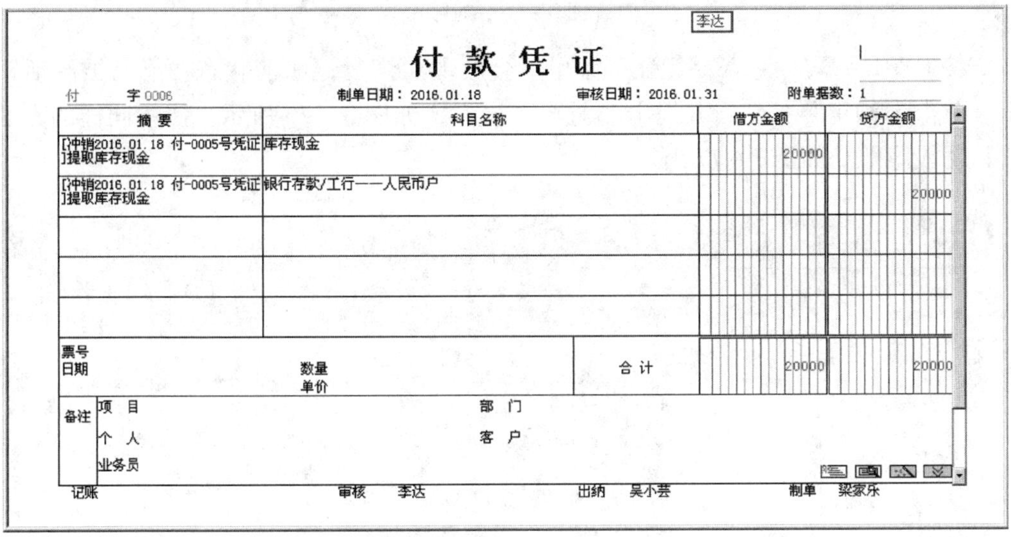

李达

付 款 凭 证

付　字 0006　　制单日期：2016.01.18　　审核日期：2016.01.31　　附单据数：1

摘 要	科目名称	借方金额	贷方金额
[冲销2016.01.18 付-0005号凭证]提取库存现金	库存现金	20000	
[冲销2016.01.18 付-0005号凭证]提取库存现金	银行存款/工行——人民币户		20000
票号 日期	数量 单价	合 计 20000	20000

备注　项 目　　部 门

个 人　　客 户

业务员

记账　　审核　李达　　出纳　吴小芸　　制单　梁家乐

图 3－74　完成的主管签字凭证

◉业务 15：练习执行反记账命令，练习完成后重新将所有凭证记账

▶【操作提示】

①以 01 号操作员的身份登录企业门户，密码 01，操作日期 2016 年 1 月 31 日。执行“业务工作→财务会计→总账→期末→对账”命令，弹出“对账”对话框。如图 3－75 所示。

图 3-75　对账

②按 CTRL+H，“总账→凭证”菜单下会出现“恢复记账前状态功能已被激活”提示框，单击“确定”按钮，并退出“对账”窗口，如图 3-76 所示。使用同样的方法可以将该功能隐藏。如图 3-77 所示。

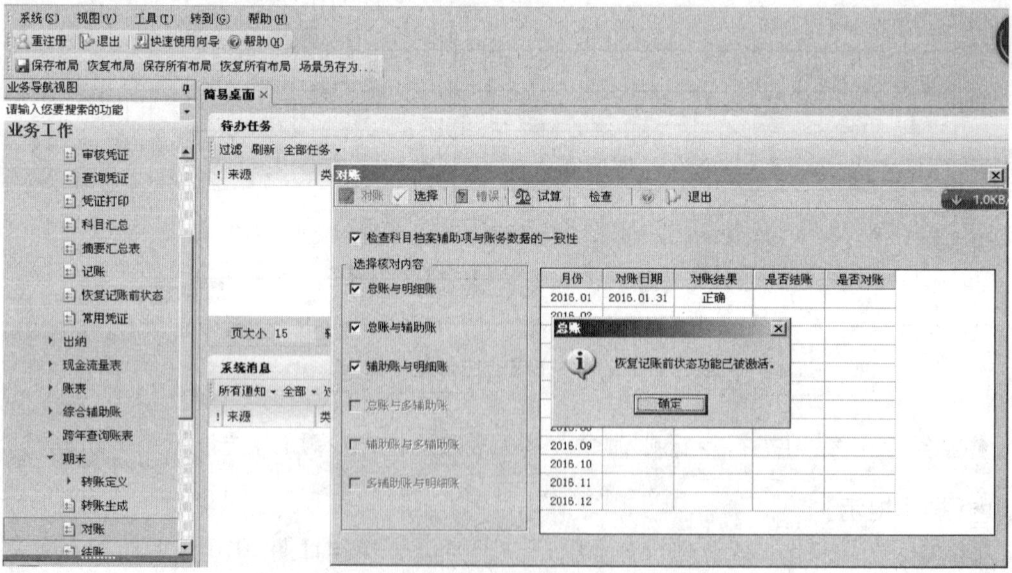

图 3-76　激活恢复记账前状态功能

图3－77 隐藏记账前状态功能

③执行“业务工作→财务会计→总账→凭证→恢复记账前状态”命令，选择要恢复的程度，单击“确定”按钮。如图3－78所示。输入主管口令即可（提示，本案例口令为01）。如图3－79所示。

④单击“确定”按钮，恢复记账操作完毕。如图3－80所示。

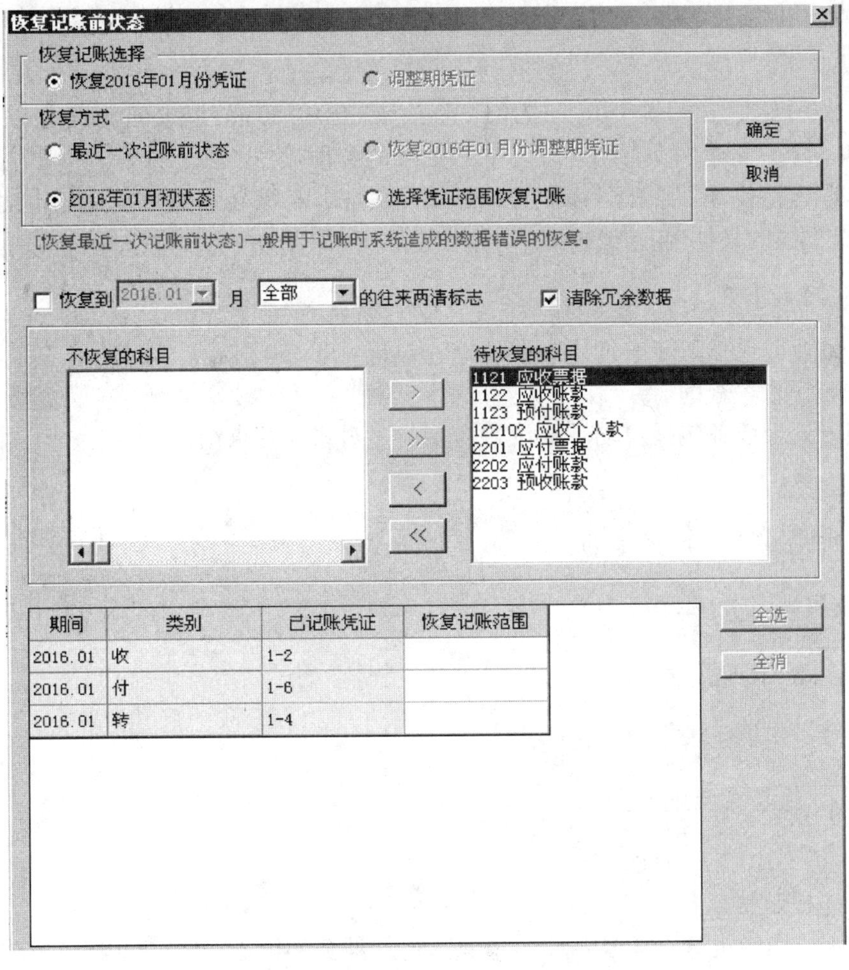

图3－78 恢复记账前状态

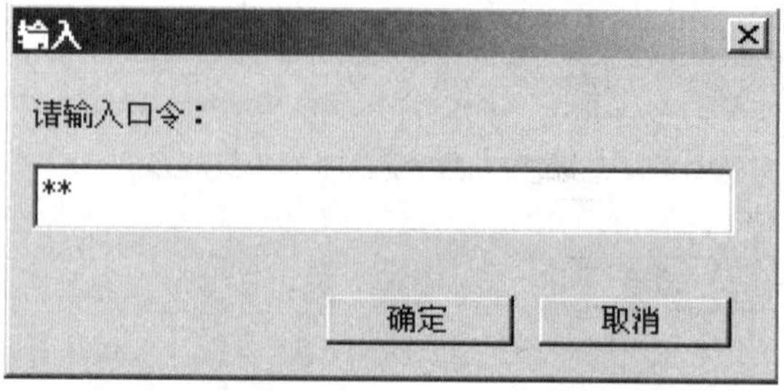

图 3－79　输入口令

图 3－80　恢复记账完毕

⑤再次将全部凭证记账。

实验结束，备份账套。

实验四　总账出纳管理与期末处理

【实验目的】

1. 掌握用友 ERP－U8 V10.1 中总账管理系统出纳管理与期末处理的相关内容。

2. 熟悉总账管理系统出纳管理与期末处理的各种操作。

3. 掌握出纳业务、总账各账表查询、银行对账、自动转账设置与生成、对账和月末结账的操作方法的具体内容与方法。

【实验内容】

1. 出纳业务包括账簿查询、支票登记、银行对账等工作。

2. 总账各账表查询。

3. 期末处理业务包括自动转账设置与生成、对账和月末结账。

【实验准备】

引入“实验三”的账套数据。

【实验资料与操作指导】

一、总账出纳管理

以 04 号操作员登录企业软件门户。

◉业务 1：查看出纳账簿

（1）查看 2016 年 1 月的现金日记账。

►**【操作提示】**

①以 04 号操作员身份登录企业门户，执行“业务→财务会计→总账→出纳→现金日记账”命令，进入“现金日记账查询条件”窗口。如图 3－81 所示。

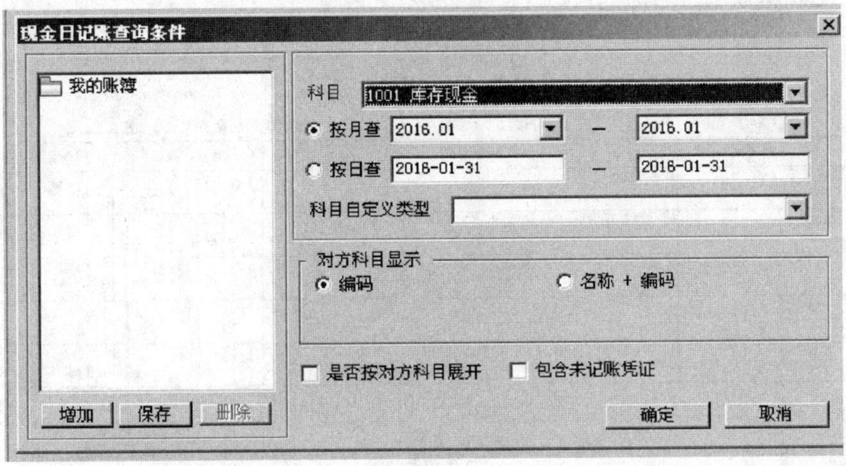

图 3 – 81　现金日记账查询条件

②选择科目“1001 库存现金”，默认月份“2016.01”，单击“确定”按钮，进入“现金日记账”窗口。如图 3 – 82 所示。

2016年 月	日	凭证号数	摘要	对方科目	借方	贷方	方向	余额
			上年结转				借	7,417.70
01	05	付-0002	提取现金	100201	10,000.00		借	17,417.70
01	05		本日合计		10,000.00		借	17,417.70
01	10	收-0001	报销差旅费	122102	200.00		借	17,617.70
01	10		本日合计		200.00		借	17,617.70
01	18	付-0005	提取库存现金	100201	200.00		借	17,817.70
01	18	付-0006	[冲销2016.01.18 付-0005号凭证]提取库存现	100201	-200.00		借	17,617.70
01	18		本日合计				借	17,617.70
01			当前合计		10,200.00		借	17,617.70
01			当前累计		10,200.00		借	17,617.70
			结转下年				借	17,617.70

图 3 – 82　现金日记账

③双击某业务或单击某业务再单击“凭证”按钮，可查看相应的凭证。如图 3 – 83 所示。

④单击“总账”按钮，可查看库存现金的三栏式总账。如图 3 – 84 所示。

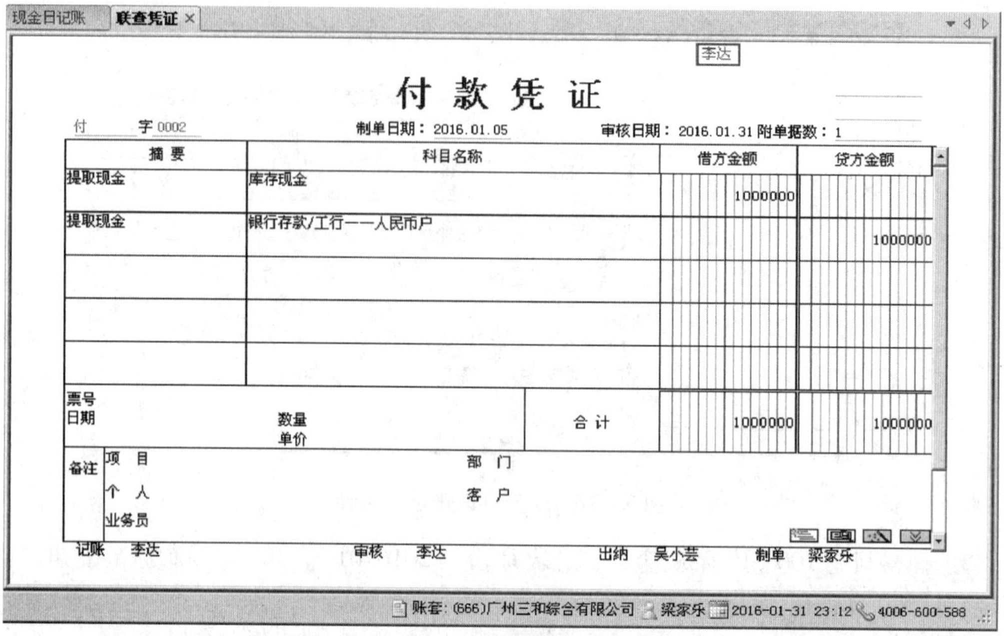

图 3－83　现金日记账业务相应凭证

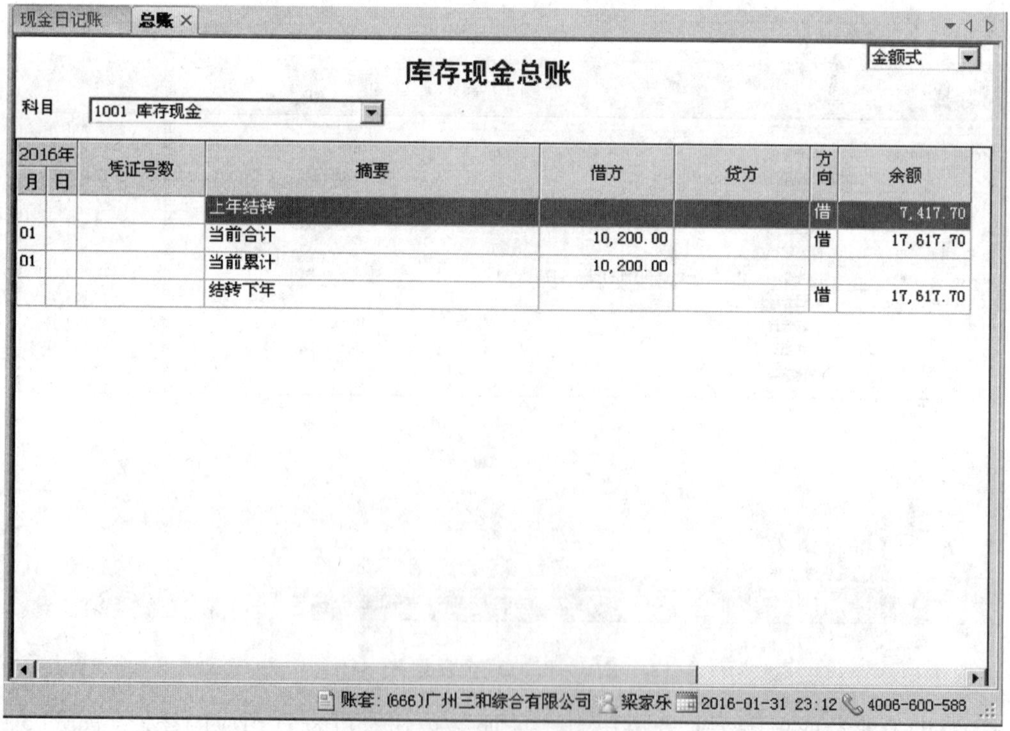

图 3－84　库存现金三栏式总账

（2）查看 2016 年 1 月的银行日记账。

▶【操作提示】

①执行“业务→财务会计→总账→出纳→银行日记账”命令，进入“银行日记账查询条件”窗口。如图 3－85 所示。

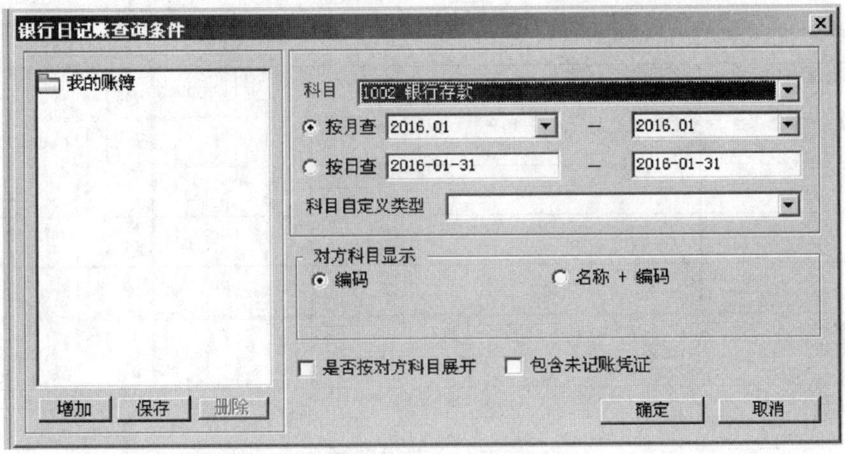

图 3－85　银行日记账查询

②选择科目“1002 银行存款”，默认月份“2016.01”，单击“确定”按钮，进入“银行日记账”窗口。如图 3－86 所示。

③双击某业务或单击某业务再单击“凭证”按钮，可查看相应的凭证。如图 3－87 所示。

银行日记账

科目 1002 银行存款　　月份：2016.01-2016.01　　金额式

2016年 月	日	凭证号数	摘要	结算号	对方科目	借方	贷方	方向	余额
			上年结转					借	194,598.83
01	02	付-0001	支付产品推广费_202_1234_2016.01.02	转账支票-1234	660104		3,000.00	借	191,598.83
01	02		本日合计				3,000.00	借	191,598.83
01	05	付-0002	提取现金_201_2345_2016.01.05	现金支票-2345	1001		10,000.00	借	181,598.83
01	05		本日合计				10,000.00	借	181,598.83
01	08	付-0003	支付本月租房费_202_1235_2016.01.08	转账支票-1235	660104		1,800.00	借	179,798.83
01	08		本日合计				1,800.00	借	179,798.83
01	10	收-0002	收到泛美集团投资资金_3_0202_2016.01.10	银行汇票-0202	4001	68,725.00		借	248,523.83
01	10	付-0004	支付计划部电信费_202_1236_2016.01.10	转账支票-1236	660205		620.00	借	247,903.83
01	10		本日合计			68,725.00	620.00	借	247,903.83
01	18	付-0005	提取库存现金_201_2346_2016.01.18	现金支票-2346	1001		200.00	借	247,703.83
01	18	付-0006	[冲销2016.01.18 付-0005号凭证]提取库存现	现金支票-2346	1001		-200.00	借	247,903.83
01	18		本日合计					借	247,903.83
01			当前合计			68,725.00	15,420.00	借	247,903.83
01			当前累计			68,725.00	15,420.00	借	247,903.83

账套：(666)广州三和综合有限公司　吴小芸　2016-01-31 19:52　4006-600-588

图 3－86　银行日记账

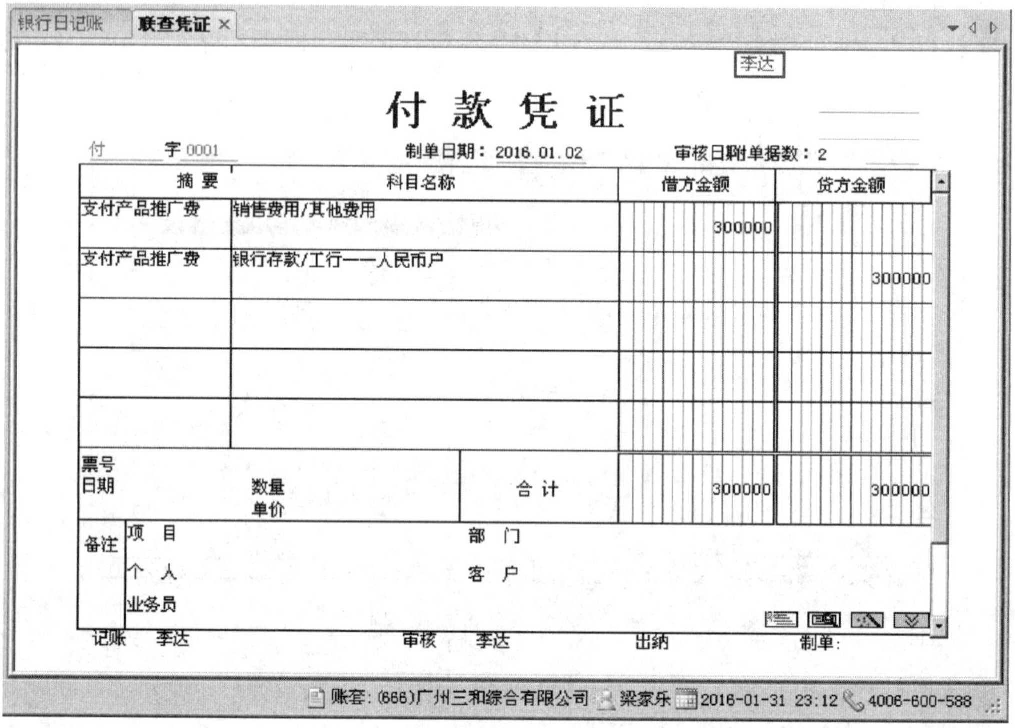

图 3-87　银行日记账业务相关凭证

④单击“总账”按钮，可查看银行存款的三栏式总账。如图 3-88 所示。

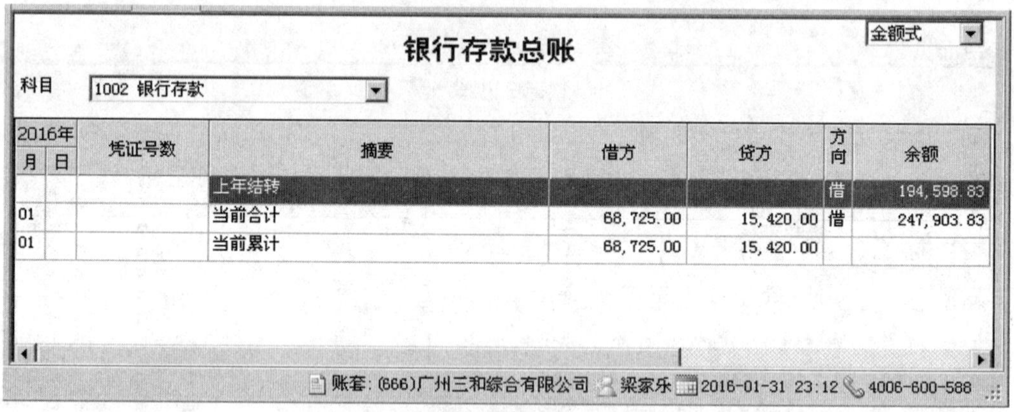

2016年 月	日	凭证号数	摘要	借方	贷方	方向	余额
			上年结转			借	194,598.83
01			当前合计	68,725.00	15,420.00	借	247,903.83
01			当前累计	68,725.00	15,420.00		

图 3-88　银行存款三栏式总账

（3）查看 2016 年 1 月 19 日的资金日报表。

▶【操作提示】

①执行“业务→财务会计→总账→出纳→资金日报”命令，进入“资金日报表查询条件”窗口。如图 3-89 所示。

②选择查询日期“2016-01-19”，勾选“有余额无发生也显示”复选框。单击“确定”按钮，进入“资金日报表”窗口。如图 3-90 所示。

图 3－89　资金日报表查询条件

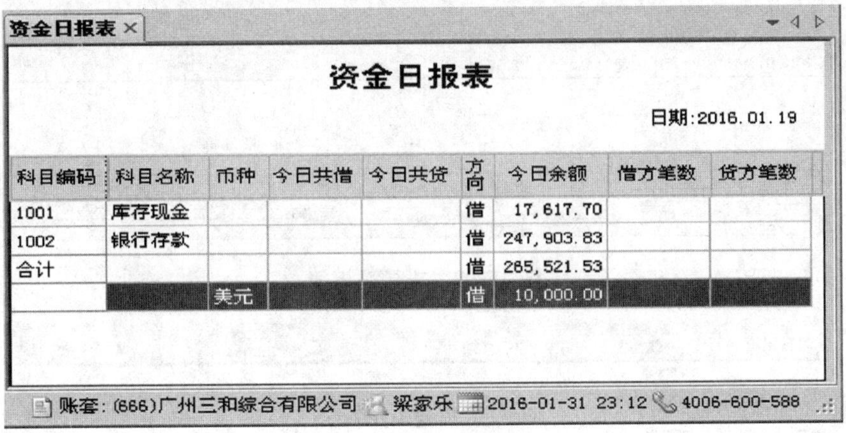

资金日报表

日期:2016.01.19

科目编码	科目名称	币种	今日共借	今日共贷	方向	今日余额	借方笔数	贷方笔数
1001	库存现金				借	17,617.70		
1002	银行存款				借	247,903.83		
合计					借	265,521.53		
		美元			借	10,000.00		

图 3－90　资金日报表

◉业务 2：支票登记

2016 年 1 月 25 日市场部商端领用现金支票一张，准备用于购买办公用品，预计花费金额为 1 000 元，票号：1237。

▶【操作提示】

①执行“业务→财务会计→总账→出纳→支票登记簿”命令，进入“银行科目选择”窗口。如图 3－91 所示。选择科目“工行——人民币户（100201）”。

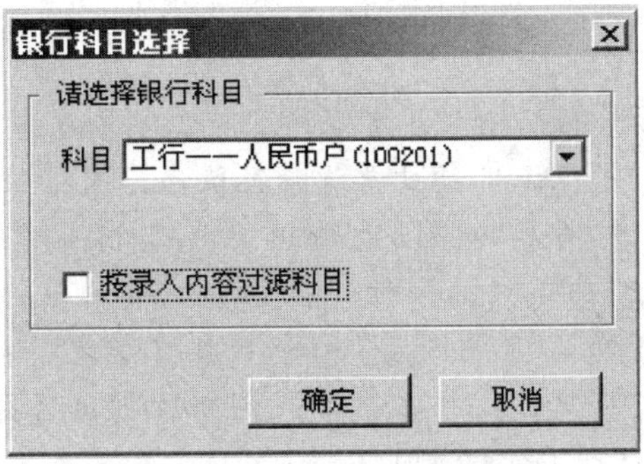

图 3－91　银行科目选择窗口

②单击“确定”按钮，进入“支票登记簿”窗口。如图 3－92 所示。此处已有的数据是在总账凭证录入时登记的支票。

③单击“增加”按钮，输入“领用日期”为“2016.01.25”，“领用部门”为“市场部”，“领用人”为“商端”，“支票号”为“1237”，“预计金额”为“1 000”，“用途”为“购买办公用品”，单击“保存”按钮。如图 3－93 所示。

领用日期	领用部门	领用人	支票号	预计金额	用途
2016.01.02	市场部	崔达民	1234	3,000.00	支付产品推广费
2016.01.05	财务部	吴小芸	2345	10,000.00	备用金
2016.01.08	市场部	商端	1235	1,800.00	支付本月租房费
2016.01.10	计划部	吴小芸	1236	620.00	支付计划部电信费
2016.01.18	财务部		2346	200.00	

图 3－92 支票登记簿

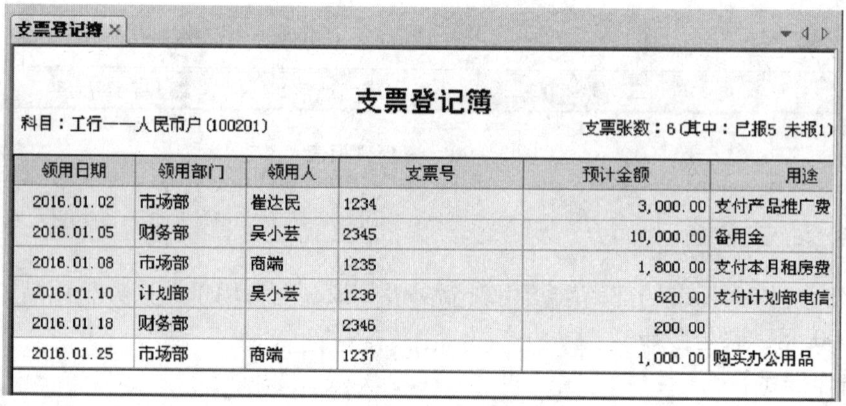

领用日期	领用部门	领用人	支票号	预计金额	用途
2016.01.02	市场部	崔达民	1234	3,000.00	支付产品推广费
2016.01.05	财务部	吴小芸	2345	10,000.00	备用金
2016.01.08	市场部	商端	1235	1,800.00	支付本月租房费
2016.01.10	计划部	吴小芸	1236	620.00	支付计划部电信
2016.01.18	财务部		2346	200.00	
2016.01.25	市场部	商端	1237	1,000.00	购买办公用品

图 3－93 支票登记

注意：

1. 领用日期和支票号必须输入，其他内容可以不输入。

2. 报销后（即已做了凭证）的支票背景呈黄色，未报销的呈白色。

3. 若出现如图 3－94 所示的“没有使用此科目进行制单的权限”窗口，则以 01 号操作员的身份登录企业门户，执行“服务系统→权限→数据权限分配”命令。如图3－95所示。单击用户“04 吴小芸”，再单击“修改”按钮，选择“100201 工行——人民币户”，单击“保存”按钮。如图 3－96 所示。再以 04 号操作员的身份登录企业门户，即可进行支票登记。

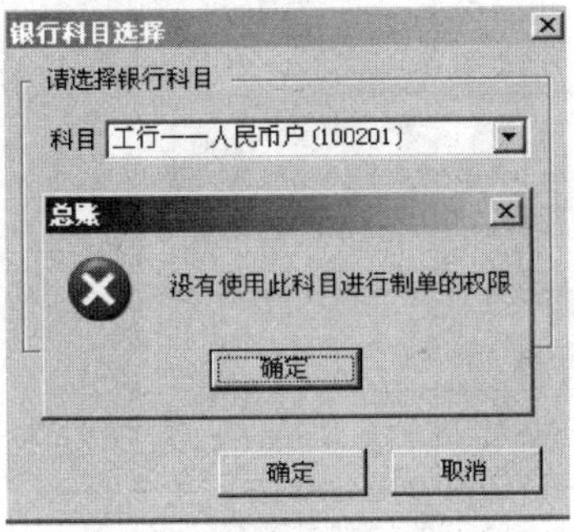

图 3－94　出现提示窗口

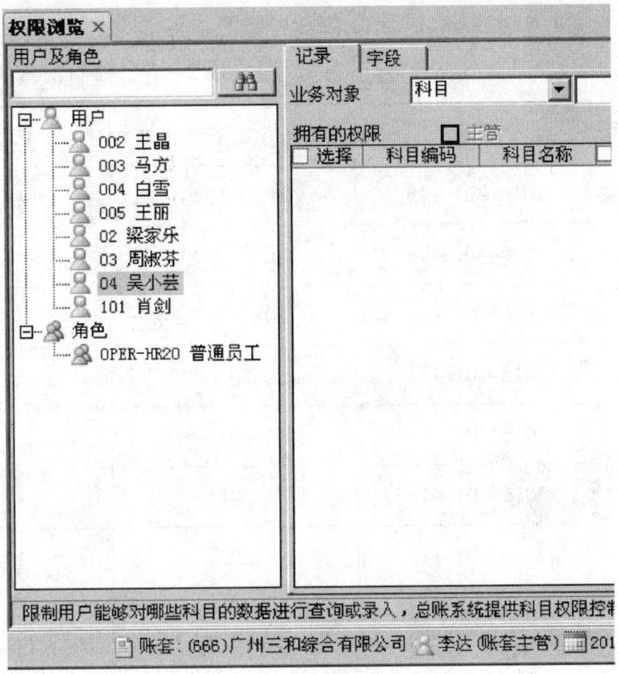

图 3－95　权限浏览

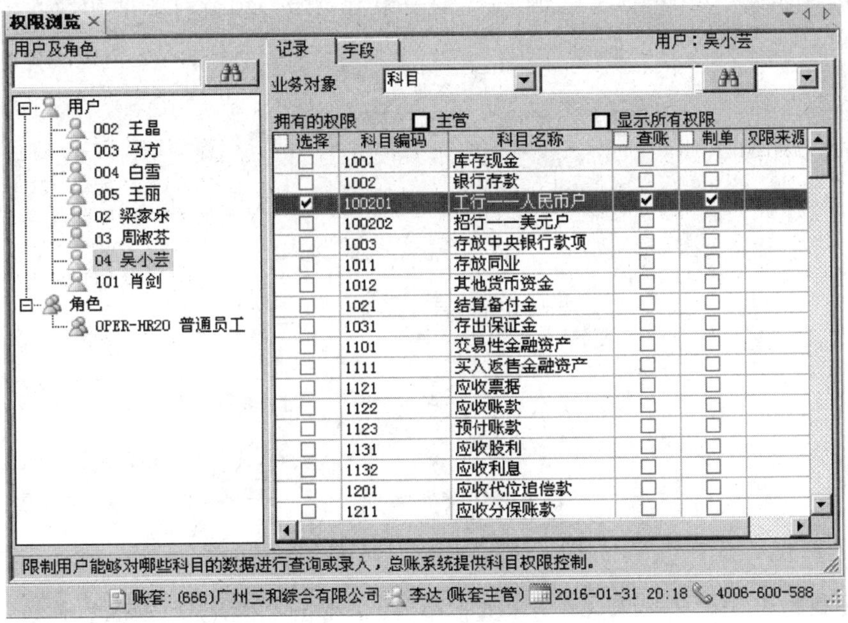

图 3－96　修改权限

◉业务 3：银行对账

银行账的启用日期为 2016. 01. 01，“人民币户 100201”科目，企业日记账余额为 194 598. 83元，银行对账单余额为 194 598. 83 元，期初无未达账项。月底银行给企业如

表 3－11 所示对账单进行对账。

表 3－11　银行对账单

日期	结算方式及结算号	收入/元	支出/元
2016－01－18	202－1234		3 000
2016－01－18	201－2345		10 000
2016－01－18	202－1235		1 800
2016－01－18	202		6 20
2016－01－18	201		200
2016－01－18	201		－200
2016－01－19	202	17 550	
2016－01－19	202－1237		38 025

（1）将银行对账期初录入。

▶【操作提示】

①执行“业务→财务会计→总账→出纳→银行对账→银行对账期初录入”命令，弹出“银行科目选择”窗口。如图 3－97 所示。

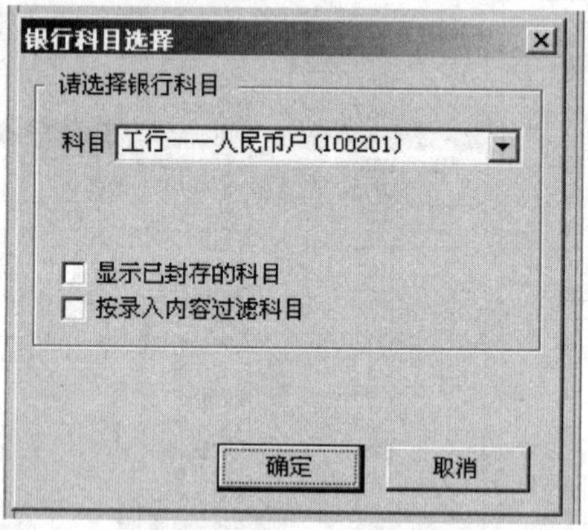

图 3－97　银行科目选择窗口

②选择科目“工行——人民币户（100201）”，单击“确定”按钮，进入“银行对账期初”窗口，确定“启用日期”为“2016. 01. 01”。如图 3－98 所示。

③输入单位日记账的“调整前余额”为“194 598. 83”，银行对账单的“调整前余额”为“194 598. 83”。如图 3－99 所示。单击“退出”按钮。

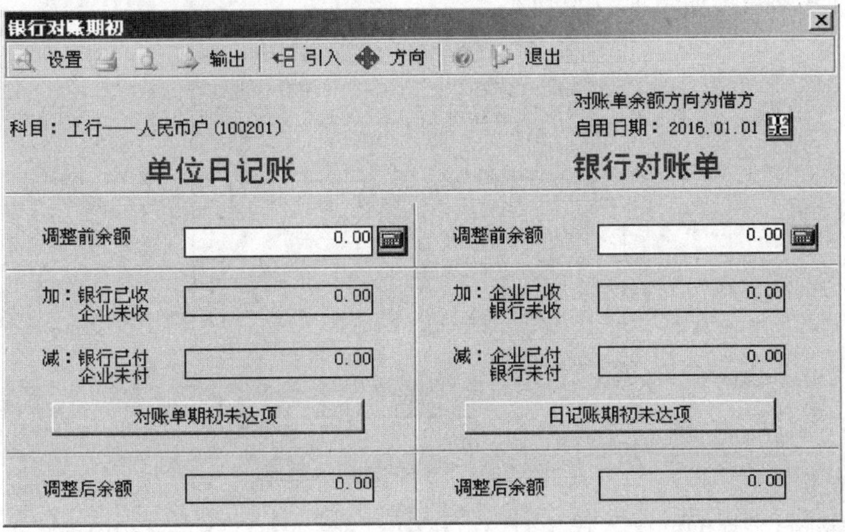

图 3 – 98　**银行对账期初窗口**

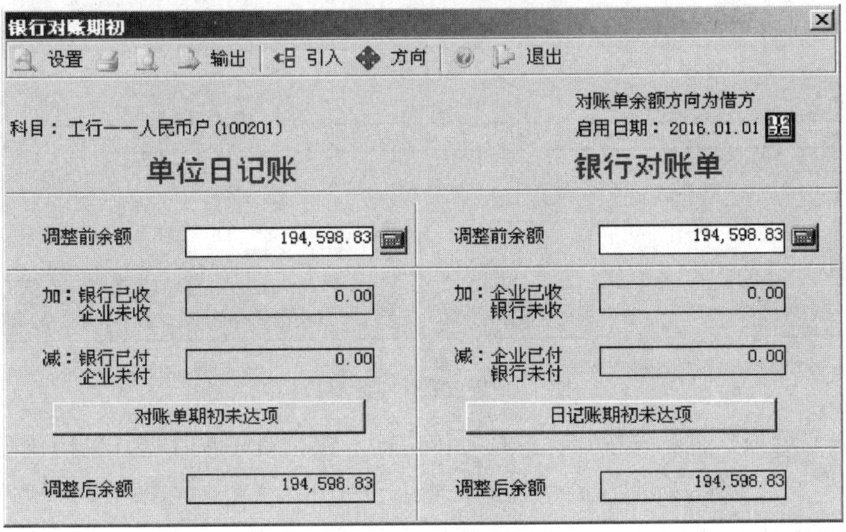

图 3 – 99　**银行对账期初设置**

注意：

1. 第一次使用银行对账功能前，系统要求录入日记账及对账单未达账项，在开始使用银行对账之后不再使用。

2. 在录入完单位日记账、银行对账单期初未达账项后，请不要随意调整启用日期，尤其是向前调，这样可能会造成启用日期后的期初数不能再参与对账。

（2）录入银行对账单。

►**【操作提示】**

①执行“业务→财务会计→总账→出纳→银行对账→银行对账单”命令，弹出“银

行科目选择”窗口。如图 3－100 所示。

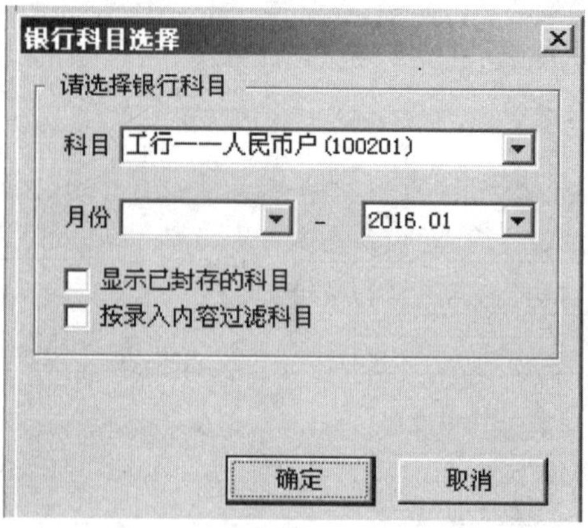

图 3－100　银行科目选择窗口

②选择科目“工行——人民币户（100201）”，“月份”为“2016.01”，单击“确定”按钮，进入“银行对账单”窗口。如图 3－101 所示。

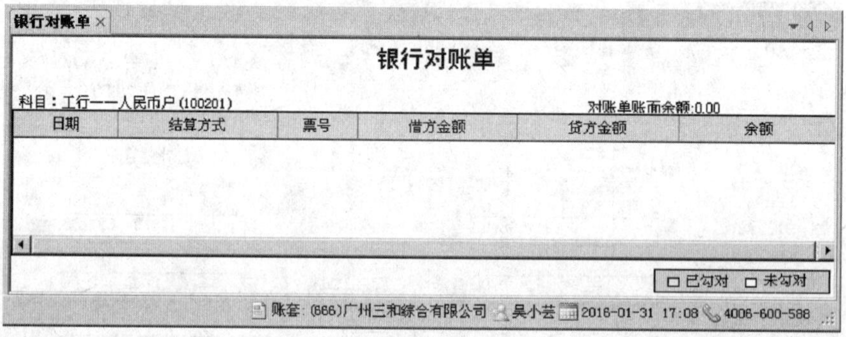

图 3－101　银行对账单窗口

③单击“增加”按钮，按银行对账单依次输入银行对账单数据，包括“日期”“结算方式”“票号”“借方金额”和“贷方金额”，单击“保存”按钮。如图 3－102 所示。

日期	结算方式	票号	借方金额	贷方金额	余额
2016.01.18	202	1234		3,000.00	191,598.83
2016.01.18	201	2345		10,000.00	181,598.83
2016.01.18	202	1235		1,800.00	179,798.83
2016.01.18	202			620.00	179,178.83
2016.01.18	201			200.00	178,978.83
2016.01.18	201			-200.00	179,178.83
2016.01.19	202		17,550.00		196,728.83
2016.01.19	202	1237		38,025.00	158,703.83

图 3－102　银行对账单

（3）执行银行对账。

▶【操作提示】

①执行“业务→财务会计→总账→出纳→银行对账→银行对账”命令，弹出“银行科目选择”窗口。如图 3－103 所示。

图 3－103　银行科目选择窗口

②选择科目“工行——人民币户（100201）”，“月份”为“2016. 01”，单击“确定”按钮，进入“银行对账”窗口。如图 3－104 所示。

图 3－104　银行对账

③单击“对账”按钮，打开“自动对账”条件对话框。如图 3－105 所示。

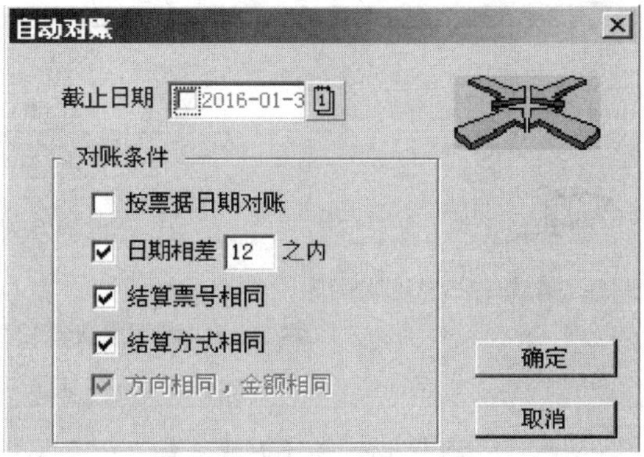

图 3－105　自动对账对话框

④输入截止日期为“2016－01－31”，默认系统提供的其他对账条件。如图3－106所示。

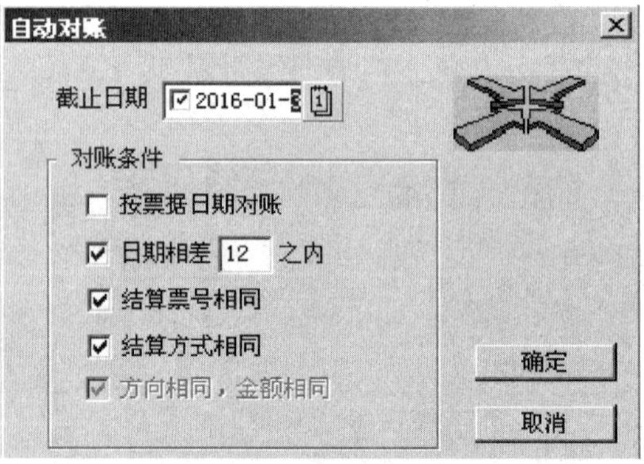

图3－106　自动对账对话框条件设置

⑤单击“确定”按钮，显示自动对账结果。如图3－107所示。

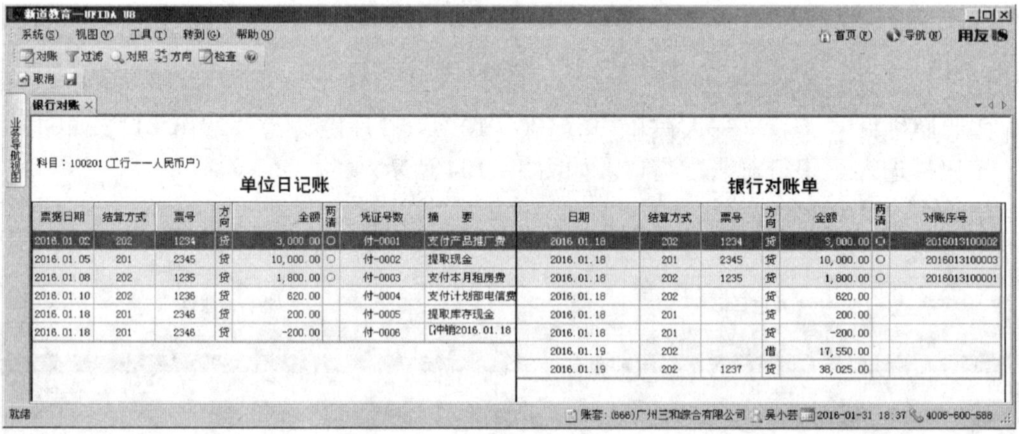

图3－107　自动对账结果

⑥在银行对账窗口，对于一些应勾而未勾对上的账项，可分别双击“两清”栏，出现“√”标志，直接进行手工调整。如图3－108所示。

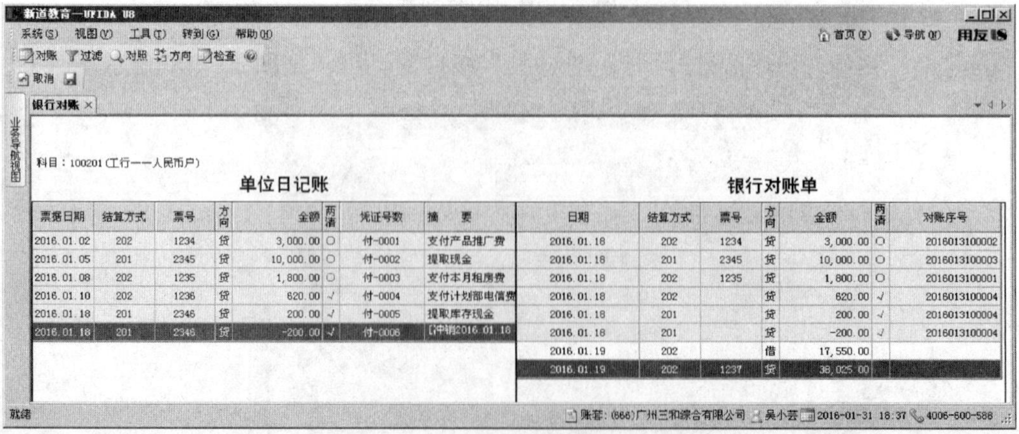

图3－108　手工对账结果

⑦单击“保存”按钮，对账完毕。如图 3－109 所示。单击“检查”按钮，检查结果平衡。如图 3－110 所示。单击“确定”按钮

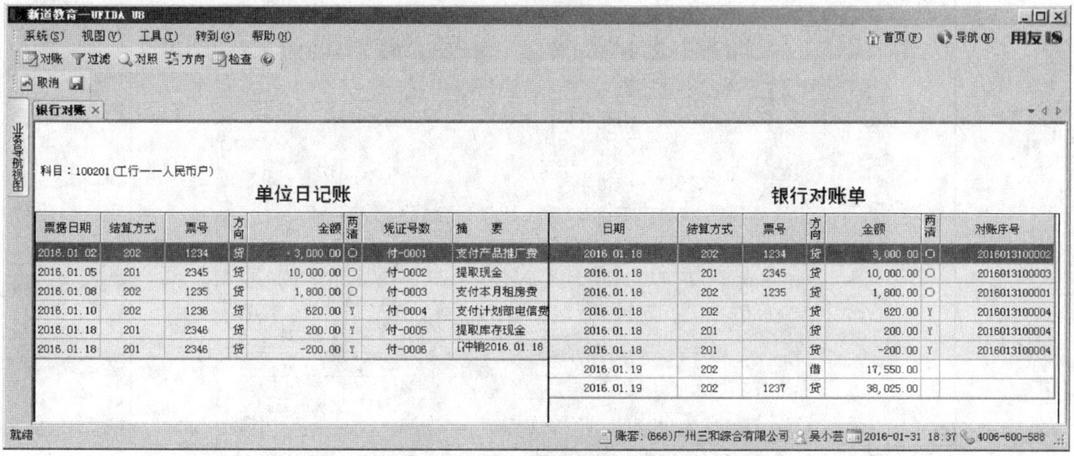

图 3－109　对账结果

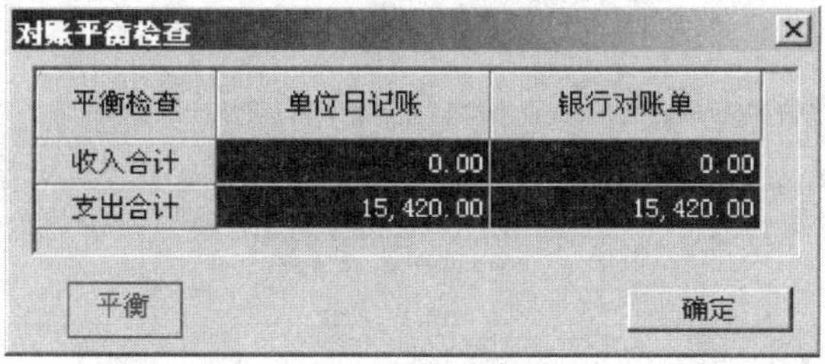

图 3－110　对账检查

。

注意：

1. 对账条件中的方向、金额相同是必选条件，对账截止日期可以输入。
2. 对于已达账项，系统自动在单位日记账和银行对账单双方的“两清”栏打上圆圈标志。
3. 手工对账的标志为“Y”，以区别于自动对账标志。
4. 在自动对账不能完全对上的情况下，可采用手工对账。

（4）查看银行存款余额调节表。

▶【操作提示】

①执行“业务→财务会计→总账→出纳→银行对账→余额调节表查询”命令，弹出“银行存款余额调节表”窗口。选中某一行，单击“查看”按钮或双击该行，即可显示该银行科目的银行存款余额调节表。如图 3－111 所示。

②单击银行存款余额调节表中的“详细”按钮，即可显示该银行科目的银行存款余额调节表的详细情况。如图 3－112 所示。

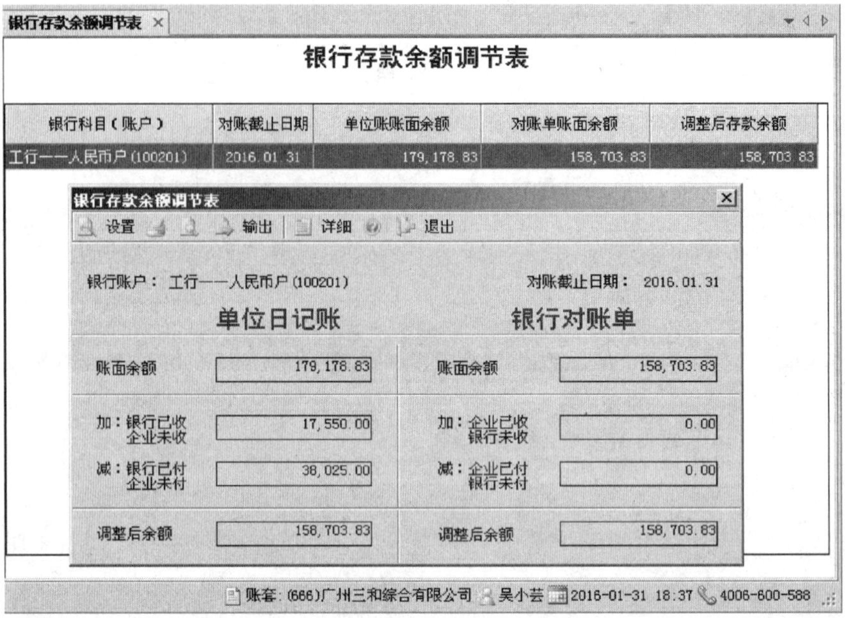

图 3－111　银行存款余额调节表

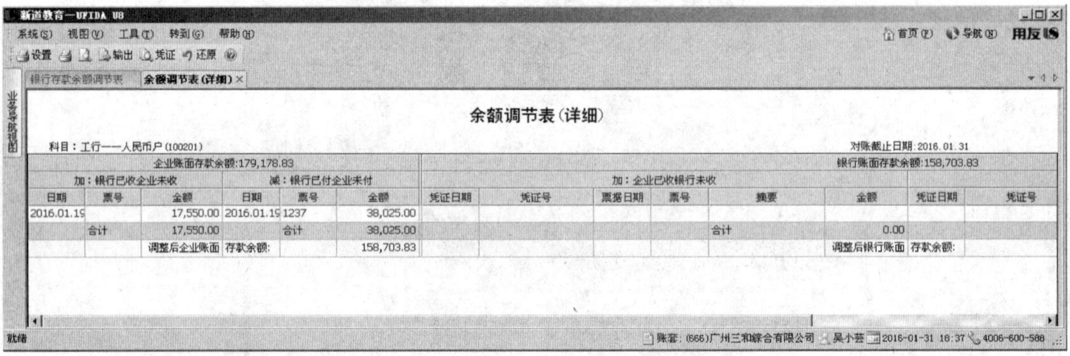

图 3－112　银行存款余额调节表详细情况

（5）查询银行对账两清情况。

►【操作提示】

①执行“业务→财务会计→总账→出纳→银行对账→查询对账勾对情况”命令，弹出“银行科目选择”窗口。如图 3－113所示。

②单击“确定”按钮，进入“查询银行勾对情况”窗口。如图 3－114 所示。

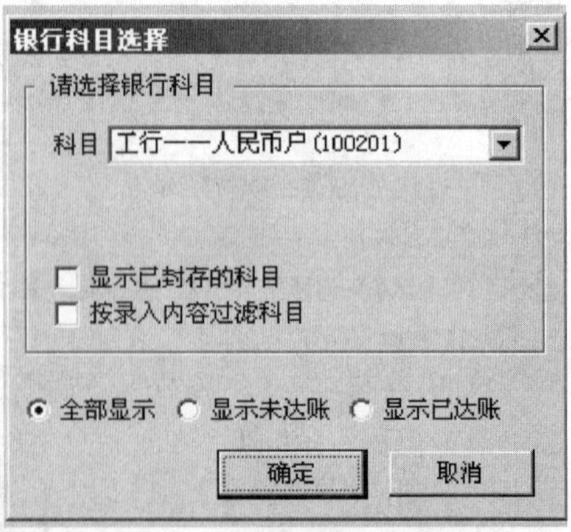

图 3－113　银行科目选择窗口

图 3 – 114　查询银行勾对情况

（6）核销银行账。

▶【操作提示】

①执行“业务→财务会计→总账→出纳→银行对账→核销银行账”命令，弹出“核销银行账”窗口。如图 3 – 115 所示。

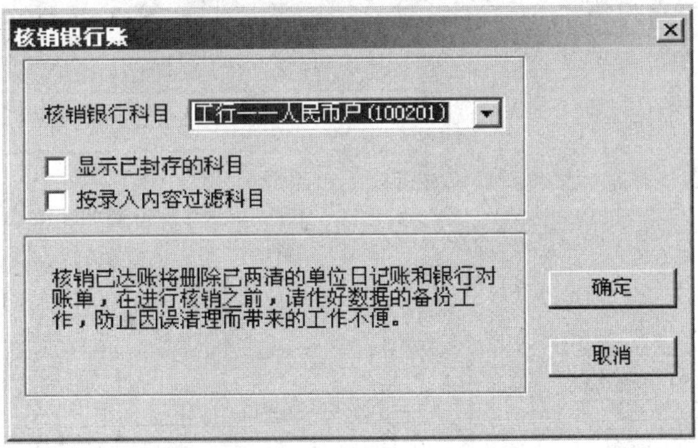

图 3 – 115　核销银行账窗口

②选择核销银行科目为“工行——人民币户（100201）”，单击“确定”按钮，弹出“总账”选择对话框。如图 3 – 116 所示。

③单击“是”按钮，弹出“银行账核销完毕!”提示框。如图 3 – 117 所示。单击“确定”按钮。

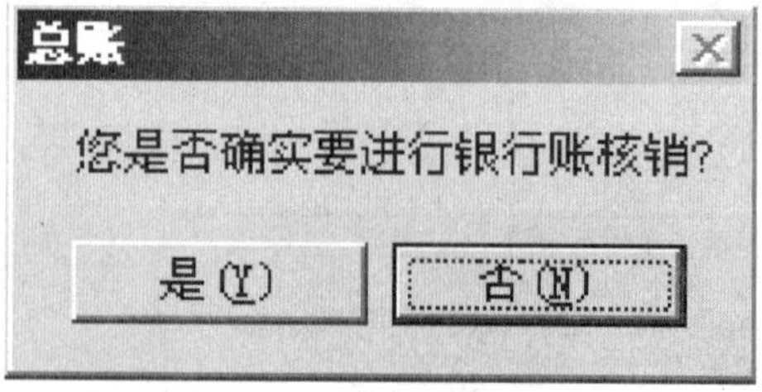

图 3－116　总账选择对话框

图 3－117　银行账核销完毕提示框

注意：

核销后，查询中则不会出现已勾对项目。用快捷键“Ctrl＋U”进行反核销。

二、总账账表查询

以 01 号操作员的身份登录企业门户进行操作。

◉业务 1：查看 2016 年 1 月的应收账款总账

►【操作提示】

①执行“业务→财务会计→总账→账表→科目账→总账”命令，弹出“总账查询条件”窗口。如图 3－118 所示。

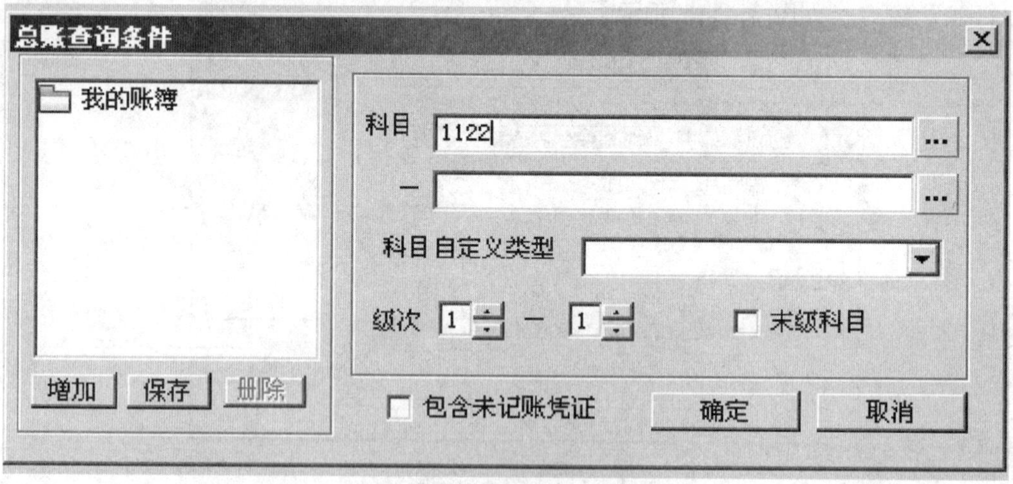

图 3－118　总账查询条件窗口

②科目选择为“1122”（应收账款），单击“确定”按钮，进入“应收账款总账”窗口，显示查询结果。如图 3－119 所示。

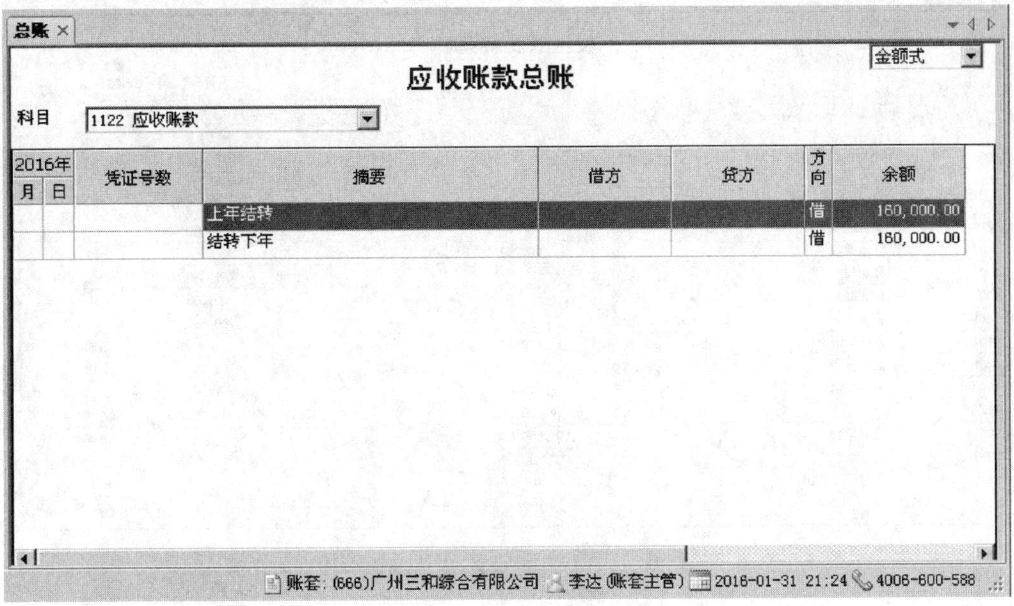

图 3－119　应收账款总账

◉业务 2：查看发生额及余额

查看所有科目的发生额及余额。

►【操作提示】

①执行“业务→财务会计→总账→账表→科目账→余额表”命令，弹出“发生额及余额查询条件”窗口。如图 3－120 所示。

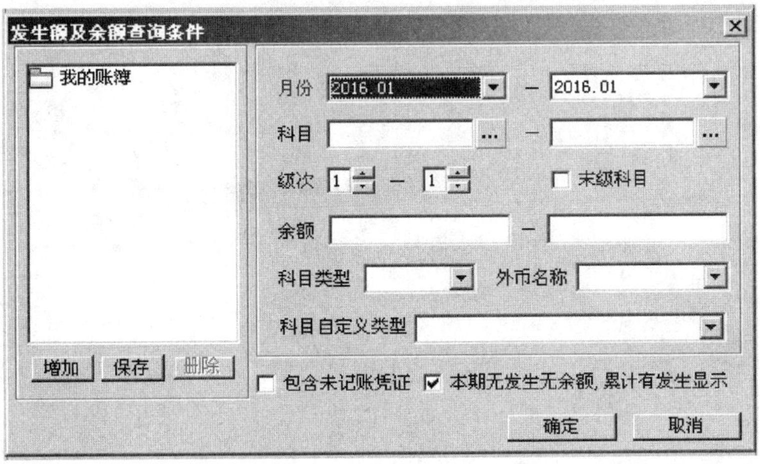

图 3－120　发生额及余额查询条件

②选择“月份”为“2016. 01—2016. 01”，单击“确定”按钮。进入“发生额及余额表”窗口。如图 3－121 所示。

发生额及余额表

金额式

月份：2016.01-2016.01

科目编码	科目名称	期初余额		本期发生		期末余额	
		借方	贷方	借方	贷方	借方	贷方
1001	库存现金	7,417.70		10,200.00		17,617.70	
1002	银行存款	194,598.83		68,725.00	15,420.00	247,903.83	
1122	应收账款	160,000.00				160,000.00	
1221	其他应收款	3,800.00			1,800.00	2,000.00	
1231	坏账准备		800.00				800.00
1403	原材料	2,050.00			670.00	1,380.00	
1405	库存商品	200,000.00				200,000.00	
1601	固定资产	260,680.00				260,680.00	
1602	累计折旧		12,512.64				12,512.64
1701	无形资产	58,500.00				58,500.00	
1702	累计摊销		5,878.06				5,878.06
资产小计		887,046.53	19,190.70	78,925.00	17,890.00	948,081.53	19,190.70
2001	短期借款		200,000.00				200,000.00
2202	应付账款		222,300.00				222,300.00
2211	应付职工薪酬		8,400.00				8,400.00

账套：(666)广州三和综合有限公司 李达(账套主管) 2016-01-31 21:24 4006-600-588

图 3－121　发生额及余额表

◉业务 3：查看明细账

查看原材料明细账，并查看其中一笔业务的凭证。

▶【操作提示】

①执行“业务→财务会计→总账→账表→科目账→明细账”命令，弹出“明细账查询条件”窗口。单击科目选择按钮，弹出“科目参照”窗口，选中“1403 原材料”，单击“确定”按钮，返回“明细账查询条件”窗口，选择“月份”为“2016.01—2016.01”。如图 3－122 所示。

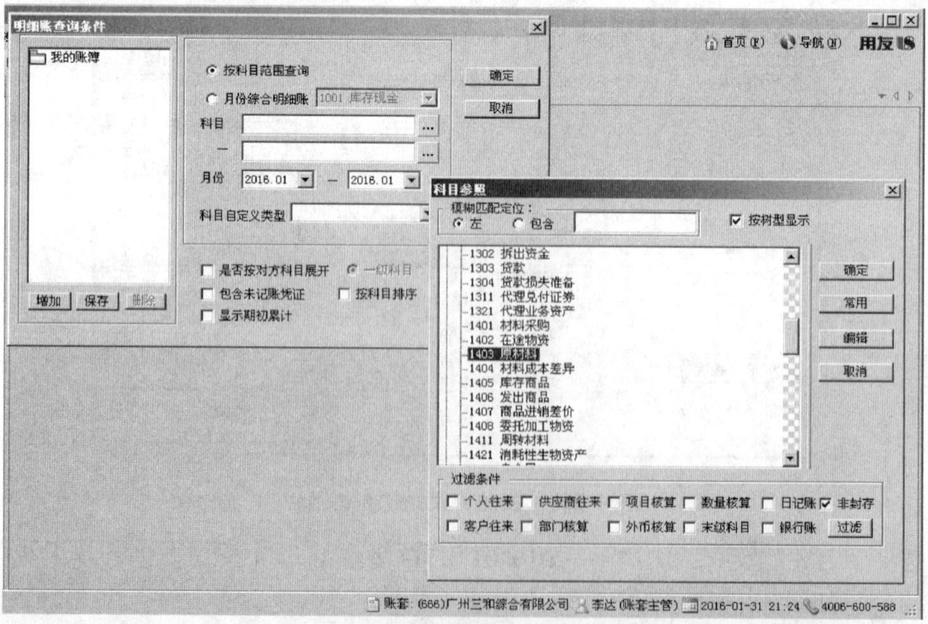

图 3－122　明细账查询条件

②单击“明细账查询条件”窗口中的“确定”按钮，进入“原材料明细账”窗口。如图 3－123 所示。

2016年 月	日	凭证号数	摘要	借方	贷方	方向	余额
			上年结转			借	2,050.00
01	15	转-0002	工程领取材料		400.00	借	1,650.00
01	15	转-0002	工程领取材料		150.00	借	1,500.00
01	15	转-0002	工程领取材料		120.00	借	1,380.00
01			当前合计		670.00	借	1,380.00
01			当前累计		670.00	借	1,380.00

图 3－123　原材料明细账

③双击某一笔业务记录或选中某一笔业务记录再单击“凭证”按钮，即可联查该笔业务相应的凭证。如图 3－124 所示。

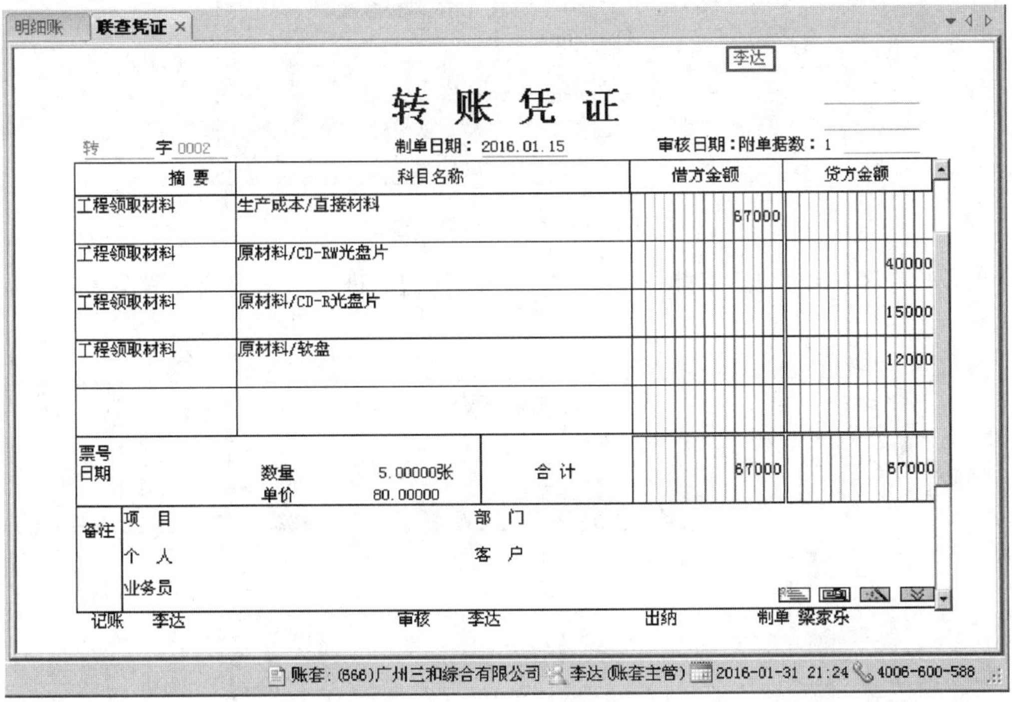

图 3－124　联查凭证

◉业务 4：查看梅林公司的客户余额表

▶【操作提示】

①执行“业务→财务会计→总账→账表→客户往来辅助账→客户往来余额表→客户余额表”命令，弹出“客户余额表”对话框。单击“客户”参照按钮，弹出“客户基本参照”对话框，选中“深圳梅林公司”再单击“确定”按钮，返回“客户余额表”对话框，选择“月份”为“2016.01—2016.01”。如图 3－125 所示。

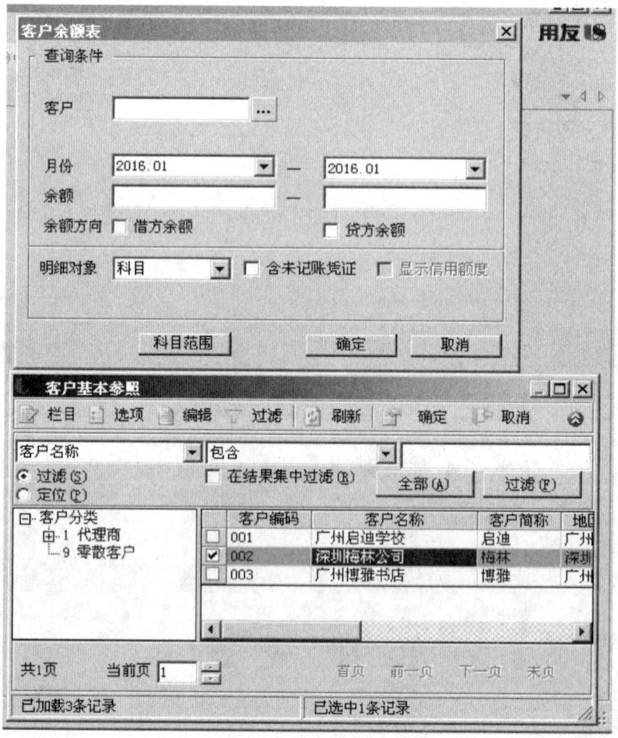

图 3－125　客户余额表查询

②单击“客户余额表”对话框中的“确定”按钮，进入“客户余额表”窗口。如图 3－126 所示。

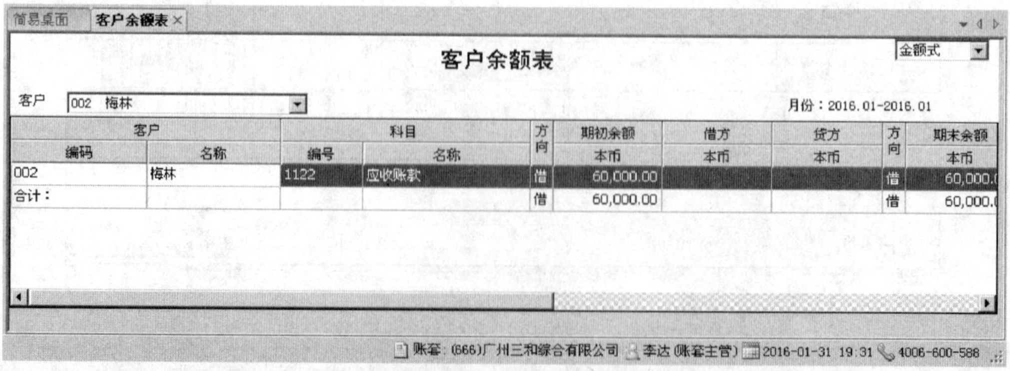

图 3－126　客户余额表

③双击某一条记录或选中某一条记录，再单击“明细”，即可查看相应的客户明细账。如图 3－127 所示。

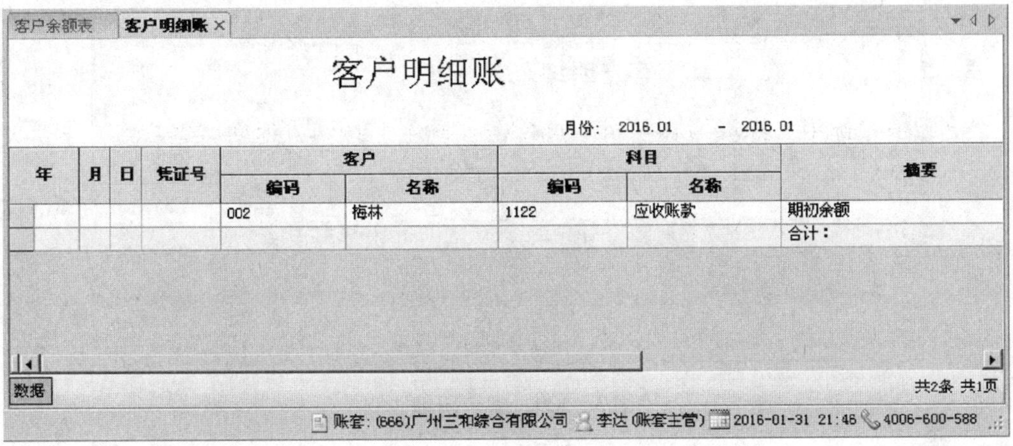

图 3－127　客户余额表相应客户明细账

◉业务 5：查看启迪学校的明细账

▶【操作提示】

①执行“业务→财务会计→总账→账表→客户往来辅助账→客户往来明细账→客户明细账”命令，弹出“查询条件选择”对话框。单击“客户”参照按钮，弹出“客户基本参照”对话框，选中“广州启迪学校”再单击“确定”按钮，返回“查询条件选择”对话框，选择“月份”为“2016. 01—2016. 01”。如图 3－128 所示。

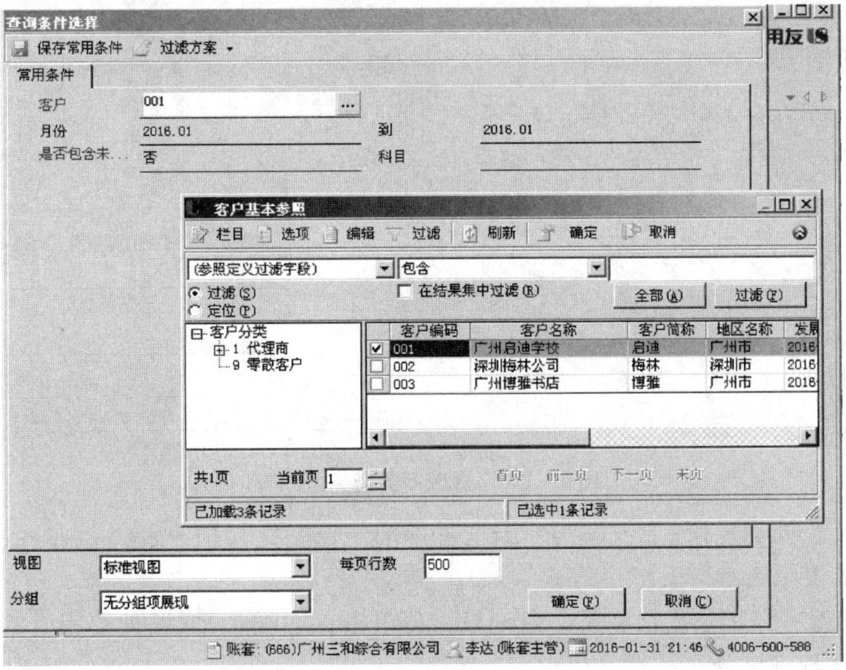

图 3－128　客户明细账查询条件选择

②单击“查询条件选择”对话框中的“确定”按钮，进入“客户明细账”窗口。如图 3－129 所示。

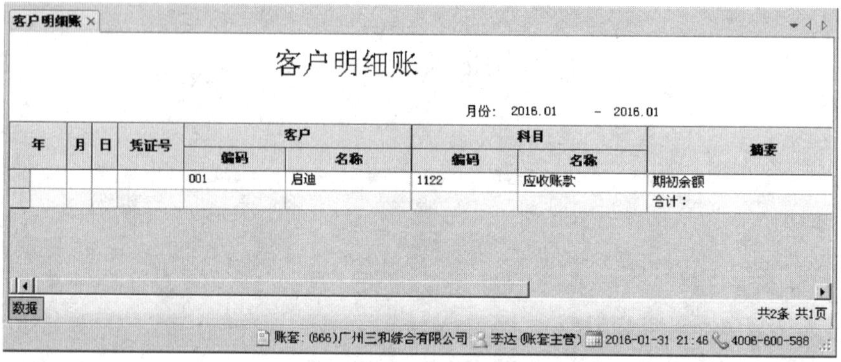

图 3－129　客户明细账

◉业务 6：查看由市场部业务员商端负责的供应商余额

►【操作提示】

①执行“业务→财务会计→总账→账表→供应商往来辅助账→供应商往来余额表→供应商业务员余额表”命令，弹出“供应商业务员余额表”对话框。单击“业务员”参照按钮，弹出“业务员基本参照”对话框，选中“商端”再单击“确定”按钮，返回“供应商业务员余额表”对话框，选择月份为“2016.01—2016.01”。如图 3－130 所示。

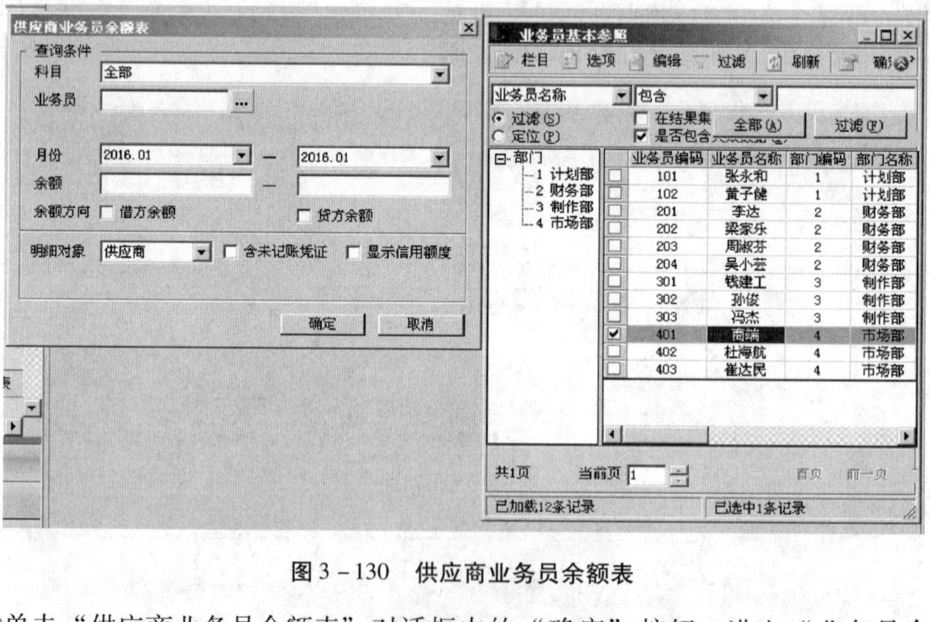

图 3－130　供应商业务员余额表

②单击“供应商业务员余额表”对话框中的“确定”按钮，进入“业务员余额表”窗口。如图 3－131 所示。

③双击某一条记录或选中某一条记录，再单击“明细”，即可查看相应的业务员明细账。如图 3－132 所示。

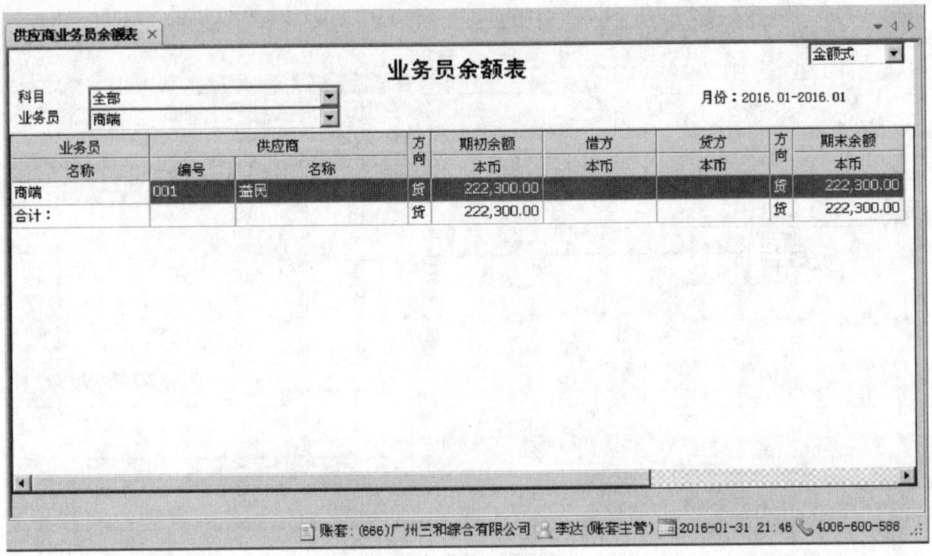

图 3－131　业务员余额表

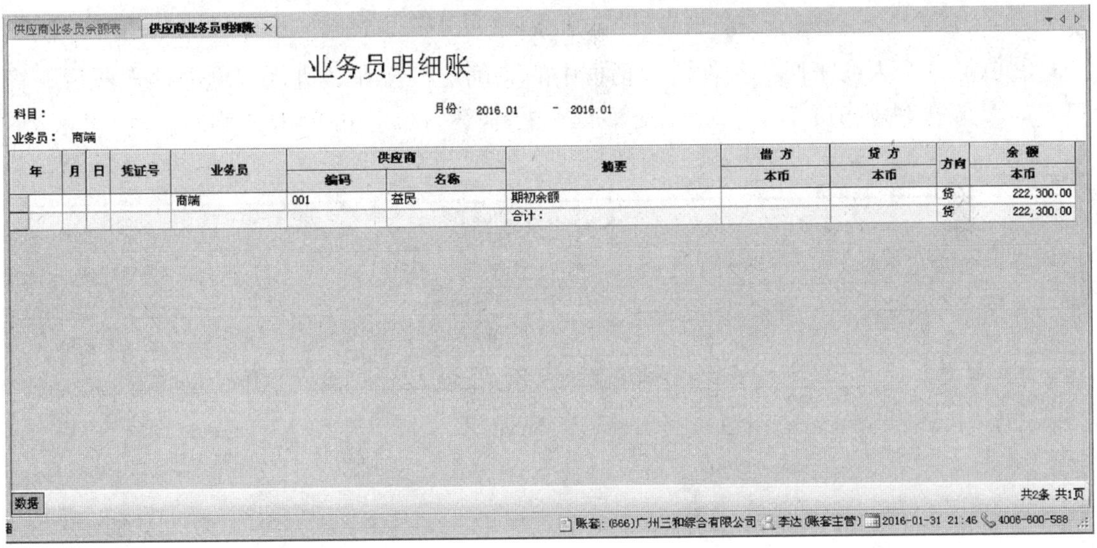

图 3－132　业务员余额表相应业务员明细账

◉业务 7：对市场部杜海航的出差预借款进行清理

▶【操作提示】

①执行“业务→财务会计→总账→账表→个人往来账→个人往来清理”命令，弹出“个人往来两清条件”对话框。单击“个人”参照按钮，弹出“业务员基本参照”对话框，选中“杜海航”再单击“确定”按钮，返回“个人往来两清条件”对话框。如图 3－133 所示。

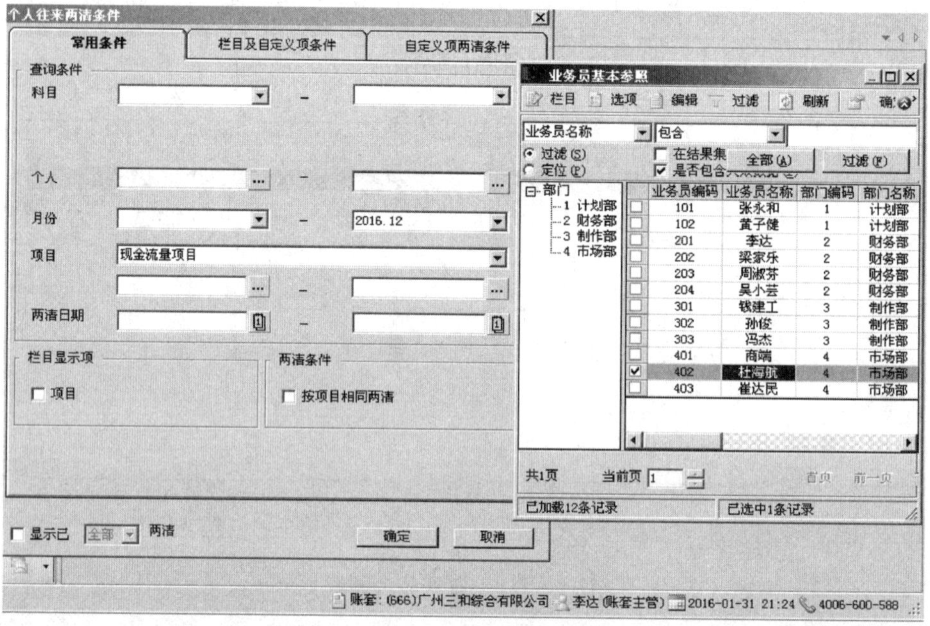

图 3－133　个人往来两清条件

②单击“个人往来两清条件”对话框中的“确定”按钮，进入“个人往来两清”窗口。如图 3－134 所示。

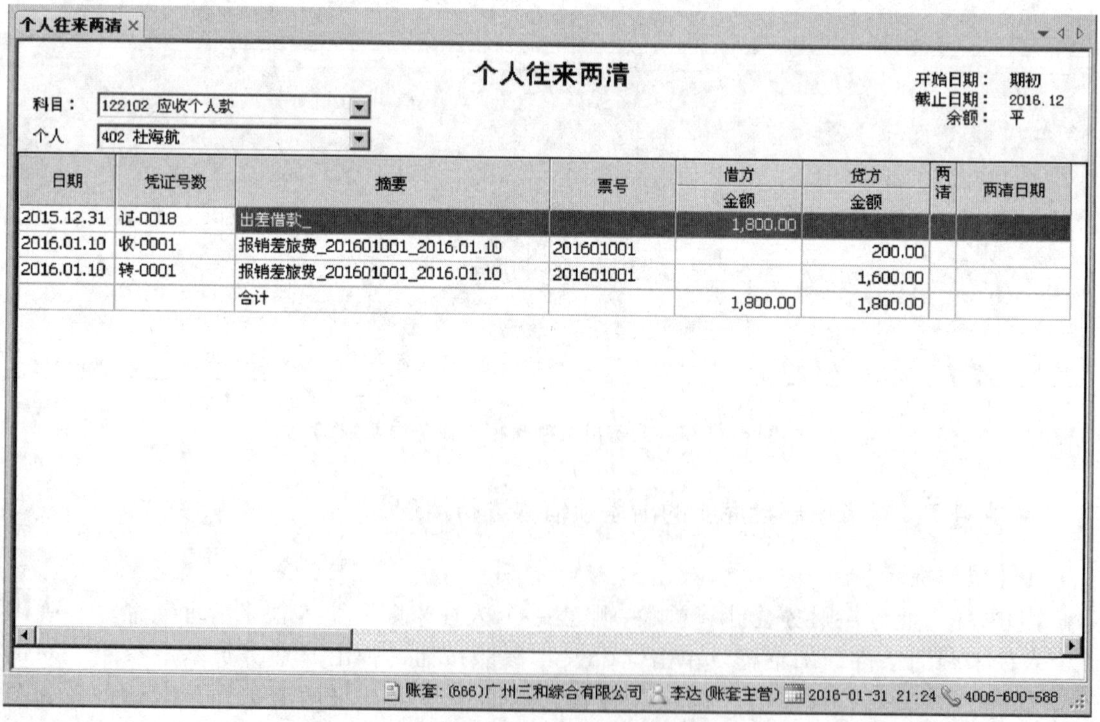

图 3－134　个人往来两清

③分别双击每个记录的“两清”栏，出现“Y”符号。如图 3－135 所示。

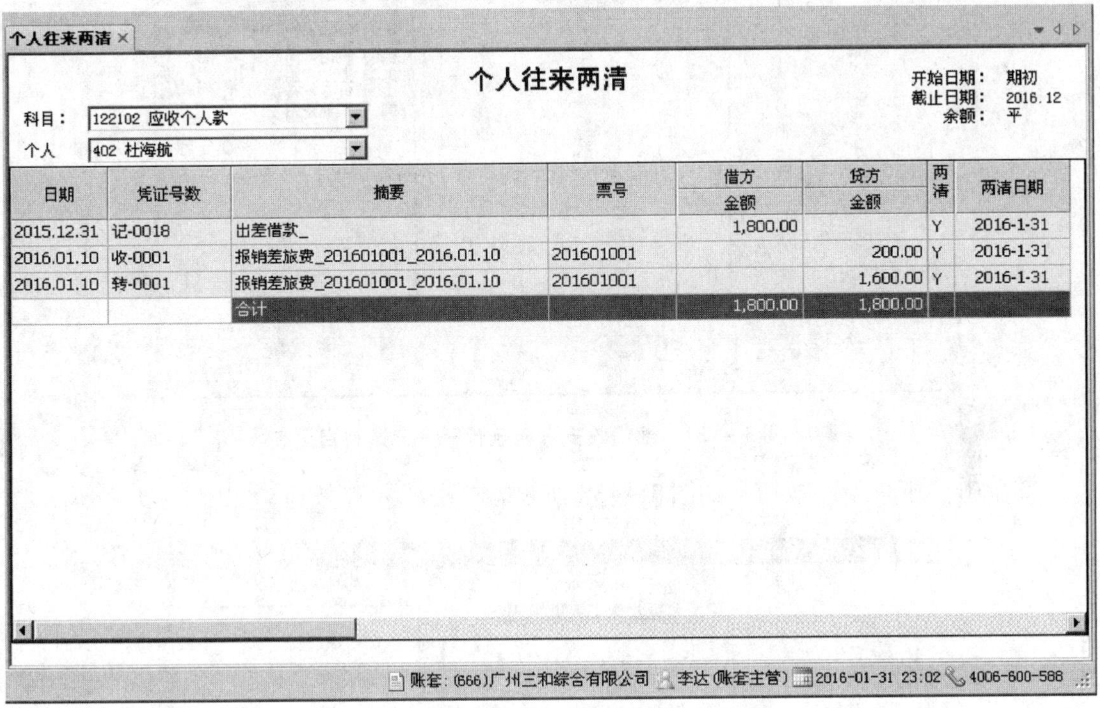

图 3－135　个人往来两清

◉业务 8：对计划部的部门收支进行分析

▶【操作提示】

①执行“业务→财务会计→总账→账表→部门辅助账→部门收支分析”命令，弹出“部门收支分析条件”对话框。如图 3－136 所示。单击“»”按钮。如图 3－137 所示。

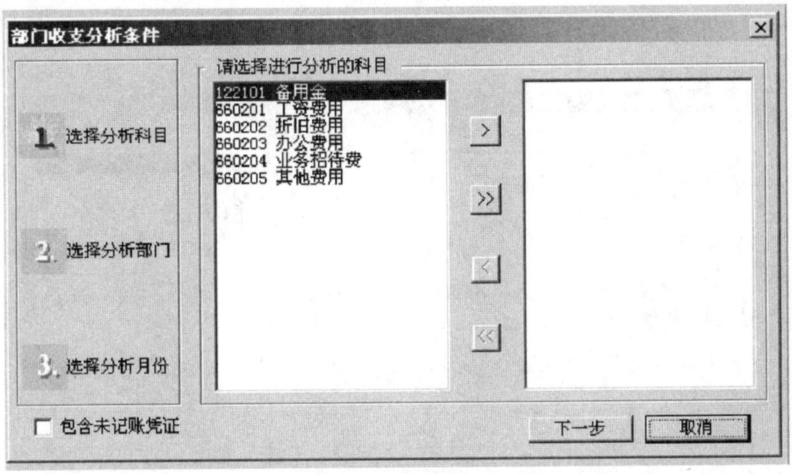

图 3－136　部门收支分析条件——科目

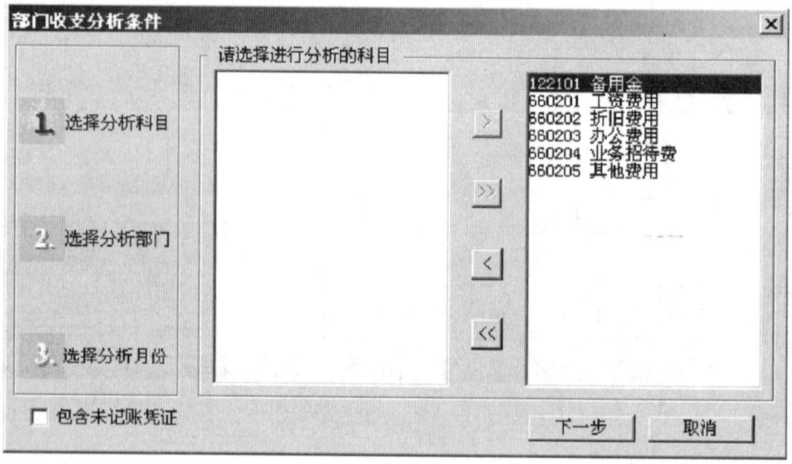

图 3－137　部门收支分析条件——已选科目

②单击“下一步”按钮，如图 3－138 所示。单击“»”按钮。如图 3－139 所示。

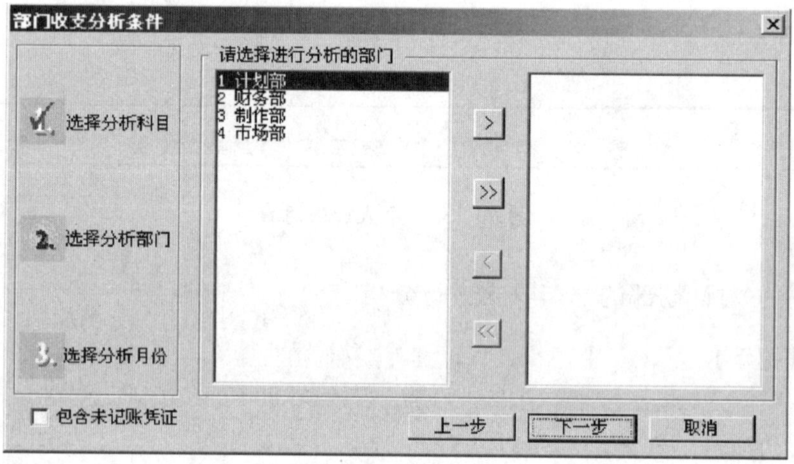

图 3－138　部门收支分析条件——部门

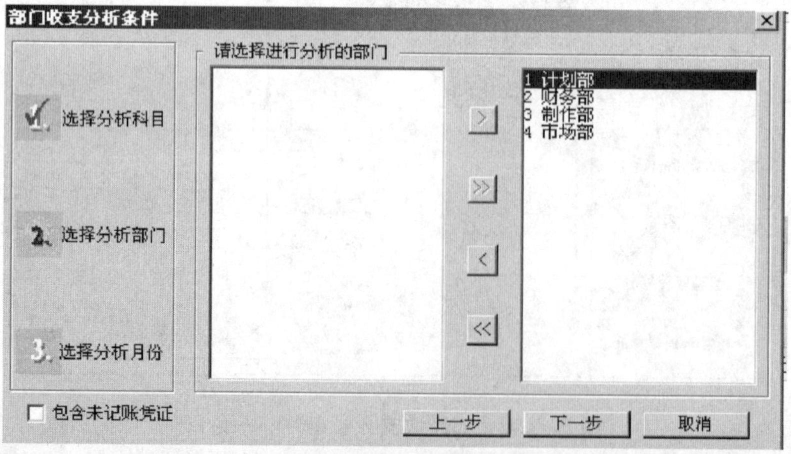

图 3－139　部门收支分析条件——已选部门

③单击“下一步”按钮，如图 3－140 所示。选择起始月份为“2016. 01”，终止月份为“2016. 01”，单击“完成”按钮，进入“部门收支分析表”窗口。如图 3－141 所示。

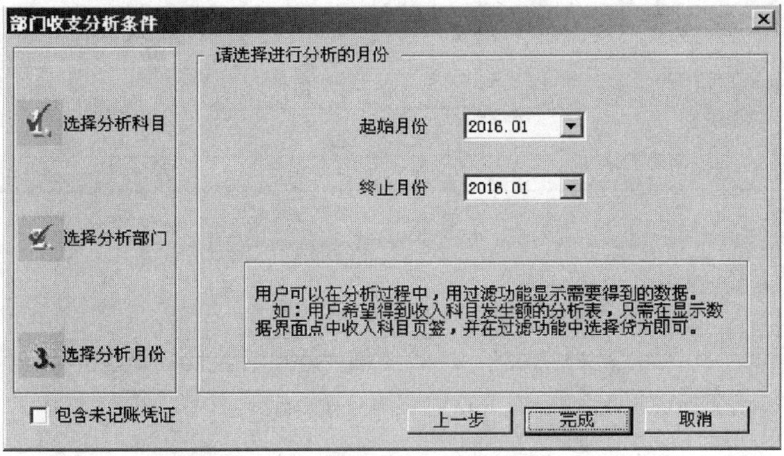

图 3－140　部门收支分析条件——月份

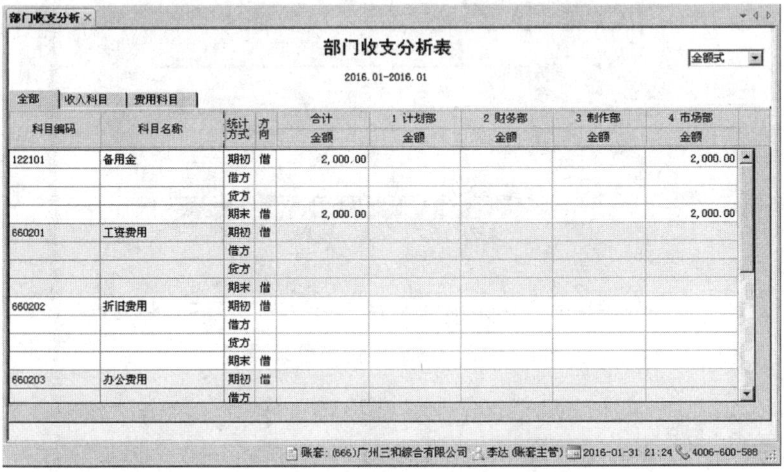

图 3－141　部门收支分析表

二、总账期末处理

◉业务 1：转账定义（以 01 操作员的身份操作）

（1）对下列凭证进行自定义转账。

预提利息：

借：财务费用——利息支出（660301）　　　　12000/12

　贷：短期借款（2001）　　　　JG ( )

►【操作提示】

①执行“业务→财务会计→总账→期末→转账定义→自定义转账”命令，进入“自定义转账设置”窗口。如图 3－142 所示。

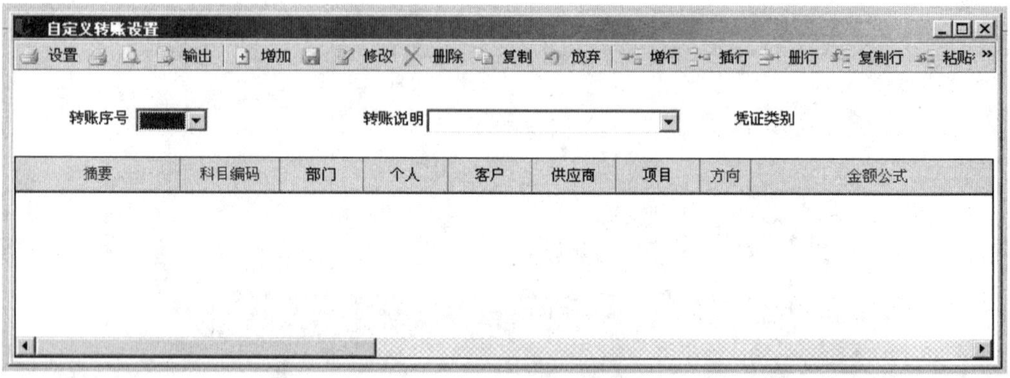

图 3－142　自定义转账设置

②单击“增加”按钮，弹出“转账目录”对话框，输入转账序号为“0001”，转账说明为“预提利息”，凭证类别选择“转　转账凭证”。如图 3－143 所示。

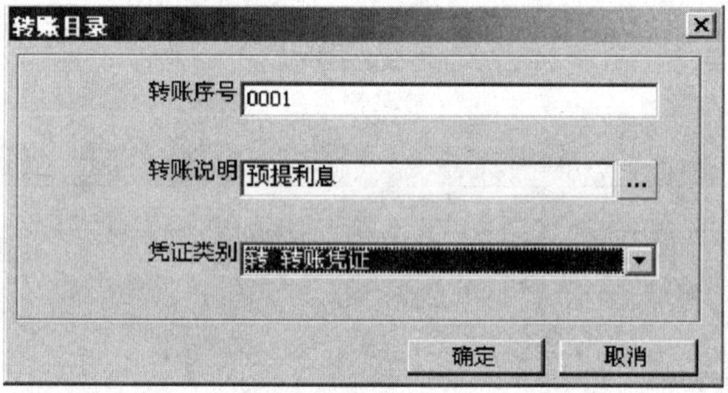

图 3－143　自定义转账目录设置

③单击“确定”按钮，返回“自定义转账设置”窗口。单击“增行”按钮，在“科目编码”栏输入“660301”或单击参照按钮选择“660301 利息支出”，“方向”为“借”，“金额公式”为“12000/12”。如图 3－144 所示。

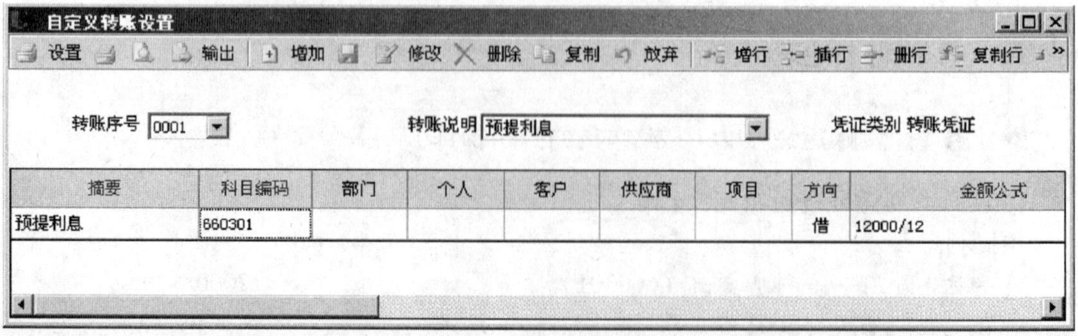

图 3－144　自定义转账设置

④单击“增行”按钮，在“科目编码”栏输入“2001”或单击参照按钮选择“2001 短期借款”，“方向”为“贷”，在“金额公式”栏输入“JG()”或单击金额公式参照按钮，弹出“公式向导”窗口，选择公式名称为“取对方科目计算结果”及函数名为“JG（）”。如图 3－145 所示。单击“下一步”按钮，单击“科目”的参照按钮，弹出“科目参照”窗口，选择“660301”（利息支出）。如图 3－146 所示。单击“完成”按钮，返回“自定义转账设置”窗口。

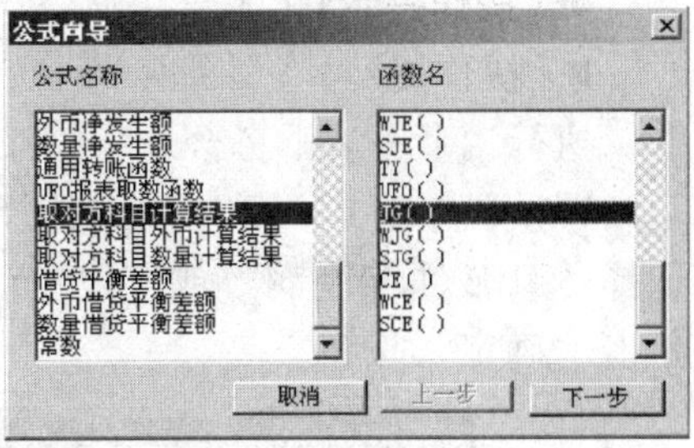

图 3－145 公式向导

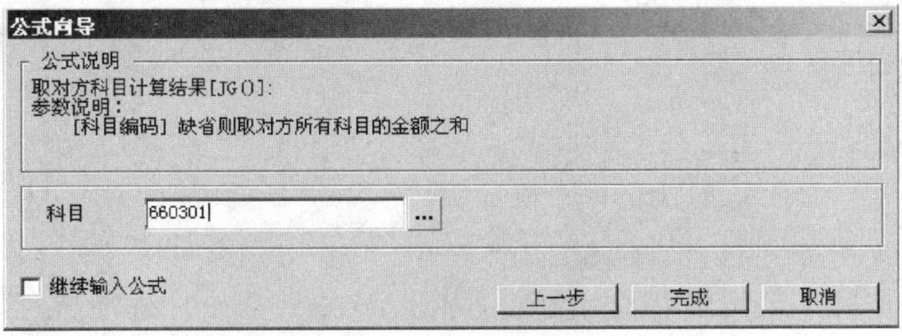

图 3－146　公式向导（科目参照）

⑤单击“保存”按钮。如图 3－147 所示。单击“退出”按钮。

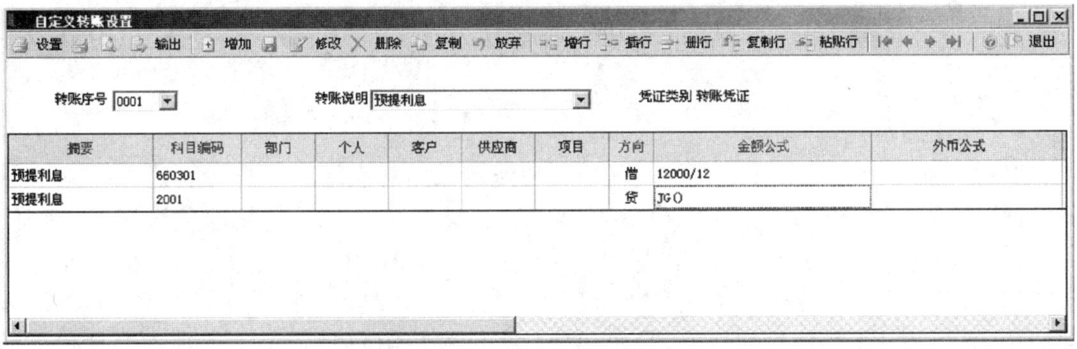

图 3－147　自定义转账设置

注意：

1. 转账科目可以为非末级科目，部门可以为空，表示所有部门。

2. 如果使用应收款或应付款管理系统，则在总账管理系统中，不能按客户、供应商辅助项进行结转，只能按科目总数进行结转。

3. 输入转账计算公式有两种方法：一是直接输入计算公式，二是引导方式录入公式。

4. “JG（）”的含义为“取对方科目计算结果”，其中的“（）”必须为英文符号，否则系统提示“金额公式不合法：未知函数名”。

（2）期间损益转账定义。

▶【操作提示】

执行“业务→财务会计→总账→期末→转账定义→期间损益”命令，进入“期间损益结转设置”窗口，凭证类型选择“转　转账凭证”，单击“本年利润科目”参照按钮选择“4103 本年利润”或直接在“本年利润科目”栏输入“4103”。如图 3－148 所示。单击“确定”按钮。

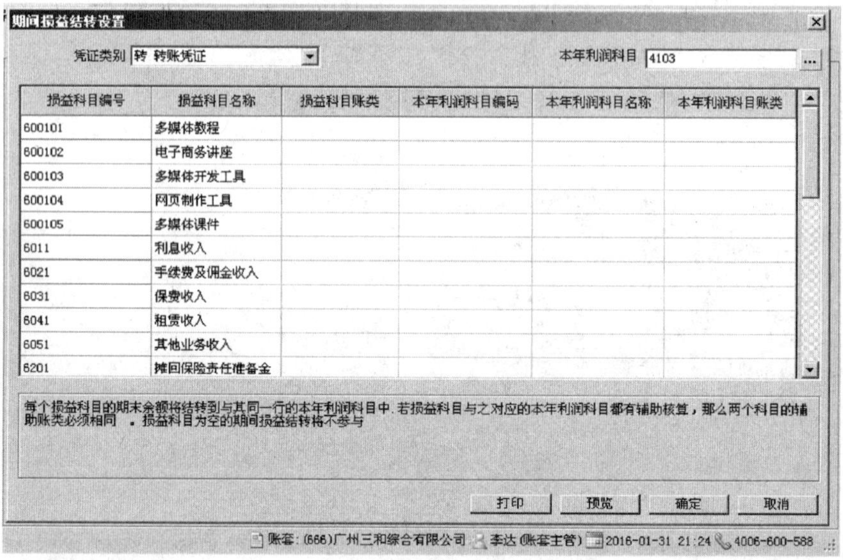

图 3－148　期间损益结转设置

（3）对应结转：将“22210102 销项税额”的余额转入“22210104 转出未交增值税”科目。

▶【操作提示】

执行“业务→财务会计→总账→期末→转账定义→对应结转”命令，进入“对应结转设置”窗口，录入“编号”为“0007”，“凭证类型”为“转　转账凭证”，“摘要”为“结转销项税额”，在“转出科目”栏输入“22210102”或单击参照按钮选择“22210102”（销项税额），单击“增行”按钮，在“转入科目编码”栏直接输入“22210104”或单击参照按钮选择“22210104 转出未交增值税”，单击“保存”按钮。如图 3－149 所示。

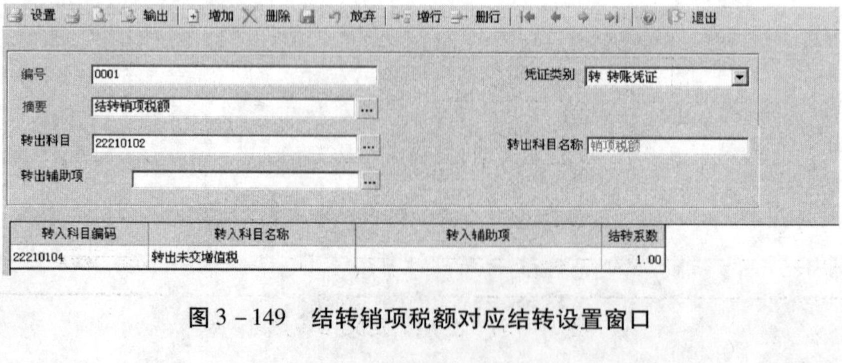

图 3－149　结转销项税额对应结转设置窗口

◉业务 2：转账生成

▶【操作提示】

以 02 号操作员的身份操作生成凭证，每一凭证生成后，需换 01 操作员进行审核、记账后，再生成下一张凭证。

①以 02 号操作员的身份登录企业门户，执行“业务工作→财务会计→总账→期末→转账生成”命令，进入“转账生成”窗口。选择“自定义转账”选项，选中编号为“0001”的记录行，双击“是否结转”栏，出现“Y”。如图 3－150 所示。

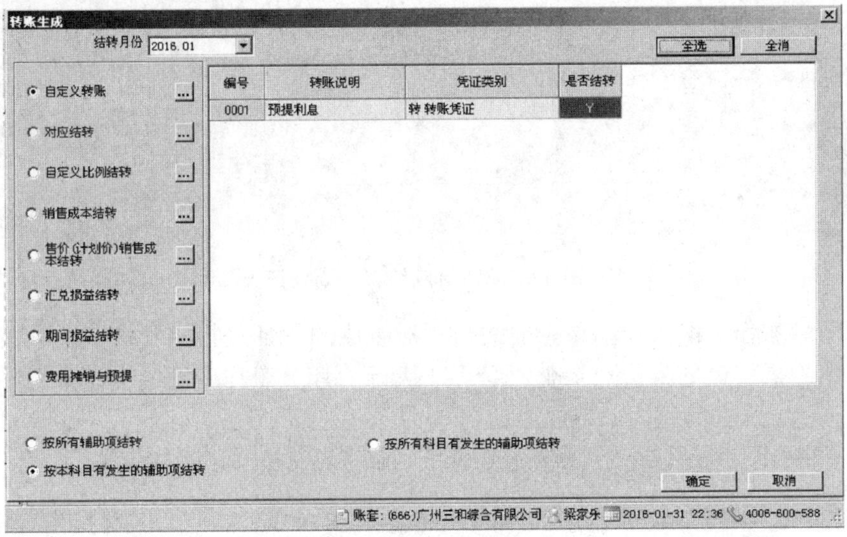

图 3－150　转账生成

②单击“确定”按钮，弹出“转账”窗口，生成自定义结转凭证，单击“保存”按钮，凭证左上角出现“已生成”字样。如图 3－151 所示。单击“退出”按钮。

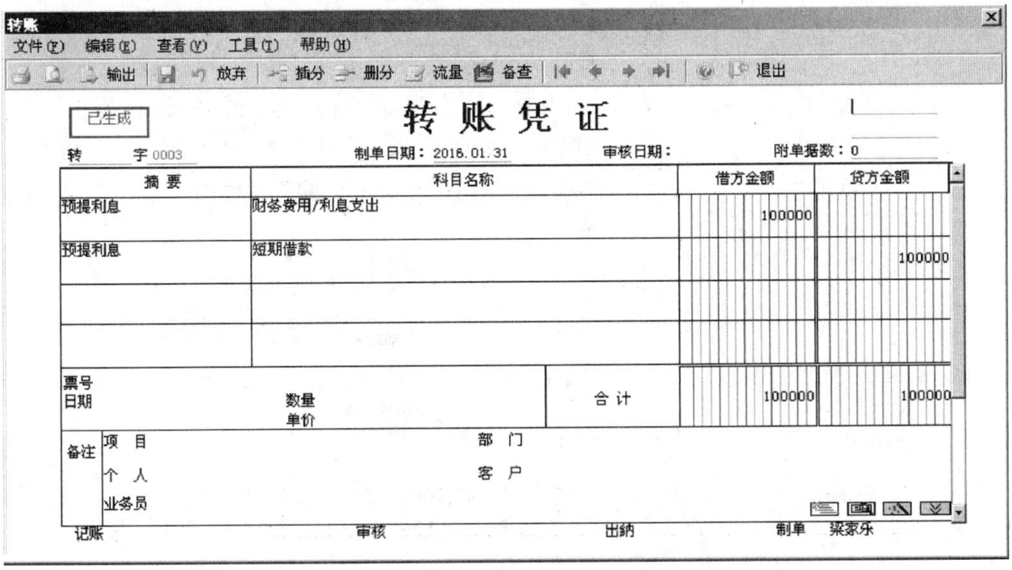

图 3－151　生成自定义结转凭证

③同①②步骤进行“对应结转”的转账生成，由于余额为零，没生成凭证。如图3－152所示。

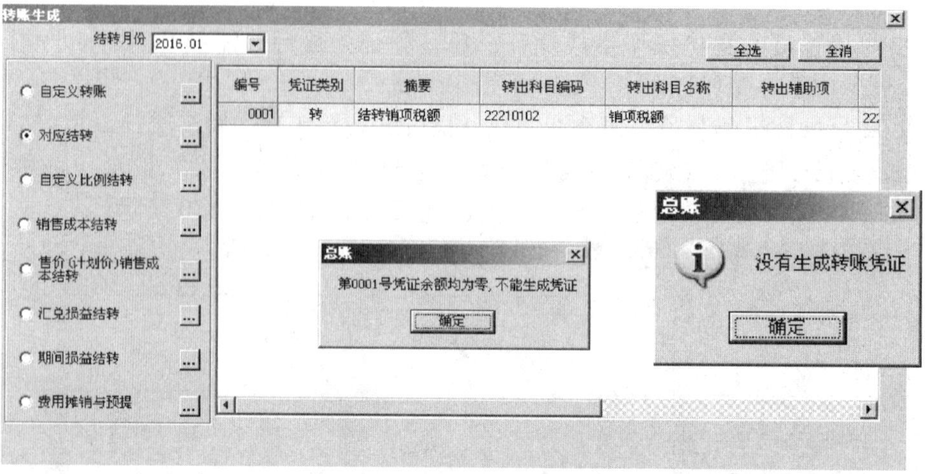

图3－152　对应结转生成凭证

④以01号操作员的身份登录企业门户，对生成的凭证进行主管签字、审核、记账。

⑤以02号操作员的身份登录企业门户，执行“业务工作→财务会计→总账→期末→转账生成”命令，进入“转账生成”窗口。选择“期间损益结转”选项，单击“全选”按钮。如图3－153所示。

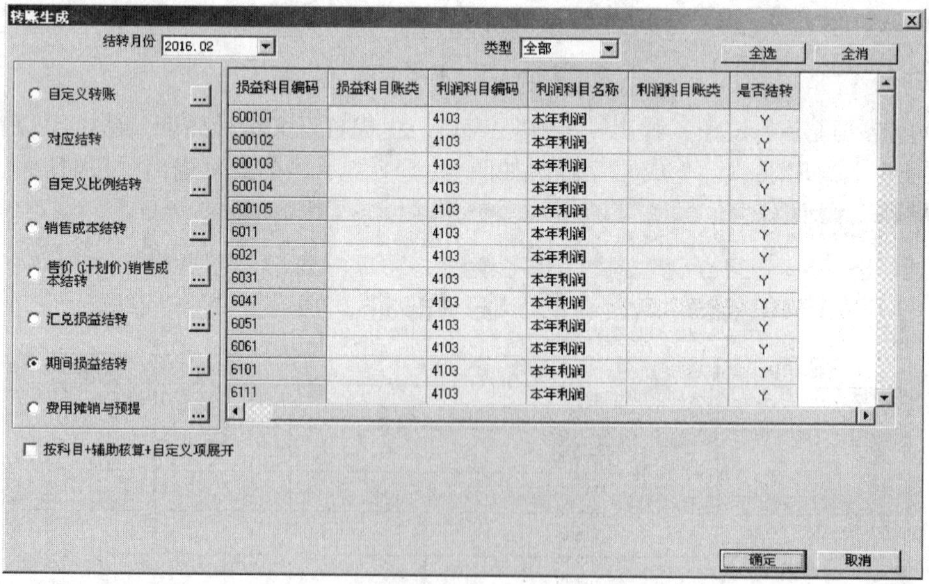

图3－153　期间损益结转

⑥单击“确定”按钮，弹出“转账”窗口，生成期间损益结转凭证，单击“保存”按钮，凭证左上角出现“已生成”字样。如图3－154所示。单击“退出”按钮。

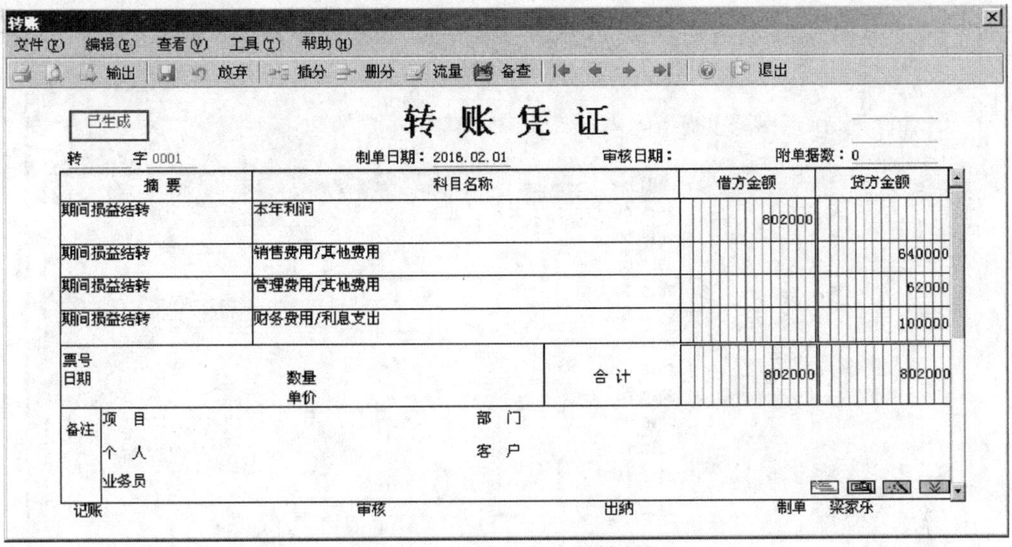

图 3－154　期间损益结转凭证

⑦以 01 号操作员的身份登录企业门户，对生成的凭证进行主管签字、审核、记账。

注意：

1. 科目“销项税额”“进项税额”“转出未交增值税”无余额，所以无转账凭证生成。

2. 必须所有凭证记账后才可结转损益。

◉业务 3：对 2016 年 1 月进行对账处理

►【操作提示】

①以 01 号操作员登录企业门户，执行“业务→财务会计→总账→期末→对账”命令，进入“对账”窗口。

②选中要进行对账的月份“2016.01”，单击“选择”按钮。如图 3－155 所示。单击“对账”按钮，开始自动对账，并显示对账结果。如图 3－156 所示。

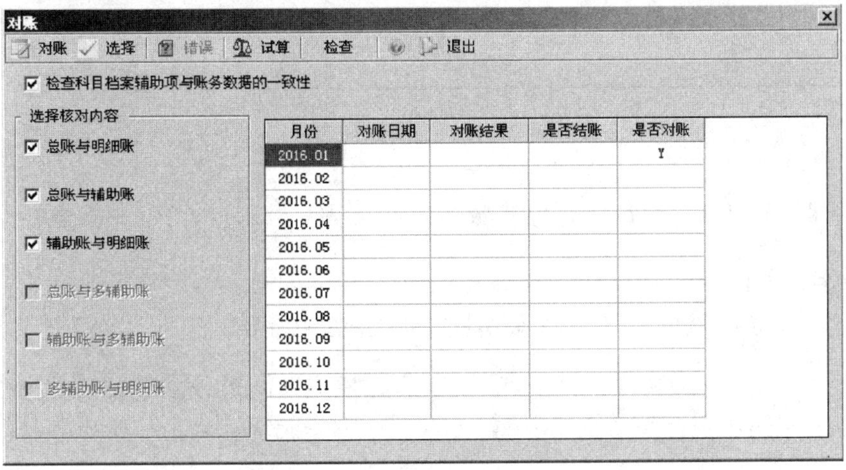

图 3－155　选择对账月份

图 3 - 156 对账结果

③单击“试算”按钮，可以对各科目类别余额进行试算平衡。如图 3 - 157 所示。单击“确定”按钮，再单击“退出”按钮。

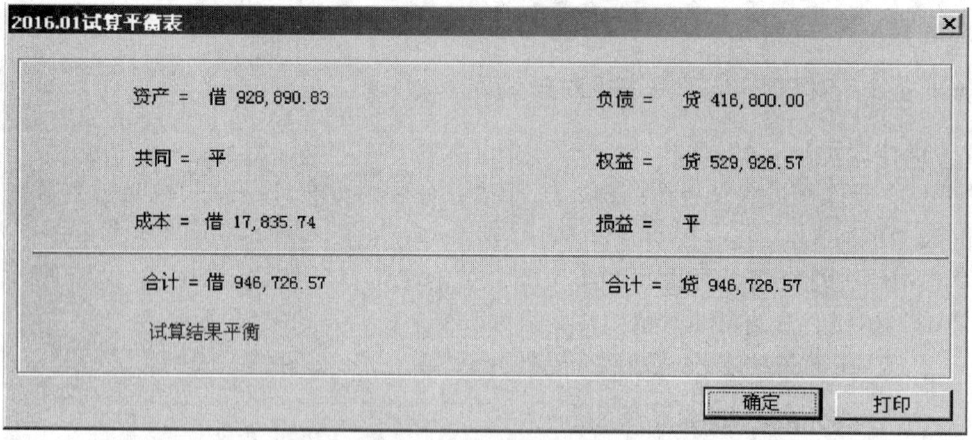

图 3 - 157 试算平衡表

◉业务 4：对 2016 年 1 月进行结账处理

▶【操作提示】

①执行“业务→财务会计→总账→期末→结账”命令，进入“结账”窗口。如图 3 - 158 所示。

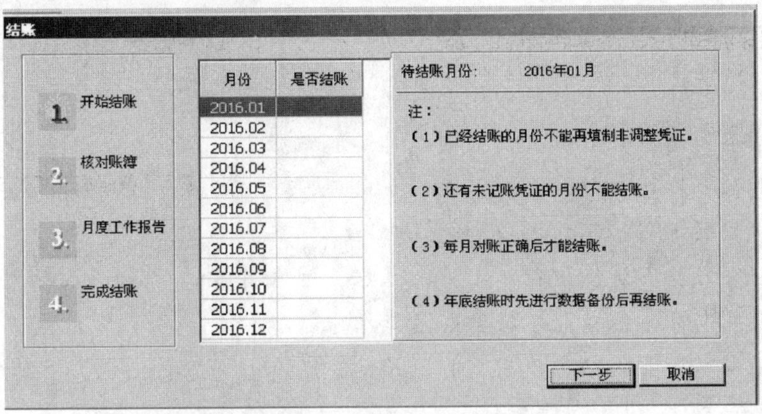

图 3－158　结转

②单击要结账的月份“2016. 01”，单击“下一步”按钮，单击“对账”按钮，系统对要结账的月份进行账账核对，单击“下一步”按钮，系统显示“2016 年 01 月工作报告”。如图 3－159 所示。

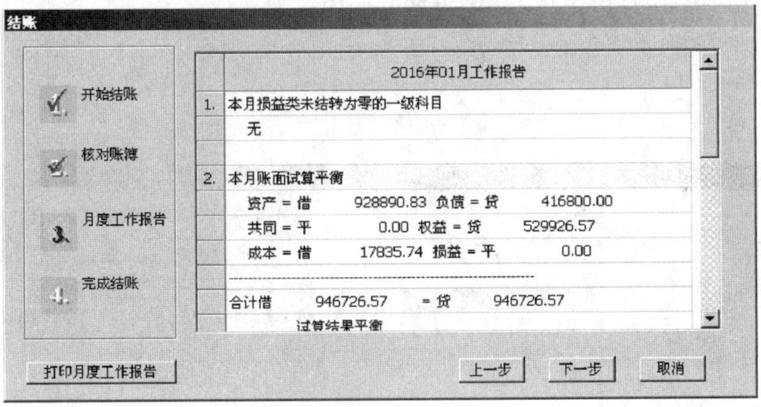

图 3－159　工作报告

③查看工作报告后，单击“下一步”按钮。如图 3－160 所示。若符合结账要求，单击“结账”按钮，系统将进行结转，否则不予结账。

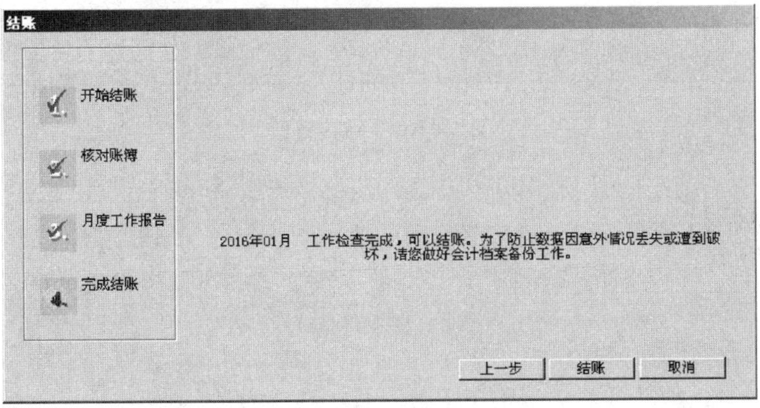

图 3－160　工作检查完成

注意：

1. 结转只能由有结账权限的人进行。
2. 如果本月有未记账的凭证，则本月不能结账。
3. 结账前应先进行对账工作。
4. 已经结账的月份不能再填制凭证。
5. 结账必须按月连续进行，上月未结账，则本月不能结账。
6. 若总账与明细账对账不符，则不能结账。
7. 如果与其他系统联合使用，其他子系统没有全部进行结账，则总账系统不能进行结账。

◉业务5：练习取消结账，对1月份进行取消结账，并重新结账

▶【操作提示】

选择最后一个结账月份，按“Ctrl + Shift + F6”键。

①执行“业务→财务会计→总账→期末→结账”命令，进入“结账”窗口。如图3－161所示。

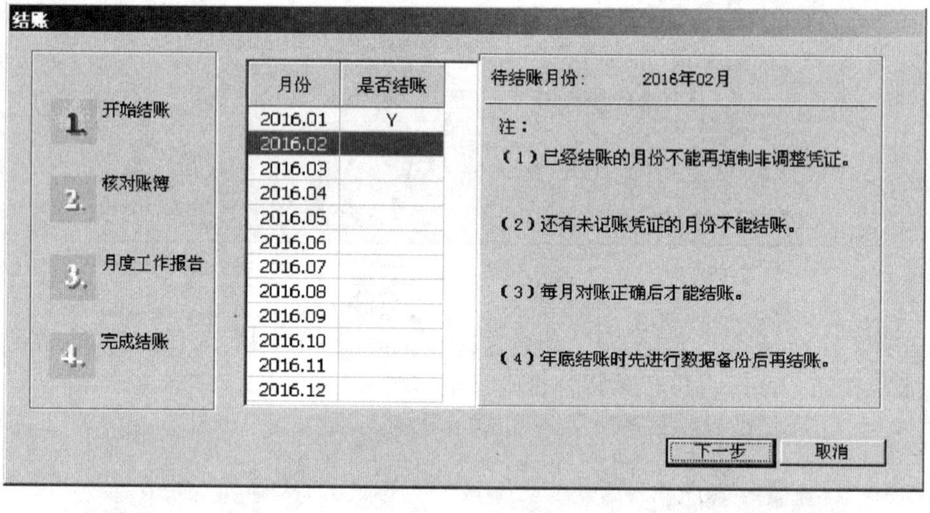

图3－161　结转窗口

②选中要取消结账的月份“2016.01”，按“Ctrl + Shift + F6”键激活“取消结账”功能，弹出“确认口令”窗口。如图3－162所示。

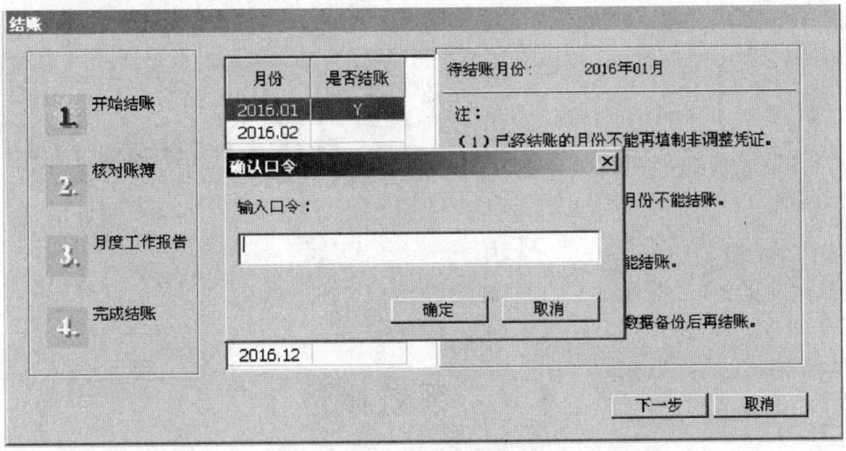

图 3-162　**确认口令窗口**

③输入口令“01”，单击“确定”按钮，取消结账标记。如图 3-163 所示。

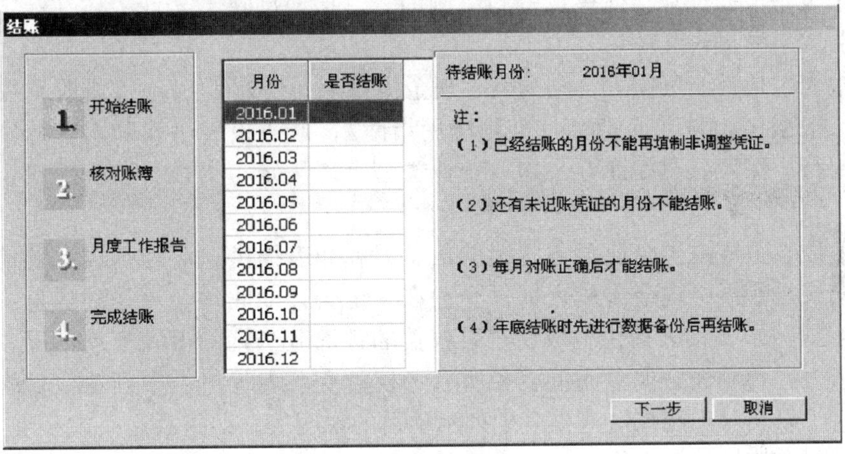

图 3-163　**取消结账标记**

注意：

1. 在结完账后，由于非法操作、计算机病毒或其他原因可能造成数据被破坏，这时可以在此使用“取消结账”功能。

2. 由于总账是所有系统中最后结账的系统，考虑后续实验需求，此处不再结账。

实验结束，备份账套。

第4章 UFO报表管理系统

4.1 系统概述

4.1.1 会计报表简介

会计报表是根据日常会计核算资料编制的，总括地反映了会计主体在一定时期财务状况和经营成果的报告文件。

会计报表包括资产负债表、利润表、现金流量表、所有者权益（或股东权益）变动表和附注。根据《2006年企业会计准则应用指南》，财务报表格式和附注分别按一般企业、商业银行、保险公司和证券公司等企业类型予以规定。本教材选择一般企业为讲授对象。

资产负债表主要提供企业财务状况的信息；利润表提供企业经营成果的信息，也就是反映利润或是亏损；现金流量表提供企业在一定会计期间现金流量的信息；所有者权益（或股东权益）变动表提供构成所有者权益的各部分当期的增减变动情况；附注是对在资产负债表、利润表、现金流量表和所有者权益变动表等报表中列示项目的文字描述或明细资料，以及对未能在这些报表中列示项目的说明等；即附表是反映企业财务状况、经营成果和现金流量的补充报表，以表格的形式对基本会计报表的有关项目和内容的数据所做的明细数据补充，主要包括利润分配表以及国家统一的会计制度规定的其他附表，例如资产减值明细表、股东权益增减变动表和应交增值税明细表等；利润分配表是反映企业一定会计期间对实现净利润以及以前年度未分配利润的分配或者亏损弥补的报表。

4.1.2 功能概述

1. 文件管理功能

UFO报表提供了各类文件管理功能，除了能完成一般的文件管理外，还能够转换为不同的文件格式，例如文本文件、MDB文件和XLS文件等。此外，通过UFO提供的“导入”和“导出”功能，可以实现和其他财务软件之间的数据交换。

2. 格式设计功能

UFO提供的格式设计功能，可以设置报表尺寸、组合单元、画表格线、字体和颜色、显示比例和调整行高列宽等。同时，UFO还内置了11种套用格式和33个行业的标准财务报表模板，包括最新的现金流量表，方便了用户标准报表的制作。对于用户单位内部常用的管理报表，还提供了自定义模板功能。

3. 公式设计功能

UFO 提供了绝对单元公式和相对单元公式，可以方便、迅速地定义计算公式、审核公式及舍位平衡公式；UFO 报表还提供了种类丰富的函数，在系统向导的引导下可轻松地从用友账务及其他子系统中提取数据，生成财务报表。

4. 数据处理功能

UFO 报表的数据处理功能可以固定的格式管理大量数据不同的表页，并在每张表页之间建立有机联系。此外，还提供了表页的排序、查询、审核、舍位平衡及汇总功能。

5. 图表功能

UFO 报表可以很方便地对数据进行图形组织和分析，制作包括直方图、立体图、圆饼图和折线图等多种分析图表，并能编辑图表的位置、大小、标题、字体、颜色和打印输出。

6. 打印功能

UFO 报表提供“所见即所得”和“打印预览”的功能，可以随时观看报表或图形的打印效果。报表打印时，可以打印格式或数据，可以设置表头和表尾，可以在 0.3 ~ 3 倍之间缩放打印，可以横向或纵向打印等。

7. 二次开发功能

UFO 报表提供了批命令和自定义菜单，利用该功能可以开发出适合本企业的专用系统。

4.1.3　会计报表的作用

会计报表不仅对编制报表的企业具有重要作用，而且对企业外部的各报表的使用者也具有重要作用。主要表现在以下 5 个方面。

（1）企业会计报表。

可以分析、检查企业经营目标和财务计划等完成情况，总结和评价企业的工作业绩，加强企业管理，为预测企业前景，制定长期的决策提供科学的依据。

（2）财务、税收部门会计报表。

可以检查企业是否严格遵守国家的各项法律、法规、政策和制度，检查企业资金运用情况和利润形成情况以及各种税金的交纳情况，有效地发挥各部门的控制和监督作用。

（3）企业投资者会计报表。

可以了解企业的财务状况和经营成果，分析企业的短期、长期偿债能力以及盈利能力，预测企业的发展前景，有助于投资人进行投资决策。

（4）银行及其他金融机构会计报表。

可以了解企业的生产能力，分析和检查企业对资金、贷款的使用情况，考核企业信贷纪律的遵守情况，以确定其对企业的信贷政策。

（5）国家经济管理部门会计报表。

可以综合反映国民经济各部门或地区的经济发展情况，为国家制订科学的国民经济发展计划，进行宏观调控提供依据，促进国民经济稳步、持续地发展。

4.2 编制报表的工作步骤

编制会计报表的工作步骤及各步骤的主要工作如图 4－1 所示。编制一张正确的会计报表，最主要的工作就是正确地定义计算公式，这就要求报表编制者首先必须精通会计业务，其次是能够熟练地运用取数函数，二者结合才能完成报表的公式定义，为报表的数据处理奠定基础。因此，编制任何一张报表，必须首先对编制对象进行分析，其目的是编制符合格式及内容要求的报表。

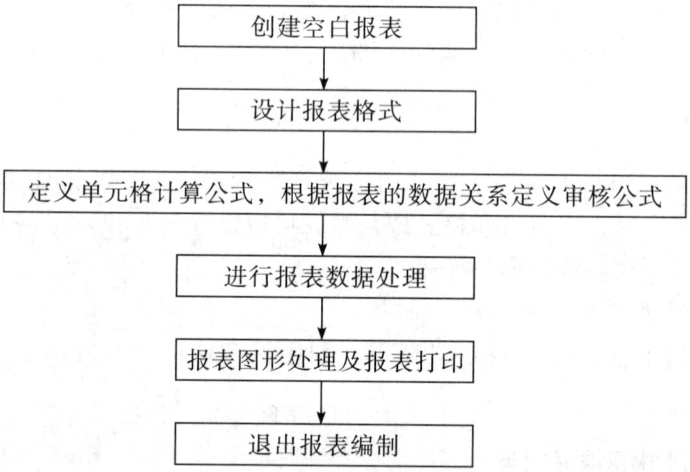

图 4－1 编制报表流程

4.2.1 会计报表的编制分析

1. **报表的格式分析**

报表的格式可归纳为 3 个方面：标题、表头和表体。

（1）标题。

标题用来表示报表名称、编制日期、编制单位和使用的货币单位等内容。

（2）表头。

表头用来表示报表的栏目。

（3）表体。

报表的主体。表体是组成报表的主体部分，即所编制报表的主要内容，它包括报表的所有项目和要求填列的内容。

2. **报表的数据分析**

（1）报表的数据来源分析。

对所要编制的报表，按其要求填列项目的内容，逐一分析其构成及来源。首先明确所填数据是取自于总分类账还是明细分类账，或从同一张表的不同表页取数，或从其他已编制的表中取得。该分析可决定数据源所在地，即取数时所采用的函数。如资产负债表的数据多数来源于总账系统，而利润分配表中的净利润取自于利润表。

（2）报表的填列方法分析。

对于任何一张会计报表，其填列方法都是根据报表要求逐项分析得出的。可总结归纳为以下几类：

①根据单一科目的期初余额或期末余额填列。如资产负债表中的短期投资、应收票据、应收股利、应收利息、应收账款、其他应收款等多数科目都属单科目填列。

②根据单一科目的发生额填列。如利润表中的销售费用和管理费用等。

③根据多个科目的期初余额或期末余额计算填列。如资产负债表中的货币资金的期末余额，应根据库存现金、银行存款和其他货币资金 3 个科目的期末余额合计填列。此类项目还有存货等。

④根据其他报表的数据填列。如所有者权益变动表中的数据，均取自其他报表。

⑤表中不同行次数据计算填列。如资产负债表中的流动资产合计、非流动资产合计、资产总计、流动负债合计、非流动负债合计、负债合计、所有者权益合计、负债及所有者权益合计等项目。利润表中的营业利润、利润总额和净利润都属于此类运算。

（3）报表填列的期间要求分析。

报表的期间要求决定所使用的函数名称及期间，栏目名称决定会计科目编码。仍以资产负债表为例说明，如：

会企 01 表

编制单位　　　　　年　　　月　　　日　　　　　单位：元

B6 单元格的计算公式应为：货币资金（库存现金 + 银行存款 + 其他货币资金）的期末余额。首先要知道货币资金代表的具体会计科目，结合填表的期间要求，就能够在公式中描述取什么科目、什么期间、期初还是期末的数据。这就是报表编制分析所要达到的目的。通过分析明确每个单元应填什么科目、什么期间、期初还是期末的数据。

4.2.2 报表编制的公式

报表编制的公式就是报表数据单元计算依据的规则，主要包括单元计算公式、报表中数据关系的审核公式等。

1. 单元计算公式

单元计算公式主要用于定义报表数据来源以及运算关系，也是编制报表使用最多的公式。单元计算公式一般由目标单元、取数单元、函数和运算符系列组成，用于从账簿、凭证、本表或其他报表中调用、运算所需的数据，将结果填入对应的报表单元中。

常用的报表数据一般来源于总账系统和报表系统本身，报表取数可以分为从本表取数和从他表的表页取数两种取数方式。由报表数据来源分析可将单元公式归纳为以下 4 种。

（1）账务取数公式。

账务取数公式沟通了报表和总账系统的数据传递，实现了报表系统从账簿、凭证中采集会计数据生成报表及账表一体化。

①账务取数函数的基本格式为：函数名（“科目编码”，会计期间，[“方向”]，[账套号]，[会计年度]，[编码 1]，[编码 2]）。

参数取值说明：科目编码也可用科目名称，但必须使用双引号括起来。会计期间可以用“年”“季”“月”等变量，也可以用具体的数字表示。

②主要账务取数函数表。账务取数函数的格式是相同的，不同的是函数名，函数名决定取数的类型：“期初”“期末”“发生额”等。主要账务取数函数名如表4－1所示。

表4－1　主要账务取数函数名

函数名	金额式	数量式	外币式
期初余额函数	QC（）	SQC（）	WQC（）
期末余额函数	QM（）	SQM（）	WQM（）
发生额函数	FS（）	SFS（）	WFS（）
累计发生额函数	LFS（）	SLFS（）	WLFS（）
条件发生额函数	TFS（）	STFS（）	WTFS（）
对方科目发生额函数	DFS（）	SDFS（）	WDFS（）
净额函数	JE（）	SJE（）	WJE（）
汇率函数	HL（）		

（2）表页内部统计公式。

主要用于在本表页的指定区域内求和、求平均值、计数、求最大值或最小值、求统计方差等运算。实现表页中相关数据的计算和统计。报表系统中提供了如表4－2所示的函数。

表4－2　表页内统计公式

函数名	固定区	可变区
求和	PTOTAL（）	GTOTAL（）
平均值	PAVG（）	GAVG（）
计数	PCOUNT（）	GCOUNT（）
最大值	PMAX（）	GMAX（）
最小值	PMIN（）	GMIN（）
方差	PVAR（）	GVAR（）
偏方差	PSTD（）	GSTD（）

（3）本表他页取数公式。

取确定表号表页数据的格式：＜目标区域＞＝＜数据源区域＞@＜页号＞。该公式的作用就是将＜页号＞＜数据源区域＞的数据填入＜目标区域＞。

（4）报表之间取数公式。

主要用于从另一报表采集数据。在报表之间采集数据时要指定表名、表页、单元格。

格式：＜目标区域＞＝"＜报表名［.rep］＞"→＜数据源区域＞［@＜页号＞］。

2. 审核公式

（1）审核公式的作用。

在会计报表中，数据之间一般都存在某种钩稽关系，根据这种钩稽关系定义审核公式，检查报表编制结果的正确性。审核公式可验证表页中的数据关系，也可验证同表中不同表页之间或不同表之间的数据钩稽关系。审核公式把报表中某一单元或某一区域与另一单元或某一区域或其他字符之间用逻辑运算符连接起来。

（2）审核公式格式。

<表达式><逻辑运算符><表达式>［MESS“说明信息”］。

逻辑运算符可使用“=”“>”“<”“>=”“<=”“<>”运算符。

实验五　UFO 报表管理系统

【实验目的】

1. 理解报表编制的原理及流程。
2. 掌握报表格式定义、公式定义的操作方法；掌握报表单元公式的用法。
3. 掌握报表数据处理、表业管理及图表功能等操作。
4. 掌握如何利用报表模板生成一张资产负债表和利润表。

【实验内容】

1. 自定义一张资产负债表和利润表。
2. 利用报表模板生成报表。

【实验准备】

引入“实验四”账套数据。

【实验资料与操作指导】

一、自定义资产负债表的编制

要编制一张报表，首先要定义报表数据的载体——报表格式。不同的报表，格式定义的内容会有所不同，但一般而言报表格式应该包括报表表样、单元类型及单元风格等内容。

▶【操作提示】

在 UFO 报表系统的“文件”菜单下，选择“新建”，就可创建一张空白报表。

◉业务 1：设计报表格式

空白报表创建之后，就要对报表进行结构设计（见报表编制分析）。主要内容包括报表的大小（行数及列数）、画表格线、标题、表日期、表头、表尾和表题固定栏目的内容及设置单元格属性等。

（1）设置表的尺寸。

报表进行尺寸设置，主要是设置报表的行和列。设置 38 行 8 列，要留一行输入标题，一行设置关键字。

▶【操作提示】

在 UFO 报表系统的“格式”菜单下，选择“表尺寸”，输入“38，8”之后，按“确认”可显示设计的表格。如图 4－2 所示。

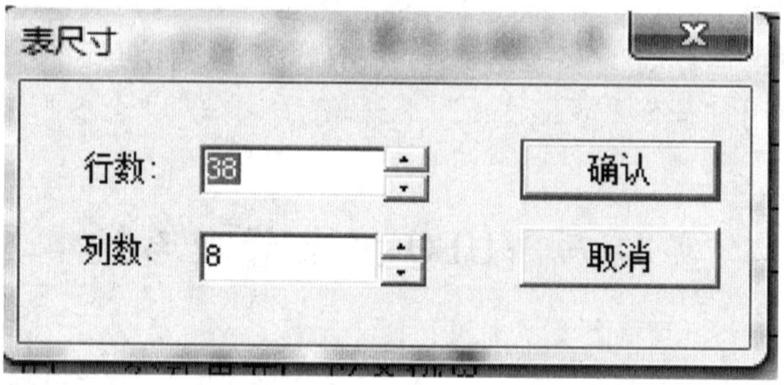

图 4－2　表尺寸定义

（2）定义行高和列宽。

完成报表尺寸设置后，如形成报表格式的行高列宽不符合报表要求，可对其进行调整。将空白报表的第一行由原来的 5 调整为 10，用于输入报表名称。

▶【操作提示】

首先选中调整区域“A1：E1”，在 UFO 报表系统的“格式”菜单下，选择“行高”，行高输入 10，然后用同样的操作，在 UFO 报表系统的“格式”菜单下，选择“列宽”，将列宽输入 25。按“确认”退出。如图 4－3、图 4－4 所示。

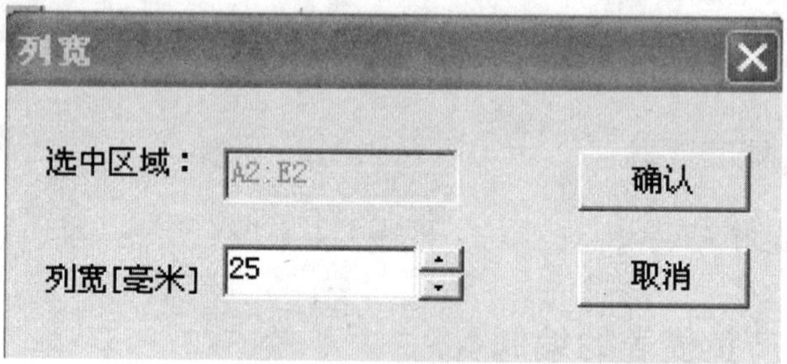

图 4－3　列宽定义

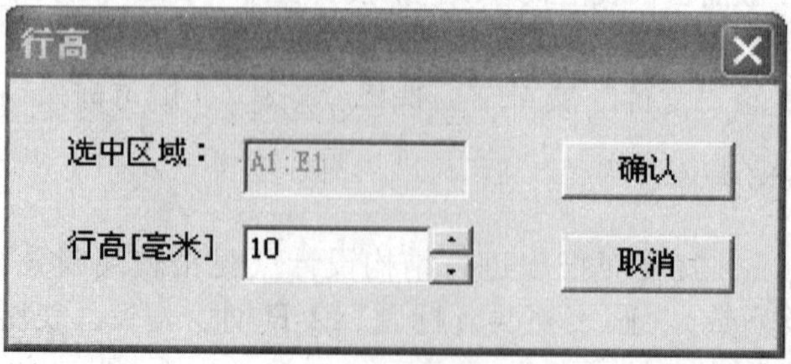

图 4－4　行高定义

（3）画表格线。

设置的表格，当报表输出时没有任何表格线，为了满足打印的需要，还需要按报表的要求画上表格线。

▶【操作提示】

首先选中报表区域“A1：H35”，在 UFO 报表系统的“格式”菜单下，选择“区域画线”，选中“网线”，再选画线的“样式”，按“确认”退出，完成画线。如图 4－5 所示。

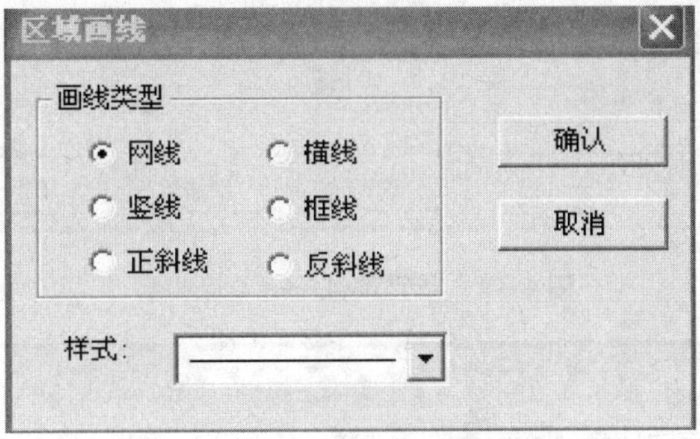

图 4－5　区域画线

（4）定义组合单元格。

组合单元格就是把几个单元格作为一个使用，将报表的“A1：H1”，就是第一行的 8 列合并为一个单元格。

▶【操作提示】

选中组合区域“A1：H1”，在 UFO 报表系统的“格式”菜单下，选择“组合单元格”，单击“按行组合”，完成组合单元定义。如图 4－6 所示。

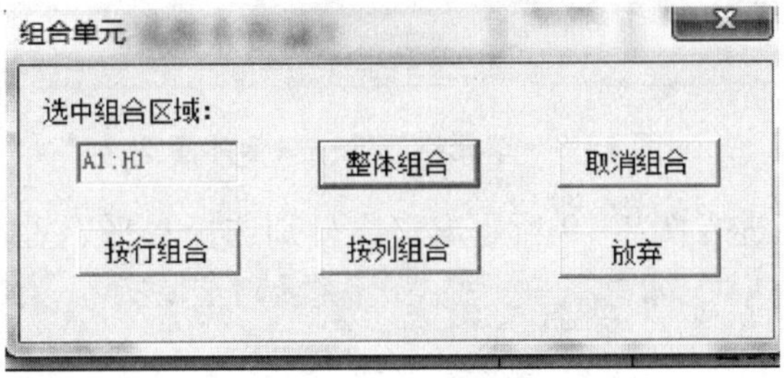

图 4－6　组合单元

（5）设置单元属性。

设置单元属性，就是对选中的单元进行存储数据类型、字体图案（字形、字体、字号、颜色）、对齐方式、边框等内容的设置。最重要的是单元类型，决定单元存储是数值还是字符。

▶【操作提示】

①选中组合区域“A1：H1”，在 UFO 报表系统的“格式”菜单下，选择中“组合单元格”，在单元类型下选“表样”，完成单元类型定义。如图 4－7 所示。

②在图 4－7 中，选中“字体图案”页签，进入图 4－8 所示窗口，选择字体、字号的对应值。

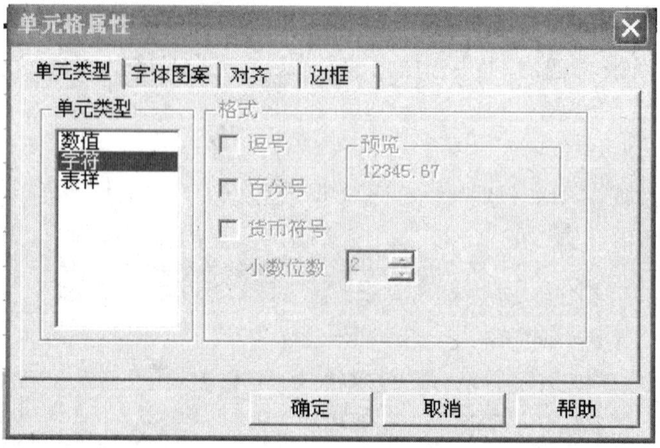

图 4－7　单元属性——单元类型

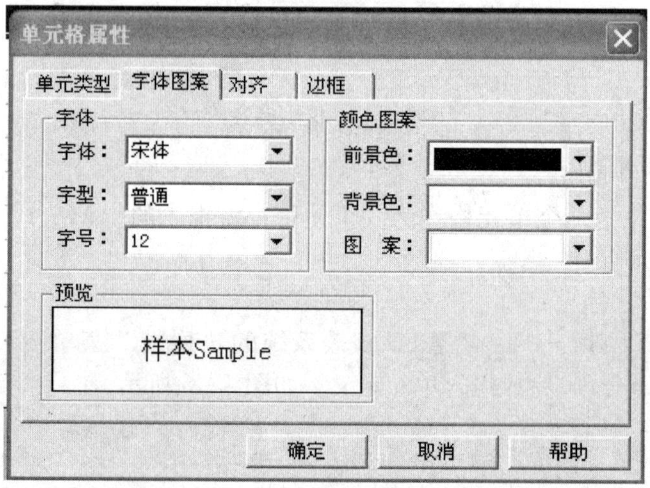

图 4－8　单元格属性——字体图案

③选“对齐”页签进入图 4－9 所示窗口，分别选择水平、垂直方向的对齐方式。

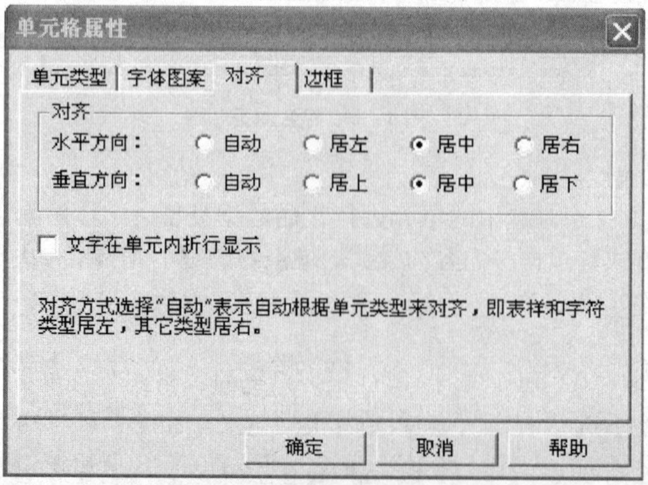

图 4－9　单元格属性——对齐

④选“边框”页签进入图 4－10 所示窗口，在此可对单元画线做特殊处理。

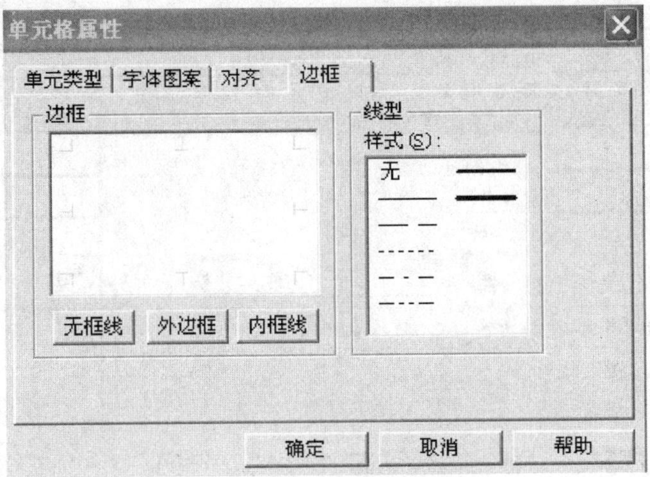

图 4－10　**单元格属性——边框**

⑤在图 4－5 中，对所有单元画了网线，实际上报表名部分不需要画线，可对“A1：H1”进行“无框线”处理，去掉表名部分的框线。其他单元属性定义操作相同，此处省略。

（6）输入报表的文字部分。

这也属于报表结构中的一部分，主要是报表的固定文字部分，包括表头和表体项目等。

►【操作提示】

在设计的空白表格中，选中“组合单元”（第一行），输入“资产负债表”，然后在第四行依次输入资产、期末余额、年初余额、负债和所有者权益、期末余额、年初余额，完成表头输入。输入报表的项目列。如图 4－11 所示。

			资产负债表				
单位名称：xxxxxxxxxxxxxxxxxxxxxxxxxxxxxx							
							会企01表
编制单位：		xxxx 年	xx 月	xx 日			单位：元
资　产	行次	期末余额	年初余额	负债和所有者权益（或股东权益）	行次	期末余额	年初余额
流动资产：				流动负债：			
货币资金	1	公式单元	公式单元	短期借款	32	公式单元	公式单元
交易性金融资产	2	公式单元	公式单元	交易性金融负债	33	公式单元	公式单元
应收票据	3	公式单元	公式单元	应付票据	34	公式单元	公式单元
应收账款	4	公式单元	公式单元	应付账款	35	公式单元	公式单元

图 4－11　**报表项目列输入**

（7）定义关键字。

因为该表是资产负债表的重要事项，不需要填写编制单位，只需记录会计年度和会计期间，以便单元公式取数使用，以及年度之间进行数据对比分析。

►【操作提示】

①报表处于“格式”状态下，用鼠标选中单元，在“数据”菜单下，选择“关键

字”设置，弹出如图4－12所示“设置关键字”界面，选择“年”按“确定”。

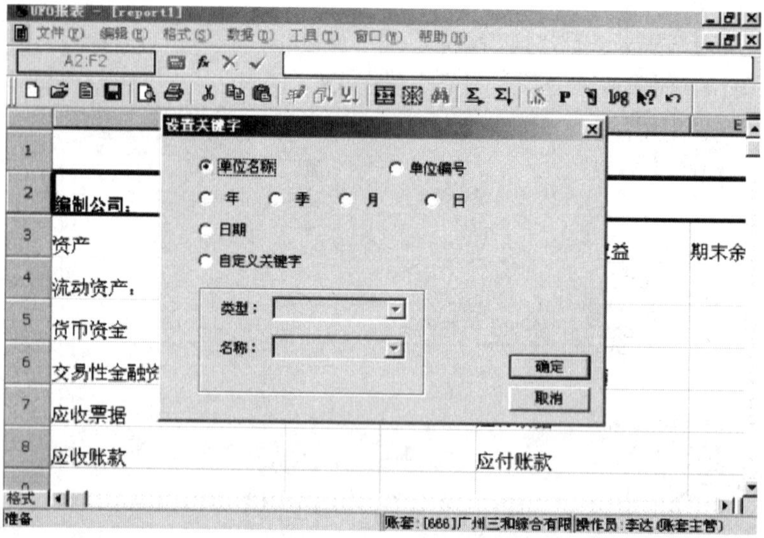

图4－12 设置关键字

②返回报表页面，选中E2单元，重复上述操作，选择“月”按“确定”。

③返回报表页面，如对设置结果不满意，还可通过定义关键字偏移调整关键字位置。如图4－13所示。

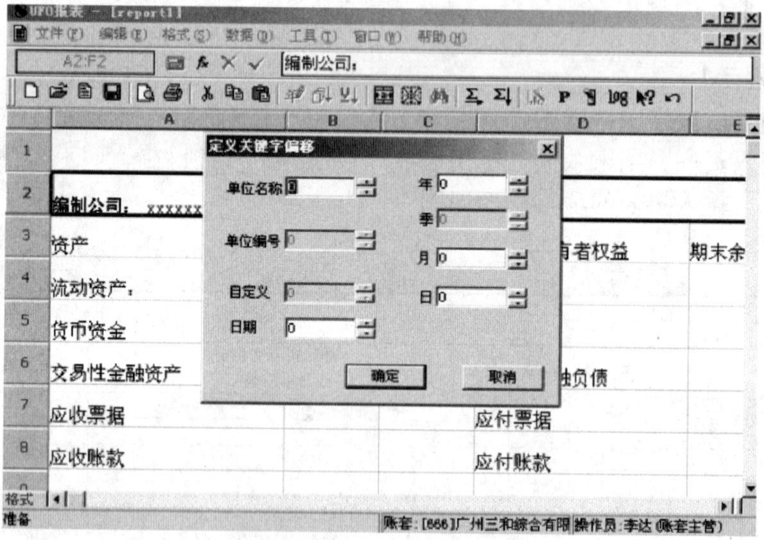

图4－13 关键字偏移

◉业务2：设计报表公式

报表公式设置就是根据编制报表数据分析的结果，在报表的数值单元中，填入获取该单元数据的单元公式。

(1) 编制报表的数据分析。

(2) 填写单元公式。

根据报表分析，选取单元计算公式。

C7 = QC ("1001", 全年,,,,,,,"y",,) + QC ("1002", 全年,,,,,,,"y",,) + QC ("1012", 全年,,,,,,,"y",,)

D7 = QM ("1001", 月,,,,,,,"y",,) + QM ("1002", 月,,,,,,,"y",,) + QM ("1012", 月,,,,,,,"y",,)

G7 = QC ("2001", 全年,,,,,,,"y",,)

H7 = QM ("2001", 月,,,,,,,"y",,)

C8 = QC ("1101", 全年,,,,,,,"y",,)

D8 = QM ("1101", 月,,,,,,,"y",,)

G8 = QC ("2101", 全年,,,,,,,"y",,)

H8 = QM ("2101", 月,,,,,,,"y",,)

C9 = QC ("1121", 全年,,,,,,,"y",,)

D9 = QM ("1121", 月,,,,,,,"y",,)

G9 = QC ("2201", 全年,,,,,,,"y",,)

H9 = QM ("2201", 月,,,,,,,"y",,)

C10 = QC ("1131", 全年,,,,,,,"y",,)

D10 = QM ("1131", 月,,,,,,,"y",,)

G10 = QCEX ("2202", 全年,"贷",,,,,,,"y",,) + QCEX ("1123", 全年,"贷",,,"",,,,"y",,,)

H10 = QMEX ("2202", 月,"贷",,,,,,,"y",,) + QMEX ("1123", 月,"贷",,,"",,,,"y",,,)

C11 = QC ("1132", 全年,,,,,,,"y",,)

D11 = QM ("1132", 月,,,,,,,"y",,)

G11 = QCEX ("112201", 全年,"贷",,,"",,,,"y",,,) + QCEX ("112202", 全年,"贷",,,"",,,,"y",,,) + QCEX ("112203", 全年,"贷",,,"",,,, "y",,,) + QCEX ("112204", 全年,"贷",,,"",,,,"y",,,) + QCEX ("112205", 全年,"贷",,,"",,,,"y",,,) + QCEX ("112206", 全年, "贷",,,"",,,,"y",,,) + QCEX ("2203", 全年,"贷",,,"",,,,"y",,,)

H11 = QMEX ("112201", 月,"贷",,,"",,,,"y",,,) + QMEX ("112202", 月,"贷",,,"",,,," y",,,) + QMEX ("112203", 月,"贷",,,"",,,,"y",,,) + QMEX ("112204", 月,"贷",,,"",,,,"y",,,) + QMEX ("112205", 月, "贷",,,"",,,,"y",,,) + QMEX ("112206", 月,"贷",,,"",,,,"y",,,) + QMEX ("2203", 月,"贷",,,"",,,,"y",,,)

C12 = QCEX ("112201", 全年,"借",,,"",,,,"y",,,) + QCEX ("112202", 全年,"借",,,"",,,,"y",,,) + QCEX ("112203", 全年,"借",,,"",,,, "y",,,) + QCEX ("112204", 全年,"借",,,"",,,,"y",,,) + QCEX ("112205", 全年,"借",,,"",,,,"y",,,) + QCEX ("112206", 全年, "借",,,"",,,,"y",,,) − QC

("1231", 全年,,,,,,,"y",,) +QCEX ("2203", 全年,"借",,,"",,,,"y",,,)

D12 = QMEX ("112201", 月,"借",,,"",,,,"y",,,) +QMEX ("112202", 月,"借",,,"",,,,"y",,,) +QMEX ("112203", 月,"借",,,"",,,,"y",,,) +QMEX ("112204", 月,"借",,,"",,,,"y",,,) +QMEX ("112205", 月,"借",,,"",,,,"y",,,) + QMEX ("112206", 月,"借",,,"",,,,"y",,,) - QM ("1231", 月,,,,,,,"y",,) +QMEX ("2203", 月,"借",,,"",,,,"y",,,)

G12 = QC ("2211", 全年,,,,,,,"y",,)

H12 = QM ("2211", 月,,,,,,,"y",,)

C13 = QCEX ("122101", 全年,"借",,,"",,,,"y",,,) +QCEX ("122102", 全年,"借",,,"",,,,"y",,,) +QCEX ("122103", 全年,"借",,,"",,,, "y",,,) + QCEX ("2241", 全年,"借",,,"",,,,"y",,,)

D13 = QMEX ("122101", 月,"借",,,"",,,,"y",,,) +QMEX ("122102", 月,"借",,,"",,,,"y",,,) +QMEX ("122103", 月,"借",,,"",,,,"y",,,) +QMEX ("2241", 月,"借",,,"",,,,"y",,,)

G13 = QC ("2221", 全年,,,,,,,"y",,)

C14 = QCEX ("1123", 全年,"借",,,"",,,,"y",,,) +QCEX ("2202", 全年,"借",,,"",,,,"y",,,)

D14 = QMEX ("1123", 月,"借",,,"",,,,"y",,,) +QMEX ("2202", 月,"借",,,"",,,,"y",,,)

G14 = QC ("2231", 全年,,,,,,,"y",,)

H14 = QM ("2231", 月,,,,,,,"y",,)

C15 = QC ("1401", 全年,,,,,,,"y",,) +QC ("1402", 全年,,,,,,,"y",,) +QC ("1403", 全年,,,,,,,"y",,) +QC ("1404", 全年,,,,,,,"y",,) +QC ("1405", 全年,,,,,,,"y",,) + QC ("1406", 全年,,,,,,,"y",,) + QC ("1407", 全年,,,,,,,"y",,) +QC ("1408", 全年,,,,,,,"y",,) +QC ("1411", 全年,,,,,,,"y",,) +QC ("1421", 全年,,,,,,,"y",,) -QC ("1471", 全年,,,,,,,"y",,)

D15 = QM ("1401", 月,,,,,,,"y",,) +QM ("1402", 月,,,,,,,"y",,) +QM ("1403", 月,,,,,,,"y",,) +QM ("1404", 月,,,,,,,"y",,) +QM ("1405", 月,,,,,,,"y",,) +QM ("1406", 月,,,,,,,"y",,) +QM ("1407", 月,,,,,,,"y",,) +QM ("1408", 月,,,,,,,"y",,) +QM ("1411", 月,,,,,,,"y",,) +QM ("1421", 月,,,,,,,"y",,) -QM ("1471", 月,,,,,,,"y",,)

G15 = QC ("2232", 全年,,,,,,,"y",,)

H15 = QM ("2232", 月,,,,,,,"y",,)

G16 = QCEX ("122101", 全年,"贷",,,"",,,,"y",,,) +QCEX ("122102", 全年,"贷",,,"",,,,"y",,,) +QCEX ("122103", 全年,"贷",,,"",,,, "y",,,) + QCEX ("2241", 全年,"贷",,,"",,,,"y",,,)

H16 = QMEX ("122101", 月,"贷",,,"",,,,"y",,,) +QMEX ("122102", 月,"贷",,,"",,,,"y",,,) +QMEX ("122103", 月,"贷",,,"",,,,"y",,,) +QMEX ("2241", 月,"贷",,,"",,,,"y",,,)

C20 = ptotal （? C7:? C17）

D20 = ptotal （? D7:? D17）

G20 = ptotal （? G7:? G18）

H20 = ptotal （? H7:? H18）

C22 = QC （"1503"，全年,,,,,,,"y",,）

D22 = QM （"1503"，月,,,,,,,"y",,）

G22 = QC （"2501"，全年,,,,,,,"y",,）

H22 = QM （"2501"，月,,,,,,,"y",,）

C23 = QC （"1501"，全年,,,,,,,"y",,） - QC （"1502"，全年,,,,,,,"y",,）

D23 = QM （"1501"，月,,,,,,,"y",,） - QM （"1502"，月,,,,,,,"y",,）

G23 = QC （"2502"，全年,,,,,,,"y",,）

H23 = QM （"2502"，月,,,,,,,"y",,）

C24 = QC （"1521"，全年,,,,,,,"y",,）

D24 = QM （"1521"，月,,,,,,,"y",,）

G24 = QC （"2701"，全年,,,,,,,"y",,）

H24 = QM （"2701"，月,,,,,,,"y",,）

C25 = QC （"1511"，全年,,,,,,,"y",,） - QC （"1512"，全年,,,,,,,"y",,）

D25 = QM （"1511"，月,,,,,,,"y",,） - QM （"1512"，月,,,,,,,"y",,）

G25 = QC （"271101"，全年,,,,,,,"y",,） + QC （"271102"，全年,,,,,,, "y",,）

H25 = QM （"271101"，月,,,,,,,"y",,） + QM （"271102"，月,,,,,,, "y",,）

C26 = QC （"153101"，全年,,,,,,,"y",,）

D26 = QM （"153101"，月,,,,,,,"y",,）

G26 = QC （"2801"，全年,,,,,,,"y",,）

H26 = QM （"2801"，月,,,,,,,"y",,）

C27 = QC （"1601"，全年,,,,,,,"y",,）

D27 = QM （"1601"，月,,,,,,,"y",,）

G27 = QC （"2901"，全年,,,,,,,"y",,）

H27 = QM （"2901"，月,,,,,,,"y",,）

C28 = QC （"1602"，全年,,,,,,,"y",,）

D28 = QM （"1602"，月,,,,,,,"y",,）

G28 = QC （"2702"，全年,,,,,,,"y",,）

H28 = QM （"2702"，月,,,,,,,"y",,）

C29 = ? C27 - ? C28

D29 = ? D27 - ? D28

G29 = ptotal （? G22:? G28）

H29 = ptotal （? H22:? H28）

C30 = QC （"1603"，全年,,,,,,,"y",,）

D30 = QM （"1603"，月,,,,,,,"y",,）

G30 = ? G20 + ? G29

H30 = ? H20 + ? H29

C31 = ? C29 - ? C30

D31 = ? D29 - ? D30

C32 = QC（"1621"，全年,,,,,,,"y",,）－QC（"1622"，全年,,,,,,,"y",,）

D32 = QM（"1621"，月,,,,,,,"y",,）－QM（"1622"，月,,,,,,,"y",,）

C33 = QC（"1605"，全年,,,,,,,"y",,）

D33 = QM（"1605"，月,,,,,,,"y",,）

G33 = QC（"4001"，全年,,,,,,,"y",,）

H33 = QM（"4001"，月,,,,,,,"y",,）

C34 = QC（"1604"，全年,,,,,,,"y",,）

D34 = QM（"1604"，月,,,,,,,"y",,）

G34 = QC（"4002"，全年,,,,,,,"y",,）

H34 = QM（"4002"，月,,,,,,,"y",,）

C35 = QC（"1606"，全年,,,,,,,"y",,）

D35 = QM（"1606"，月,,,,,,,"y",,）

G35 = QC（"4201"，全年,,,,,,,"y",,）

H35 = QM（"4201"，月,,,,,,,"y",,）

C36 = QC（"1701"，全年,,,,,,,"y",,）－QC（"1702"，全年,,,,,,,"y",,）－QC（"1703"，全年,,,,,,,"y",,）

D36 = QM（"1701"，月,,,,,,,"y",,）－QM（"1702"，月,,,,,,,"y",,）－QM（"1703"，月,,,,,,,"y",,）

G36 = QC（"4101"，全年,,,,,,,"y",,）

H36 = QM（"4101"，月,,,,,,,"y",,）

C37 = QC（"1711"，全年,,,,,,,"y",,）

D37 = QM（"1711"，月,,,,,,,"y",,）

G37 = QC（"4103"，全年,,,,,,,"y",,）＋QC（"4104"，全年,,,,,,,"y",,）

H37 = QM（"4103"，月,,,,,,,"y",,）＋QM（"4104"，月,,,,,,,"y",,）

C38 = QC（"1801"，全年,,,,,,,"y",,）

D38 = QM（"1801"，月,,,,,,,"y",,）

G38 = ? G33 + ? G34 - ? G35 + ? G36 + ? G37

H38 = ? H33 + ? H34 - ? H35 + ? H36 + ? H37

C39 = QC（"1811"，全年,,,,,,,"y",,）

D39 = QM（"1811"，月,,,,,,,"y",,）

C41 = ptotal（? C22:? C26）＋ptotal（? C31:? C40）

D41 = ptotal（? D22:? D26）＋ptotal（? D31:? D40）

C42 = ? C20 + ? C41

D42 = ？ D20 + ？ D41

G42 = G30 + G38

H42 = H30 + H38

►【操作提示】

①总账系统取数的单元公式。在 UFO 报表系统中选定需定义公式的单元，在“数据”菜单下，执行“编辑公式→单元公式”命令，出现如图 4 - 14 所示“定义公式”对话框。可在定义公式处输入公式，单击“确认”将公式填入 C7 单元。

图 4 - 14　公式定义对话框

②在图 4 - 14 选择“函数向导”，弹出如图 4 - 15 所示函数向导界面，在左边函数分类列选中“用友账务函数”，在右边函数名列选中“期初”，单击“下一步”，如图 4 - 16 所示函数录入界面，单击“参照”，进入如图 4 - 17 所示“账务函数”界面，在图中依次选择“账套号”“会计年度”“科目”“期间”等参数值。默认为本账套、本年度，选择 1001，单击“确定”，返回到图 4 - 16 将公式填入函数录入区，单击“确定”，将完整的公式填入图 4 - 14 定义公式对话框，在图 4 - 14 中单击“确认”，完成 C7 单元公式的录入。类似地录入其他单元公式。

③录入合计单元公式，选中 C18 单元，可在图 4 - 14 中直接输入“ptotal（？ C7:？ C17）”，单击“确认”，将公式填入 C18。

④保存报表，在“文件”中选择“另存为”，将报表保存在“rep”目录下，取名“report1. rep”。

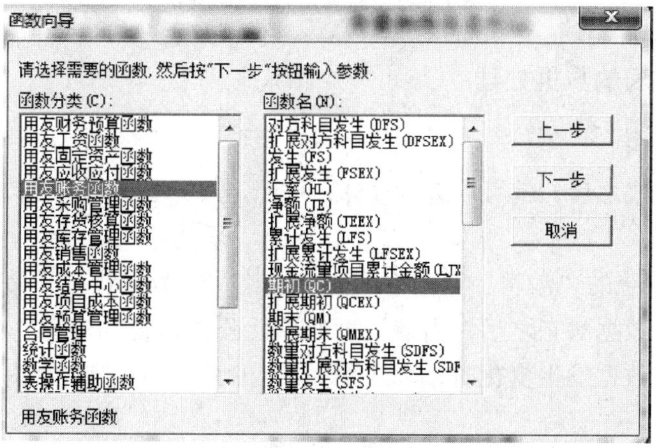

图 4 - 15　函数向导对话框

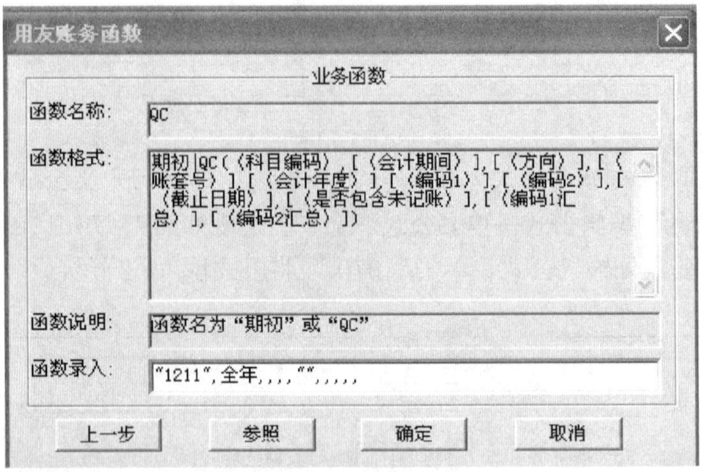

图 4－16　函数录入

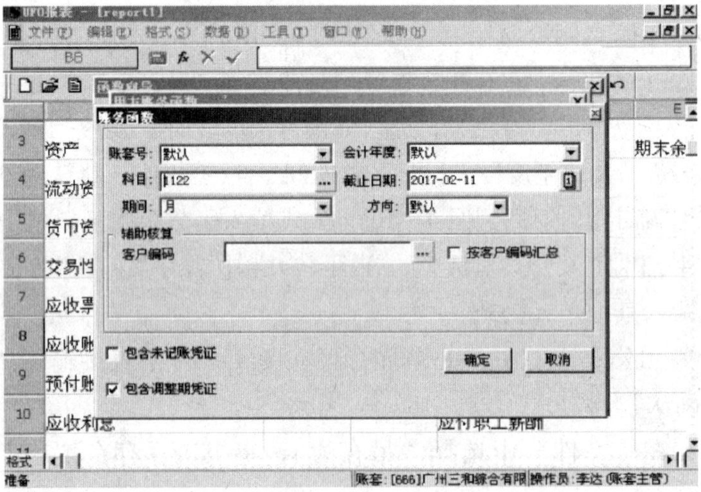

图 4－17　账务函数参数选择

◉业务 3：报表的数据处理

（1）报表的计算。

当公式设置完成之后，就可以进行计算，按照定义的公式计算出对应的数据。

►【操作提示】

在 UFO 报表系统的“编辑”菜单下，执行“格式→数据状态”命令，格式状态下定义的单元公式进入数据状态之后，当前表页的单元公式将自动运算并显示结果；当单元公式中引用单元的数据发生变化时，公式也随之自动运算并显示结果。计算结果数据如图 4－18 所示。

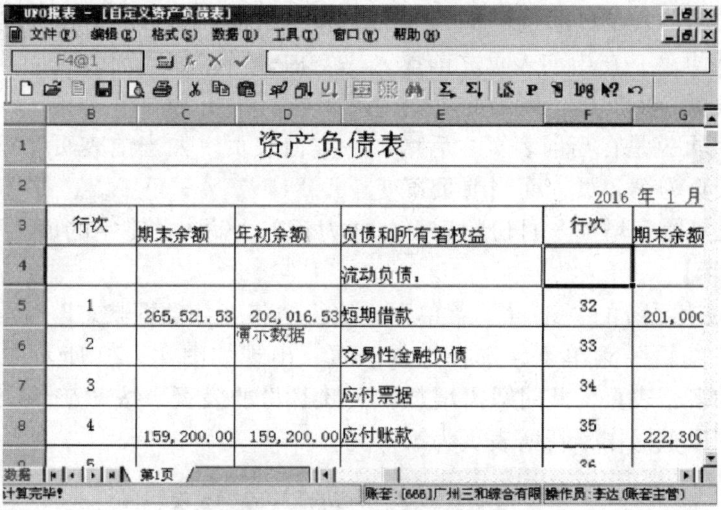

图 4－18　自定义资产负债表

（2）报表重新计算。

如果报表公式发生变化或账务数据进行了调整，需要对报表公式进行重新计算。对报表的重新计算有两种方法：可进行“整表重算”或“表页重算”，前者是对报表中所有的表页全部重新计算，后者只对当前页进行重新计算。

►【操作提示】

报表处于数据状态下，选择“数据”菜单下的“整表重算”，弹出“是否确定全表重算”对话框，单击“是”，进行整表重算。如图 4－19 所示。“表页重算”操作相同，只是选择“数据”菜单下的“表页重算”。

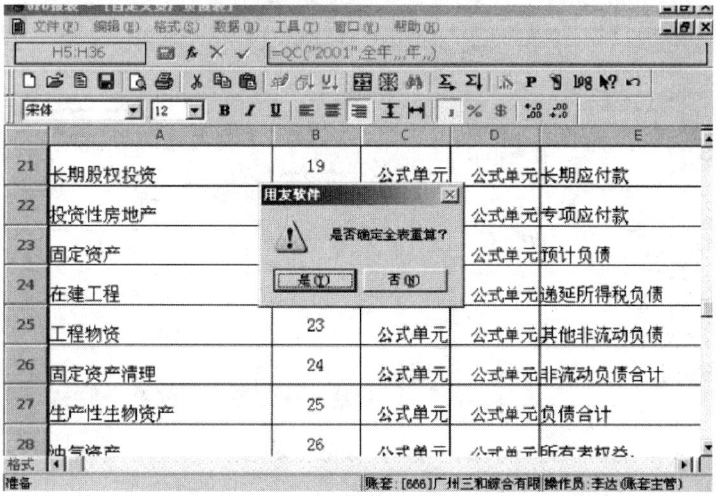

图 4－19　全表重算

◉业务 4：表页管理

为新表页输入关键值，重新计算该表页的单元公式，便可得到新的报表数据。

增加表页。增加表页可通过“插入表页”和“追加表页”两个途径实现。

（1）插入表页就是在当前表页之前插入一空白表页。如当前表页为第 1 页，执行插入表页后，新表页为第 1 页，而当前页变为第 2 页。

（2）追加表页就是在当前表页之后增加一空白表页。如当前表页为第 1 页，执行追加表页后，新表页为第 2 页，而当前页不变。

为存货信息披露表增加 8 月份的表页，并为新表页输入关键字的值。

►【操作提示】

①在 UFO 报表系统的“编辑”菜单下，执行“格式→数据状态”命令，使报表处于数据状态，在“编辑”菜单下，选择追加表页，出现如图 4－20 所示“追加表页”窗口，一次可追加多个表页，此时只需增加 1 页 8 月份的表页，按“确认”完成增加新表页。新增表页同以上操作，新增表页为第 2 页。

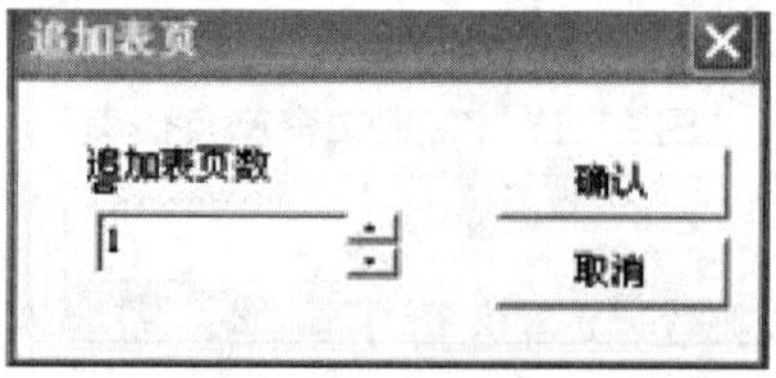

图 4－20　追加表页

②在“数据”菜单下，执行“关键字→录入”命令，分别录入关键字“年”和“月”的值“2016”“1”“31”，按“确认”返回。如图 4－21 所示。

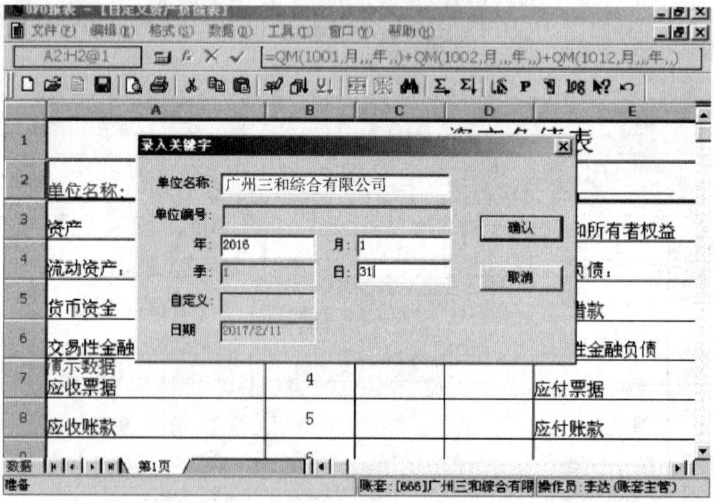

图 4－21　关键字录入

③然后录入关键字的值，在“数据”菜单下，选择“表页重算”，就可完成新表页的计算。

④每个表页具有不同的关键字值，用于区分同报表名的不同表页，在引用表页之间或不同报表表页之间的取数函数时，关键字及其值是主要的识别标志。

二、利用模板生成资产负债表

◉业务 1：调用资产负债表模板

▶【操作提示】

①执行“业务→财务会计→UFO 报表→文件→新建”命令。

②在格式状态下，执行“格式→报表模板”命令，打开“报表模板”对话框。如图 4－22 所示。

图 4－22　报表模板

③选择所在行业为“2007 年新会计制度科目”，财务报表为“资产负债表”。如图 4－23 所示。

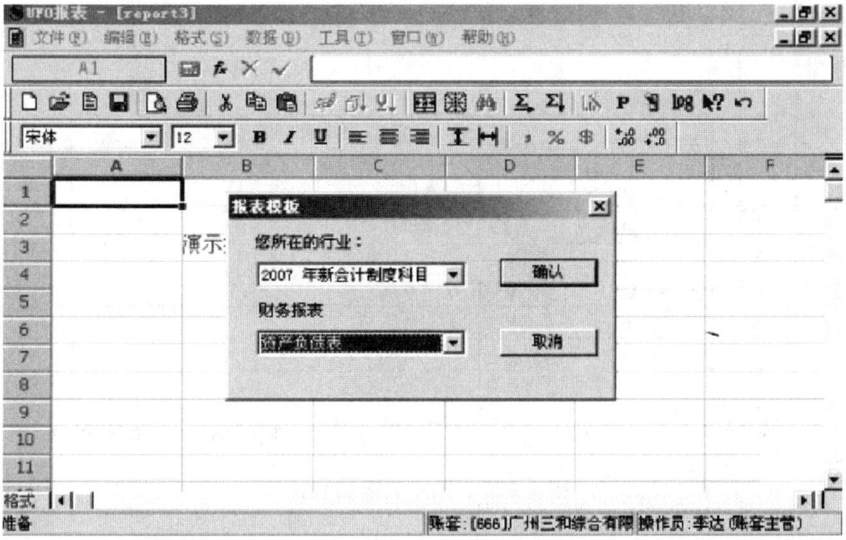

图 4－23　报表模板选择

④执行“格式→报表模板”命令，按要求进行选择。

⑤单击“确认”按钮，系统弹出“模板格式将覆盖本表格式！是否继续?”信息提示对话框。如图4－24所示。

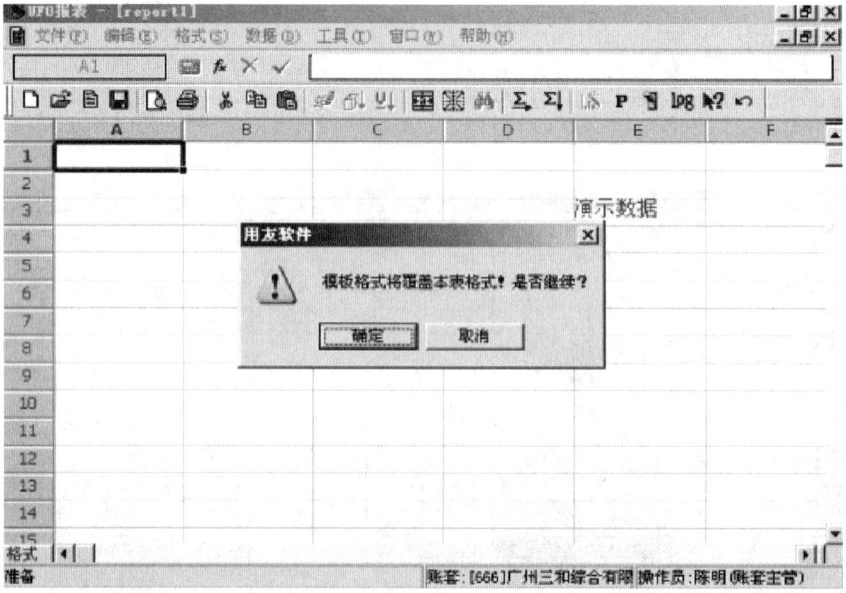

图4－24　报表模板确认界面

⑥单击“确定”按钮，即可打开“资产负债表”模板。如图4－25所示。

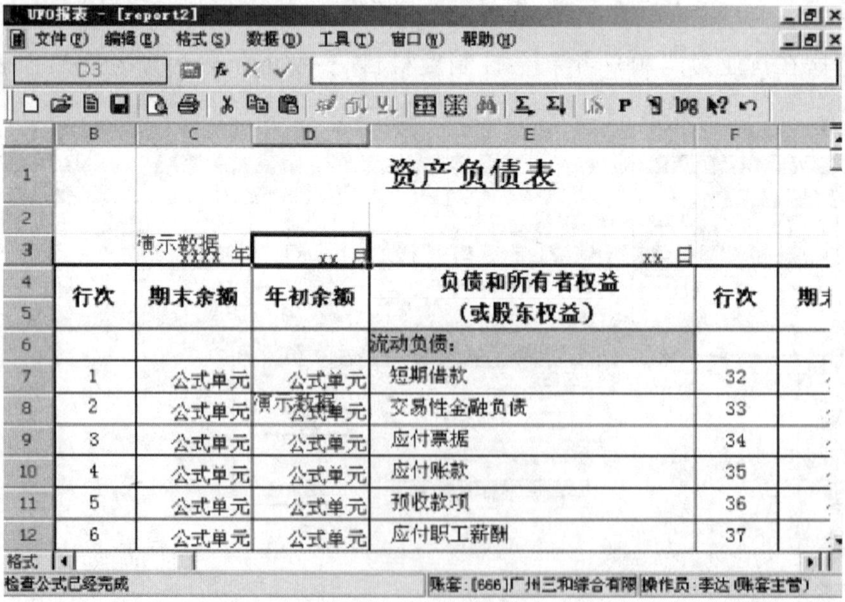

图4－25　选择的报表模板

注意：

报表字体颜色所代表的内容不同，黑色的指项目，可以直接进行编辑；蓝色的公式单元必须在定义公式对话框中输入公式；红色字体为关键字，必须进行定义和录入，不可以直接进行修改。报表的状态分为格式与数据两种，在格式状态下对报表的项目及公式进行调整关键字设置，在数据状态显示相关数据及录入关键字。

◉业务 2：调整资产负债表

（1）打开报表（资产负债表），将报表状态改成格式状态，完成以下操作。

▶【操作提示】

①单击“格式/数据”按钮，使“资产负债表”处于格式状态。

②在 C 列 10 行输入应收账款期初余额公式：QC（"1122"，全年,,，年,,）－QC（"1231"，全年,,，年,,）。如图 4－26 所示。

先将报表的状态改成格式状态，然后选择要输入公式的单元格（注意：不能双击，单击选择即可），按“＝”，按要求输入公式即可。

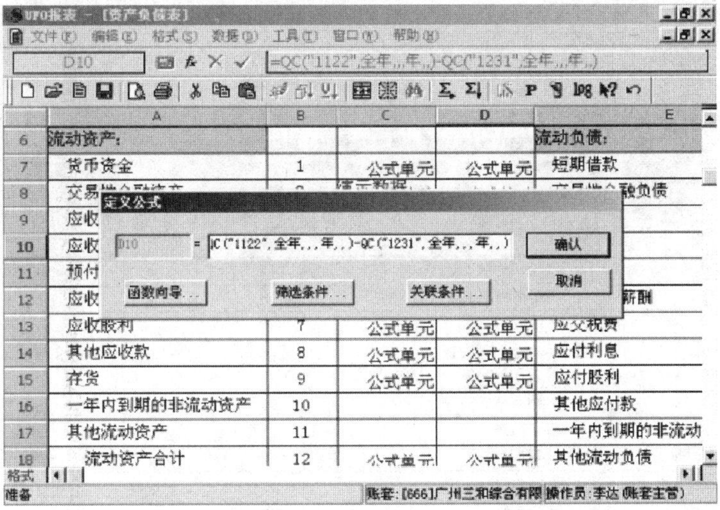

图 4－26　定义公式对话框

注意：

公式所有标点符号均为半角。

（2）在 B 列 13 行输入应收股利期末余额公式：QM（"1131"，月,,，年,,）。如图 4－27 所示。

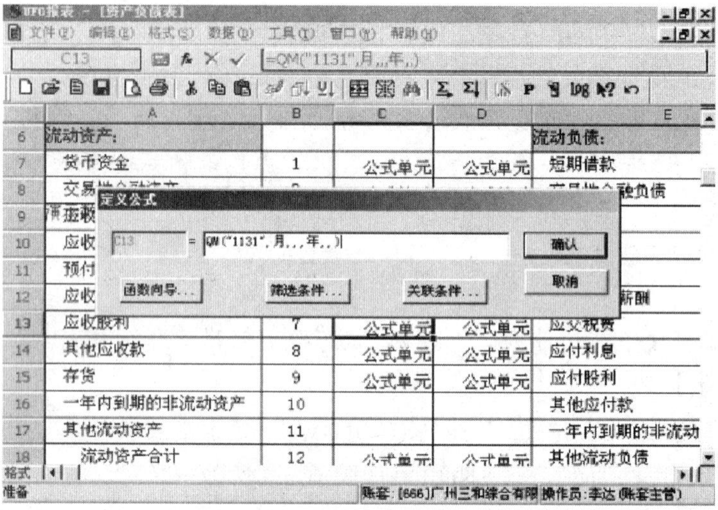

图 4－27　输入公式

（3）在 D 列 21 行输入项目：长期借款。

►【操作提示】

先将报表的状态改成格式状态，然后选择要输入项目的单元格，直接输入“长期借款”项目即可。如图 4－28 所示。

图 4－28　文字输入

（4）在 A 列 31 行输入项目：无形资产。如图 4－29 所示。

图 4－29　单元框输入

◉业务 3：生成资产负债表数据

►【操作提示】

①在格式状态下，执行“数据→关键字→设置”命令。如图 4－30 所示。打开“设置关键字”对话框。如图 4－31 所示。

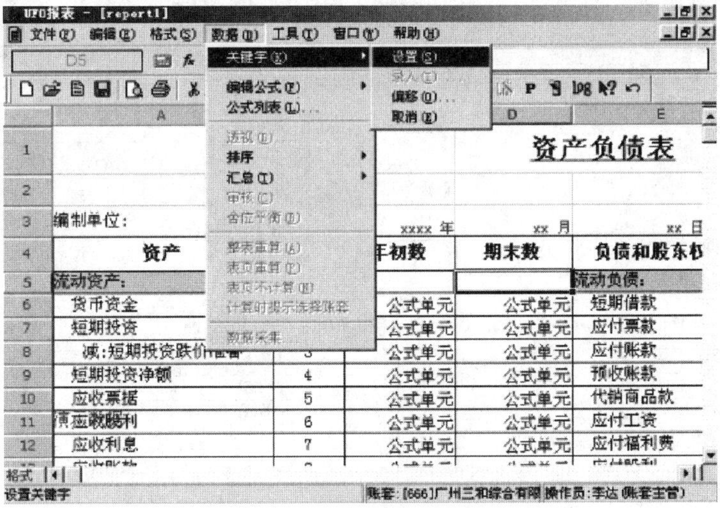

图 4－30　关键字设置

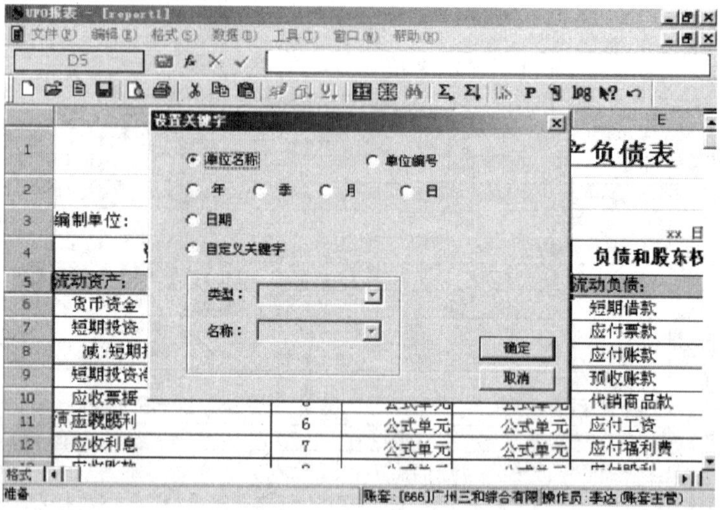

图 4－31　设置关键字对话框

②选中“单位名称”，点击“确定”。

③在数据状态下，执行“数据→关键字→录入”命令。如图 4－32 所示。打开“录入关键字”对话框。如图 4－33 所示。注意要先将报表的状态改成数据状态，然后执行“数据→关键字→录入”命令，按要求输入，点击“确定”，提示“是否重算”，选择“是”。

④输入关键字：广州三和综合有限公司，2016，1，31。

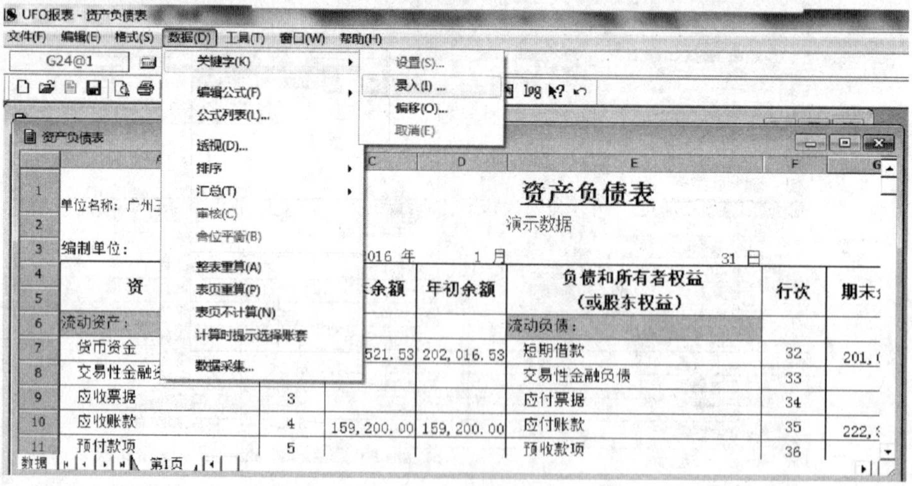

图 4－32　关键字录入

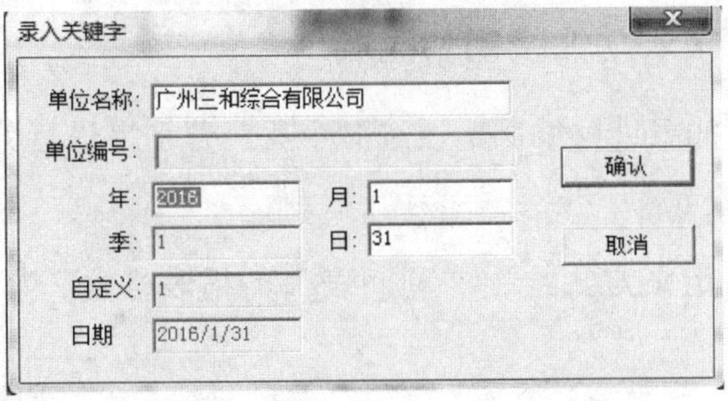

图 4－33　输入关键字

⑤单击“确认”按钮，系统弹出“是否重算第 1 页?”信息提示对话框。如图 4－34 所示。

⑥单击“是”按钮，系统会自动弹出根据单元公式计算 1 月份数据；单击“否”按钮，系统不统计 1 月份数据，以后可利用“表页重算”功能生成 1 月份数据。

⑦单击工具栏上的“保存”按钮，将生成的报表数据保存。如图 4－35 所示。

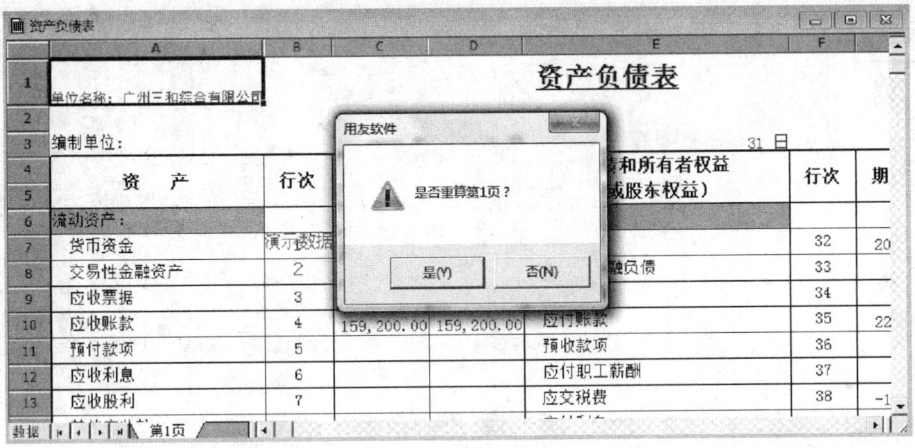

图 4－34　表页重算

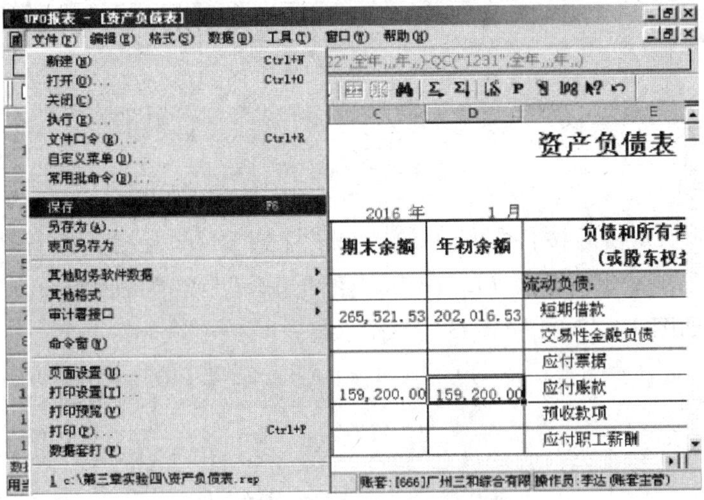

图 4－35　保存报表

三、利用自定义报表功能编制利润表

本业务在月末对利润表进行编制，通过对企业经营结果进行分析，以便辅助企业经营决策。

◉业务1：利用自定义方式绘制“利润表”的报表格式

►【操作提示】

财务经理在企业应用平台中，执行“财务会计→UFO报表”命令，进入UFO报表管理系统。执行“文件→新建”命令，建立一张空白报表。单击报表底部左下角的“格式/数据”按钮，使当前状态为“格式”状态。执行“格式→表尺寸”命令，打开“表尺寸”窗口。输入“行数”为“24”，“列数”为“4”。单击“确认”。如图4－36所示。

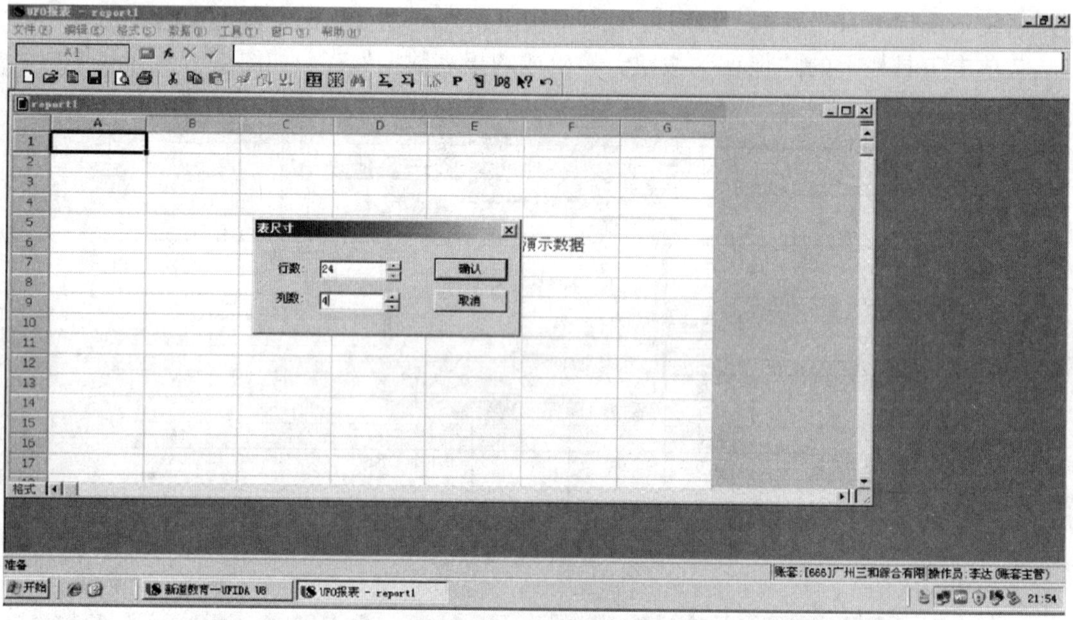

图4－36 自定义表尺寸

◉业务2：组合单元格

►【操作提示】

单击选中A1单元格后按住鼠标不放，水平拖到D1单元格。执行“格式→组合单元”命令，打开“组合单元”窗口。单击“整体组合”或“按行组合”，该单元即合并成一个单元格。如图4－37和图4－38所示。

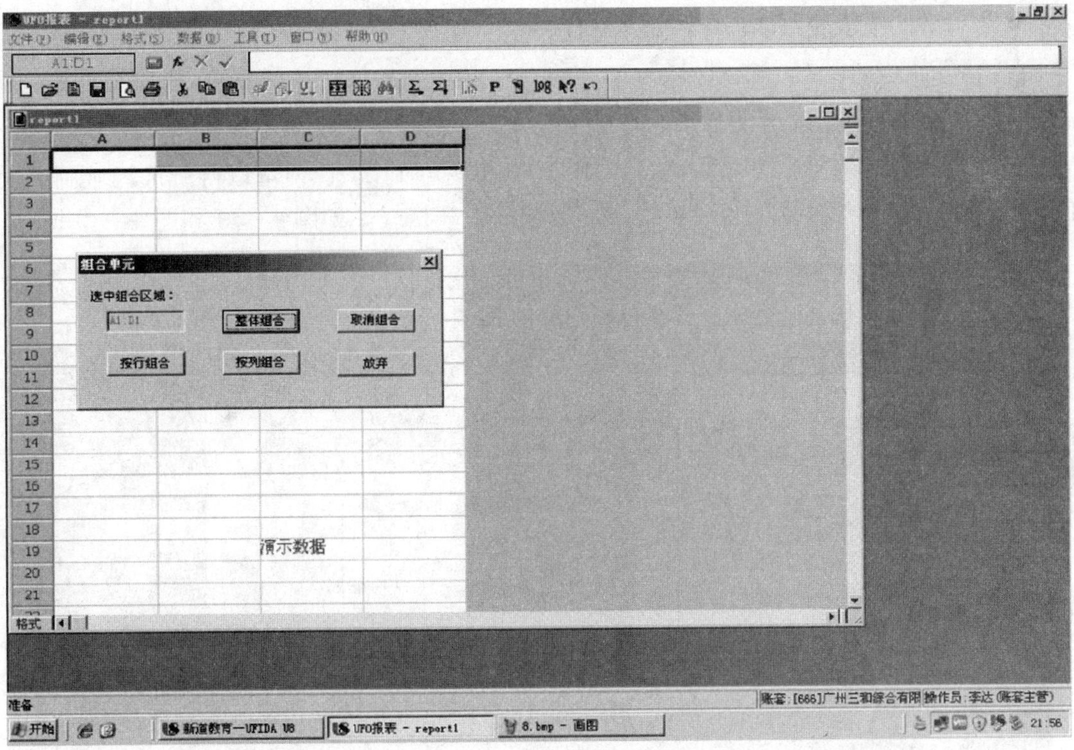

图 4－37　组合单元格

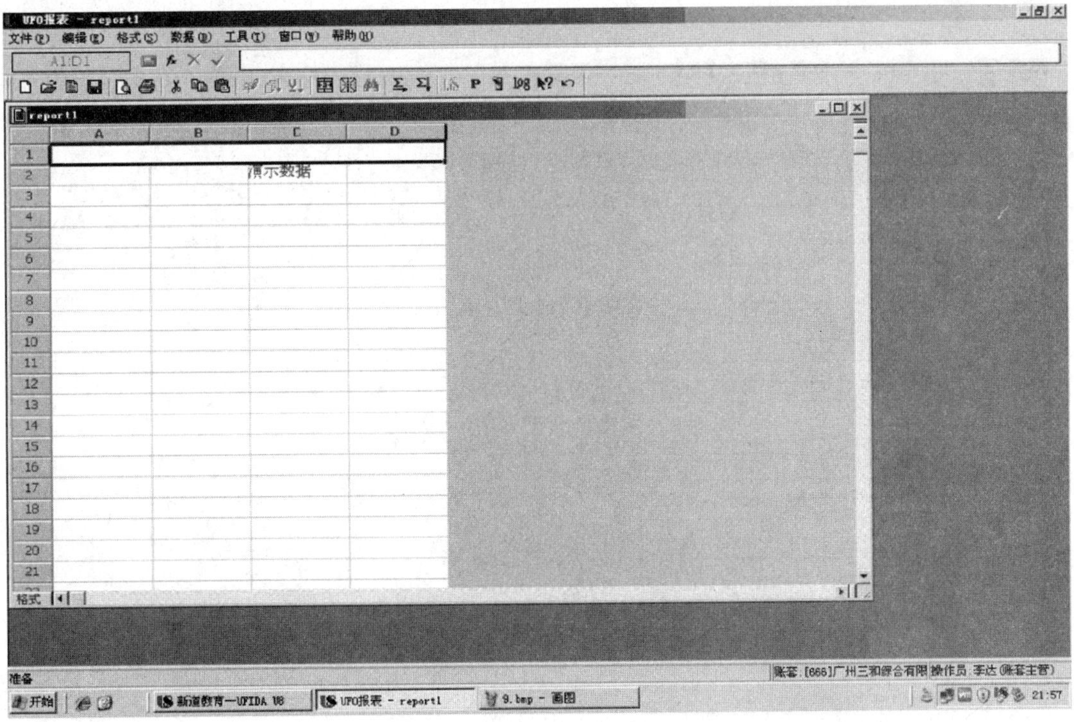

图 4－38　组合后的单元格

◉业务 3：画表格线

▶【操作提示】

单击选中 A4 单元格后按住鼠标不放拖动到 D24 单元格。执行“格式→区域画线”命令，打开“区域画线”窗口。选择“网线”，单击“确认”，便可以将所选区域画上表格线。同理，选择“框线”也可以将所选区域画上表格线。如图 4－39 和图 4－40 所示。

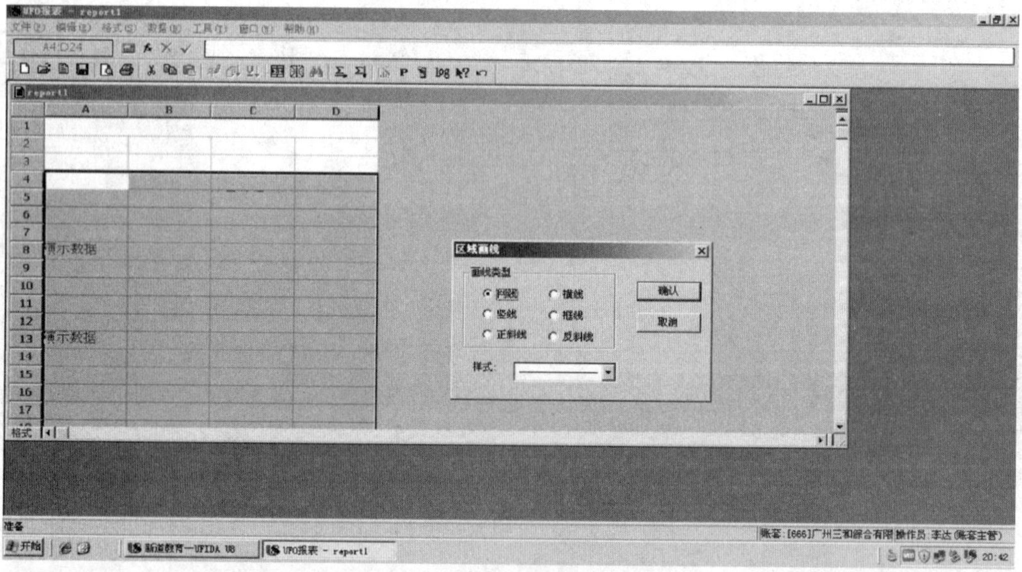

图 4－39　区域画线

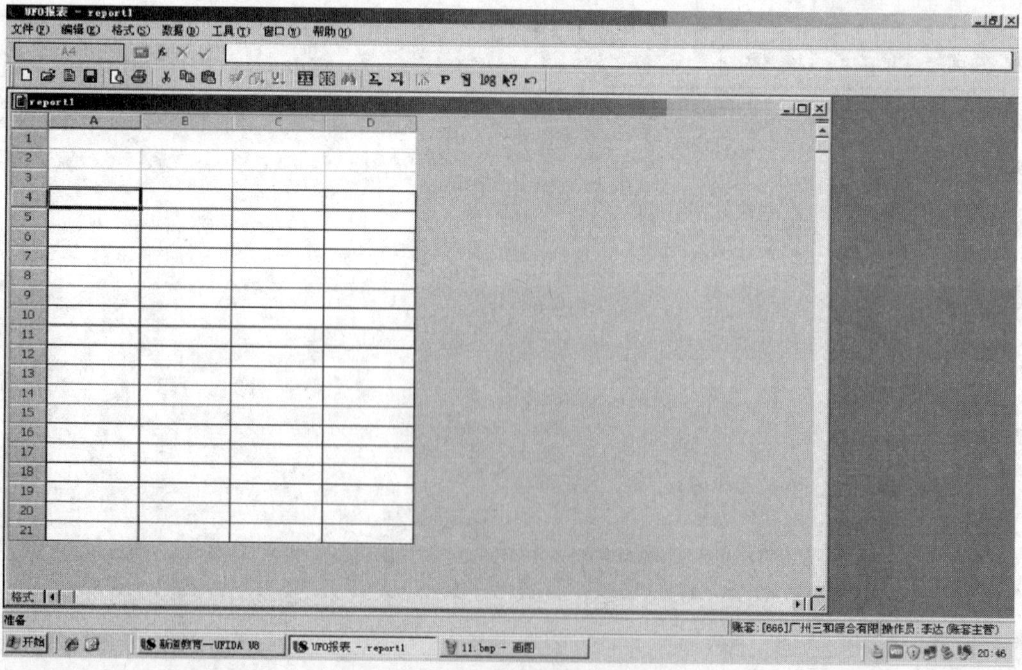

图 4－40　画线表格

◉业务 4：输入报表项目

▶【操作提示】

在表格中对应单元格或组合单元输入报表文字项目内容。如图 4－41 所示。

注意：
报表项目指报表的文字内容，不包括关键字。

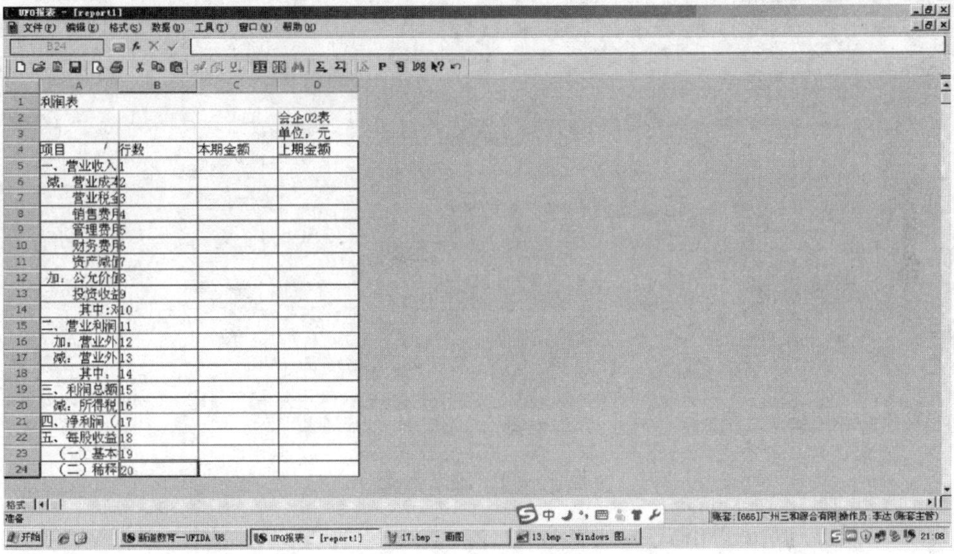

图 4－41 输入报表项目

◉业务 5：定义报表行高和列宽

▶【操作提示】

①选中 A1 所在行，执行“格式→行高”命令，打开“行高”对话框，输入行高“13”，单击“确认”。如图 4－42 所示。

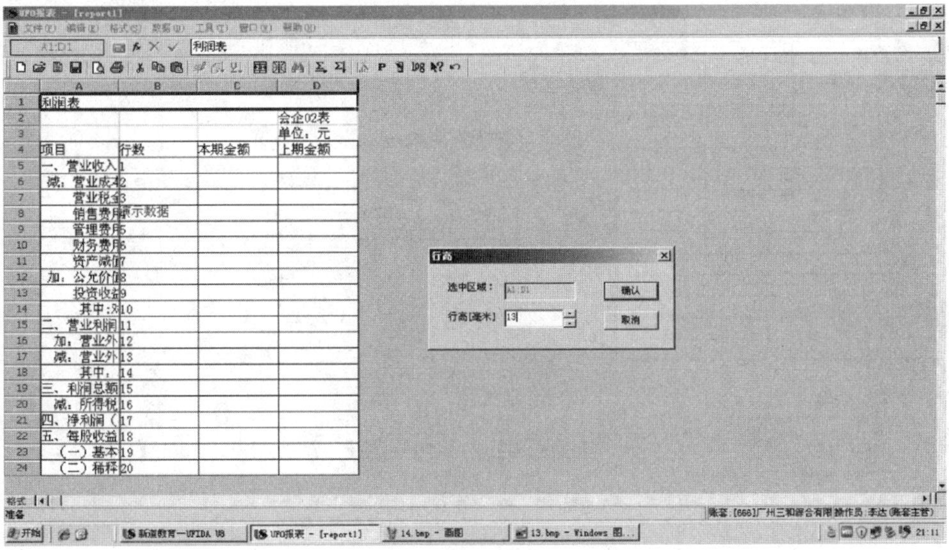

图 4－42 定义行高

②单击选中 A2 单元格后，按住鼠标不放，拖动到 D24 单元格，执行“格式→行高”命令。打开“行高”对话框，输入行高“6”，单击“确认”。如图 4－43 所示。

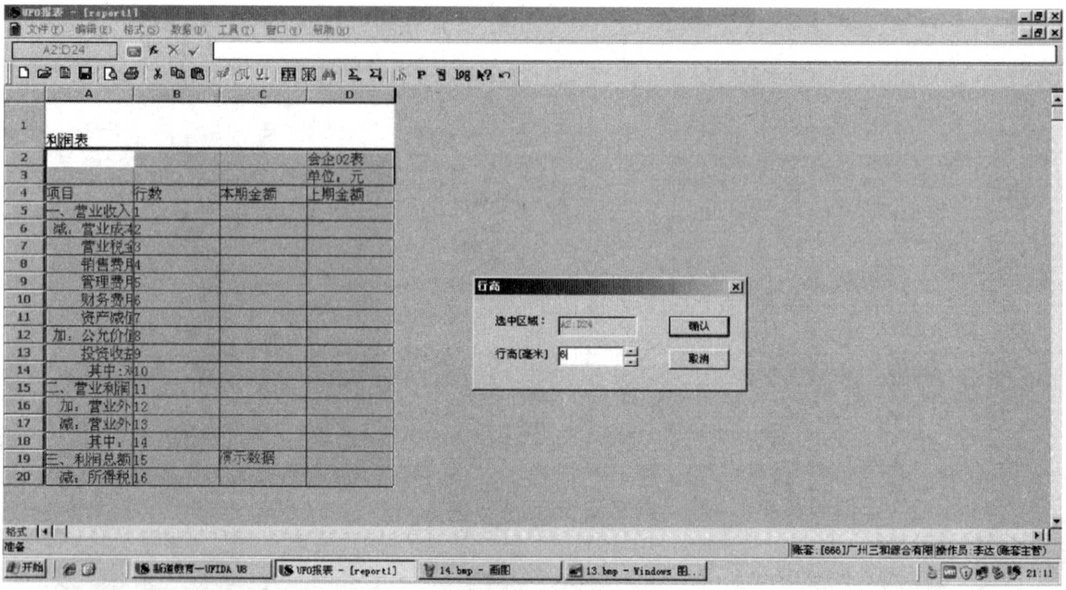

图 4－43　定义行高

③选中 A 列，执行“格式→列宽”命令，打开“列宽”对话框，输入列宽“82”，单击“确认”。同理，设置 B 列的列宽为“16”，C 列的列宽为“35”，D 列的列宽为“35”。如图 4－44 至图 4－46 所示。

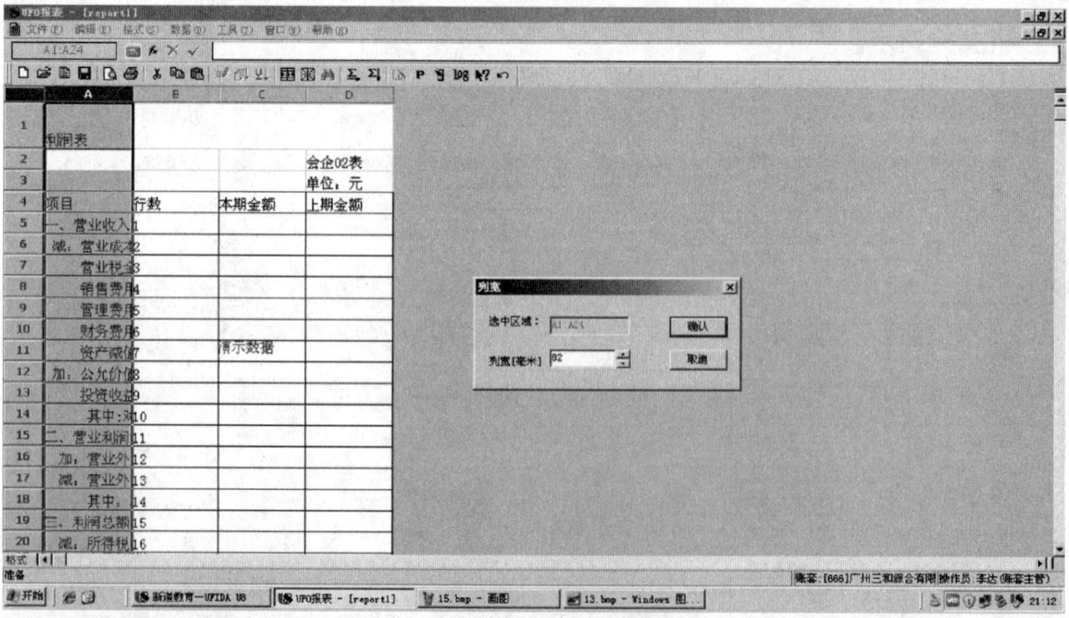

图 4－44　定义列宽

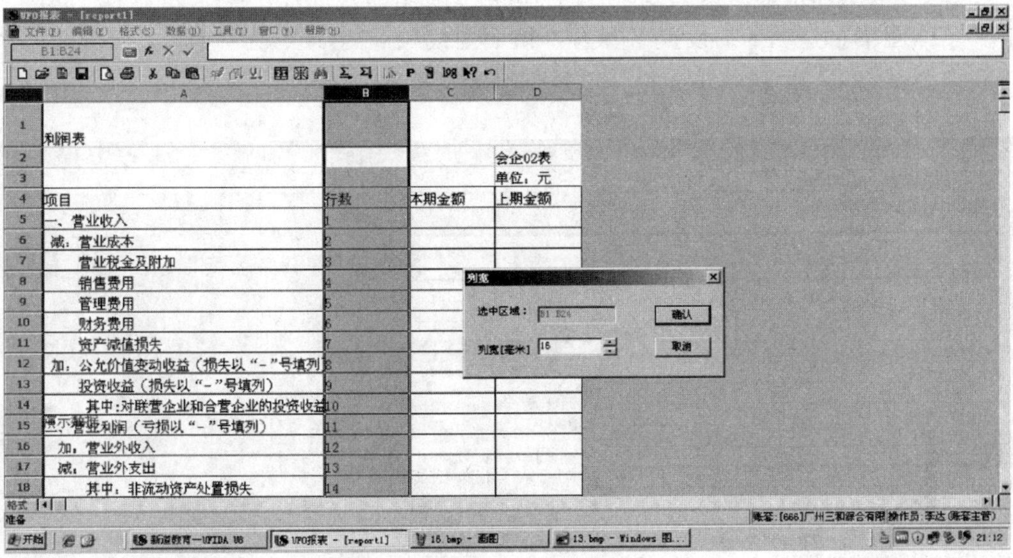

图 4－45　定义列宽

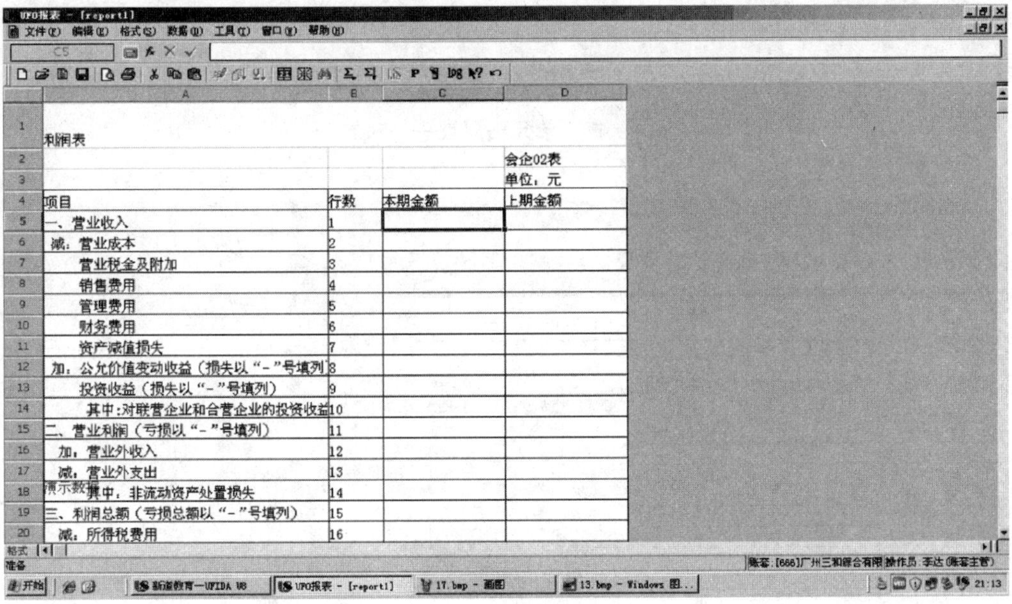

图 4－46　定义行高和列宽之后的报表

◉业务 6：设置单元格

▶【操作提示】

①选中标题所有组合单元格，执行“格式→单元属性”命令，打开“单元格属性”对话框，单击“对齐”选项卡，设置水平方向和垂直方向对齐方式为“居中”，单击“确认”。如图 4－47 所示。

②选中 A1 单元格，执行“格式→单元属性”命令，打开“单元格属性”对话框，单击“字体图案”选项卡，设置字型为“粗下划线”，“字号”为“18”。如图 4－48 所示。同理选中第 4 行的所有单元格，设置字型为“粗下划线”。

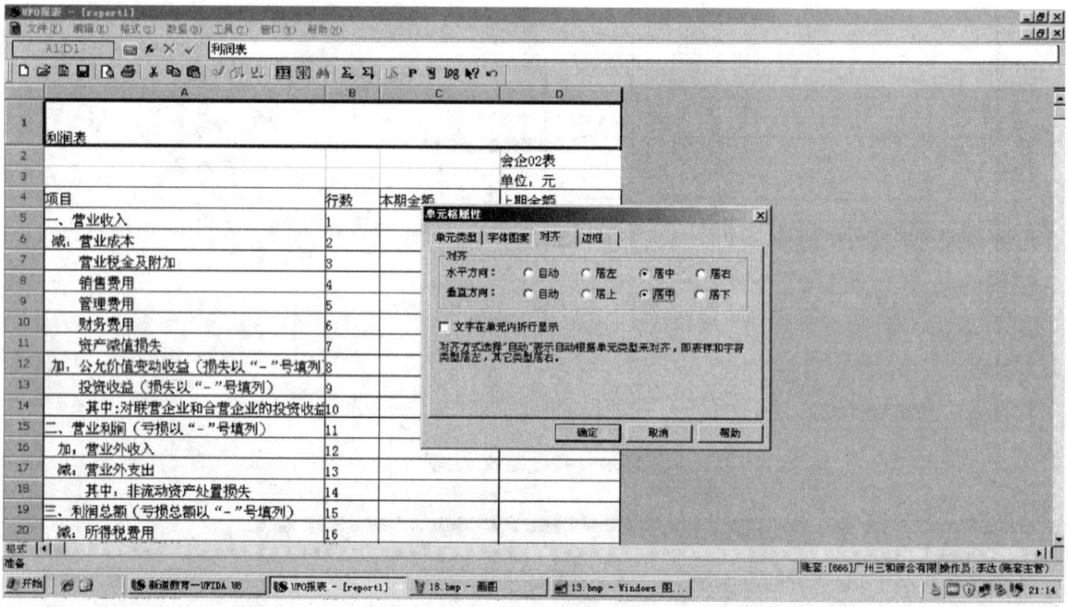

图 4－47　单元格属性——对齐

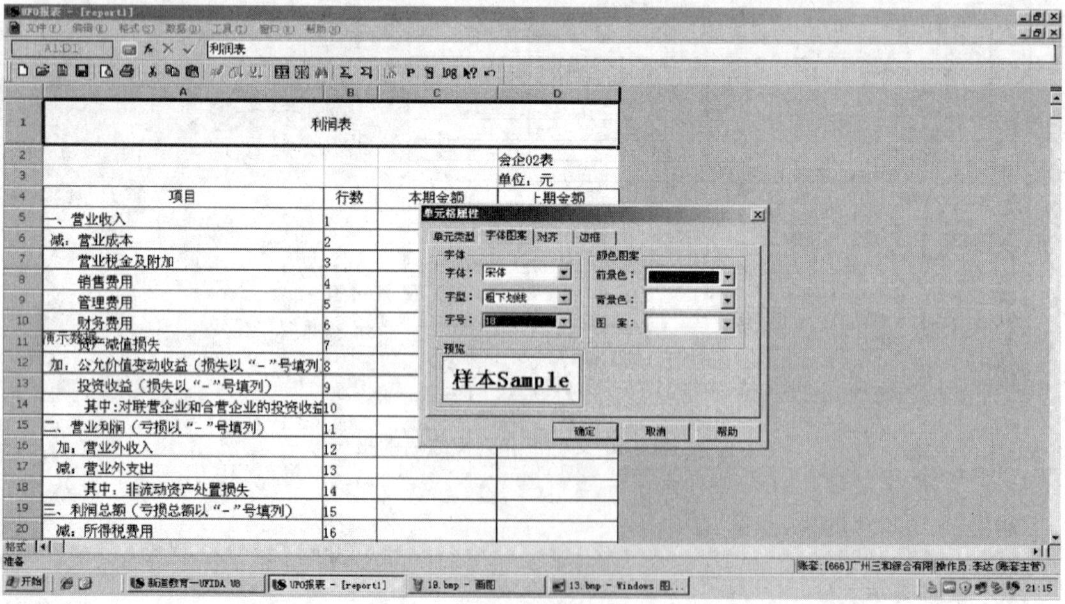

图 4－48　单元格属性——字体图案

◉业务 7：设置关键字

▶【操作提示】

选中需要输入关键字的组合单元 A3，执行“数据→关键字→设置”命令，打开“设置关键字”对话框，单击“单位名称”，单击“确认”。同理，设置“年”“月”关键字。如图 4－49 所示。

注意：

每个报表可以同时定义多个关键字。如果要取消关键字，需要执行“数据→关键字→取消”命令。

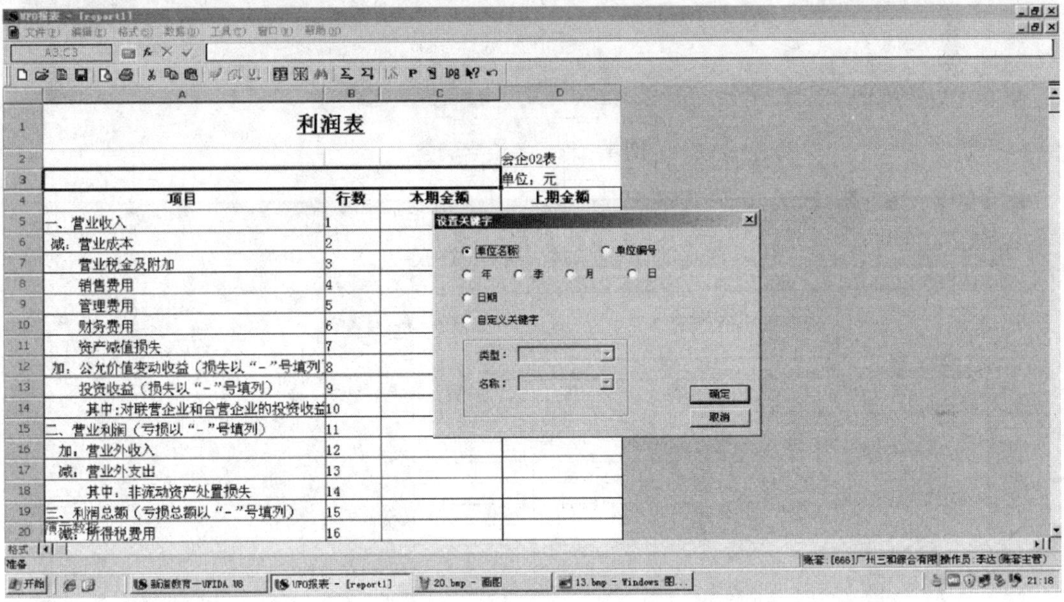

图 4－49　设置关键字

◉业务 8：调整关键字位置

▶【操作提示】

执行“数据→关键字→偏移”命令，打开“定义关键字偏移”对话框，输入偏移量“单位名称”为“0”，“年”为“－140”，“月”为“－110”，单击“确认”。如图 4－50和图 4－51 所示。

注意：

关键字的位置可以用偏移量来表示，负数值表示向左移，正数值表示向右移。

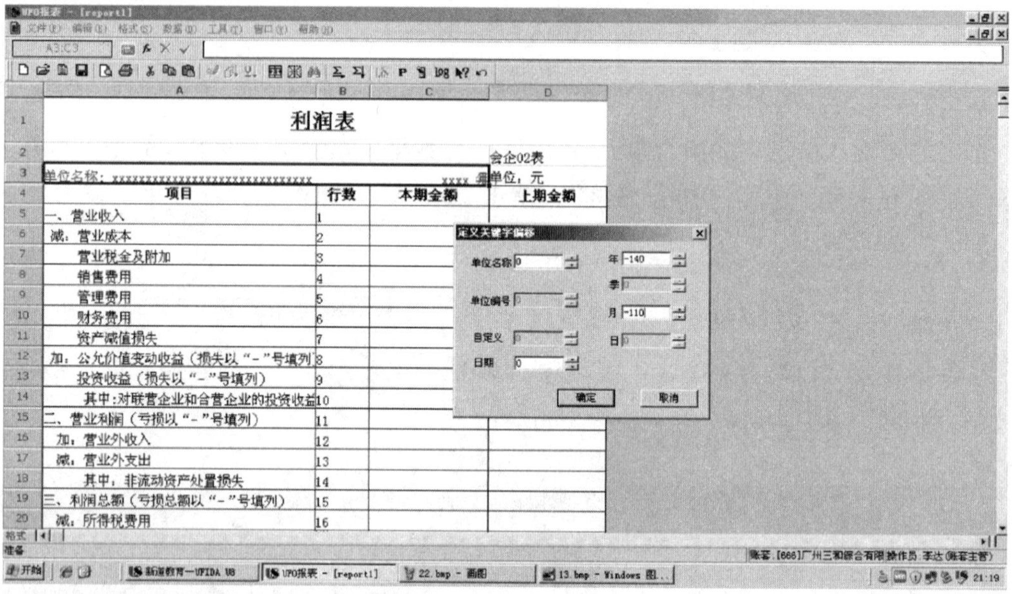

图 4－50　关键字调整

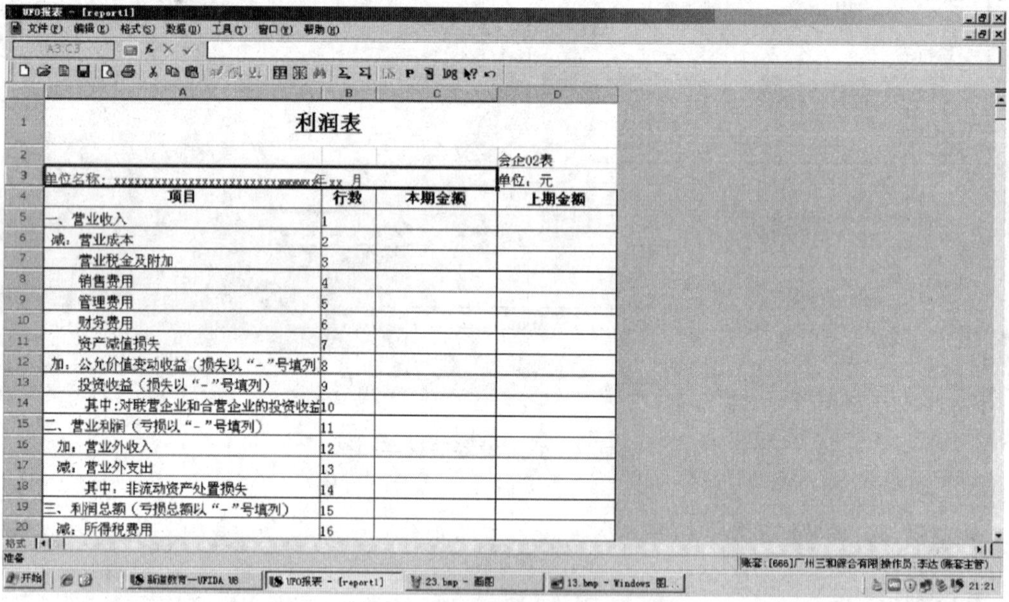

图 4－51　调整关键字后的利润表

◉业务 9：定义报表公式

►【操作提示】

选中需要定义公式的单元格 C5，即“营业收入本期金额”的数值。执行“数据→编辑公式→单元公式”命令，打开“定义公式”对话框。在“定义公式”对话框内直接输入公式：“fs（6001，月，"贷"，，年）＋fs（6051，月，"贷"，，年）”，单击“确认”，同理，完成其他单元格公式的录入。如图 4－52 所示。

注意：

单击“fx”按钮或双击某公式单元或按“=”键，都可以打开“定义公式”对话框。

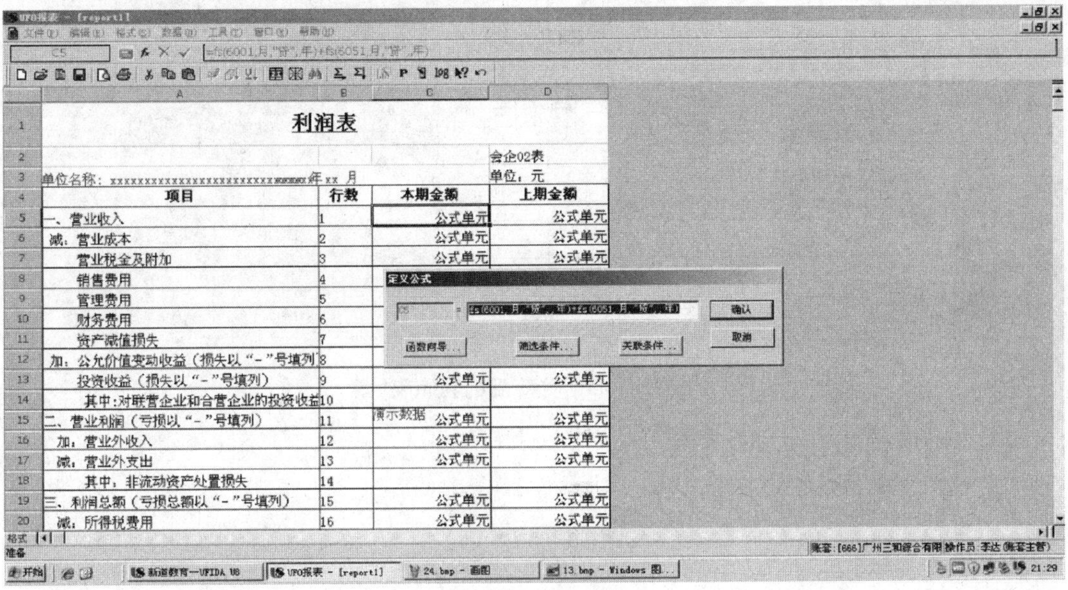

图 4-52　**定义公式**

◉业务 10：保存报表格式

►【操作提示】

执行“文件→保存”命令，选择要保存的路径，输入报表“文件名”为“利润表”，选择“保存类型”为“*.rep”，单击“保存”。

◉业务 11：报表数据计算

►【操作提示】

①单击报表底部左下角的“格式/数据”，使当前状态为“数据”状态。

②在数据状态下，执行“数据→关键字→录入”命令，弹出“录入关键字”对话框。输入“单位名称”为“广州三和综合有限公司”，“年”为“2016”，“月”为“1”，单击“确认”，弹出“是否重算第一页?”对话框，单击“是”，系统会自动根据单元公式计算 4 月份数据。如图 4-53 所示。执行“文件→保存”命令，保存文件名为“利润表”的报表文件。

注意：

若单击“否”，系统不计算 1 月份数据，以后可以执行“表页重算”功能生成 1 月份利润表数据。

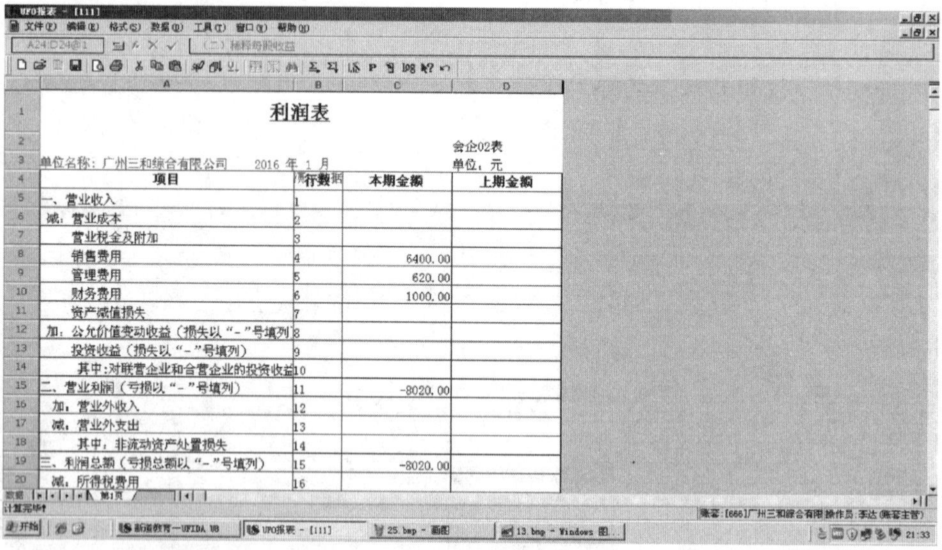

图 4 - 53　计算后的利润表

四、利用模板生成利润表

◉业务 1：调用利润表模板

▶【操作提示】

财务部 01 号李达在企业应用平台中，执行“财务会计→UFO 报表”命令，打开“UFO 报表窗口”。

①在“UFO 报表窗口”，执行“文件→新建”命令，建立一张空白报表。执行“格式→报表模板”命令，打开“报表模板”对话框。选择“您所在的行业”为“2007 年”，是否正确，“财务报表”为“利润表”，点击“确认”。如图 4 - 54 所示。

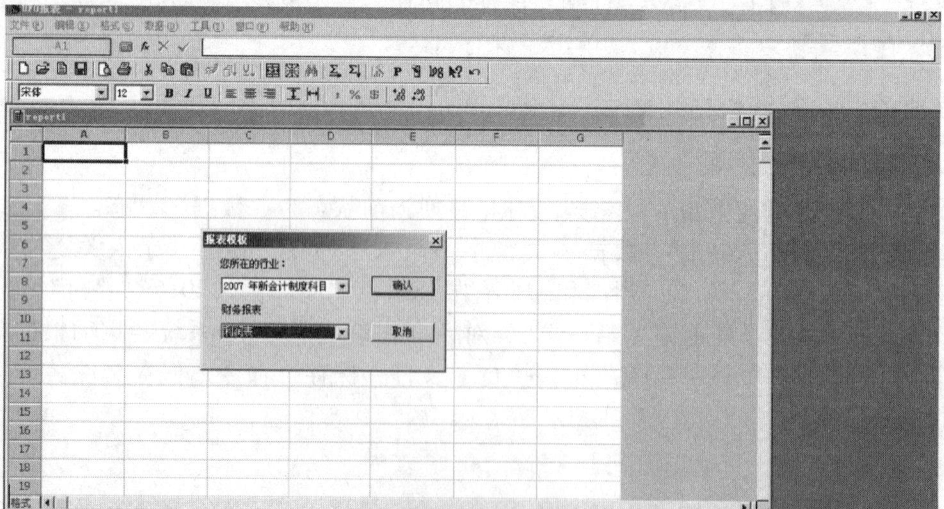

图 4 - 54　选择报表模板

②弹出“模板格式将覆盖本表格式！是否继续?”对话框，点击“确认”按钮，就可以打开利润表模板。如图 4－55 所示。

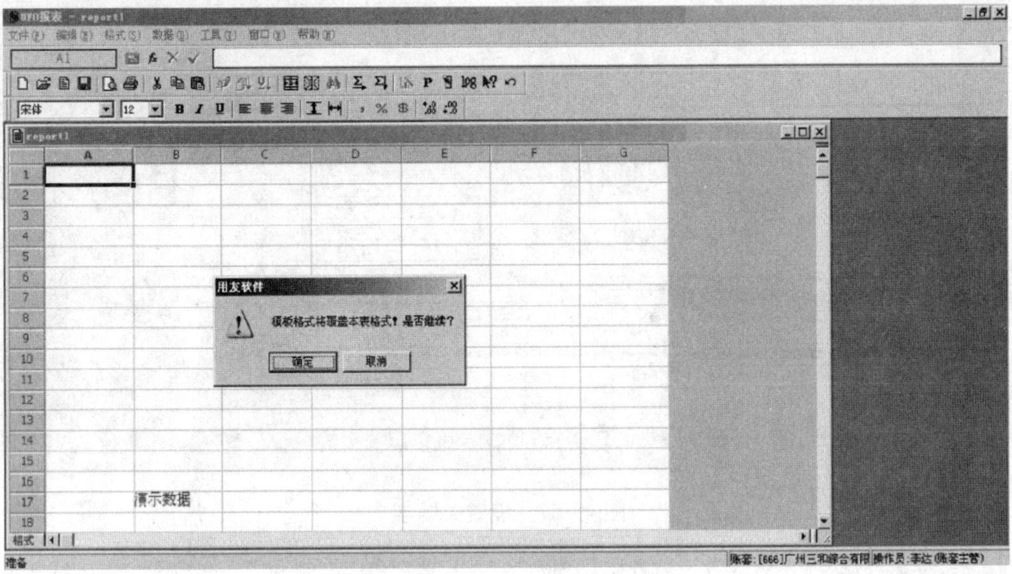

图 4－55　报表模板确认界面

◉业务 2：调整利润表模板

▶【操作提示】

①选中 A3 单元格，执行“编辑→删除”命令，将“编制单位”删除。执行“数据→关键字→设置”命令，打开“设置关键字”对话框，选中“单位名称”单选按钮，单击“确定”按钮，“单位名称”被设置成关键字。如图 4－56、图 4－57 所示。

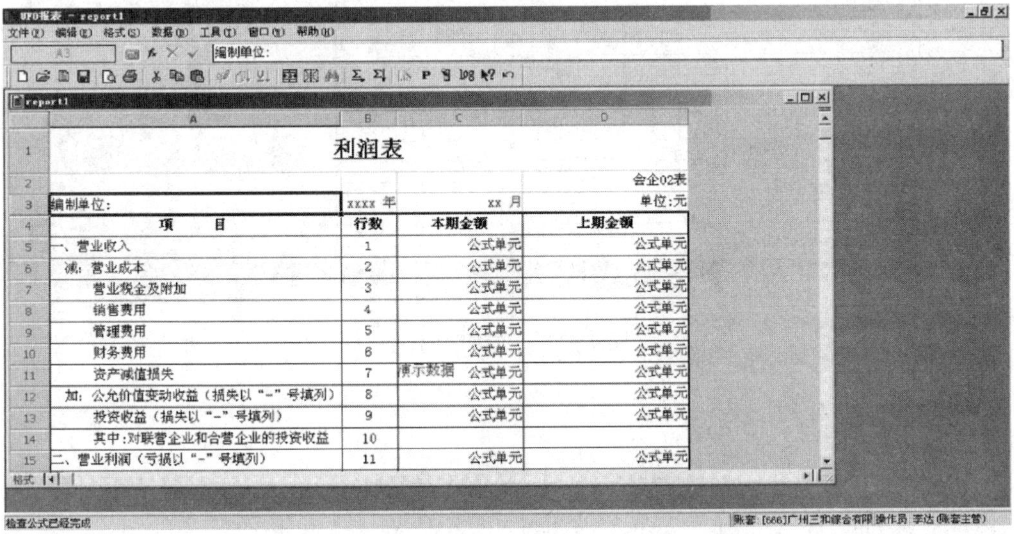

图 4－56　利润表

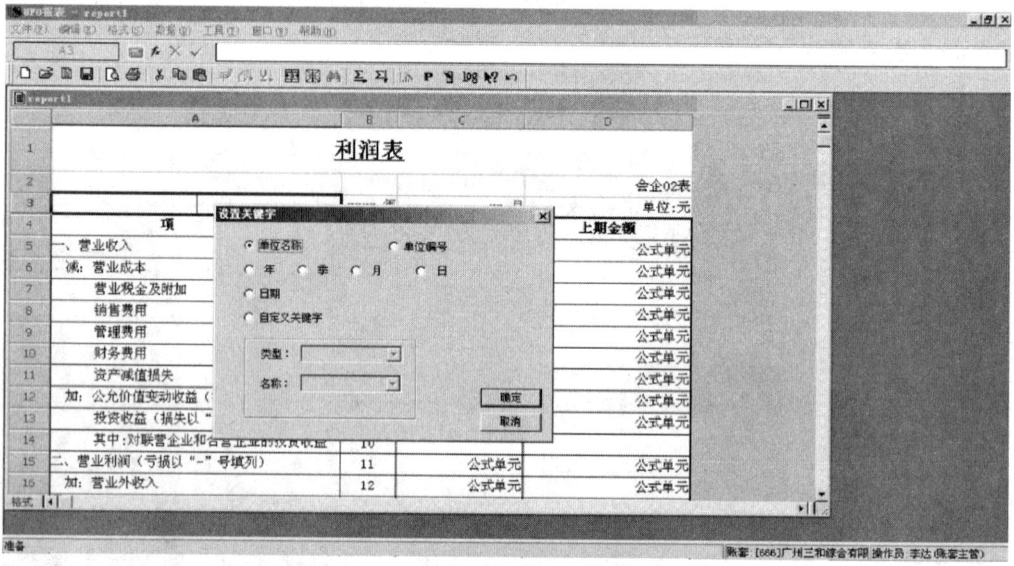

图 4-57　设置关键字

②执行“数据→关键字→偏移”命令，设置“单位名称”的偏移。如图 4-58 所示。

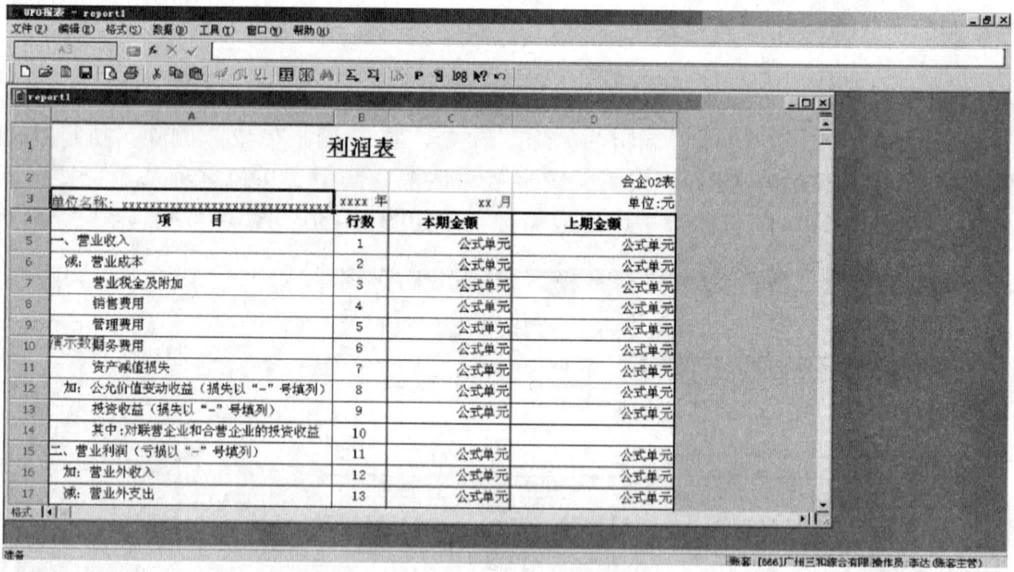

图 4-58　关键字偏移

◉业务 3：保存报表格式

►【操作提示】

执行“文件→保存”命令。选择要保存的文件夹，输入报表“文件名”为“利润表”，选择保存类型为“＊. rep”。如图 4-59 所示。

注意：
单击“另存为”按钮，可以保存为其他格式的报表文件。
报表格式设置完后要及时保存下来，以便以后调用。
如果没有保存就退出，系统会提示“是否保存报表”，以防止误操作。
“. rep”为用友报表文件专用扩展名。
报表文件的输出格式还包括“. txt”“. mdb”。

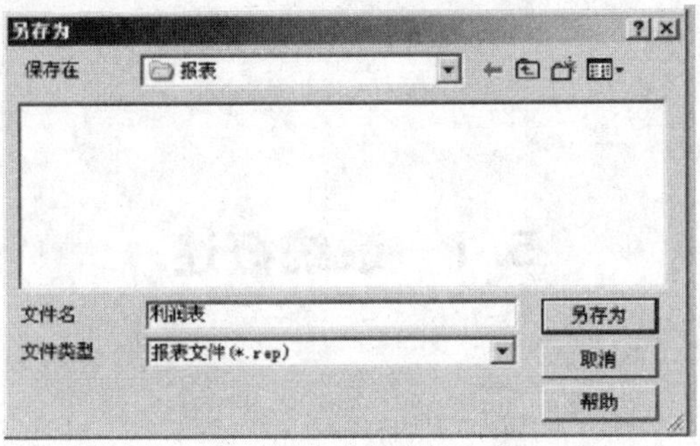

图 4－59　保存报表

◉业务 4：生成利润表数据并保存

►【操作提示】

单击报表底部左下角的“格式/数据”按钮，使当前状态为数据状态。在数据状态下，执行“数据→关键字→录入”命令，弹出“录入关键字”对话框。输入“单位名称”为“广州三和综合有限公司”，“年”为“2016”，“月”为“1”，单击“确认”，弹出“是否重算第 1 页?”对话框，单击“是”，系统会自动根据单元公式计算 4 月份数据。如图4－60 所示。

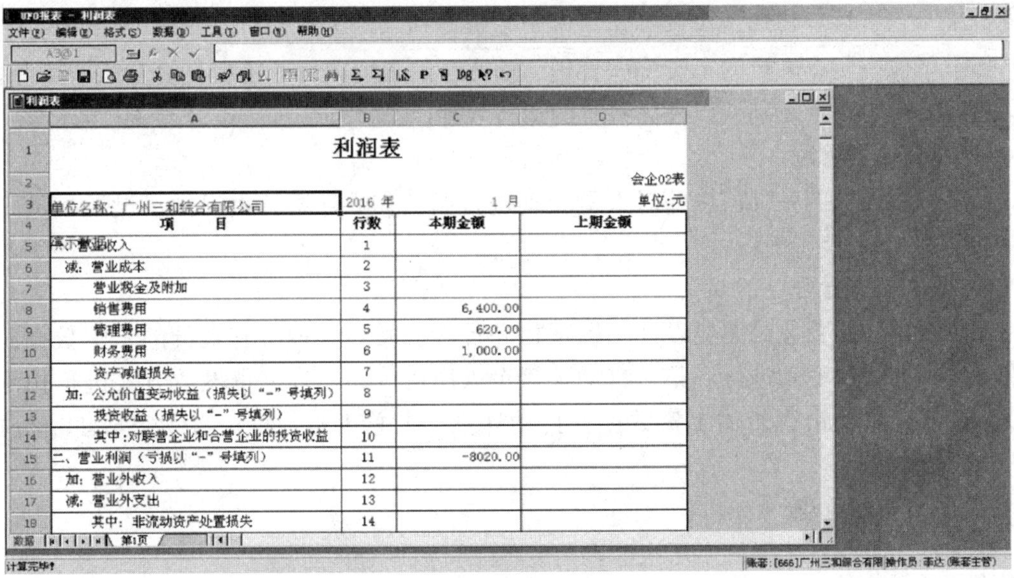

图 4－60　利润表

实验结束，备份账套。

第5章 薪资管理系统

5.1 系统概述

5.1.1 功能概述

人力资源的核算和管理是企业管理的重要组成部分，其中对于企业员工的业绩考评和确定薪酬更是关系到企业每一个职工的切身利益，对于调动每一个职工的工作积极性、正确处理企业与职工之间的经济关系具有重要意义。薪资管理是各企事业单位最经常使用的功能之一。在用友 ERP－U8 管理软件中，它作为人力资源管理系统的一个子系统存在，它的主要功能包括以下几方面。

1. 薪资类别管理

薪资管理系统提供处理多个工资类别的功能。如果单位按周或月多次发放工资，或者是单位中有多种不同类别（部门）的人员，工资发放项目不同，计算公式也不同，但需进行统一工资核算管理，应选择建立多个工资类别。

如果单位中所有人员的工资统一管理，而人员的工资项目、工资计算公式全部相同，则只需建立单个工资类别，以提高系统的运行效率。

2. 人员档案管理

可以设置人员的基础信息并对人员变动进行调整，另外系统也提供了设置人员附加信息的功能。

3. 薪资数据管理

可以根据不同企业的需要设计工资项目和计算公式；管理所有人员的工资数据，并对平时发生的工资变动进行调整；自动计算个人所得税，结合工资发放方式进行扣零处理或向代发工资的银行传输工资数据；自动计算、汇总工资数据；自动完成工资分摊、计提、转账业务。

4. 薪资报表管理

薪资报表管理系统提供多层次、多角度的工资数据查询。

5.1.2 薪资管理系统与其他系统的主要关系

薪资管理系统与系统管理共享基础数据；薪资管理系统将工资计提、分摊结果自动生成转账凭证，传递到总账系统；另外，薪资管理系统向成本核算系统传送人员的人工费用。

5.1.3　薪资管理系统的业务处理流程

1. 新用户的操作流程

采用多工资类别核算的企业，第一次启用薪资管理系统，应按图 5－1 所示步骤进行操作。

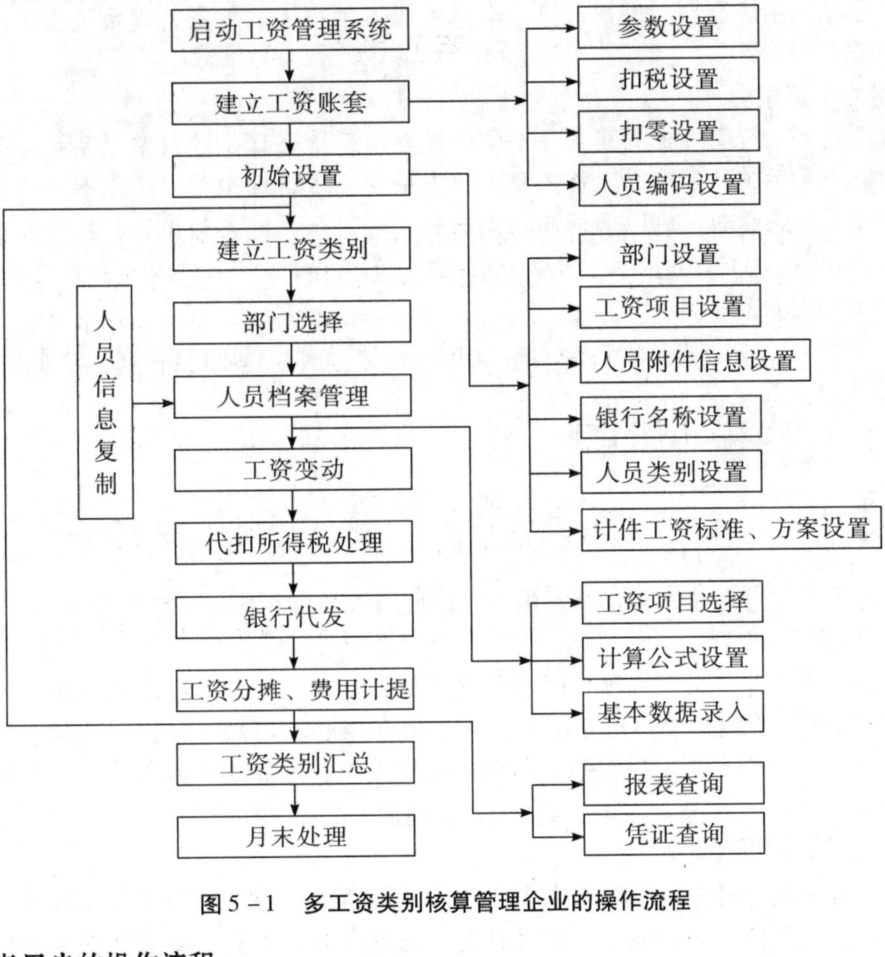

图 5－1　多工资类别核算管理企业的操作流程

2. 老用户的操作流程

如果已经启用薪资管理系统，到了年末，应进行数据的结转，以便开始下一年度的工作。

在新的会计年度开始时，可在“设置”菜单中选择所需修改的内容，如人员附加信息、人员类别、工资项目和部门等，这些设置只有在新的会计年度第一个会计月中，删除所涉及的工资数据和人员档案后，才可进行修改。

5.2 薪资管理系统日常业务处理

5.2.1 初始设置

计算机处理工作程序基本类似手工，只不过用户要做一次性初始设置，如部门、人员信息、工资项目、公式、个人所得税和银行代发设置、各种表样的定义等。每月只需修改变动之处，系统会自动进行计算，汇总生成各种报表。薪资管理系统初始设置包括以下两个方面。

1. 建立工资账套

工资账套和系统管理中的账套是不同的概念。系统账套是针对整个系统，而工资账套是针对薪资子系统。要建立工资账套，前提是在系统管理中首先建立本单位的核算账套。在建立工资账套时，可以根据建账向导分4步进行，即参数设置、扣税设置、扣零设置和人员编码。

2. 基础信息设置

建立工资账套后，要对整个系统运行所需的一些基础信息进行设置。具体如下：

（1）部门设置。

员工薪资一般按部门进行管理。

（2）人员类别设置。

人员类别与工资费用的分配、分摊有关，以便按人员类别进行工资汇总计算。

（3）人员附加信息设置。

可增加人员信息，丰富人员档案内容，以便对人员进行更加有效的管理。

（4）工资项目设置。

工资项目设置即定义工资项目的名称、类型、宽度、小数和增减项。此设置是针对所有工资类别的。系统中有些固定项目，在工资账中必不可缺，包括“应发合计”“扣款合计”和“实发合计”。这些固定项目不能删也不能重命名。其他项目可根据实际情况定义或参照设置，如基本工资、奖励工资和请假天数等。

（5）银行名称设置。

发放工资的银行可按需要设置多个，此设置是针对所有工资类别的。例如，同一工资类别的人员由于在不同的地点工作，需不同的银行代发工资；不同工资类别的人员由不同的银行代发工资。两者均需设置相应的银行名称。

5.2.2 日常处理

1. 工资类别管理

薪资管理系统是按工资类别来进行管理的。每个工资类别下都有人员档案、工资变动、工资数据、报税处理和银行代发等。维护工作包括建立、打开、删除、关闭和汇总工资类别。

（1）人员档案。

人员档案的设置用于登记工资发放人员的姓名、职工编号、所在部门和人员类别等信息，此外员工的增减变动也必须在本功能中处理。人员档案的操作是针对某个工资类别的，即应先打开相应的工资类别。

人员档案管理包括增加、修改、删除人员档案，人员调离与停发处理，查找人员等。

（2）设置工资项目和计算公式。

在系统初始中设置的工资项目是指各种工资类别所需的全部工资项目。但由于工资类别不同，工资发放项目不同，计算公式也就不同，因此对某一指定工资类别的所需工资项目进行设置时，要重新定义工资计算公式。

①选择建立本工资类别的工资项目。这里只能选择系统初始设置中的工资项目，不可自行输入。工资项目中的类型、长度和增减项等，也不可更改。

②设置计算公式。定义某些工资项目的计算公式以及工资项目之间的运算关系。例如，缺勤扣款 = 基本工资/月工作日 × 缺勤天数。定义公式可通过选择工资项目、运算符、关系符和函数等组合完成。

系统固定的工资项目如“应发合计”“扣款合计”和“实发合计”等计算公式，系统会根据工资项目设置的“增减项”自动给出。用户只能增加、修改和删除其他工资项计算公式。

定义其他工资项目计算公式要符合逻辑，否则在系统对公式进行合法性检查时会给出错误提示。定义公式时要注意先后顺序，先得到的数据应先设公式。可通过▲、▼箭头按钮调整顺序。

2．工资数据管理

第一次使用薪资管理系统必须将所有人员的基本工资数据录入计算机，如平时每月发生工资数据的变动也在此进行调整。为了快速、准确地录入工资数据，系统提供以下功能。

（1）筛选和定位。

如果对部分人员的工资数据进行修改，最好使用数据过滤的方法，先将所要修改的人员数据过滤出来，然后进行工资数据修改。修改完毕后进行“重新计算”和“汇总”。

（2）编辑。

在工资变动窗口提供的“编辑”按钮，可以对选定的个人进行快速录入。单击“上一人”“下一人”按钮可变更人员，录入或修改其他人员的工资数据。

（3）替换。

将符合条件的人员的某个工资项目的数据，统一替换成另一数据。

（4）过滤器。

如果只对工资项目中的某一个或几个项目修改，可将修改的项目过滤出来。对于常用的过滤项目可以在项目过滤选择后，输入一个名称保存，以后可通过过滤项目名称调用，不用时也可以删除。

3．工资分钱清单

工资分钱清单是按单位计算的工资发放分钱票面额清单，会计人员根据此表从银行取款并分发给各部门。系统提供了票面额设置的功能，用户可根据单位需要自行设置，系统根据实发工资项目分别按人员、部门、企业自动计算出各种面额的张数。

4. 个人所得税的计算与申报

鉴于许多企事业单位计算职工工资薪金所得税工作量较大，本系统特提供个人所得税自动计算功能，用户只需自定义所得税率，系统将自动计算出个人所得税额。

5. 银行代发

目前社会上许多单位的工资发放都是采取职工凭工资信用卡去银行取款的方式。银行代发业务处理是指每月末单位应向银行提供银行给定文件格式的软盘，可实现在同一工资账中的人员由不同的银行代发工资，以及多种文件格式的输出。

6. 工资分摊

工资是人工费用中最主要的部分。企业不单要对工资费用进行工资总额的计提，还要分配及计提各种经费，并编制转账会计凭证，用以登账。

7. 工资数据查询统计

工资数据处理结果最终通过工资报表的形式反映，薪资管理系统提供了主要的工资报表，报表的格式由系统提供，也可以通过“修改表”和“新建表”功能自行设计。

（1）工资表。

工资表包括工资发放签名表、工资发放条、工资卡、部门工资汇总表、人员类别工资汇总表、条件汇总表、条件统计表、条件明细表、工资变动明细表和工资变动汇总表等由系统提供的原始表。主要用于本月工资发放和统计，工资表可以进行修改和重建。

（2）工资分析表。

工资分析表是以工资数据为基础，对部门、人员类别的工资数据进行分析和比较，产生各种分析表，供决策人员使用。

5.2.3 期末处理

1. 月末结转

月末处理是指当月数据经过处理后结转至下月。每月工资数据处理完毕后均可进行月末结转。由于在工资项目中，有的项目是变动的，在每月工资处理时，均需将其数据清零，而后输入当月的数据，此类项目即为清零项目。

因月末处理功能只有主管人员才能执行，所以应以主管的身份登录系统。

月末结转只有在会计年度的1月至11月进行，且只有在当月工资数据处理完毕后才可进行。若为处理多个工资类别，则应打开工资类别，分别进行月末结转。若本月工资数据未汇总，系统将不允许进行月末结转。进行月末处理后，当月数据将不允许变动。

2. 年末结转

年末结转是指工资数据经过处理后结转至下年。进行年末结转后，新年度账将自动建立。对多个工资类别，应关闭所有工资类别，然后在系统管理中选择“年度账”菜单进行上年数据结转。其他操作与月末处理类似。

年末结转只有在当月工资数据处理完毕后才能进行。若当月工资数据未汇总，系统将不允许进行年末结转。进行年末结转后，本年各月数据将不允许变动。若用户跨月进行年末结转，系统将给予提示。年末处理功能只有主管人员才能进行。

实验六　薪资管理系统

【实验目的】

1. 掌握用友 EPR－U8 管理软件中薪资管理系统的相关内容。
2. 掌握薪资管理系统初始化、日常业务处理、工资分摊及月末处理的操作。

【实验内容】

1. 薪资管理系统初始设置。
2. 薪资管理系统日常业务处理。
3. 工资分摊及月末处理。
4. 薪资管理系统查询。

【实验准备】

引入“实验二”账套数据。

【实验资料与操作指导】

◉业务 1：设置工资系统的业务控制参数

►【实验资料】

1. 设置单个工资类别。
2. 核算币种：人民币。
3. 不核算计件工资。
4. 从工资中扣除个人所得税，但不进行扣零处理。
5. 人员编码长度为：3 位。
6. 启用月份：2016 年 1 月 1 日。

►【操作提示】

以 01 号李达的身份进入工资管理系统。

①在企业应用平台中，执行“业务工作→人力资源→薪资管理”命令，打开“建立工资套”窗口，当前显示“1. 参数设置”。如图 5－2 所示。

②选择本工资账套所需的工资类别个数为“单个”后，币种名称默认。单击“下一步”按钮，进入“2. 扣税设置”，选中“是否从工资中代扣个人所得税”复选框，要求从工资中代扣个人所得税。如图 5－3 所示。

③单击“下一步”按钮，进入“3. 扣零设置”，取消“扣零”复选框。如图 5－4 所示。

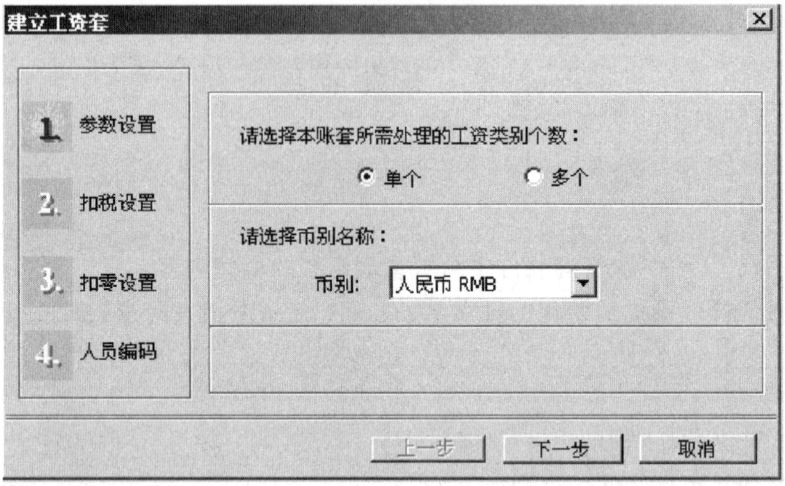

图 5－2　薪资管理系统参数设置

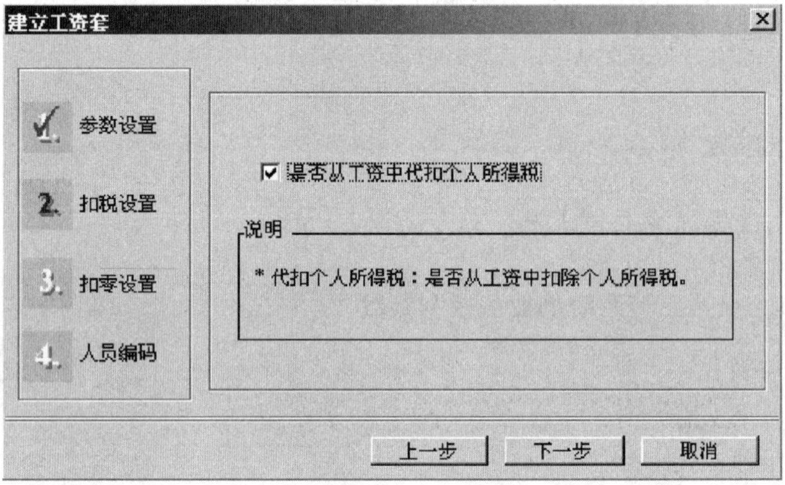

图 5－3　薪资管理系统扣税设置

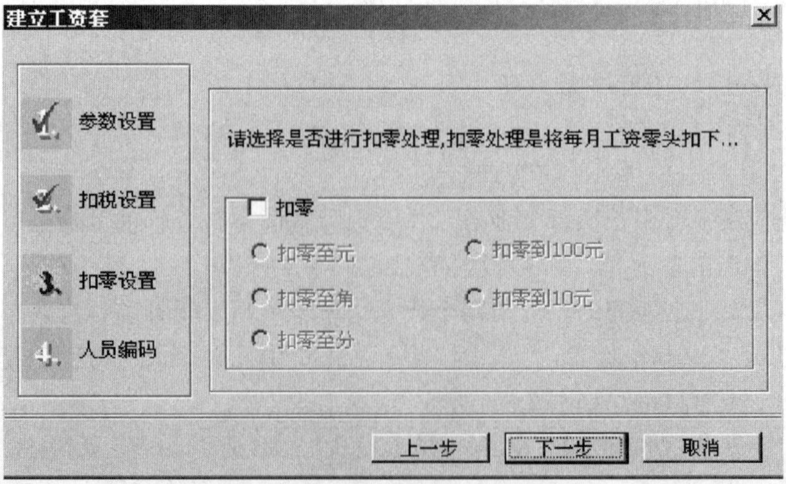

图 5－4　薪资管理系统扣零设置

④单击“下一步”按钮，进入“4. 人员编码”，系统提示“本系统要求您对员工进行统一编码，人员编码同公共平台的人员编码保持一致”（人员编码长度为：3 位），单击“完成”按钮，即可完成工资账套的建立。

◉业务 2：增加人员附加信息（性别、婚否）

▶【实验资料】

表 5－1　人员附加信息

编号	职员姓名	所属部门	职员属性	编号	职员姓名	所属部门	职员属性
101	张永和	计划部	总经理	301	钱建工	制作部	部门经理
102	黄子健	计划部	行政秘书	302	孙　俊	制作部	开发主管
201	李　达	财务部	财务主管	303	冯　杰	制作部	开发主管
202	梁家乐	财务部	会计	401	商　端	市场部	部门经理
203	周淑芬	财务部	会计	402	杜海航	市场部	销售
204	吴小芸	财务部	出纳	403	崔达民	市场部	市场推广

▶【操作提示】

①执行“业务工作→人力资源→薪资管理→设置→人员附加信息设置”命令，打开“人员附加信息设置”窗口。

②单击右侧栏中“增加”按钮，信息名称栏出现光标，在信息名称栏键入“性别”，再次单击“增加”按钮，下方栏目出现“性别”栏。同理，以同样方法增加“婚否”附加信息设置。如图 5－5 所示。单击“确定”，保存设置。

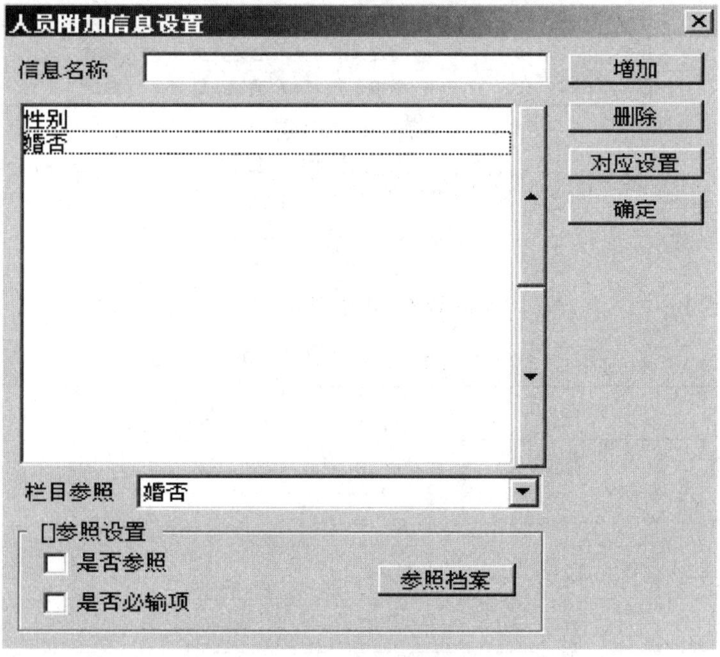

图 5－5　设置人员附加信息

◉业务3：设置人员类别（01 经理人员；02 开发人员；03 管理人员；04 营销人员）

►【操作提示】

①执行“基础设置→基础档案→机构人员→人员类别”命令，打开“人员类别”窗口，单击“增加”按钮，打开“增加档案项”窗口。如图5－6所示。

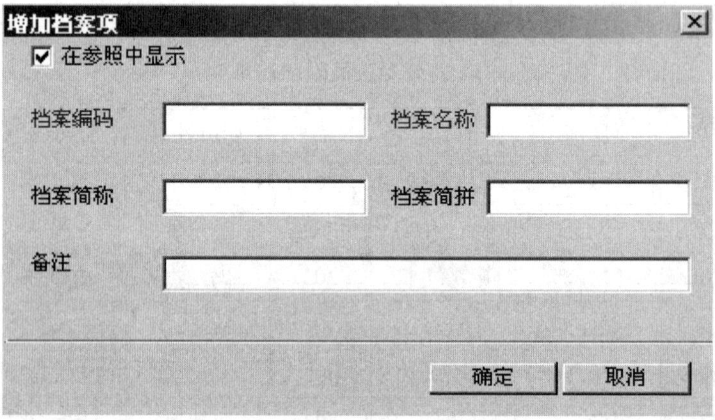

图5－6　增加人员类别

②在“档案编码”和“档案名称”分别输入“101”及“经理人员”，单击“确定”按钮即可保存，同理完成其他的人员类别设置。结果如图5－7所示。

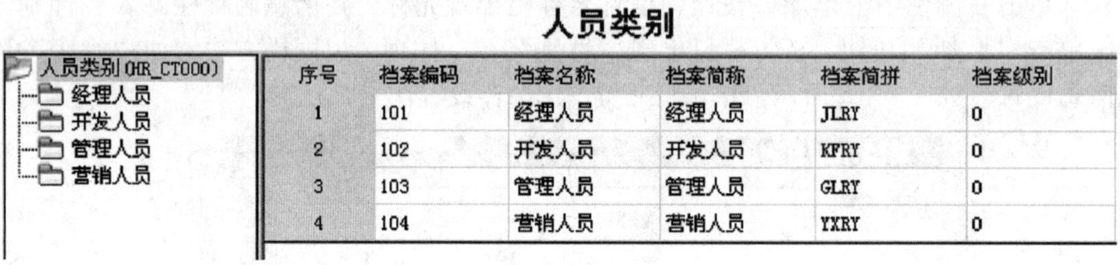

图5－7　人员类别设置结果

◉业务4：设置工资项目（参照表5－2设置调整工资项目）

►【实验资料】

表5－2　工资项目一览表

项目名称	类型	长度	小数位数	工资增减项
等级工资	数字	10	2	增项
岗位工资	数字	10	2	增项
奖　金	数字	8	2	增项
交通补助	数字	8	2	增项

续上表

项目名称	类型	长度	小数位数	工资增减项
应发合计	数字	8	2	增项
请假天数	数字	3	0	其他
请假扣款	数字	8	2	减项
代扣税	数字	8	2	减项
社会保险费	数字	8	2	减项
扣款合计	数字	8	2	减项
实发合计	数字	8	2	增项

►【操作提示】

①执行“业务工作→人力资源→薪资管理→设置→工资项目设置”命令，打开“工资项目设置”窗口。如图 5－8 所示。单击“增加”按钮，从“名称参照”下拉列表中选择“岗位工资”，其默认类型为“数字”，小数位数为“2”，增减项为“增项”。

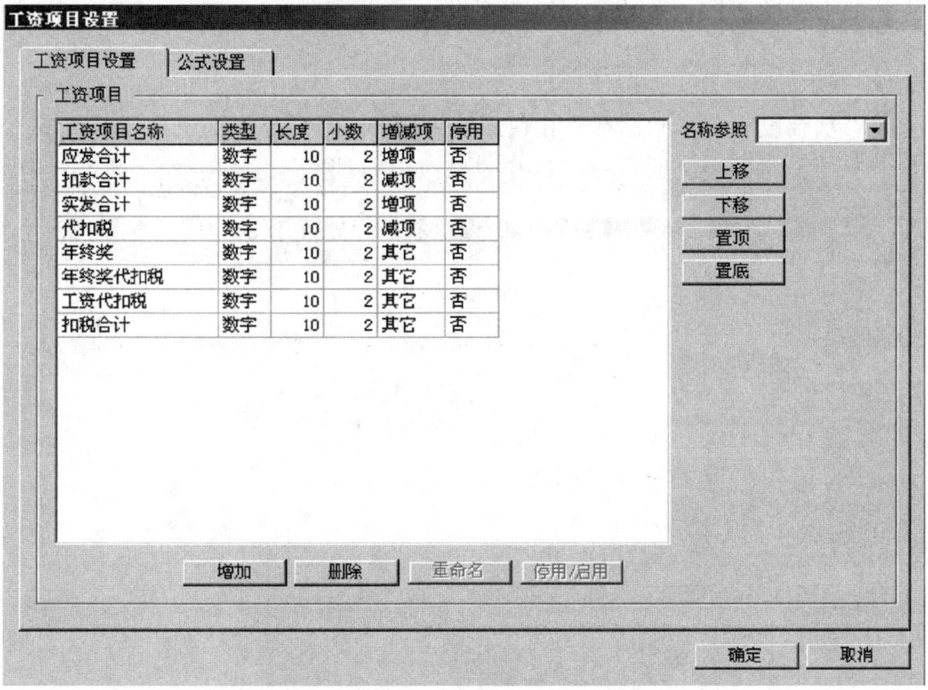

图 5－8　设置工资项目

②单击“增加”按钮，从“名称参照”下拉列表中选择“基本工资”，单击“重命名”按钮将“基本工资”修改为“等级工资”。

③参照步骤①～②，完成其他工资项目的添加。结果如图 5－9 所示。

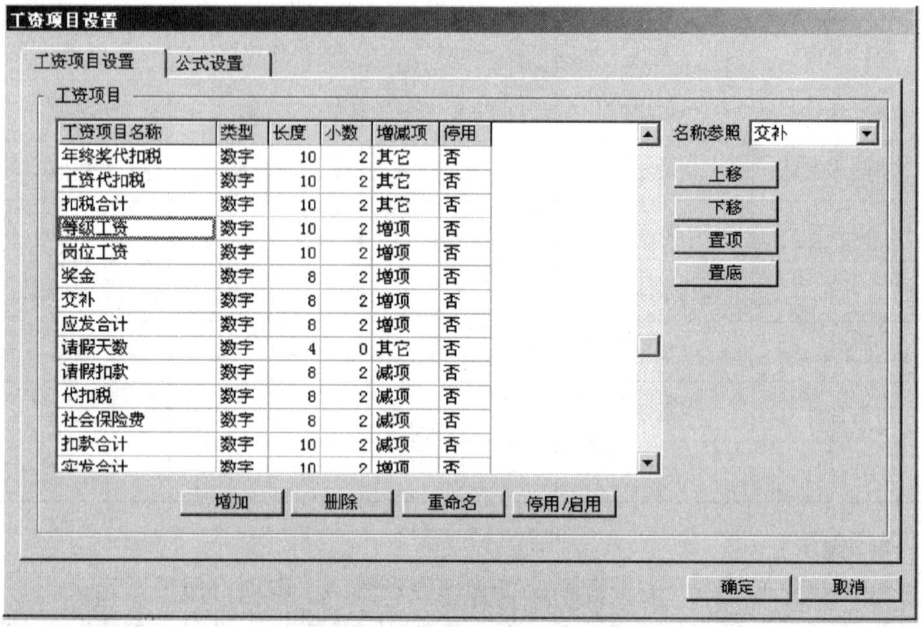

图 5-9 工资项目设置结果

◉业务 5：设置银行名称（银行名称：中国工商银行，账号定长为 11）

►【操作提示】

①执行“基础设置→基础档案→收付结算→银行档案”命令，打开“银行档案”窗口。双击“中国工商银行”所在行，打开“修改银行档案”窗口。如图 5-10 所示。

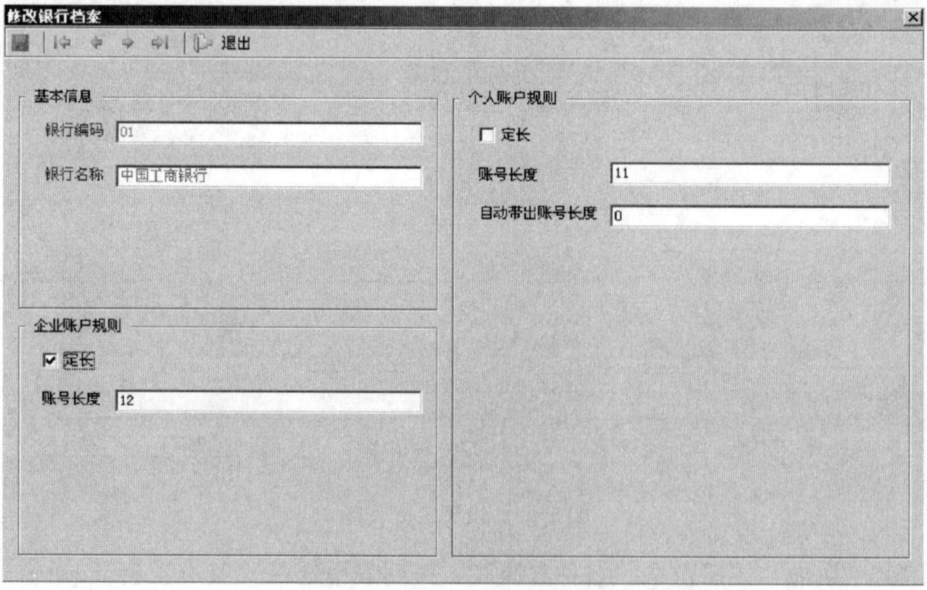

图 5-10 设置银行名称

②选中“个人账户规则”区域的“定长”前的复选框，并修改“账号长度”为“11”，“自动带出账号长度”为“8”，单击“保存”按钮，完成设置。

◉业务6：设置人员档案（参照表5－3设置调整人员档案）

▶【实验资料】

表5－3　人员档案表

部门名称	人员编号	人员姓名	人员类别	账号	是否从工资中扣税
计划部	001	张永和	经理人员	10255090001	是
计划部	002	黄子健	管理人员	10255090002	是
计划部	003	周明宇	管理人员	10255090003	是
财务部	004	李　达	经理人员	10255090004	是
财务部	005	梁家乐	管理人员	10255090005	是
财务部	006	周淑芬	管理人员	10255090006	是
财务部	007	吴小芸	管理人员	10255090007	是
制作部	008	钱建工	经理人员	10255090008	是
制作部	009	孙　俊	开发人员	10255090009	是
制作部	010	冯　杰	开发人员	10255090010	是
制作部	011	陈　放	开发人员	10255090011	是
制作部	012	周亚洲	开发人员	10255090012	是
市场部	013	商　端	经理人员	10255080013	是
市场部	014	杜海航	营销人员	10255080014	是
市场部	015	崔达民	营销人员	10255080015	是
市场部	016	郭　英	营销人员	10255080016	是

注：部门编码、人员编码的设置参照“部门设置”部分，编码长度要符合系统规定。人员类别的设置参照“人员类别设置”部分。

▶【操作提示】

①执行“基础档案→机构人员→人员档案”命令，增加“周明宇”“陈放”“周亚洲”“郭英”四名职工并保存退出。

②执行“业务工作→人力资源→薪资管理→设置→人员档案”命令，进入“人员档案”窗口。

③单击工具栏上的“批量”按钮，打开“人员批量增加”对话框。如图5－11所示。

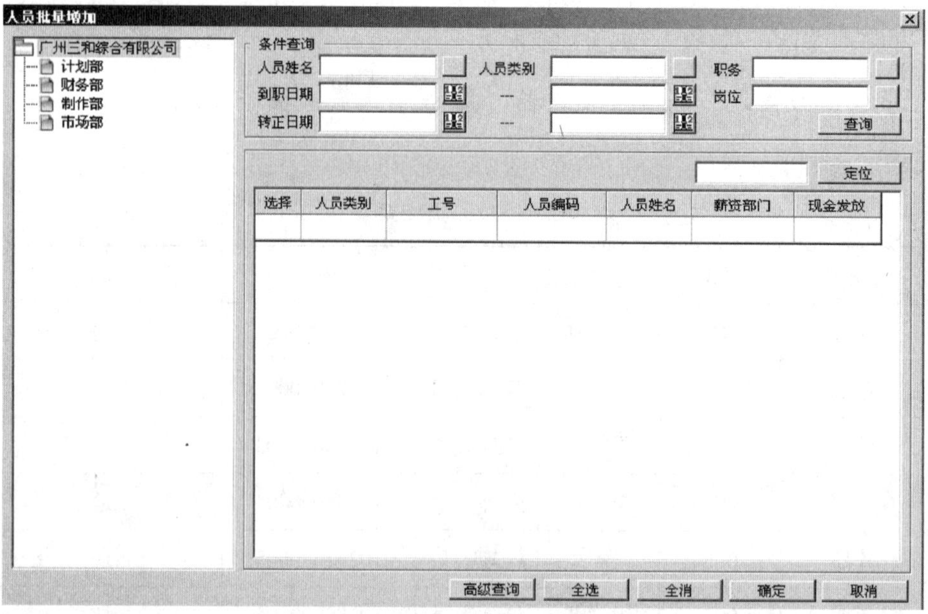

图 5－11　批量增加人员

④在上方“条件查询”列表框中，单击“人员类别”栏右侧按钮，打开“参照”窗口，依次单击“经理人员”“开发人员”“管理人员”“营销人员”，选中4条记录并单击上方“全载”按钮，系统提示“所有记录已经加载完毕”（如图5－12所示），单击“确定”。单击“返回”退出“参照”窗口。如图5－13所示。

⑤在“人员批量增加”窗口中，单击上方“条件查询”框中的“查询”按钮，则所有人员类别的人员档案出现在下方列表框中，单击所有人员前面的选择框，出现“是”。单击“确定”按钮。如图5－14所示。

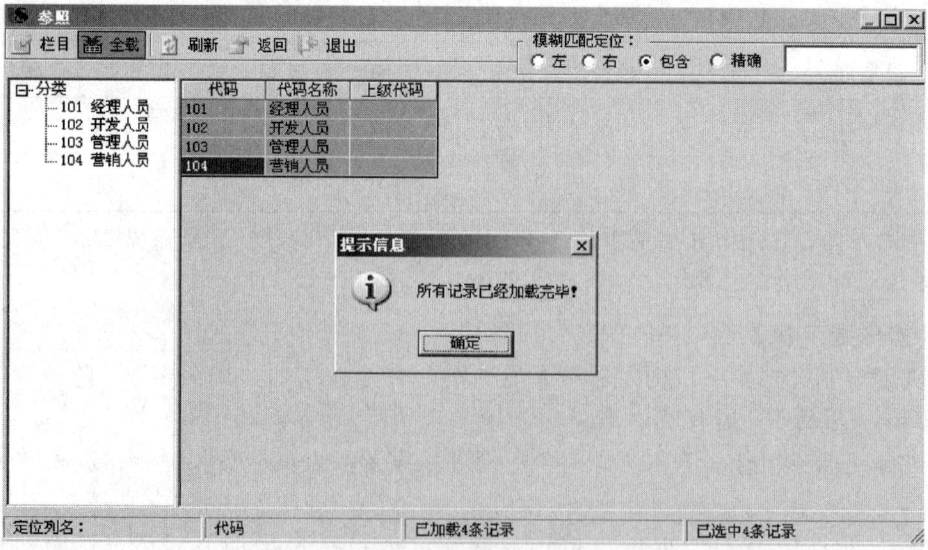

图 5－12　加载所有人员记录

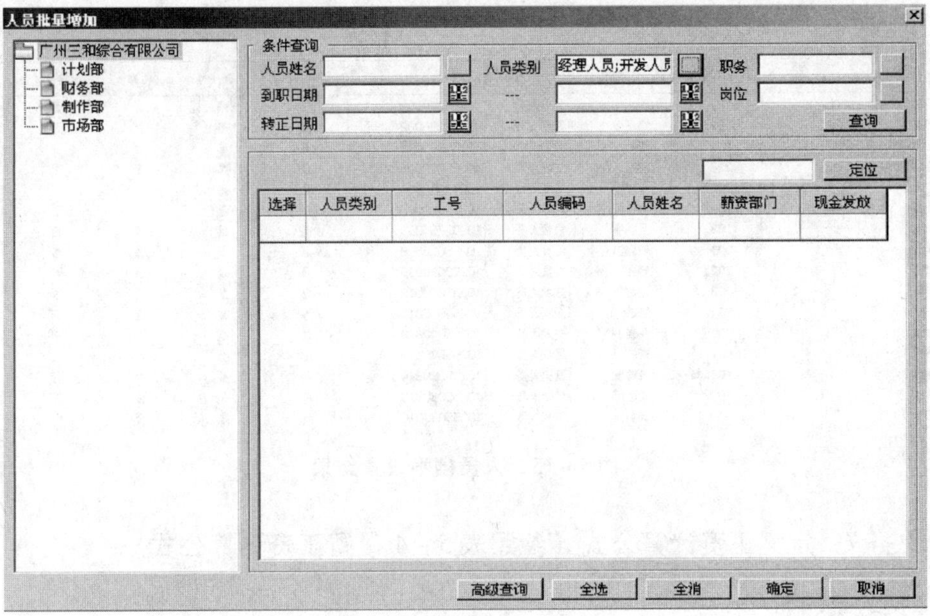

图 5－13　加载人员记录完毕

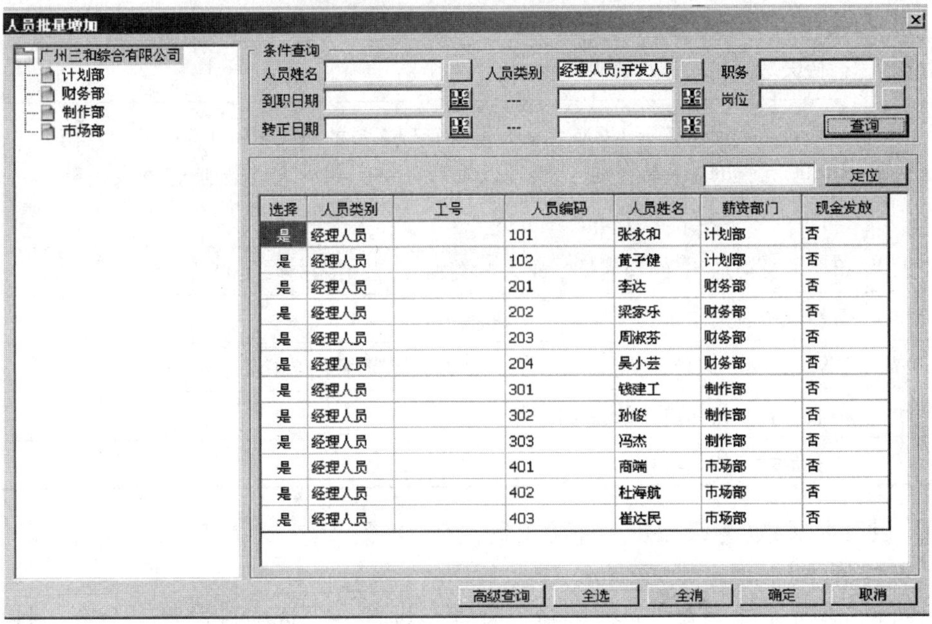

图 5－14　批量增加人员

⑥修改人员档案信息，补充录入银行账户信息。如图 5－15 所示。最后单击工具栏上的“退出”按钮。

人员档案

选择	薪资部门名称	工号	人员编号	人员姓名	人员类别	账号	中方人员	是否计税	工资停发	核算计件工资	现金发放
	计划部		101	张永和	经理人员	10255090001	是	是	否	否	否
	计划部		102	黄子健	管理人员	10255090002	是	是	否	否	否
	财务部		201	李达	经理人员	10255090004	是	是	否	否	否
	财务部		202	梁家乐	管理人员	10255090005	是	是	否	否	否
	财务部		203	周淑芬	管理人员	10255090006	是	是	否	否	否
	财务部		204	吴小芸	管理人员	10255090007	是	是	否	否	否
	制作部		103	周明宇	管理人员	10255090003	是	是	否	否	否
	制作部		301	钱建工	经理人员	10255090008	是	是	否	否	否
	制作部		302	孙俊	开发人员	10255090009	是	是	否	否	否
	制作部		303	冯杰	开发人员	10255090010	是	是	否	否	否
	制作部		304	陈放	开发人员	10255090011	是	是	否	否	否
	制作部		305	周亚洲	开发人员	10255090012	是	是	否	否	否
	市场部		401	商端	经理人员	10255080013	是	是	否	否	否
	市场部		402	杜海航	营销人员	10255080014	是	是	否	否	否
	市场部		403	崔达民	营销人员	10255080015	是	是	否	否	否
	市场部		404	郭英	营销人员	10255080016	是	是	否	否	否

图 5－15　人员档案设置结果

◉业务 7：定义工资计算公式（参照表 5－4 设置工资计算公式）

►【实验资料】

表 5－4　工资计算公式表

工资项目	定义公式
请假扣款	请假天数 ×20　　请假天数 ∗ 20
岗位工资	经理人员的岗位工资 1 600 元，开发及管理人员的岗位工资 1 000 元，营销人员岗位工资 800 元：iff（人员类别 ="经理人员"，1600，iff（人员类别 ="开发人员" or 人员类别 ="管理人员"，1000，iff（人员类别 ="营销人员"，800，0）））
交通补助	iff（人员类别 ="经理人员" or 人员类别 ="营销人员"，500，300）
应发合计	等级工资 + 岗位工资 + 奖金 + 交通补助
社会保险费	（等级工资 + 岗位工资）×0. 07　　（等级工资 + 岗位工资）∗ 0. 07
扣款合计	请假扣款 + 代扣税 + 社会保险费
实发合计	应发合计 − 扣款合计

（1）设置公式：（等级工资 + 岗位工资）×0. 07。

►【操作提示】

①执行“业务工作→人力资源→薪资管理→设置→工资项目设置”命令，打开“工资项目设置”窗口，再单击“公式设置”选项卡。如图 5－16 所示。

②单击“增加”按钮，并从左上角的“工资项目”列表中选择“社会保险费”。

③单击“社会保险费公式定义”区域，单击选中运算符区域的“（”，然后从“工资项目”列表中选择“等级工资”，再单击选中运算符区域的“ + ”，再从“工资项目”列表中选择“岗位工资”，再单击选中运算符区域的“）”和“ ∗ ”，最后在“社会保险费公式定义”区域输入“0. 07”。结果如图 5－17 所示。

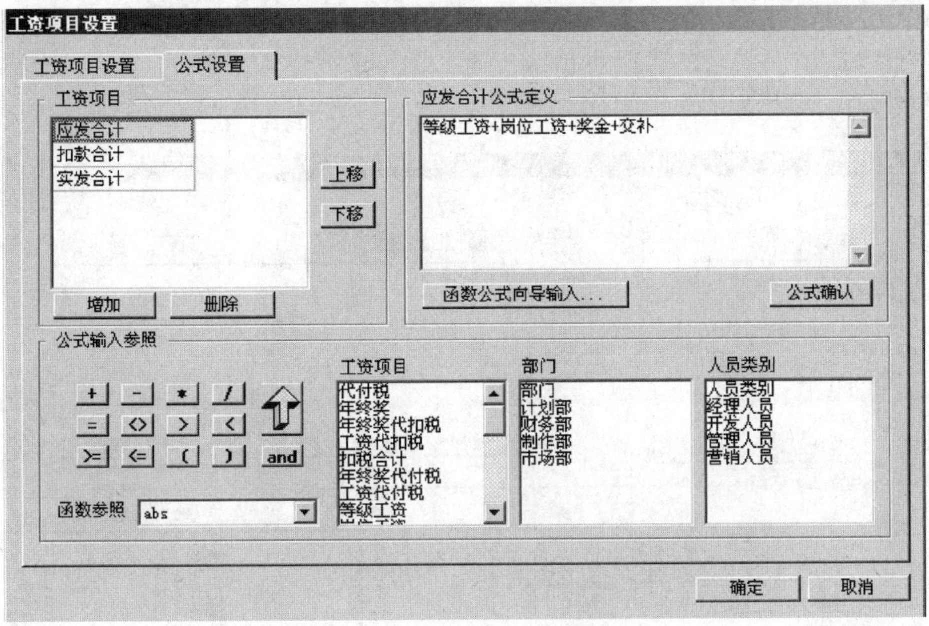

图 5 – 16　工资计算公式设计窗口

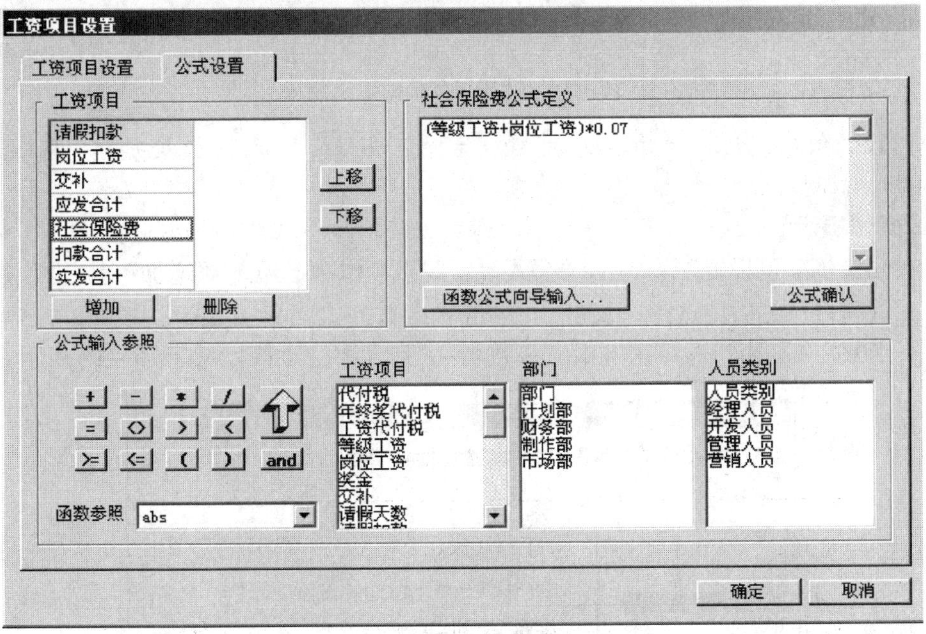

图 5 – 17　社会保险费公式定义结果

④单击“公式确认”按钮，完成“社会保险费”的公式定义。

（2）设置公式：请假扣款 = 请假天数 ×20。

►【操作提示】

①在“工资项目设置”窗口的“公式设置”选项卡中，单击“增加”按钮，在工资项目中增加一空行，单击该行，在下拉列表中选择“请假扣款”选项。

②单击“请假扣款公式定义”区域，单击工资项目列表中的“请假天数”，单击选中运算符区域的“ * ”，在“请假扣款公式定义”区域输入“20”，单击“公式确认”按钮进行保存。结果如图 5－18 所示。

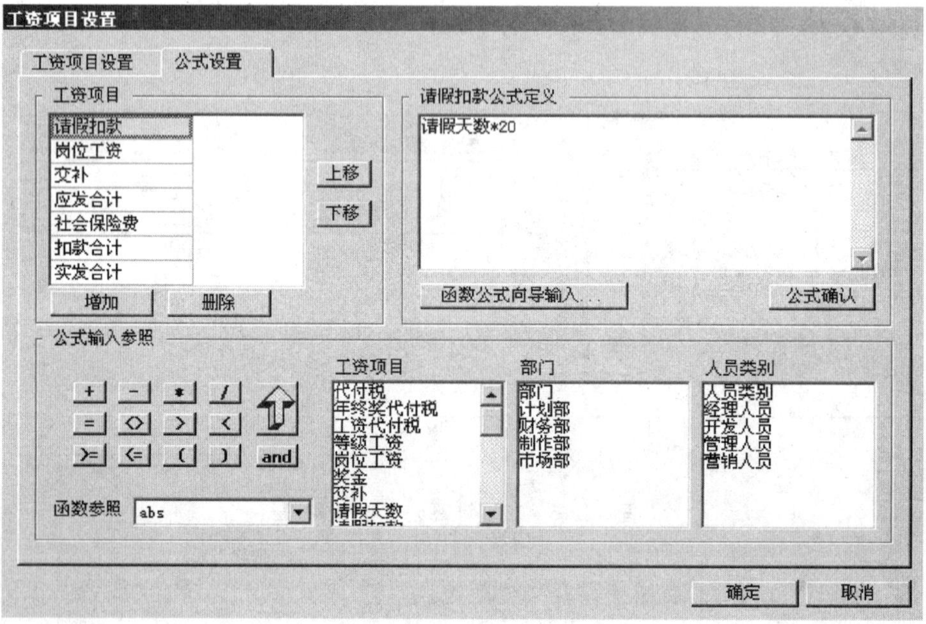

图 5－18　请假扣款公式定义结果

（3）设置公式：交补 = iff（人员类别 = " 经理人员 " or 人员类别 = " 营销人员 ", 500，300）。

►【操作提示】

①在“工资项目设置”窗口的“公式设置”选项卡中，单击“增加”按钮，并从左上角的“工资项目”列表中选择“交补”。单击“函数公式向导输入…”按钮，打开“函数向导——步骤之 1”窗口，单击选中“函数名:”列表中的“iff”。如图 5－19 所示。

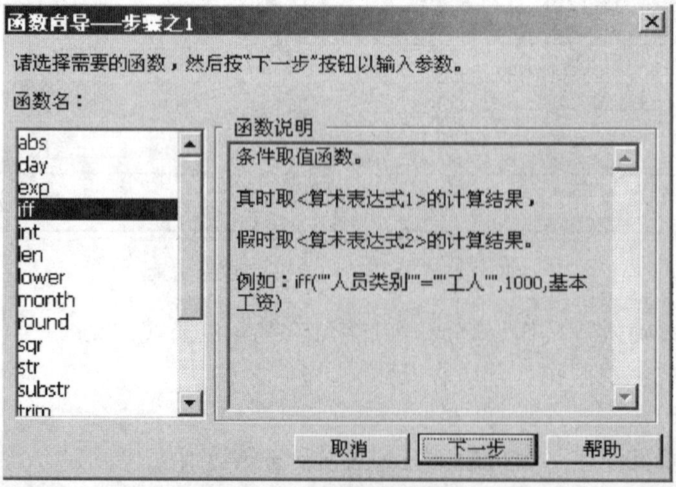

图 5－19　函数向导步骤 1

②单击“下一步”按钮，打开“函数向导——步骤之 2”窗口。单击“逻辑表达式”栏的“参照”按钮，打开“参照”窗口。单击“参照列表”栏的下三角按钮，选择“人员类别”。如图 5－20 所示。

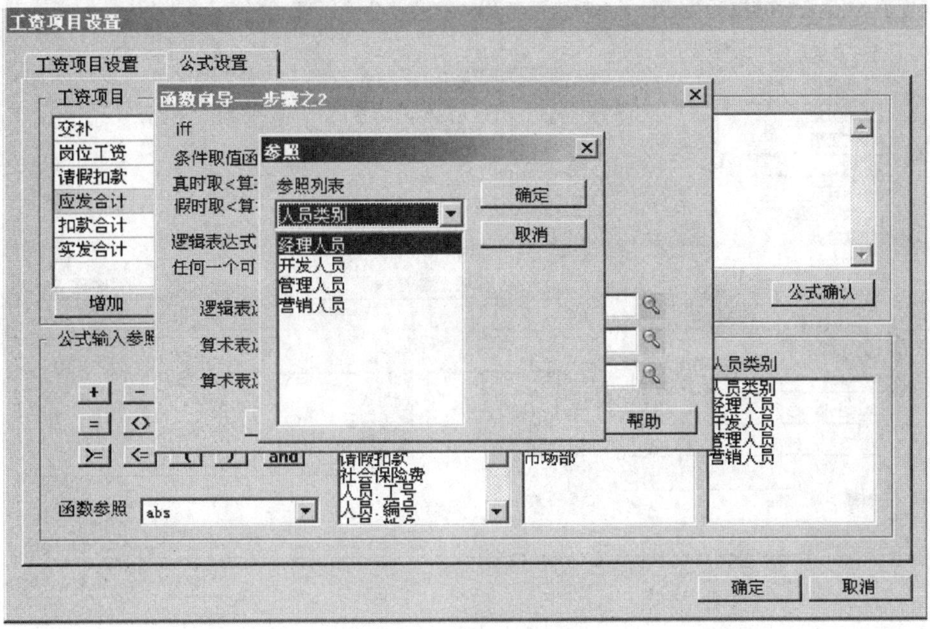

图 5－20　函数向导步骤 2

③选中“经理人员”，单击“确定”按钮，返回“函数向导——步骤之 2”窗口。在“逻辑表达式”栏键入一个空格和“or”，又一个空格。单击“逻辑表达式”栏的“参照”按钮，打开“参照”窗口。单击“参照列表”栏的下三角按钮，选择“人员类别”，选中“营销人员”，单击“确定”按钮。在“算术表达式 1”文本框中输入“500”，在“算术表达式 2”文本框中输入“300”。结果如图 5－21 所示。

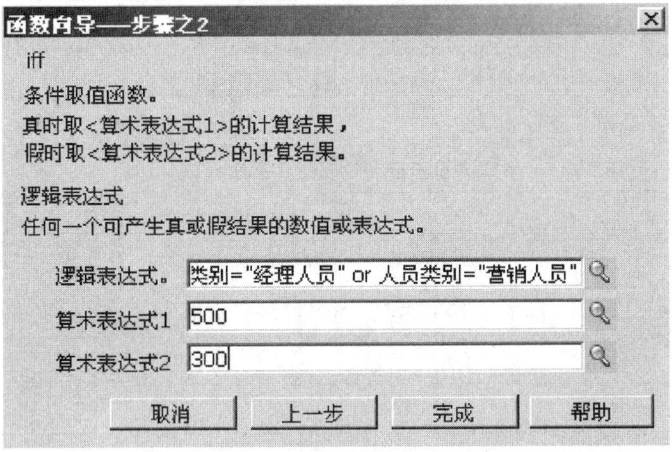

图 5－21　函数向导步骤 2 设置结果

④单击“完成”按钮，返回“工资项目设置”窗口，此时“交补公式定义”区域的内容为“iff（人员类别 = "经理人员" or 人员类别 = "营销人员"，500，300）”。如图5－22所示。单击“公式确认”按钮，完成“交通补助”的公式定义。

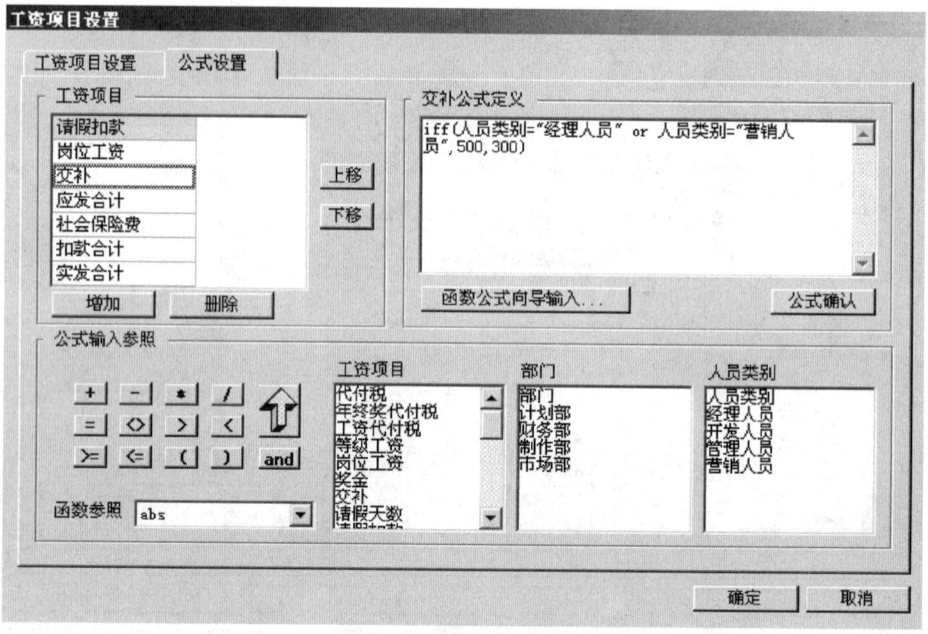

图5－22　交通补助的公式定义结果

⑤重复以上步骤，完成其他公式定义。

◉业务8：录入工资期初余额（参照表5－5录入工资期初余额）

▶【实验资料】

表5－5　2016年1月份工资期初余额表

人员姓名	等级工资	人员姓名	等级工资
张永和	4 800	孙　俊	2 200
黄子健	2 200	冯　杰	2 000
周明宇	2 800	陈　放	2 200
李　达	3 000	周亚洲	2 000
梁家乐	2 500	商　端	1 800
周淑芬	2 200	杜海航	1 500
吴小芸	2 000	崔达民	1 500
钱建工	3 500	郭　英	1 500

▶【操作提示】

①执行“业务工作→人力资源→薪资管理→设置→人员档案”命令，打开“人员档

案”列表窗口。双击“101 张永和”所在行，系统打开“人员档案明细”窗口，并显示张永和的详细档案。如图 5－23 所示。

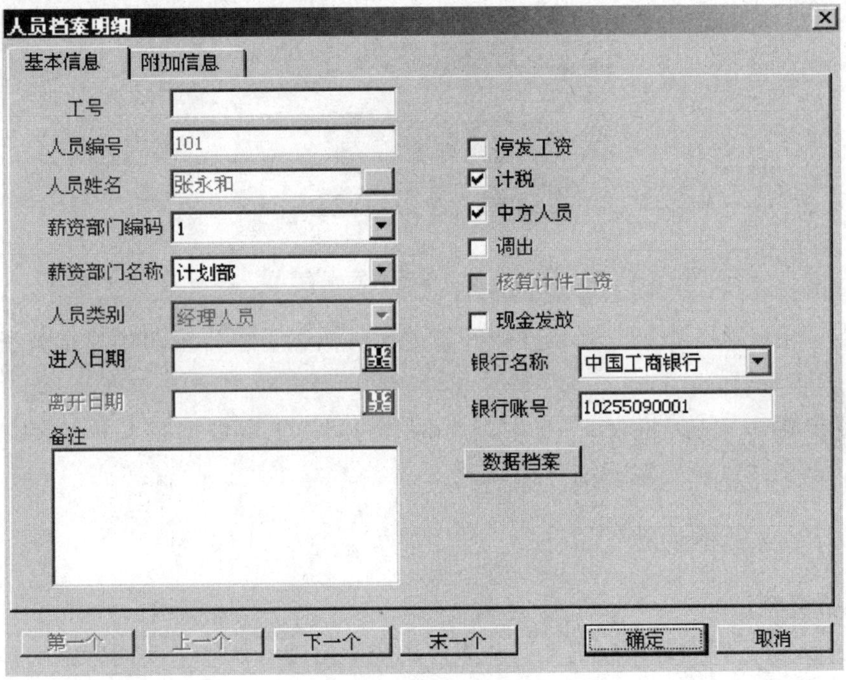

图 5－23　人员档案明细

②单击“数据档案”按钮，打开“工资数据录入——页编辑”窗口，在“等级工资”编辑栏录入“4800.00”。如图 5－24 所示。

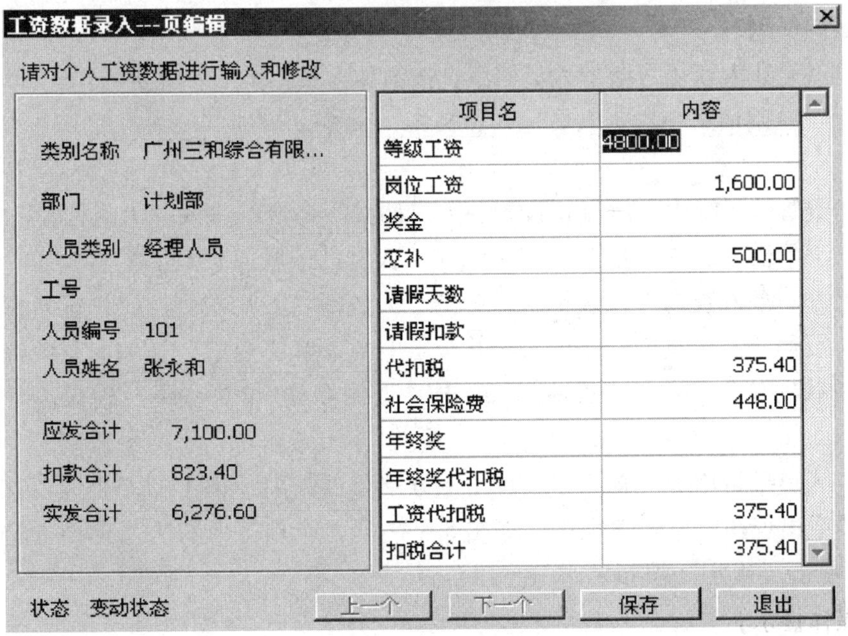

图 5－24　工资数据录入

③单击“保存”按钮，返回“人员档案明细”窗口。单击“确定”按钮，系统显示“写入该人员档案信息吗?”对话框。如图5－25所示。单击“确定”按钮，返回“人员档案明细”窗口。

图5－25 单击确定保存

④单击“下一个”按钮，系统在打开的“人员档案明细”窗口中显示黄子健的详细档案。

⑤重复步骤②～④，将表5－5中其他职工的期初工资数据录入并保存。单击“取消”按钮，退出“人员档案明细”窗口。

◉业务9：人员的变动

▶【实验资料】

1. 增加人员：因业务拓展需要，从人才市场中招聘石磊作为公司营销助理，以进一步融通市场渠道，合同约定：试用期为3个月，基本工资为1 500元，人员编号为405，人员类别为管理人员，银行账号：10255090017，暂不享受其他福利待遇。

2. 修改人员属性：将计划部周明宇调到制作部工作，以补充技术力量，加快课件开发速度。根据上述情况，增加或调整这两位员工的基本信息。

▶【操作提示】

本案例就是让大家练习增加人员档案，按增加人员档案的步骤进行操作即可。

①执行“基础档案→机构人员→人员档案”命令，增加“石磊”的职工信息，完成后退出。

②在薪资管理系统中，执行“设置→人员档案”命令，进入“人员档案”窗口。

③单击工具栏上的“批量”按钮，打开“人员批量增加”对话框。

④在上方“条件查询”列表框中，单击“人员姓名”栏右侧按钮，打开“参照”窗口。单击“石磊”栏，选中一条记录，并单击上方菜单“全载”按钮，系统提示“所有记录已经加载完毕”，单击“确定”。单击“返回”退出“参照”窗口。如图5－26所示。

⑤在“人员批量增加”窗口中，单击上方“条件查询”框中的“查询”按钮，则石磊的人员档案出现在下方列表框中。如图5－27所示。单击所有人员前面的选择框，出现“是”。单击“确定”按钮。

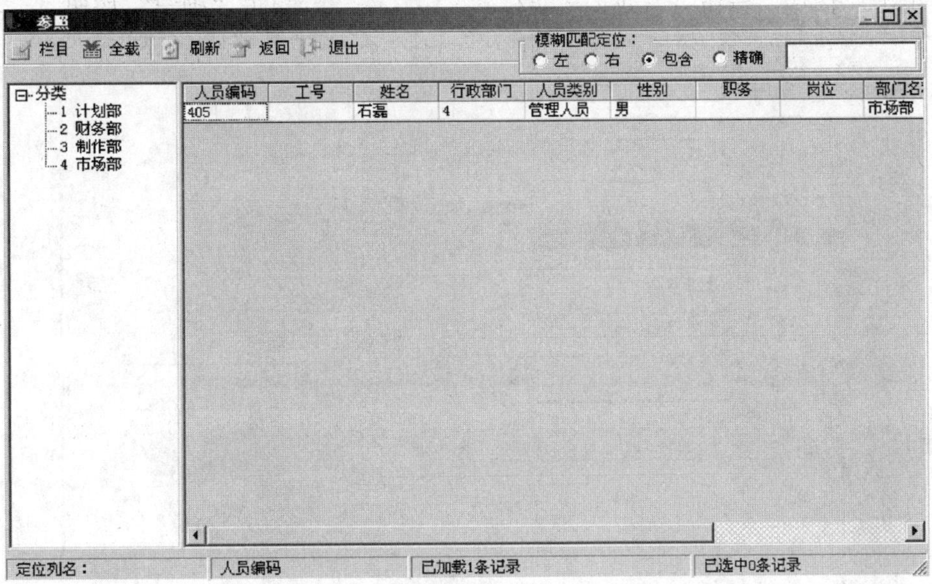

图 5－26　加载石磊的人员记录

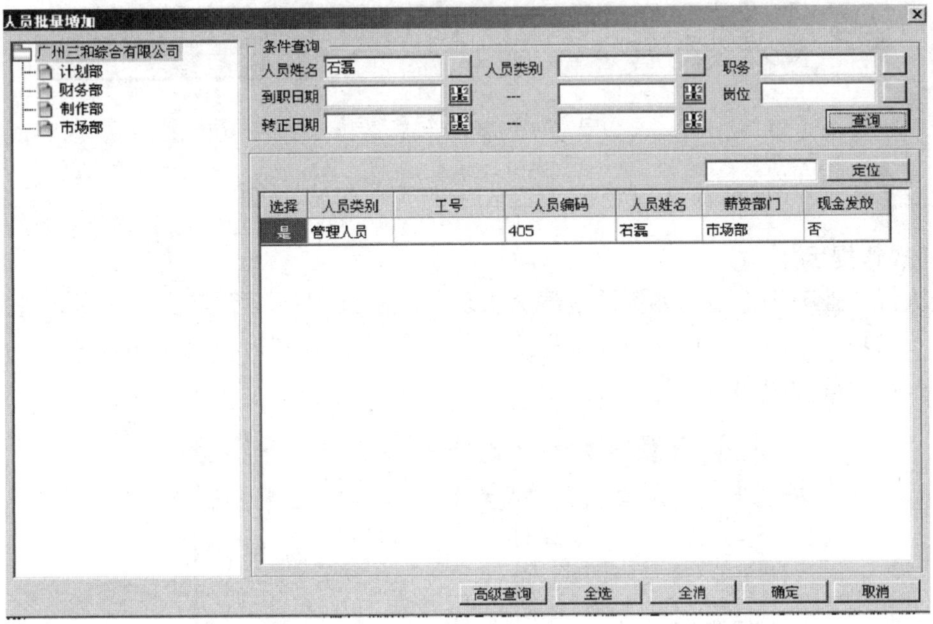

图 5－27　增加石磊至人员档案

⑥修改“石磊”的信息，并录入等级工资和银行账号，然后保存即可。

⑦双击“103 周明宇”所在行，打开“人员档案明细”窗口，显示周明宇的详细档案，单击“薪资部门名称”右侧下三角，选择“制作部”。如图 5－28 所示。单击“确定”进行保存。

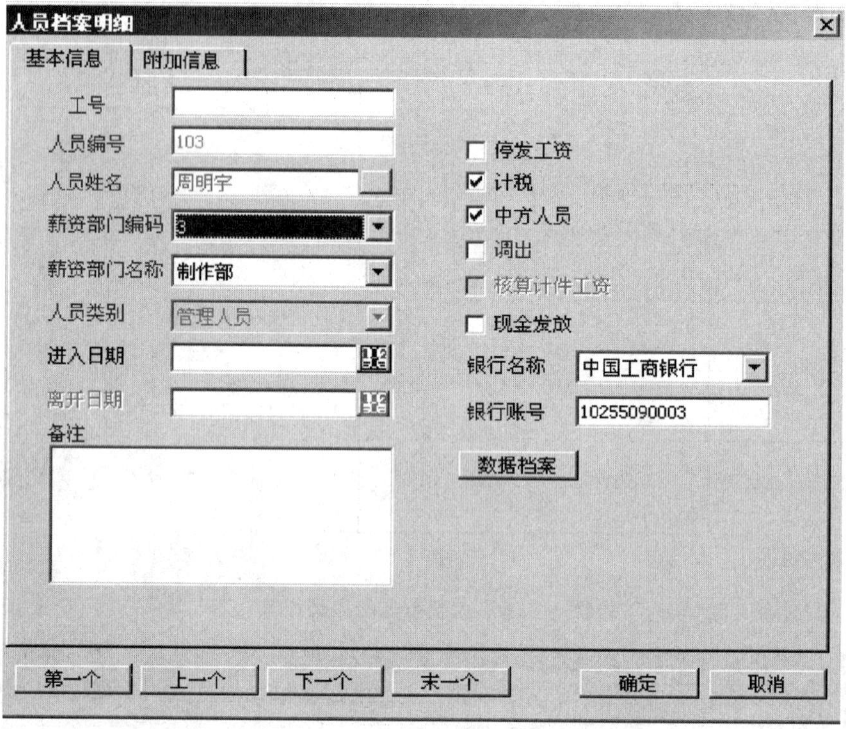

图 5－28　人员档案明细

◉业务 10：数据过滤（过滤出工资表中的等级工资项目）

▶【操作提示】

①执行“业务工作→人力资源→薪资管理→业务处理→工资变动”命令，进入“工资变动”窗口，单击左上角“过滤器”右侧下三角，选择“<过滤设置>”，弹出“项目过滤”窗口。如图 5－29 所示。

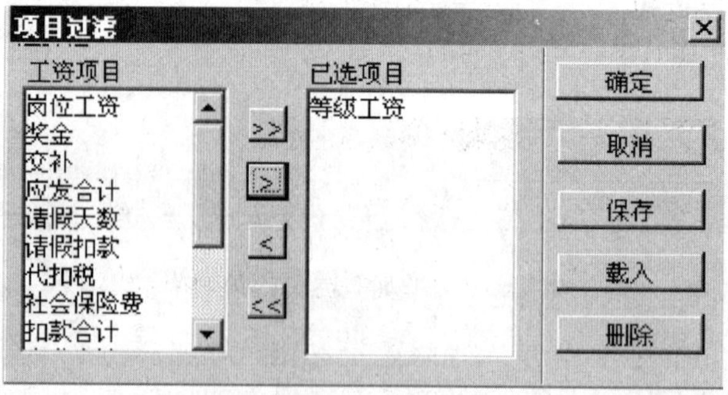

图 5－29　过滤工资表中的等级工资

②选中“等级工资”，单击“>”按钮，将“等级工资”选进右侧“已选项目”框中，单击“确定”。结果如图 5－30 所示。

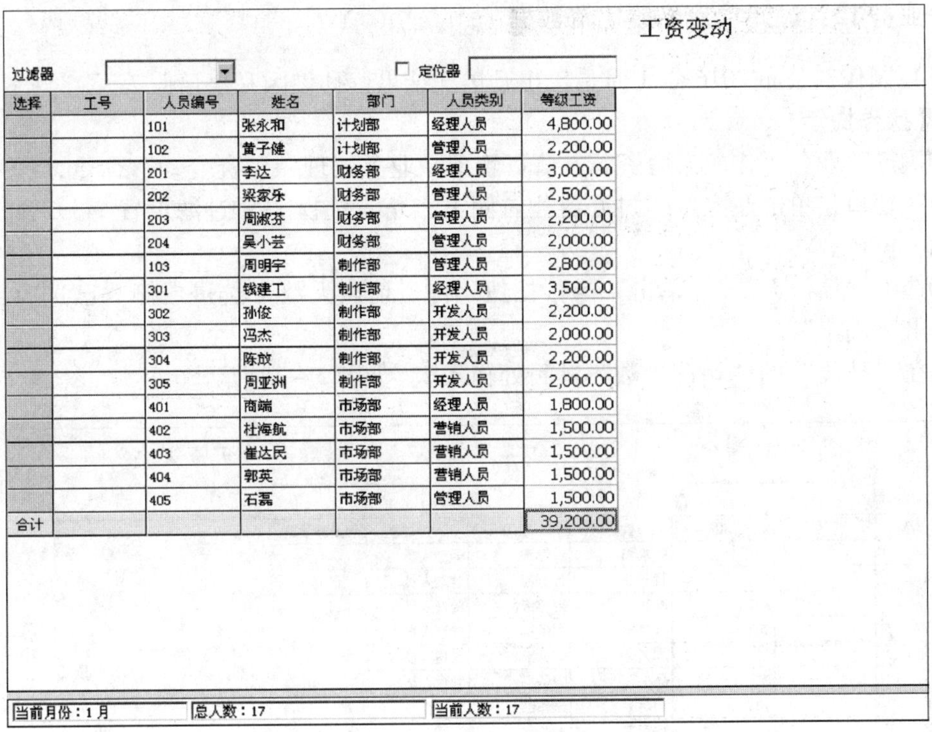

选择	工号	人员编号	姓名	部门	人员类别	等级工资
		101	张永和	计划部	经理人员	4,800.00
		102	黄子健	计划部	管理人员	2,200.00
		201	李达	财务部	经理人员	3,000.00
		202	梁家乐	财务部	管理人员	2,500.00
		203	周淑芬	财务部	管理人员	2,200.00
		204	吴小芸	财务部	管理人员	2,000.00
		103	周明宇	制作部	管理人员	2,800.00
		301	钱建工	制作部	经理人员	3,500.00
		302	孙俊	制作部	开发人员	2,200.00
		303	冯杰	制作部	开发人员	2,000.00
		304	陈放	制作部	开发人员	2,200.00
		305	周亚洲	制作部	开发人员	2,000.00
		401	商端	市场部	经理人员	1,800.00
		402	杜海航	市场部	营销人员	1,500.00
		403	崔达民	市场部	营销人员	1,500.00
		404	郭英	市场部	营销人员	1,500.00
		405	石磊	市场部	管理人员	1,500.00
合计						39,200.00

图 5－30　工资表过滤结果

◉业务 11：定位人员（定位在市场部人员石磊处）

►【操作提示】

①在企业应用平台中，执行“业务工作→人力资源→薪资管理→业务处理→工资变动”命令，进入“工资变动”窗口。单击工具栏的“定位”按钮，弹出“部门/人员定位”窗口。

②在“部门/人员定位”窗口的“部门名称”输入“市场部”，人员姓名输入“石磊”，然后按“确定”即可。如图 5－31 所示。

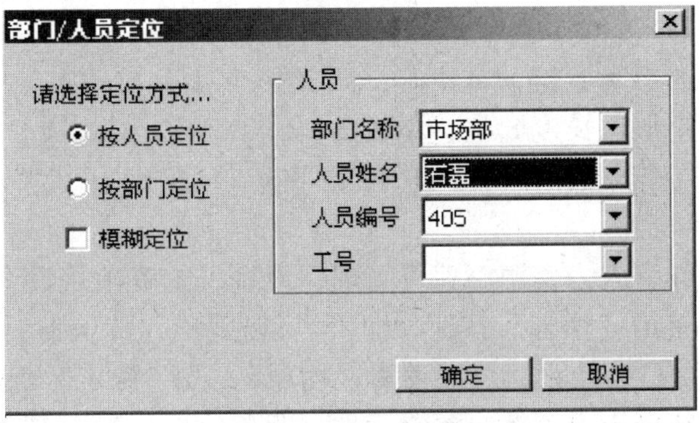

图 5－31　定位人员

◉业务 12：过滤项目修改工资数据

（1）制作部公布 2016 年 1 月员工出勤情况结果：孙俊因私事请假 2 天。

▶【操作提示】

①执行“业务工作→人力资源→薪资管理→业务处理→工资变动”命令，进入“工资变动”窗口，单击左上角“过滤器”右侧下三角，选择“ <过滤设置>”，弹出“项目过滤”窗口。

②选中“请假天数”，单击“ >”按钮，将“请假天数”选进右侧“已选项目”框中，单击“确定”。

③在“孙俊”的“请假天数”项目处输入 2。如图 5 – 32 所示。

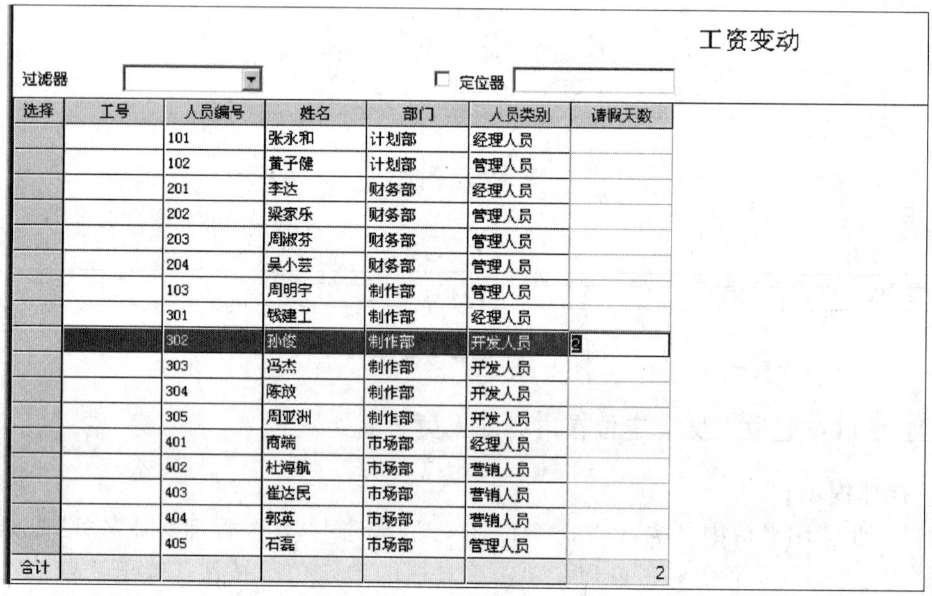

选择	工号	人员编号	姓名	部门	人员类别	请假天数
		101	张永和	计划部	经理人员	
		102	黄子健	计划部	管理人员	
		201	李达	财务部	经理人员	
		202	梁家乐	财务部	管理人员	
		203	周淑芬	财务部	管理人员	
		204	吴小芸	财务部	管理人员	
		103	周明宇	制作部	管理人员	
		301	钱建工	制作部	经理人员	
		302	孙俊	制作部	开发人员	2
		303	冯杰	制作部	开发人员	
		304	陈放	制作部	开发人员	
		305	周亚洲	制作部	开发人员	
		401	商端	市场部	经理人员	
		402	杜海航	市场部	营销人员	
		403	崔达民	市场部	营销人员	
		404	郭英	市场部	营销人员	
		405	石磊	市场部	管理人员	
合计						2

图 5 – 32　修改请假天数

④单击“退出”，系统弹出“数据发生变动后请进行工资计算和汇总，否则工资数据可能不正确，是否进行工资计算和汇总?”对话框，单击“是”按钮，系统将自动进行计算和汇总工作。

（2）为了提高工作效率，经研究决定，从 2016 年 1 月起按以下标准发放信息费（先增加信息费项目：数字型，长度 8 位，小数 2 位，增项）：经理人员及营销人员 200 元，其余人员 50 元。

▶【操作提示】

①执行“业务工作→人力资源→薪资管理→设置→工资项目设置”命令，打开“工资项目设置”窗口，单击“增加”按钮，输入“信息费”，默认类型为“数字”，修改小数位数为“2”，“长度”为“8”，增减项为“增项”，按“确定”保存并退出。

②执行“业务工作→人力资源→薪资管理→业务处理→工资变动”命令，进入“工资变动”窗口。

③单击工具栏的“替换”按钮，打开“工资项数据替换”窗口，选中“将工资项目”下拉列表中的“信息费”，并在“替换成”栏输入“200”，替换条件为“人员类别 = 经理人员”或“人员类别 = 营销人员”。结果如图 5 - 33 所示。

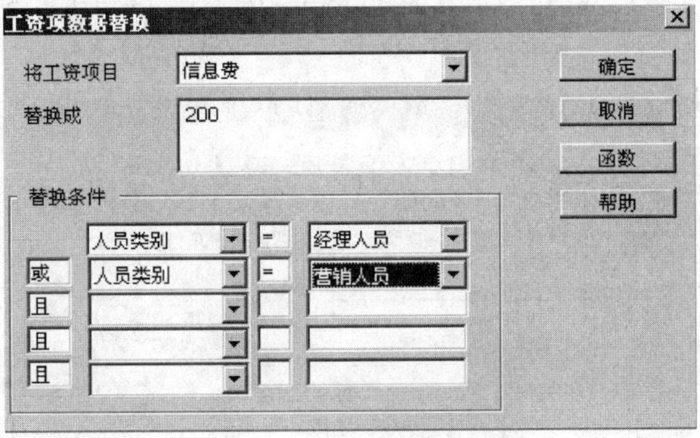

图 5 - 33　替换信息费项目数据

④单击“确定”按钮，系统弹出“数据替换后将不可恢复，是否继续?”对话框，单击“是”按钮，系统继续提示“4 条记录被替换，是否重新计算?”对话框，单击“是”返回。

⑤同理，对其他人员的信息费进行替换设置。

◉业务 13：查看分钱清单

▶【操作提示】

①执行“业务工作→人力资源→薪资管理→业务处理→工资分钱清单”命令，系统弹出“票面额设置”窗口，单击“确定”，打开“分钱清单”窗口，单击选择“部门级别”为“1 级”，即可查看部门分钱清单。如图 5 - 34 所示。

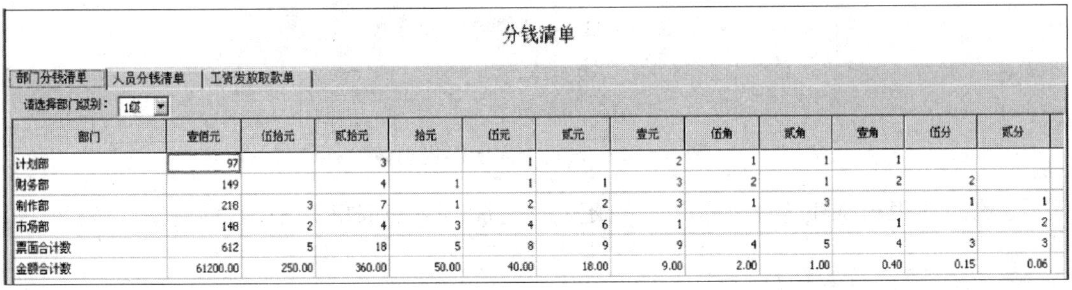

部门	壹佰元	伍拾元	贰拾元	拾元	伍元	贰元	壹元	伍角	贰角	壹角	伍分	贰分
计划部	97		3		1		2	1	1	1		
财务部	149		4	1	1	1	3	2	1	2	2	
制作部	218	3	7	1	2	2	3	1	3		1	1
市场部	148	2	4	3	4	6	1			1		2
票面合计数	612	5	18	5	8	9	9	4	5	4	3	3
金额合计数	61200.00	250.00	360.00	50.00	40.00	18.00	9.00	2.00	1.00	0.40	0.15	0.06

图 5 - 34　部门分钱清单

②同理，切换选项卡，可查看“人员分钱清单”和“工资发放取款单”。

◉业务 14：计算个人所得税

计算个人工薪所得税的基数为 2000。

▶【操作提示】

①执行“业务工作→人力资源→薪资管理→设置→选项”命令，打开“选项”窗口，单击“编辑”按钮。单击“扣税设置”选项卡。如图5－35所示。

②单击“税率设置”，打开“个人所得税申报表——税率表”对话框。如图5－36所示。

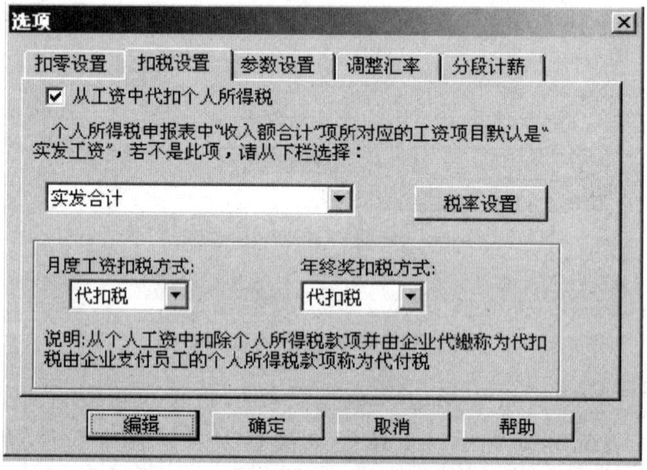

图5－35　扣税设置选项卡

图5－36　设置个人所得税基数

③修改所得税基数为“2000”，并单击“确定”返回退出。

◉业务15：月末结账

▶【操作提示】

①执行“人力资源→薪资管理→业务处理→月末处理”命令，弹出“月末处理”窗口，单击“当前会计期间”中的“月末处理”按钮，单击“确定”按钮，弹出“薪资管理”提示框，单击“是”按钮。如图5－37所示。

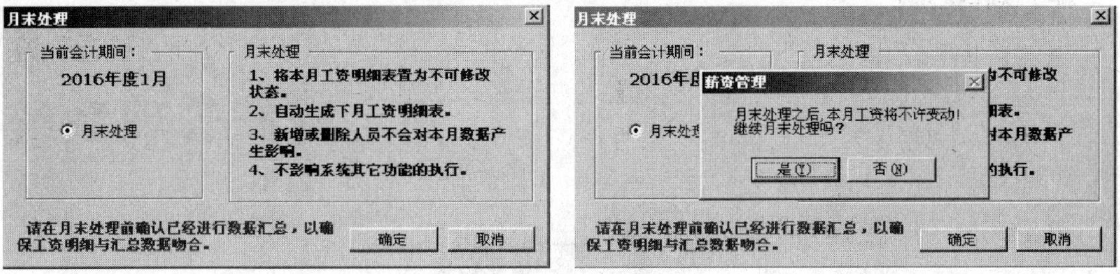

图 5－37　**月末处理**

②系统弹出“是否选择清零项?”信息提示对话框，点击“是”按钮，打开“选择清零项”对话框，单击鼠标选择“请假天数” “请假扣款”和“奖金”项目，单击“ >”按钮，将所选项目移动到右侧的列表框中。如图 5－38 所示。

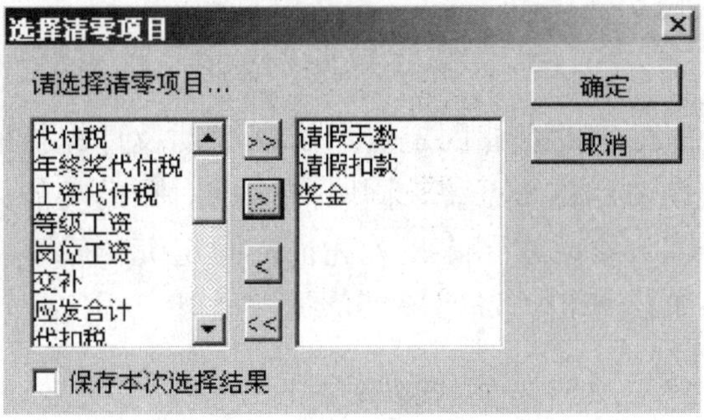

图 5－38　**月末处理清零项目**

③单击“确定”按钮，弹出“月末处理完毕!”信息提示对话框，单击“确定”按钮返回。如图 5－39 所示。

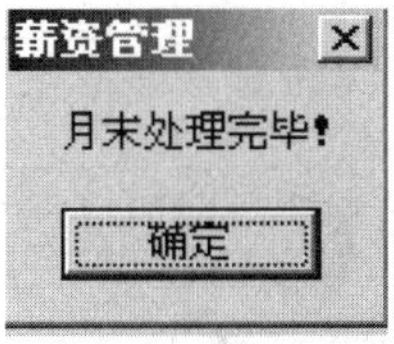

图 5－39　**月末处理结束**

注意：

月末结账只有在会计年度的 1 月至 11 月份进行。

如果是处理多个工资类别，则应打开工资类别，分别进行月末结算。

如果本月工资数据未汇总，系统将不允许进行月末结账。

进行期末处理后，当月数据将不再允许变动。

月末处理功能只有主管人员才能进行。

实验结束，备份账套。

第 6 章
固定资产管理系统

6.1 系统概述

6.1.1 固定资产系统功能概述

用友 ERP－U8 软件的固定资产系统主要用于处理企业固定资产增减变动及评估的业务，可按月为固定资产计提折旧，并且生成企业所需要的与固定资产相关的明细账和报表。

6.1.2 固定资产管理系统模块与其他系统模块的联系

固定资产管理系统所处理的企业固定资产增减变动及计提折旧业务的数据最终均需要通过记账凭证的形式反馈到总账系统，同时可通过对账的功能去检查固定资产账目与总账的平衡，并可以查询、修改或删除相关凭证。固定资产管理系统所提供的折旧计提的数据能为成本管理系统核算相关费用提供依据。另外，固定资产管理系统中的数据能被 UFO 报表系统提取并分析。

6.1.3 固定资产管理系统的业务处理流程

固定资产管理系统的业务处理流程大致如图 6－1 所示。

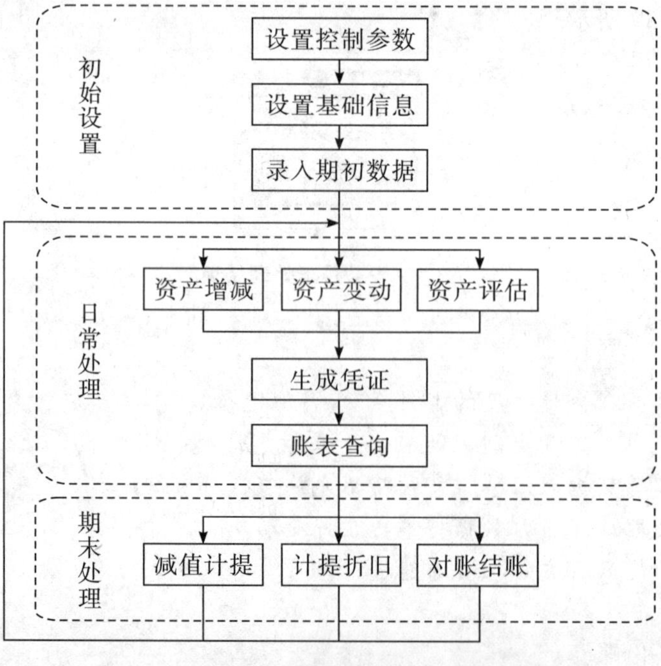

图 6－1 固定资产管理系统的业务处理流程

6.2 固定资产管理系统的业务处理

6.2.1 初始设置

初始设置包括控制参数和基础信息的设置，以及录入期初固定资产卡片。

1. **设置控制参数**

在初次启用固定资产管理系统时，需要设置的控制参数分别有：约定与说明、启用月份、折旧信息、编码方式及财务接口等。其他参数设置可在“选项”中进行。

2. **设置基础信息**

（1）设置资产类别。

因固定资产种类繁多、规格多样，为了加强对固定资产的管理，往往需要对固定资产进行科学有效的分类。在用友 ERP－U8 软件的固定资产管理系统中，可对固定资产类别进行设置，这样既方便对其进行核算与管理，也提高了效率。

（2）部门对应折旧科目设置。

对应折旧科目，顾名思义，就是指折旧费用的入账科目。由于资产计提折旧后必须将折旧费用归入成本或费用，所以，很有必要根据企业的实际情况对计提的折旧进行归集。部门对应折旧科目设置就是根据企业部门的划分，给每个部门选择一个折旧计提的科目，这样做既方便了企业的管理，也减轻了录入固定资产原始卡片的工作量。并且，如果对某一上级部门的折旧科目进行了设置，则其下属部门会继承其折旧科目的设置。

（3）增减方式设置。

固定资产的增减方式大体上包括增加方式和减少方式两大类。其中，系统内置的增加方式包括直接购入、投资者投入、捐赠、盘盈、在建工程转入和融资租入，内置的减少方式包括出售、盘亏、投资者转出、捐赠转出、报废、毁损、融资租出。

（4）折旧方法设置。

折旧方法设置是使用固定资产管理系统自动核算折旧额，其目的在于方便日常计提折旧。本系统内置有以下计提折旧的方法：不提折旧法、工作量法、年数总和法、双倍余额递减法、平均年限法（一）和平均年限法（二）。以上方法在实际工作中只能选用，不能删改。为方便企业管理，满足业务需要，本系统允许对折旧方法进行自定义。

3. **录入期初固定资产卡片**

为方便企业对固定资产的核算和管理，常常需要编制固定资产卡片。同时为了保持资料的连续性，就必须将建账前的固定资产数据一并录入到固定资产管理系统中，并且录入原始卡片的时间不受限制。

6.2.2 日常处理

日常处理主要包括资产增减、资产变动、资产评估、资产盘点、生成凭证和账簿管理。

1. **资产增减**

资产增加是指购进或通过其他方式增加企业资产，资产增加需要输入一张新的固定资产卡片，与固定资产期初输入相对应。

资产减少是指资产在使用过程中，会由于如毁损、出售、盘亏等各种原因退出企业，此时要做资产减少处理。资产减少需输入资产减少卡片并说明减少原因。

只有当账套开始计提折旧后才可以使用资产减少功能，否则减少资产只有通过删除卡片来完成。

对于误减少的资产，可以使用系统提供的纠错功能来恢复，只有当月减少的资产才能恢复。如果资产减少操作已制作凭证，必须删除凭证后才能恢复。

2. **资产变动**

资产变动包括原值变动、部门转移、使用状况变动、使用年限调整、折旧方法调整、净残值（率）调整、工作总量调整、累计折旧调整、资产类别调整、变动单管理、其他项目的修改，例如，名称、编号、自定义项目等的变动可直接在卡片上进行。

资产变动要求输入相应的“变动单”来记录资产调整结果。

（1）原值变动。

原值变动包括原值增加和原值减少两部分。资产在使用过程中，其原值增减有5种情况：根据国家规定对固定资产重新评价，增加补充设备或改良设备，将固定资产的一部分拆除，根据实际价值调整原来的暂估价值，发现原记录固定资产价值有误的。

（2）部门转移。

资产在使用过程中，因内部调配而发生的部门变动应及时处理，否则将影响部门的折旧计算。

（3）资产使用状况的调整。

资产使用状况分为在用、未使用、不需用、停用、封存5种。资产在使用过程中，可能会因为某种原因，使得资产的使用状况发生变化，这种变化会影响到设备折旧的计算，因此应及时调整。

（4）资产使用年限的调整。

资产在使用过程中，可能会由于资产的重估、大修等原因调整资产的使用年限，进行使用年限调整的资产在调整的当月就按调整后的使用年限计提折旧。

（5）资产折旧方法的调整。

一般来说，资产折旧方法一年之内很少改变，但如有特殊情况需调整改变的可以调整。

（6）变动单管理。

变动单管理可以对系统制作的变动单进行查询、修改、制单、删除等处理。

注意：

用友ERP－U8软件的固定资产管理系统中，本月录入的卡片和本月增加的资产不允许进行变动处理，只能在下月进行。

3. **资产评估**

用友ERP－U8软件管理系统提供对固定资产评估作业的管理，主要包括如下步骤。

（1）将评估机构的评估数据手工录入或定义录入到系统。

（2）根据国家要求手工录入评估结果或根据定义的评估公式生成评估结果。

（3）对评估单的管理。

本系统资产评估功能提供可评估的资产内容包括原值、累计折旧、净值、使用年限、工作总量、净残值率。

4．资产盘点

用友 ERP－U8 管理系统提供对固定资产盘点的管理，主要包括如下步骤。

（1）在卡片管理中打印输出固定资产盘点单。

（2）在资产盘点中选择按部门或按类别等对固定资产进行盘点，录入盘点数据，与账面上记录的盘点单进行核对，查核资产的完整性。

（3）对盘点单的管理。

5．生成凭证

固定资产管理系统和总账管理系统之间存在着数据的自动传输，这种传输是由固定资产管理系统通过记账凭证向总账管理系统传递有关数据，例如，资产增加、减少、累计折旧调整，以及折旧分配等记账凭证。制作记账凭证可以采取“立即制单”或“批量制单”的方法实现。

6．账簿管理

可以通过系统提供的账表管理功能，及时掌握资产的统计、汇总和其他各方面的信息。账表包括账簿、折旧表、统计表、分析表 4 类。另外，如果所提供的报表种类不能满足需要，系统还提供了自定义报表功能，可以根据实际需要进行设置。

（1）账簿。

系统自动生成的账簿有（单个）固定资产明细账、（部门、类别）明细账、固定资产登记簿、固定资产总账。这些账簿以不同的方式及时地反映了资产变化情况，在查询过程中可联查某时期（部门、类别）明细及相应原始凭证，从而获得所需财务信息。

（2）折旧表。

系统提供了 4 种折旧表：（部门）折旧计提汇总表、固定资产折旧计算明细表、固定资产及累计折旧表（一）和（二）。通过该类表可以了解并掌握本企业所有资产本期、本年乃至某部门计提折旧及其明细情况。

（3）统计表。

统计表是由于管理资产的需要，按管理目的统计的数据。系统提供了多种统计表，包括固定资产原值一览表、固定资产统计表、评估变动表、盘盈盘亏报告表、逾龄资产统计表、役龄资产统计表等。

（4）分析表。

分析表主要通过对固定资产的总和分析，为管理者提供管理和决策依据。系统提供了 4 种分析表，包括价值结构分析表、固定资产使用状况分析表、部门构成分析表、类别构成分析表。管理者可以通过这些分析表了解本企业资产计提折旧的程度和剩余价值的大小。

（5）自定义报表。

当系统提供的报表不能满足企业需求时，用户也可以自己定义报表。

6.2.3 期末处理

固定资产管理系统的期末处理工作主要包括计提减值准备、计提折旧、对账、月末结账等内容。

1. **计提减值准备**

企业应当在期末或至少在每年年度终止时，对固定资产逐项进行检查，如果由于市价持续下跌，或技术陈旧等原因导致其可回收金额低于账面价值的，应当将可回收金额低于账面价值的差额作为固定资产减值准备，固定资产减值准备必须按单项资产计提。

如已计提的固定资产价值又得以恢复，应在原计提的减值准备范围内转回。

2. **计提折旧**

自动计提折旧是固定资产管理系统的主要功能之一。可以根据录入系统的资料，利用系统的“折旧计提”功能，对各项资产每期计提一次折旧。并自动生成折旧分配表，然后制作记账凭证，将本期的折旧费用自动登账。

当开始计提折旧时，系统将自动计提所有资产当期折旧额，并将当期的折旧额自动累加到累计折旧项目中。计提工作完成后，需要进行折旧分配，形成折旧费用，系统除了自动生成折旧清单外，同时还生成折旧分配表，从而完成本期折旧费用登账工作。

系统提供的折旧清单显示了所有应计提折旧资产所计提的折旧数据。

折旧分配表是制作记账凭证，把计提折旧额分配到有关成本和费用的依据。折旧分配表有两种类型：类别折旧分配表和部门折旧分配表。生成折旧分配表由“折旧汇总分配期”决定，因此，制作记账凭证要在生成折旧分配表后进行。

计提折旧遵循以下原则：

（1）在一个期间内可以多次计提折旧，每次计提折旧后，只是将计提的折旧累加到月初的累计折旧上，不会重复累计。

（2）若上次计提折旧已制单并传递到总账管理系统，则必须删除该凭证才能重新计提折旧。

（3）计提折旧后，又对账套进行了影响折旧计算或分配的操作，必须重新计提折旧，否则系统不允许结账。

（4）若自定义的折旧方法月折旧率或月折旧额出现负数，系统将自动中止计提。

（5）资产的使用部门和资产的折旧要汇总的部门可能不同，为了加强资产管理，使用部门必须是明细部门。而折旧分配部门不一定要分配到明细部门。不同单位的处理可能不同，因此要在计提折旧后，分配折旧费用时做出选择。

3. **对账**

当初次启动固定资产的参数设置，或选项中的参数设置选择了“与账务系统对账”参数，才可使用本系统的对账功能。

为保证固定资产管理系统的资产价值与总账管理系统中固定资产科目的数据相等，可随时使用对账功能对两个系统进行审查。系统在执行月末结账时自动对账一次，并输出对账结果。

4. **月末结账**

当固定资产管理系统完成了本月全部制单业务后，可以进行月末结账，月末结账每月进行一次，结账后当期数据不能修改。如有错必须修改，可通过系统提供的“恢复月末结账前状态”功能反结账，再进行相应修改。

由于成本系统每月从本系统提取折旧费数据，因此一旦成本系统提取了某期的数据，则该期不能反结账。

本期不结账，将不能处理下期的数据；结账前一定要进行数据备份，否则数据一旦丢失，将造成无法挽回的后果。

实验七　固定资产管理系统

【实验目的】

1. 熟悉用友 ERP－U8 软件固定资产管理系统的操作流程。
2. 掌握固定资产管理系统的初始设置、日常业务处理和月末处理的具体操作。

【实验内容】

1. 初始设置：初始化设置、相关核算规则的初始设置、输入固定资产原始卡片。
2. 日常业务处理：资产增减、资产变动、批量制单。
3. 期末处理：计提折旧、对账与结账。

【实验准备】

导入“实验二”的账套数据。

【实验资料与操作指导】

◉业务 1：初始化设置

►**【实验资料】**

1. 启用月份：2016 年 1 月。

2. 折旧计算方法：平均年限法（一），分配周期为 1 个月。

3. 固定资产类别编码方式为 2－1－1－2，编码方式：按“类别编码＋序号”自动编码，序号长度为 3。

4. 与总账系统进行对账，固定资产对账科目“1601，固定资产”，累计折旧对账科目“1602，累计折旧”；并且在对账不平衡的情况下不允许月末结账。

►**【操作提示】**

①以 01 号李达的身份进入固定资产管理系统。执行“业务→财务会计→固定资产”命令。

②系统弹出“这是第一次打开此账套，还未进行过初始化，是否进行初始化?”的提示框。如图 6－2 所示。单击“是”，弹出“初始化账套向导”。如图 6－3 所示。

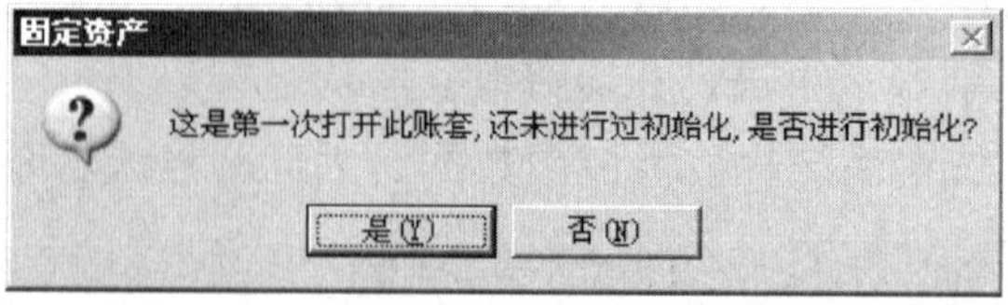

图 6－2　固定资产初始化提示框

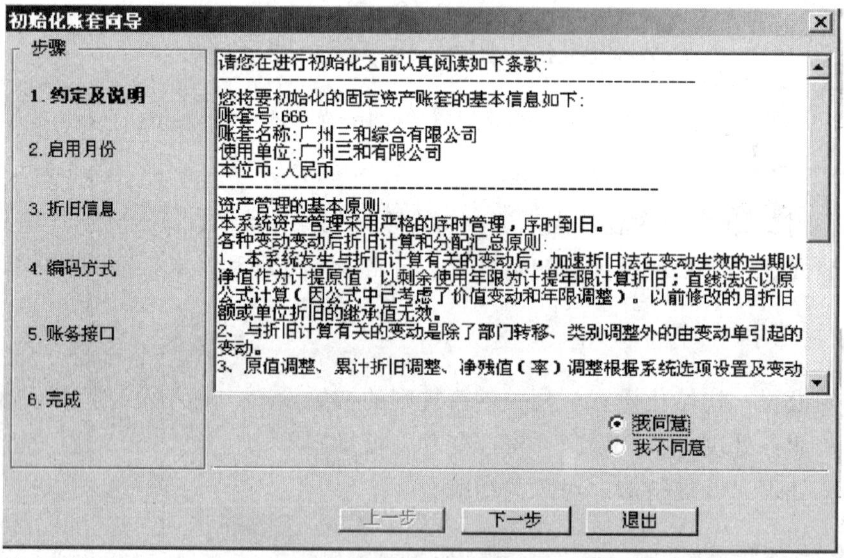

图 6－3　固定资产初始化账套向导

③在当前对话框选择“我同意”，并单击对话框下方的“下一步”按钮，系统跳转到“2. 启用月份”对话框，启用月份项系统会默认为“2016. 01”。如图 6－4 所示。

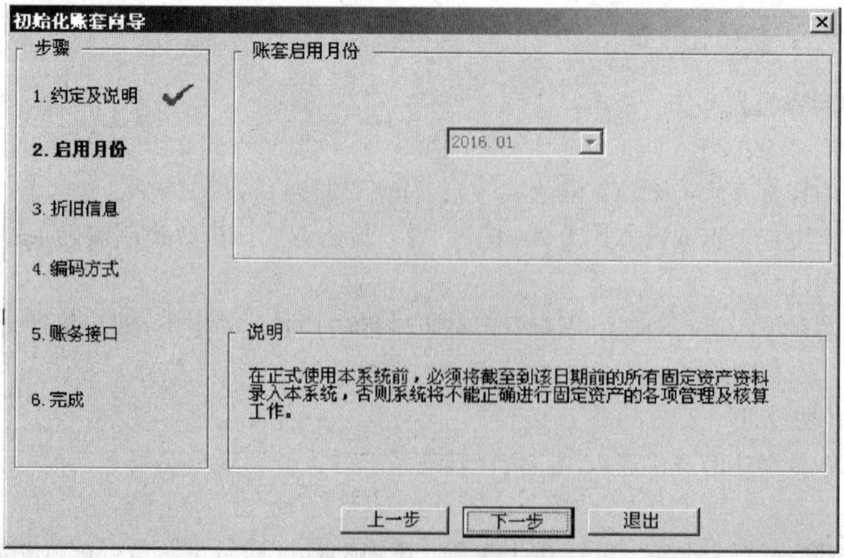

图 6－4　设置固定资产启用月份

④单击“下一步”，系统会跳转到“3. 折旧信息”对话框，在“折旧计算方法”处选择“平均年限法（一）”，在“折旧汇总分配周期”选择“1”个月，其他选项选择系统默认值。如图 6－5 所示。

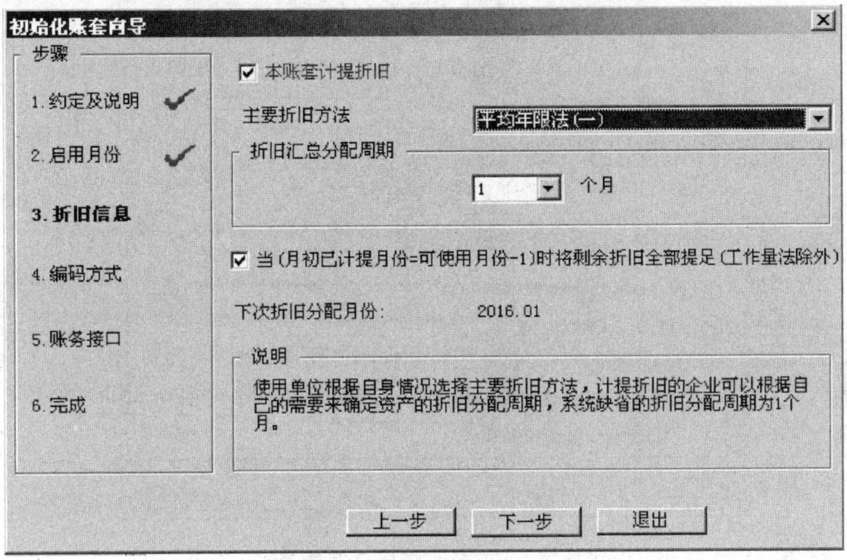

图 6－5　录入相关折旧信息

⑤单击“下一步”，系统跳转到“4. 编码方式”对话框，在“资产类别编码方式”处选择“2－1－1－2”，在“固定资产编码方式”选择“自动编码”及“类别编号＋序号”，设置“序号长度”为“3”。如图 6－6 所示。

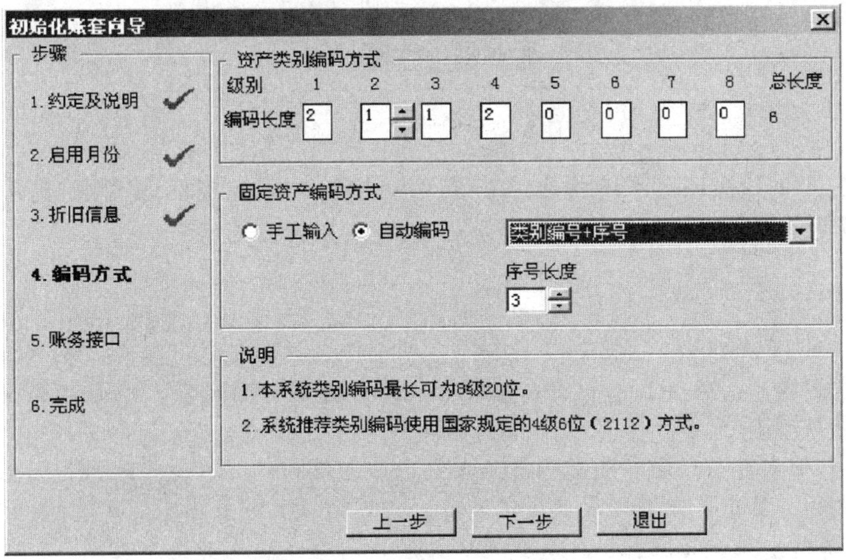

图 6－6　编码方式录入

⑥单击“下一步”按钮，系统跳转到“5. 财务接口”对话框，选中“与财务系统进行对账”前面的复选框，在“固定资产对账科目”中选择“1601，固定资产”，同理，

在“累计折旧对账科目”中选择“1602，累计折旧”，取消“在对账不平情况下允许固定资产月末结账”前面的勾。如图 6－7 所示。

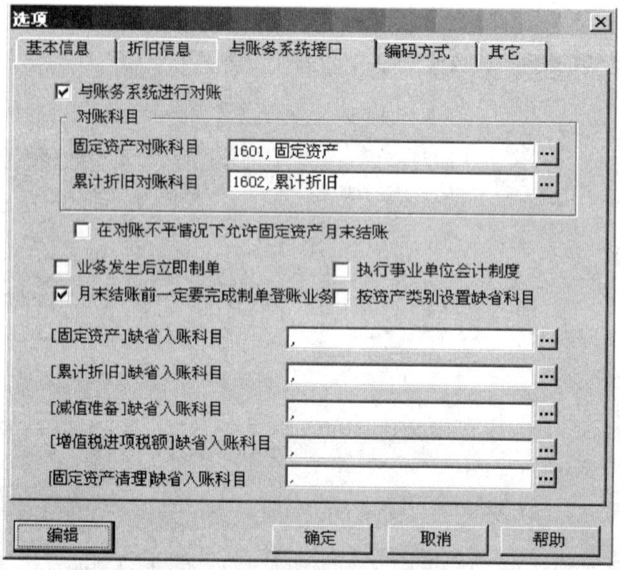

图 6－7　财务系统接口信息录入

⑦单击“确定”按钮，系统跳转到“6. 完成”对话框，单击下方的“完成”按钮，系统会弹出如图 6－8 所示提示框。

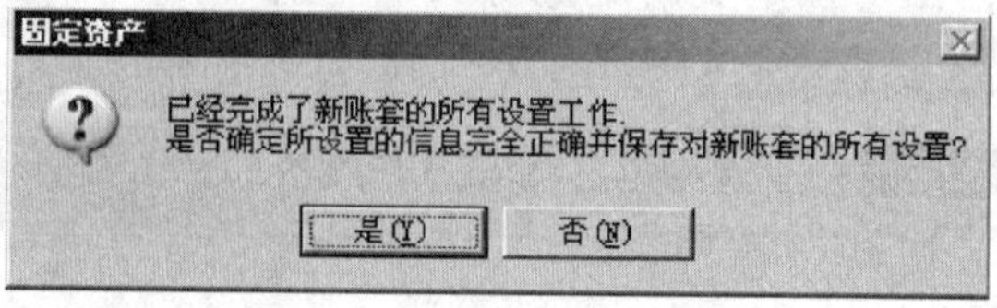

图 6－8　“完成”对话框

⑧单击“是”按钮，系统弹出“已成功初始化本固定资产账套!”提示框，单击“确定”按钮，固定资产账套初始化任务完成。

注意：

1. 固定资产账套和企业账套是两个不同的概念。固定资产账套是在固定资产管理系统中创建的，而企业账套是在系统管理中创建的，固定资产账套只是企业账套的一个部分。

2. 以下内容在固定资产账套初始化中已设置好的，则不能修改启用月份、自动编码方式等，其中，若某级资产设定了类别，则该级编码长度不能更改。

3. 某些参数一旦设置完成，在退出初始化向导以后就不能修改了。如果操作过程中需要修改，则只能通过系统管理中的“重新初始化”功能，清空企业账套中的所有数据，再重新操作。建议系统初始化的过程中谨慎操作，如遇到参数设置不确定的情况，可点击“上一步”按钮返回并重新设置，在确认无误后单击“完成”按钮。

◉业务 2：设置部门对应折旧科目

▶【实验资料】

部门及对应折旧科目如表 6－1 所示。

表 6－1　部门及对应折旧科目

部门	对应折旧科目
计划部	660202
制作部	510102
市场部	660102

▶【操作提示】

①在固定资产管理系统中，执行“设置→部门对应折旧科目”命令，系统进入“部门对应折旧科目—列表视图”窗口。

②双击左侧窗格“固定资产部门编码目录”下方“计划部”所在行，窗口仅显示“计划部”，单击菜单栏的“修改”按钮，系统打开“部门对应折旧科目—单张视图”窗口。在窗口显示的“折旧科目”栏中输入或参照生成“660202”。如图 6－9 所示。

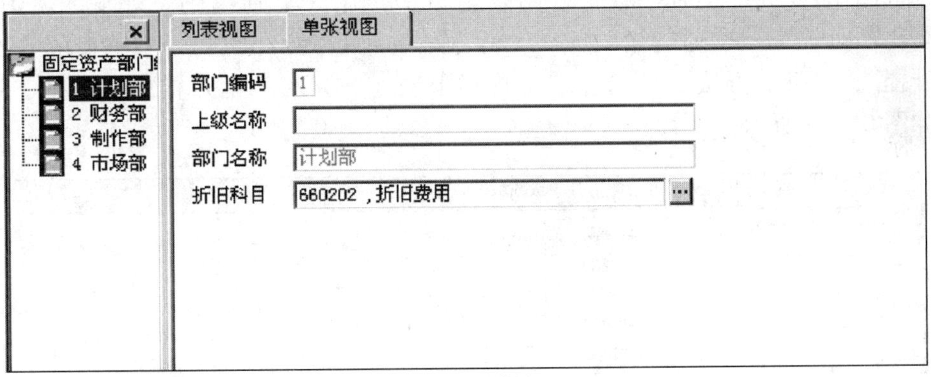

图 6－9　部门对应折旧科目

③单击“保存”按钮，系统返回到“部门对应折旧科目—列表视图”，单击左侧窗格的“固定资产部门编码目录”，右侧的“列表视图”窗口将显示所有部门及对应的折旧科目。

注意：

单击“增加”按钮时显示的部门编码是“2”，如果要增加部门编码为“011”的资料，在单击“增加”后，再单击“放弃”按钮，返回列表视图后单击“1 计划部”，再单击“增加”按钮即可输入。

④同理，完成所有部门的对应折旧科目设置。

◉业务3：设置固定资产类别

▶【实验资料】

固定资产类别如表6－2所示。

表6－2　固定资产类别

编码	类别名称	计提属性	净残值率	折旧方法	卡片样式
01	交通运输设备	正常计提	5%	平均年限法（一）	通用
011	经营用	正常计提	5%	平均年限法（一）	通用
012	非经营用	正常计提	5%	平均年限法（一）	通用
02	电子设备及其他通信设备	正常计提	4%	平均年限法（一）	通用
021	经营用	正常计提	4%	平均年限法（一）	通用
022	非经营用	正常计提	4%	平均年限法（一）	通用

▶【操作提示】

①执行“设置→资产类别”命令，系统会进入到“资产类别—列表视图”窗口。单击左上方“增加”按钮，切换到“资产类别—单张视图”窗口。

②在打开的“资产类别—单张视图”窗口中，在“类别编码”处输入“01”，在“类别名称”处输入“交通运输设备”，“净残值率”设为“5%”，“计提属性”处选择“正常计提”，“折旧方法”处选择“平均年限法（一）”，“卡片样式”选择“通用样式”。如图6－10所示。

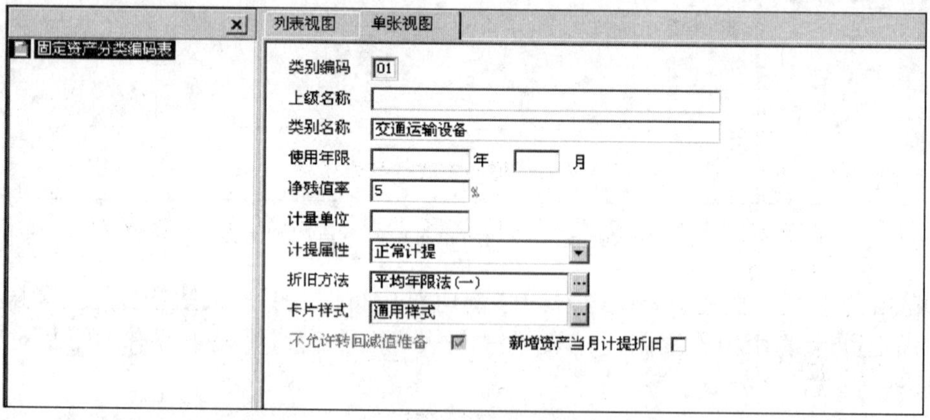

图6－10　录入资产类别信息

③单击“保存”按钮，继续录入“02电子设备及其他通信设备”资料并保存，单击“是”按钮返回到“资产类别—列表视图”窗口。

④选中左侧窗口“固定资产分类编码表”中的“01交通运输设备”，并点击菜单栏的“增加”按钮，在右侧“资产类别—单张视图”中输入相关信息，在“类别名称”中输入“经营用”，“净残值率”设为“5%”，“计提属性”处选择“正常计提”，“折旧方法”处选择“平均年限法（一）”，“卡片样式”选择“通用样式”。

⑤单击“保存”按钮，重复上述步骤，设置其他资产类别及项目，并保存记录。

◉业务 4：设置增减方式的对应科目

▶【实验资料】

增减方式对应科目如表 6－3 所示。

表 6－3　增减方式对应科目

增减方式目录	对应入账科目
增加方式：直接购入	100201
减少方式：毁损	1606

▶【操作提示】

①执行“设置→增减方式”命令，打开“增减方式—列表视图”窗口。单击左侧窗格的“1. 增加方式”，在展开的列表中选择“101 直接购入”，再点击菜单栏上的“修改”按钮。如图 6－11 所示。

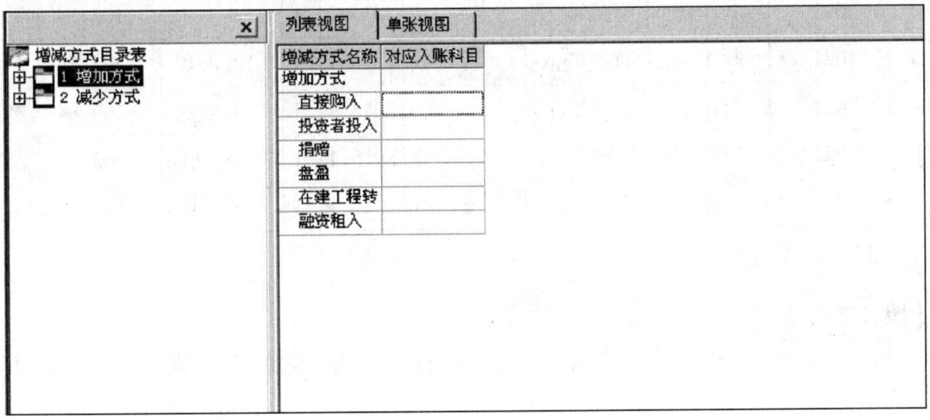

图 6－11　增减方式—列表视图

②打开“增减方式—单张视图”窗口，将“对应入账科目”修改为“100201，工行——人民币户”。如图 6－12 所示。

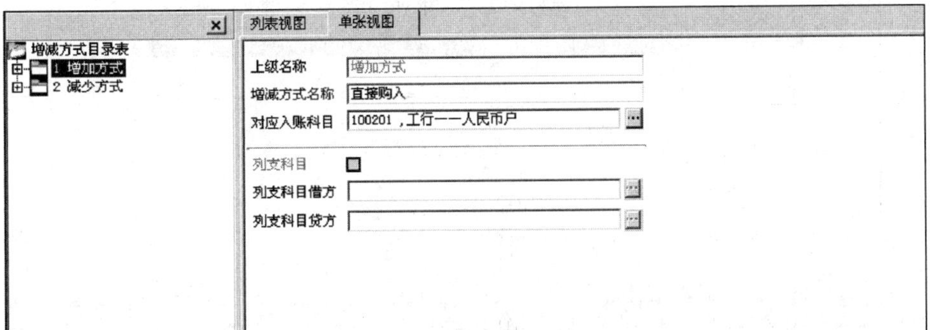

图 6－12　直接购入方式及其对应科目

③单击“保存”按钮，完成对直接购入方式及其对应科目的修改，同理可修改毁损方式对应的科目。

◉业务5：输入固定资产原始卡片

►【实验资料】

2016年1月份固定资产原始卡片资料如表6－4所示。

表6－4　2016年1月份固定资产原始卡片资料

固定资产名称	类别编号	所在部门	增加方式	可使用年限/年	开始使用日期	原值/元	累计折旧/元	对应折旧科目名称
轿车	012	计划部	直接购入	6	2015.09.1	189 330	7 153.28	管理费用
手提电脑	022	计划部	直接购入	5	2015.02.1	28 900	4 624.00	管理费用
传真机	022	计划部	直接购入	5	2015.10.1	3 510	112.32	管理费用
微机01	021	制作部	直接购入	5	2015.11.1	6 490	103.84	制造费用
微机02	021	制作部	直接购入	5	2015.11.1	6 490	103.84	制造费用
微机03	021	制作部	直接购入	5	2015.11.1	6 490	103.84	制造费用
微机04	021	制作部	直接购入	5	2015.11.1	6 490	103.84	制造费用
微机05	021	制作部	直接购入	5	2015.11.1	6 490	103.84	制造费用
微机06	021	制作部	直接购入	5	2015.11.1	6 490	103.84	制造费用

注：使用状况均为在用。

►【操作提示】

①执行“卡片→录入原始卡片”命令，打开“固定资产类别档案”窗口。如图6－13所示。

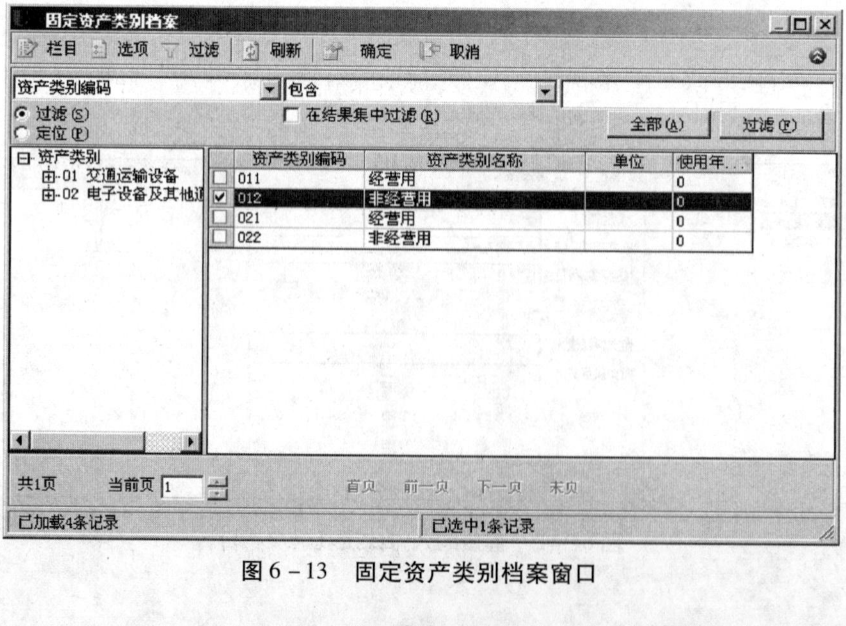

图6－13　固定资产类别档案窗口

②在“固定资产名称”中输入“轿车”，双击“使用部门”项目，在弹出的“固定资产—本资产部门使用方式”对话框中，选择“单部门使用”，并点击“确定”按钮，在打开的“部门基本参照”窗口中，双击选中“计划部”并返回到“固定资产卡片”窗口。

③单击“增加方式”，将出现“增加方式”按钮，单击此按钮弹出“固定资产增减方式”对话框，双击“直接购入”选项，返回到“固定资产卡片”窗口。

④单击“使用状况”，将出现“使用状况”按钮，单击此按钮弹出“使用状况参照”对话框，双击“在用”选项，返回到“固定资产卡片”窗口。

⑤在“开始使用日期”处输入“2015－09－01”，“原值”处输入“189330.00”，“累计折旧”中输入“7153.28”。

⑥单击“保存”按钮，系统弹出“数据保存成功”提示框，单击“确定”按钮，完成录入。如图6－14所示。重复以上步骤即可输入其他固定资产卡片的相关内容。

固定资产卡片

卡片编号	00001			日期	2016-01-31
固定资产编号	012001	固定资产名称			轿车
类别编号	012	类别名称			非经营用
规格型号		使用部门			计划部
增加方式	直接购入	存放地点			
使用状况	在用	使用年限(月)	6	折旧方法	平均年限法(一)
开始使用日期	2015-09-01	已计提月份	75	币种	人民币
原值	189330.00	净残值率	5%	净残值	9466.50
累计折旧	7153.28	月折旧率	0.1583	本月计提折旧额	29970.94
净值	182176.72	对应折旧科目	660202，折旧费用	项目	
录入人	李达			录入日期	2016-01-31

图6－14　固定资产卡片

◉业务6：计提本月折旧

▶【操作提示】

①执行“处理→计提本月折旧”命令，系统弹出“是否要查看折旧清单”提示框。

②单击“否”按钮，系统继续弹出“本操作将计提本月折旧，并花费一定时间，是否要继续?”提示框。

③单击“是”按钮，系统开始自动计提折旧，计提完成后，系统提示“固定资产折旧完成”，单击“确定”按钮即可进入“折旧分配表”窗口。如图6－15所示。

◉ 按部门分配　部门分配条件...
○ 按类别分配

01(2016.01-->2016.01)

部门编号	部门名称	项目编号	项目名称	科目编号	科目名称	折旧额
1	计划部			660202	折旧费用	36,193.66
3	制作部			500103	制造费用	4,984.32
3	制作部			510102	折旧费用	3,738.24
合计						44,916.22

图6－15　进入折旧分配表窗口

④单击“凭证”按钮，系统进入“填制凭证”窗口，将其凭证类别修改为“转　转账凭证”，并将制单日期修改为“2016.01.31”，若摘要栏未填则补充“计提第【1】期间折旧”，单击“保存”按钮，凭证左上角将显示“已生成”红色加框字样，表明凭证已生成，本月计提折旧工作已完成。

注意：

当月增加的资产不提折旧，当月减少的资产照提折旧，不提取折旧不能减少资产。

◉业务7：固定资产增加

▶【实验资料】

1月19日，市场部因业务需要，经申请获得批准后购买客货两用汽车一辆，全部价值支出160 000元，预计使用年限6年；手提电脑1台，全部价值支出18 900元，预计使用5年。

▶【操作提示】

①执行“卡片→资产增加”命令，进入“资产类别参照”窗口。

②资产类别选择“011 经营用交通运输设备”，单击“确定”按钮，进入“固定资产卡片”窗口。如图6－16所示。

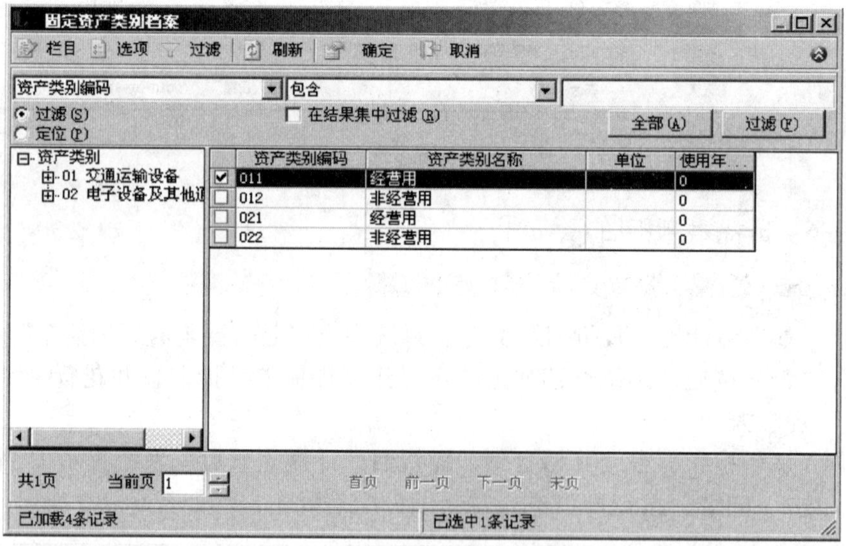

图6－16　选择资产类别

③在“固定资产名称”处输入“客货两用汽车”，双击“使用部门”项目，在弹出的“固定资产—本资产部门使用方式”对话框中，选择“单部门使用”，并点击“确定”按钮，在打开的“部门基本参照”窗口中，双击选中“市场部”并返回到“固定资产卡片”窗口。

④单击“增加方式”，将出现“增加方式”按钮，单击此按钮弹出“固定资产增减方式”对话框，双击“直接购入”选项，返回到“固定资产卡片”窗口。

⑤单击“使用状况”，将出现“使用状况”按钮，单击此按钮弹出“使用状况参照”对话框，双击“在用”选项，返回到“固定资产卡片”窗口。

⑥在“开始使用日期”处输入“2016－01－19”，在“原值”处输入“160 000.00”，“使用年限”中输入“6 年”。

⑦单击“保存”按钮，在弹出的“固定资产”窗口中单击“确定”按钮，完成增加新的固定资产的业务处理。同理设置增加“手提电脑”。

◉业务 8：固定资产减少

▶【**实验资料**】

1 月 20 日，制作部 04 号微机遇病毒，整机毁损，其零件残值变价收入 500 元现金。

▶【**操作提示**】

①执行“卡片→资产减少”命令，进入“资产减少”窗口。

②选择“卡片编号”为 00007 的固定资产卡片，单击“增加”按钮，在表下方增加一条记录，将“减少方式”修改为“毁损”，“清理原因”也是输入为“毁损”。

③单击“确定”按钮，系统弹出“所选卡片已经减少成功!”提示框，再次单击“确定”按钮，完成减少固定资产的业务处理。

◉业务 9：对本月发生的固定资产相关业务进行制单——批量制单

▶【**操作提示**】

先点击“制单选择”，点击“全选”将本月发生的所有固定资产业务选中；再点击“制单设置”将所有业务需要设置的会计科目设置好，点击“制单”即可自动生成凭证。(注：付 1 和付 2 的票据号分别为 Z001，Z002)

①执行“业务→财务会计→固定资产→处理→批量制单”命令，弹出“查询条件选择—批量制单”窗口。如图 6－17 所示。

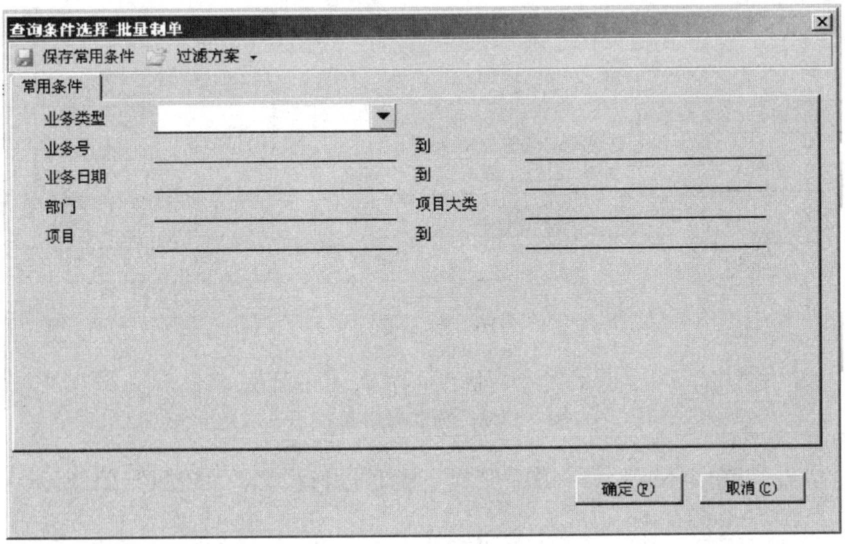

图 6－17　批量制单窗口

②单击“确定”，弹出如图6－18所示窗口。

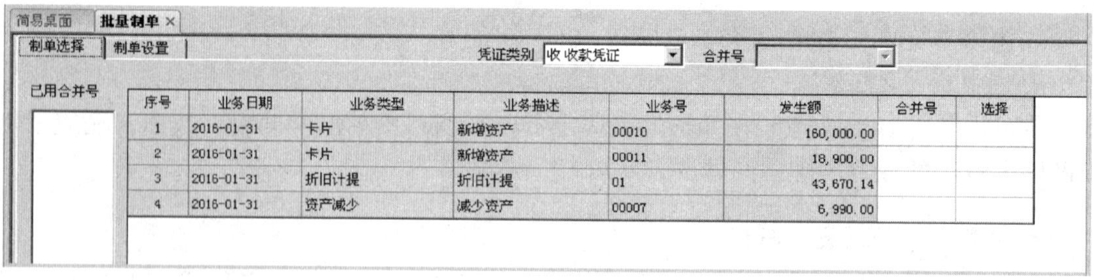

图6－18　批量制单

③单击“全选”，然后单击“制单设置”，进行“科目”“部门核算”“项目核算”等的填写，然后单击“凭证”。如图6－19所示。

图6－19　制单设置窗口

④填写完凭证后，如果弹出如下窗口，就要进行辅助项设置。如图6－20所示。

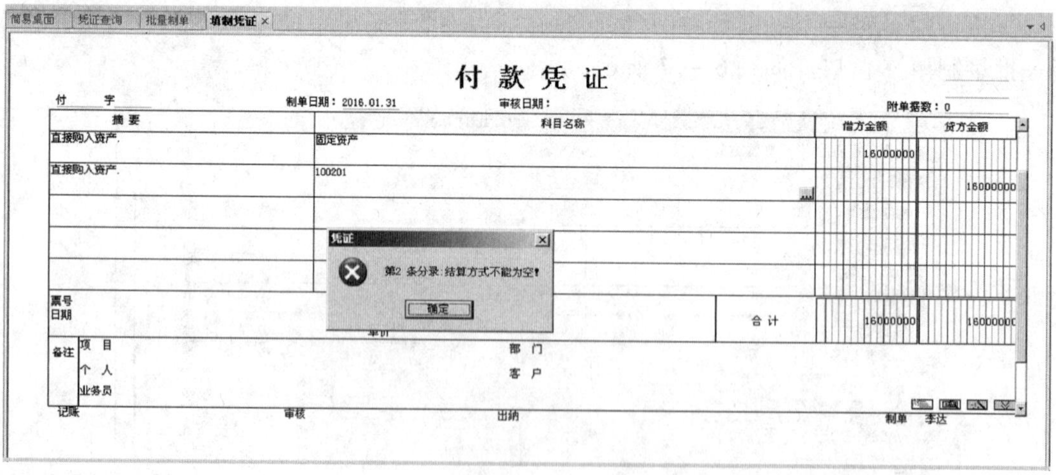

图6－20　辅助项信息提示

⑤鼠标移至“票号日期”，等鼠标变成笔尖时进行设置。如图6－21所示。

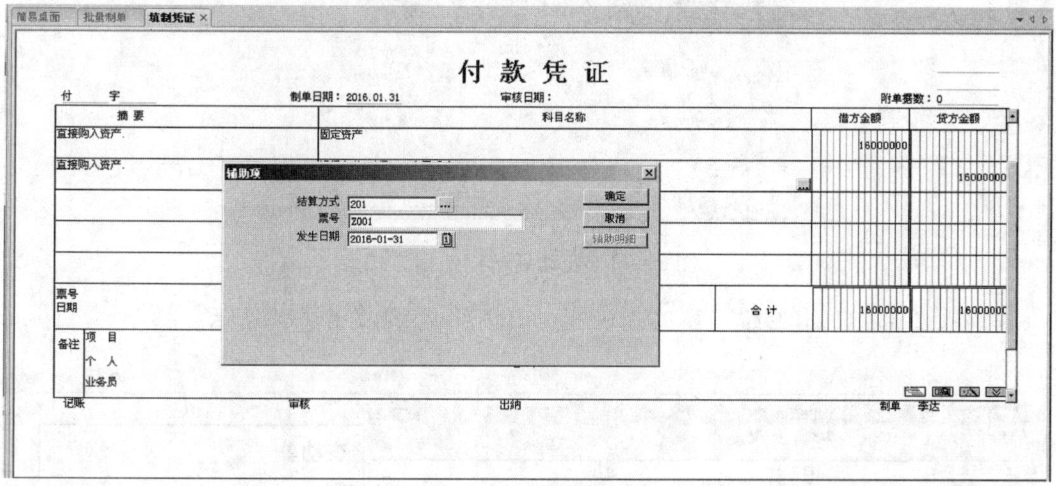

图 6－21　填写辅助项

⑥填写完成后单击“确定”即可。同理完成其他凭证。

◉业务 10：固定资产变更

▶【实验资料】

1 月 26 日，因市场推广需要，计划部的传真机调拨到市场部使用。

▶【操作提示】

①执行“卡片→变动单→部门转移”命令，打开“固定资产变动单”窗口。如图 6－22 所示。

图 6－22　填写“固定资产变动单”

②这里“卡片编号”选择“00003 传真机”，单击“确定”按钮。

③单击“变动后部门”按钮，系统进入到“固定资产—本资产部门使用方式”，选择“单部门使用”，然后单击“确定”按钮。如图 6－23 所示。

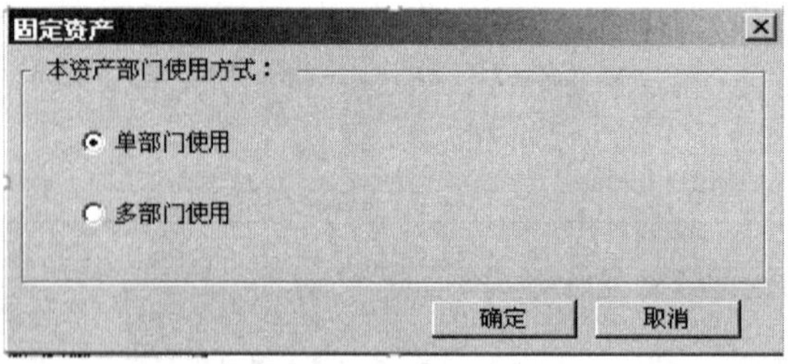

图 6－23　变动后部门使用方式

④进入“部门基本参照”窗口，双击“市场部”。如图 6－24 所示。

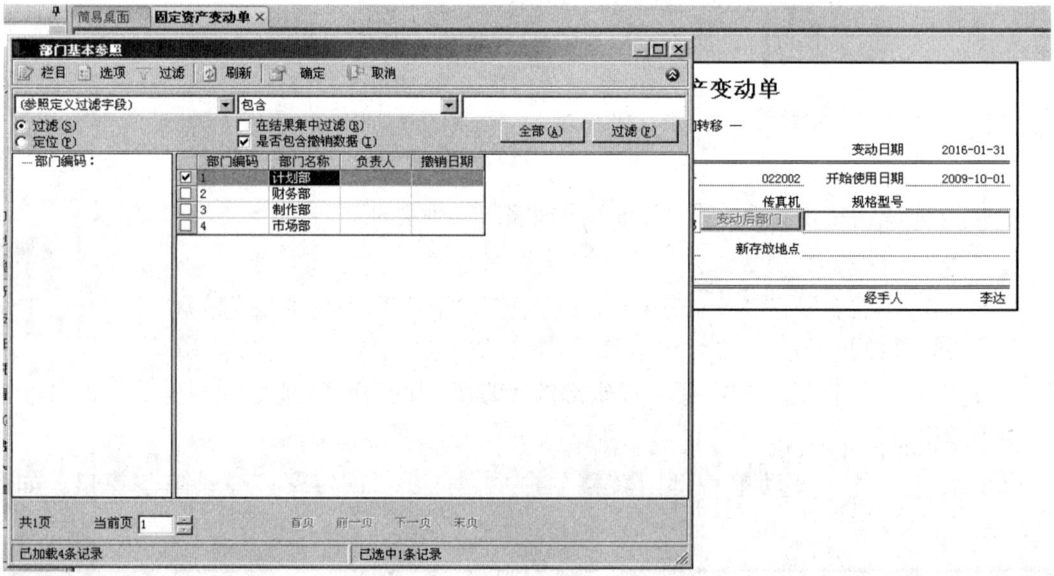

图 6－24　“部门基本参照”对话框

⑤系统返回到“固定资产变动单”窗口，此时在“变动原因”栏填写“市场推广需要”。如图 6－25 所示。

图 6－25　固定资产变动单

⑥单击“保存”按钮，系统弹出“数据成功保存！部门已改变，请检查资产对应折旧科目是否正确！”提示框，单击“确定”按钮，完成固定资产变动操作。

注意：

当月录入或者增加的资产不得进行变更，故此练习只是为了做提醒之用。可以不进行操作。

◉业务 11：总账处理

（1）以出纳吴小芸的身份登录总账管理系统，进行出纳签字。

（2）以 02 号梁家乐的身份登录总账，进行凭证审核记账。

◉业务 12：账表管理

►【操作提示】

以 01 号李达的身份进入固定资产管理系统。

①执行“报表→账表管理”命令，进入“固定资产报表”窗口。

②单击“折旧表”选项，在下拉菜单中选择“部门折旧计提汇总表”。

③单击“打开”按钮，打开“条件”对话框，这里选择期间为“2016－01”，汇总部门全选，单击“确定”按钮，完成账表管理操作。

◉业务 13：月末结账

►【操作提示】

以 01 号李达的身份进入固定资产管理系统。

①执行“处理→月末结账”命令，打开“月末结账”窗口。

②单击“开始结账”按钮，系统将会弹出“与财务对账结果”提示框。

③单击“确定”按钮，系统将自动进行结账处理，系统结账处理完毕会弹出“月末结账完成！”提示框。

④再次单击“确定”按钮，完成月末结账操作。

注意：

因为固定资产发生业务所填制的凭证，在总账模块中没有进行记账处理，故固定资产与总账模块对账不平衡，无法结账。可以先到总账模块中对固定资产模块中生成的凭证进行记账（需要换 02 号操作员对 01 号操作员生成的凭证进行审核，否则无法记账），然后再返回固定资产模块进行结账处理。

实验结束，备份账套。

第7章 应收款管理系统

7.1 系统概述

在ERP系统中，应收款管理系统主要用于管理和核算客户往来款项，其目的是保证足额、及时地收回应收账款，降低和避免信用风险。在赊销业务中，从企业将货物或服务提供给客户开始，到销售款项实际收回或作为坏账处理结束，企业通常通过应收款管理系统对客户的每笔应收账款进行全程管理。

7.1.1 应收款管理系统功能概述

应收款管理系统以发票、费用单和其他应收单等原始单据为依据，记录企业经营活动中形成的往来款项，对应收款项的收回、坏账及转账等情况进行综合管理，同时也对相关票据的详细信息和贴现、背书、计息、结算及转出等处理情况提供管理支持。根据对客户往来款项核算和管理的程度不同，用友ERP系统提供了“详细核算”和“简易核算”两种客户往来款项核算管理方案。

1. **详细核算方案：在应收款管理系统核算客户往来款项**

如果企业的销售业务及应收款核算管理比较复杂，又或者需要追踪每一笔业务的应收款和收款等情况，又或者需要将应收款核算到产品一级，那么可以选择“详细核算方案”。在该方案下，所有的客户往来凭证全部由应收款管理系统生成，销售管理和总账等其他系统不再生成这类凭证。该方案能够帮助企业了解每位客户每笔业务的应收款情况、收款情况及余额信息，并可通过账龄分析加强客户及往来款项的管理，实施不同的收款策略。其主要功能包括如下几方面。

（1）根据输入的单据记录或由销售、出口系统传递过来的单据，记录应收款项的形成（包括由于商品交易和非商品交易所形成的所有应收项目）。

（2）处理应收项目的收款及转账业务。

（3）对应收票据进行记录和管理。

（4）将应收项目的处理情况生成凭证，并向总账系统进行传递。

（5）对外币业务及汇兑损益进行处理。

（6）根据所提供的条件，提供各种查询及分析。

2. **简易核算方案：在总账管理系统核算客户往来款项**

如果企业的应收款业务比较简单，或者现销业务很多，则可以选择“简易核算方案”，即在总账管理系统通过辅助核算来完成客户往来核算。该方案也可对客户的往来款项进行归集、查询和简单分析。其主要功能包括如下几方面。

（1）与销售管理、出口管理系统集成使用时，可接收销售管理、出口管理系统的发票，并对其进行审核。

（2）对销售、出口发票进行制单处理，并可以在应收款管理系统对总账系统中生成的凭证进行查询。

至于具体选择哪一种应用方案，可以在应收款管理系统中通过设置系统选项“应收账款核算模型”进行设置。本章采用第一种核算方案介绍应收款管理系统的应用。

7.1.2　应收款管理系统与其他系统的主要关系

应收款管理系统与用友 ERP 其他子系统的主要关系如图 7－1 所示。

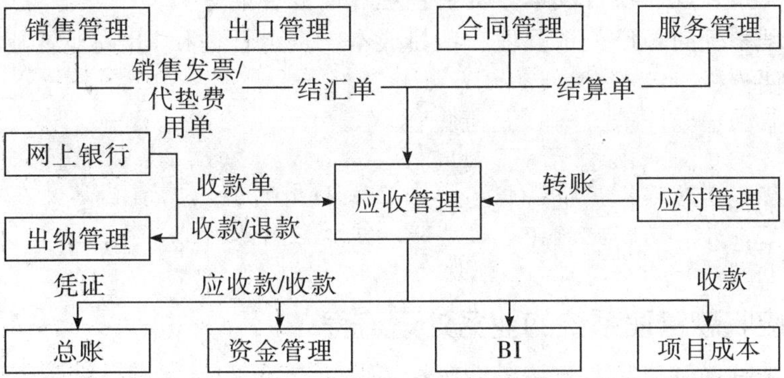

图 7－1　应收款管理系统与用友 ERP 其他子系统的主要关系

1．**合同管理**

生效以后的应收类合同结算单可以将余额转入应收款管理系统，并在应收款管理系统进行审核、收款、核销；应收款管理系统可以查询合同管理系统中生效的应收类合同结算单。

2．**销售管理**

复核以后的销售发票在应收款管理系统进行审核，记应收账款、收款和核销，已经现收的销售发票可以在应收款管理系统进行记账和制单；应收款管理系统可以查询出销售系统中已经出库但还没有开票的实际应收信息和未复核的发票。

3．**出口管理**

审批后的出口发票传入应收款管理系统，在应收款管理系统审核应收账款、已收账款、核销和制单等操作。审批后的信用证可以在应收款管理系统做押汇和结汇处理，押汇、结汇生成的收款单审核后，如果有手续费和利息，则同时形成出口的费用单传递给出口系统。

4．**报账中心**

报账中心将对客户进行收款的收入单传入应收款管理系统，形成应收款管理系统的收款单。应收款管理系统对传入的收款单审核记账后，进行核销和制单等后续处理。

5．**服务管理**

服务结算单保存后自动传入应收款管理系统，在应收款管理系统进行审核记账、收款、核销和制单等后续处理，应收款管理系统可对已经保存的服务结算单进行查询。

6．**网上银行**

网上银行系统可向应收款或应付款管理系统导出已经有确认支付标记但未制单的付款单和收款明细；应收款或应付款管理系统也可向网上银行系统导出已审核的付款单。所有相关单据全部由应收款或应付款管理系统生成凭证到总账。

7. **总账**

所有凭证均应该传递到总账系统中，并可以将结算方式为票据管理的付款单登记到总账系统的支票登记簿中。

8. **应付款管理**

应收与应付之间可以相互对冲；应收票据背书时可以冲应付账款。

9. **UFO 系统**

应收款管理系统向 UFO 系统提供各种应用函数。

10. **客户关系管理、项目成本、资金管理、商业智能等**

应收款管理系统向客户关系管理、项目成本、资金管理和 U8 商业智能分析系统等提供各种数据以便分析。

注意：

当应收款管理系统先于总账启用，则总账启用之前的凭证总账会在审核时将其标上有错标志，并且这些凭证会导致总账和应收应付账对账不平。

7.1.3 应收款管理系统的业务处理流程

应收款管理采用详细核算应用方案时的系统业务处理流程，如图 7-2 所示。

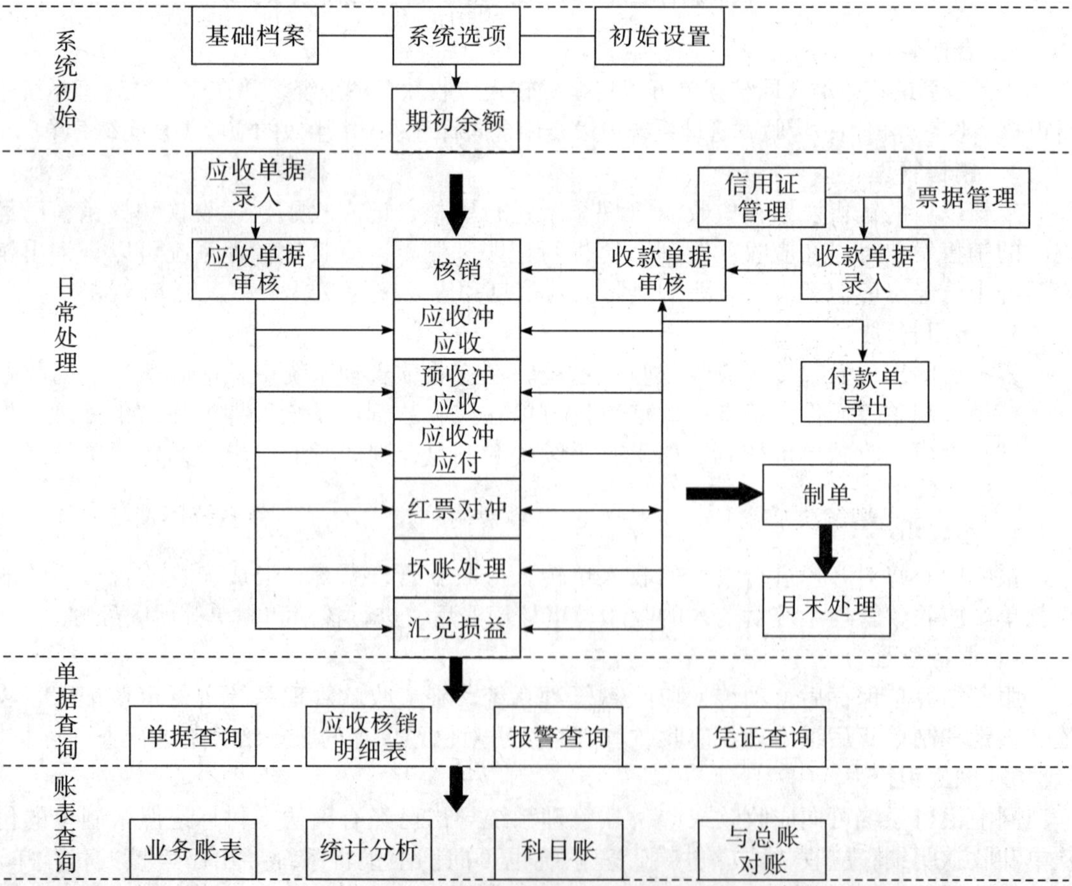

图 7-2 应收款管理系统的业务处理流程

7.2　应收款管理系统设置

应收款管理系统设置主要涉及与应收款管理系统运行相关的系统配置选项（包括常规选项、凭证选项、权限与预警选项、核销选项）设置、初始参数设置及期初余额录入。

7.2.1　设置应收款管理系统配置选项

在运行应收款管理系统前，应在此设置好相关系统配置选项参数。选项参数各项目说明如下。

1. **常规选项设置**

（1）单据审核日期依据。

系统提供两种确认单据审核日期的依据，即单据日期和业务日期。如果选择单据日期，单据审核时，系统会自动将单据日期作为该单据的审核日期（即入账日期）。如果选择业务日期，则单据审核时，系统会自动将业务日期（即登录日期）作为该单据的审核日期（即入账日期）。

（2）汇兑损益方式。

系统提供两种汇兑损益的方式，即外币余额结清时计算和月末处理两种方式。在账套使用过程中，该参数可以修改。

（3）坏账处理方式。

系统提供两种坏账处理方式，即备抵法和直接转销法。

如果选择备抵法，还应该进一步选择具体的方法。用友系统支持以下 3 种备抵方法，即应收余额百分比法、销售收入百分比法和账龄分析法。这 3 种方法需要在初始设置中录入坏账准备期初和计提比例或输入账龄区间等，并在坏账处理中进行后续处理。

如果选择了直接转销法，则可以直接在下拉框中选择该方法。当坏账发生时，直接在坏账发生处将应收账款转为费用即可。

在账套使用过程中，如果当年已经计提过坏账准备，则此参数不可以修改，只能在下一年度再修改。

（4）代垫费用类型。

代垫费用类型解决从销售系统传递的代垫费用单在应收款管理系统用何种单据类型进行接收的功能。系统默认为其他应收单，用户也可在初始设置中的单据类型设置中自行定义单据类型，如定义代垫费用应收单，然后在系统选项代垫费用类型中进行选择。

（5）应收账款核算模型。

系统提供两种应收款管理系统的应用模型，即简单核算和详细核算（参见 7.1.1 应收款管理系统功能概述）。用户必须选择其中一种方式，系统默认选择详细核算方式。该选项在系统启用时或者还没有进行任何业务（包括期初数据录入）时才允许进行选择设置和修改。

（6）是否自动计算现金折扣。

可以选择自动计算现金折扣和不自动计算现金折扣两种方式。可以在账套使用过程中修改该参数。若选择自动计算现金折扣，需通过单据核销界面中的“栏目”设置单据栏目，将可享受折扣和本次折扣栏目设为显示状态。

（7）是否进行远程应用。

如果选择了进行远程应用，则系统在后续处理中提供远程传输收付款单的功能。但必须在此填上远程标识号，远程标识号必须为两位即在01～99之间。如果在异地有应收业务，则可通过远程应用功能，在两地之间进行收付款单等的传递。

如果选择了不进行远程应用，则系统在后续处理中将不提供远程传输收付款单的功能，且也不需要填上远程标识号。

（8）是否登记支票。

“是否登记支票”是系统提供给用户付款时自动登记支票登记簿的功能。该选项需要配合总账系统的“支票控制”选项一起使用。用户需要在结算方式定义中将需要登记支票登记簿的结算方式（如转账支票等）在“是否票据管理”中打钩表示进行票据管理。选择登记支票，则系统自动将具有票据管理结算方式的付款单登记支票登记簿。若不选择登记支票登记簿，则用户也可以通过付款单上的“登记”按钮，进行手工登记支票登记簿。

（9）改变税额是否反算税率。

税额一般不用修改，在特定情况下，如系统和手工计算的税额相差几分钱，用户可以对税额进行调整。如果需要调整税额，还应当选择反算税率或不反算税率。

若选择是，则税额变动反算税率，不进行容差控制。若选择否，则税额变动不反算税率，系统将进行容差控制。容差是可以接受的误差范围。在调整税额尾差（单笔）、保存（整单）时，系统将检查是否超过容差：超过则不允许修改。未超过则允许修改。

（10）应收票据直接生成收款单。

若选择“是”，则表示应收票据保存时，同时生成收款单。若选择“否”，则表示应收票据保存后，不生成收款单，需在票据界面手工点击“收款”按钮才可生成收款单。系统默认选择为“是”。

（11）收付款单打印显示客户全称。

默认为不选择此项。如果选择此项，则表示收付款打印时显示客户的全称。

2. 凭证选项设置

（1）受控科目制单方式。

有两种受控科目制单方式可供选择，即明细到客户和明细到单据。

（2）非受控科目制单方式。

非受控科目有3种制单方式，即明细到客户、明细到单据和汇总制单。

（3）控制科目依据。

控制科目在应收款管理系统是指所有带有客户往来辅助核算的科目。本系统提供6种控制科目设置依据，即按客户分类、按客户、按地区、按销售类型、按存货分类及按存货。只有设置了控制科目依据后，才能在“初始设置→控制科目设置”中根据控制科目依据中的选择针对“客户分类/客户/地区”等分类设置不同的控制科目。

（4）销售科目依据。

系统提供两种设置存货销售科目的依据，即按存货分类和按存货设置存货销售科目。

在此设置的销售科目，是系统自动制单科目取值的依据。

（5）月结前是否全部生成凭证。

若选择月结前全部生成凭证，则在进行月末结账时将检查截止到结账月是否有未制单的单据和业务处理。若有，系统将提示不能进行本次月结处理，但可以详细查看这些记录；若没有，才可以继续进行本次月结处理。

若选择月结前不需要全部生成凭证，则在月结时只是允许查询截止到结账月的未制单单据和业务处理，不进行强制限制。

（6）方向相反的分录是否合并。

即科目相同、辅助项相同、方向相反的凭证分录是否合并的控制选项。

（7）核销是否生成凭证。

系统默认选择“否”，即不管核销双方单据的入账科目是否相同均不需要对这些记录进行制单。若选择“是”，则需要判断核销双方的单据的入账科目是否相同，不相同时，需要生成一张调整凭证。

（8）预收冲应收是否生成凭证。

系统默认选择需要生成凭证，该选项可以随时修改。若选择“否”，则对于预收冲应收业务，不管预收、应收科目是否相同均不生成凭证。

（9）红票对冲是否生成凭证。

若选择“是”，则对于红票对冲处理，当对冲单据所对应的受控科目不相同时，系统将生成一张转账凭证。若选择“否”，则对于红票对冲处理，不管对冲单据所对应的受控科目是否相同均不生成凭证。

（10）凭证是否可编辑。

系统默认的选项是凭证生成后仍可以进行编辑，选项为空。

（11）单据审核后是否立即制单。

若选择为“是”，表示所有单据审核或业务处理后需要提示是否立即生成凭证。若选择为“否”，表示所有单据审核或业务处理后不再提示是否立即生成凭证。

（12）凭证合并规则。

凭证合并规则细分为按科目、辅助项、摘要、结算方式、票据号及表头自定义项。

当凭证的合并规则和表体科目不合并规则相冲突时，优先按表体科目不合并规则进行控制。

（13）收付款单制单表体科目不合并。

若不选择此项，表示收付款单制单时要依据制单的业务规则进行合并。若选择此项，表示收付款单制单时表体科目无论是否科目相同辅助项相同，制单时均不合并。

（14）应收单制单表体科目不合并。

若不选择此项，表示应收单制单时要依据制单的业务规则进行合并。若选择此项，表示应收单制单时表体科目无论是否科目相同辅助项相同，制单时均不合并。

（15）制单时回写摘要。

若选择此项，表示应收单据制单时修改的摘要，在应收业务账表中可以显示出来。若不选择此项，表示应收单据制单时修改的摘要，在应收业务账表中不显示出来。

3．权限与预警设置

（1）是否启用客户权限。

若选择启用，则在所有的单据录入、处理和查询中均需要根据该用户的相关客户数据权限进行限制。操作员只能录入、处理、查询有权限的客户数据，对于没有权限的客户数据，操作员无权处理与查询。通过该功能，企业可加强客户管理的力度，提高数据的安全性。

（2）是否启用部门权限。

若选择启用，操作员只能录入、处理、查询有权限的部门数据，由此，企业可加强部门管理的力度，提高数据的保密性。

（3）控制业务员权限。

只有在“企业应用平台→系统服务→权限→数据权限控制设置”中对业务员进行记录级数据权限控制时该选项才可设置。通过该功能，企业可加强业务员管理的力度，提高数据的安全性。

（4）控制合同类型权限。

只有在“企业应用平台→系统服务→权限→数据权限控制设置”中对合同类型进行记录级数据权限控制时，该选项才可设置。若选择启用，则在所有的处理、查询中均需要根据该用户的相关合同类型数据权限进行限制。通过该功能，企业可加强合同管理的力度，提高数据的安全性。

（5）控制操作员权限。

只有在“企业应用平台→系统服务→权限→数据权限控制设置”中对操作员进行记录级数据权限控制时，该选项才可设置。通过该功能，企业可加强操作员管理的力度，提高数据的安全性。

（6）录入发票时显示提示信息。

如果选择显示提示信息，则在录入发票时，系统会显示该客户的信用额度余额以及最后的交易情况。

（7）单据报警。

可以选择信用方式报警、折扣方式报警及超过信用额度报警。如果选择了根据折扣方式或信用方式自动报警，还需要设置报警的提前天数。

（8）是否信用额度控制。

如果选择进行信用额度控制，则在应收款管理系统保存录入的发票和应收单，当票面金额+应收借方余额-应收贷方余额>信用额度时，系统会提示本张单据不予保存处理。该信用额度取自客户档案中的信用额度，若用户需要进行信用额度控制，则首先需要在客户档案中设置每个客户的信用额度。

（9）信用额度报警。

用户可以选择是否需要根据客户的信用额度进行预警，预警时，系统计算发票或应收单的信用比例是否达到报警条件，符合报警条件则显示信用报警单。若登录的用户没有信用额度报警单查看权限时就算设置了报警也不显示该报警单信息。

4．核销设置

（1）应收款核销方式。

系统提供 3 种应收款核销方式，即按余额、按单据、按存货。选择不同的核销方式，将影响到账龄分析的精确性。选择按单据核销或按存货核销能够进行更精确的账龄分析。

（2）规则控制方式。

系统提供“严格”和“提示”两种控制方式。若选择“严格”的控制方式，则核销时严格按照选择的核销规则进行核销，如不符合核销规则，则不能完成核销操作。若选择为“提示”的控制方式，则核销时不符合核销规则，提示后，由用户选择是否完成核销操作。

（3）核销规则。

默认为按客户核销。可供选择的有：客户、部门、业务员、订单、合同、项目、发（销）货单。可按客户 + 其他项进行组合选择。如选择客户 + 部门，则表示核销时，需客户相同，且部门相同。其他以此类推。

（4）收付款单审核后核销。

若不选择时，表示收付款单审核后不进行立即核销操作。若选择时，默认为自动核销，表示收付款单审核后立即进行自动的核销操作；选择时若同时改为手工核销，则表示收付款单审核后，立即自动进入手工核销界面，由用户手工完成核销。

7.2.2　初始设置

初始设置包括设置科目、设置坏账准备、设置账期内及逾期账龄区间、设置报警级别、设置单据类型和设置中间币种等。其他公共信息（会计科目、部门档案、职员档案、外币及汇率、结算方式、付款条件、地区分类、客户分类及档案）已在系统管理和总账管理初始设置中完成。

（1）设置科目。

包括基本科目设置、控制科目设置、产品科目设置及结算方式科目设置。如果企业应收业务类型较固定，生成的凭证类型也较固定，为了简化凭证生成操作，可在此处将各业务类型凭证中的常用科目预先设置好。

（2）设置坏账准备。

应收款管理系统可以根据发生的应收业务情况，提供自动计提坏账准备的功能。在此需对坏账提取比率、期初余额、坏账准备科目及对方科目进行设置。

（3）设置账龄区间。

细分为账期内账龄区间设置及逾期账龄区间设置。为了对应收款进行账龄分析，评估客户信誉，并按一定的比例估计坏账损失，应首先在此设置账龄区间。

（4）设置报警级别。

通过对报警级别的设置，将客户按照欠款余额与其授信额度的比例分为不同的类型，以便于掌握各个客户的信用情况。

（5）设置单据类型。

系统提供了发票和应收单两类单据。若同时使用销售管理系统，则发票的类型包括增值税专用发票、普通发票、销售调拨单和销售日报。若单独使用应收款管理系统，则发票的类型不包括后两种。发票的类型不能修改和删除。

应收单记录销售业务之外的应收款情况。应收单可划分为不同的类型，以区分应收货款之外的其他应收款。例如：应收代垫费用款、应收利息款、应收罚款、其他应收款等。应收单的对应科目由自己定义。应收单中的“其他应收单”为系统默认类型，不能删除、修改，不能删除已经使用的单据类型。

（6）设置中间币种。

异币种核销或转账时，我们需要进行中间币种的设置，用于核销单据和被核销单据按照中间币种设置的汇率进行折算后再进行核销或转账处理。

7.2.3 期初余额

初次使用应收款管理系统时，要将上期未处理完全的应收账款、预收账款和应收票据等数据都录入到此系统，以便于以后的核销处理。当进入第 2 年度处理时，系统自动将上年度未处理完全的单据转成为下一年度的期初余额。当然，在下一年度的第 1 个会计期间里，也可以进行期初余额的调整。

输入应收款管理系统的期初数据时需注意以下问题：

（1）单据日期必须小于该账套启用期间（第 1 年使用）或者该年度会计期初（以后年度使用）。

（2）单据中的科目栏目，用于输入该笔业务的入账科目，该科目可以为空。建议在录入期初单据时，最好录入科目信息，这样不仅可以执行与总账的对账功能，而且可以查询正确的科目明细账和总账。

（3）发票和应收单的方向包括正向和负向，类型包括系统预置的各类型以及用户定义的类型。

（4）期初发票中表头和表体均可以输入科目和项目。表头和表体科目必须全为应收的受控科目。

（5）如果是预收款和应收票据，则不用选择方向，系统均默认为正向。预收款表头和表体科目必须全为应收的受控科目。增加预收款时，可以通过选择单据类型（收款单、付款单）来达到增加预收款和预付款的目的。

（6）引入合同结算单时，合同管理系统启用月份应在应收款管理系统之前，引入的合同结算单生效日期也应在应收款管理系统启用月之前。用户可以针对每条合同结算单对默认的科目初始值进行修改，但合同类型和编号不可编辑；项目的选项依据科目的选择而定，与科目相匹配。

7.3 日常处理

日常处理主要包括应收单据处理、收款单据处理、核销处理、票据管理、转账、坏账处理、制单处理和单据查询等操作。

7.3.1 应收单据处理

应收单据处理包括应收单据录入和应收单据审核。

1. 应收单据录入

销售发票与应收单是应收款管理系统中确认应收信息的原始单据。销售发票是指销售业务中的各类普通发票和专用发票。应收单是指销售业务之外的应收单据（如各种代垫费用等）。

如果应收款管理系统和销售管理系统集成在一起使用，则在应收款管理系统需要录入的单据仅限于应收单，而销售发票和代垫费用产生的单据均由销售系统录入、审核，然后自动传递到应收款管理系统，在应收款管理系统对这些单据进行查询、核销、制单即可。如果没有使用销售管理系统，则各类发票和应收单均应在应收款管理系统录入。

2. 应收单据审核

对于应收单据审核，系统提供手工审核和自动批审核的功能。应收单据审核窗口中显示的单据包括全部已审核和未审核的应收单据，也包括从销售管理系统中传入的单据。进行过后续处理（如核销、制单和转账等处理）的单据在应收单据审核中不能显示。对这些单据的查询，可以在“单据查询”中进行。

7.3.2　收款单据处理

系统通过收款单来记录所收到的客户款项。收款单据处理主要是对结算单据进行管理，包括收款单的录入及审核。

1. 收款单据录入

收款单据录入是将已收到的客户款项货退回客户的款项，录入到应收款管理系统。收款单用来记录企业所收到的客户款项，款项性质包括应收款、预收款和其他费用等。其中应收款、预收款性质的收款单将与发票、应收单进行核销勾对。如果收取的款项中同时包含这几种类型，录入时需要分开记录，因为系统会依据不同的款项性质进行后续的处理。

2. 收款单据审核

系统用审核来确认收款业务的成立。在用户填制收款单后，只有在系统中对收款单进行审核后才记入应收明细账。对于收款单据审核，系统提供手工审核和自动批审的功能。结算单列表窗口总显示的单据包括全部已审核、未审核的收款单，可以进行结算单的增加、修改和删除等操作。

7.3.3　核销处理

核销处理指日常进行的收款核销应收款的工作。单据核销的作用是解决收回客商款项，核销该客商应收款的处理；建立收款与应收款的核销记录；监督应收款及时核销；加强往来款项的管理。系统提供自动核销和手工核销两种核销方式。

对应收单据和收款单据进行核销时，分为以下几种情况。每种情况又都分为同币种核销和异币种核销。

（1）收款单与原有单据完全核销。

如果收款单的数额等于收款单据的数额，则收款单与原有单据完全核销。

（2）在核销时使用预收款。

如果客户事先预付了一部分款，在业务完成后又付清了剩余的款项，并且要求这两笔款项同时结算，则在核销时需要使用预收款。如果预收款的币种与需要核销的应收单的币种不一致，则需要将预收款的金额折算成中间币种后进行核销。

（3）单据仅得到部分核销。

如果收到款项小于原有单据的数额，那么单据仅能得到部分核销，未核销的余款留待下次核销。

（4）预收款余款退回。

如果预收往来单位款项大于实际结算的款项，可以将余款退付给往来单位。处理方法为按余款数额输入付款单，与原收款单核销。

7.3.4 票据管理

票据管理主要是对商业承兑汇票和银行承兑汇票进行日常的业务处理，所有涉及票据的收入、结算、贴现、背书、转出和利息等处理都应该在票据管理中进行。

7.3.5 转账

转账包括以下 4 种情况：

（1）预收冲应收用于处理客户的预收款（红字预收款）与该客户应收欠款（红字应收）之间的核算业务。

（2）应收冲应付功能将应收款业务在客户与供应商之间进行转账，实现应收业务的调整，解决应收债权与应付债务的冲抵。

（3）红票对冲可实现客户的红字应收单据与其蓝字应收单据、收款单与付款单中间进行冲抵的操作。系统提供两种处理方式，即自动冲销和手工冲销。

（4）应收冲应收用于当一个客户为另一个客户代付款时，通过应收冲应收功能将收账款在客商之间进行转入、转出，实现应收业务的调整。

7.3.6 坏账处理

坏账处理包括坏账发生、坏账收回和坏账计提。

系统提供的计提坏账的方法主要有销售收入百分比法、应收账款百分比法和账龄分析法。不管采用什么方法计提坏账，初次计提时，如果没有进行预先的设置，首先应在初始设置进行设置。应收账款的余额默认为本会计年度最后一天所有未结算完的发票和应收单余额之和减去预收款数额，可以根据实际情况进行修改。账龄分析法各区间余额由系统生成（本会计年度最后一天的所有未结算完的发票和应收单余额之和减去预收款数额），可以根据情况进行修改。

7.3.7 制单处理

制单处理分为立即制单和批量制单。

立即制单是在单据处理、转账处理、票据处理及坏账处理等功能操作中，有许多地方系统询问是否立即制单，可以单击“是”按钮，便立即生成凭证。

批量制单是在所有业务发生完成后，使用制单功能进行批处理制单。

7.3.8 单据查询

应收款系统提供对发票、应收单、结算单和凭证等的查询。在查询列表中，系统提供自定义栏目和排序等功能，在进行单据查询时，若启用客户、部门数据权限控制，则在查询单据时只能查询有权限的单据。

7.4　账表管理及期末处理

7.4.1　账表管理

账表管理包括业务账表、统计分析和科目查询等内容。

1. 业务账表

通过业务账表查询，可以及时地了解一定期间内期初应收款结存汇总情况，应收款发生、收款发生的汇总、累计情况及期末应收款结存汇总情况；还可以了解各个客户期初应收款结存明细情况，应收款发生、收款发生的明细、累计情况及期末应收款结存明细情况，及时发现问题，加强对往来款项的监督管理。

2. 统计分析

通过统计分析，可以按用户定义的账龄区间，进行一定期间内应收款账龄分析、收款账龄分析、往来账龄分析，了解各个客户应收款周转天数、周转率，了解各个账龄区间内应收款、收款及往来情况，以便及时发现问题，加强对往来款项动态的监督管理。

统计分析包括应收款账龄分析、收款账龄分析、欠款分析和收款预测。

3. 科目账查询

科目账查询包括科目明细账、科目余额表的查询。

7.4.2　期末处理

如果当月业务已全部处理完毕，就需要执行“月末结账”功能，只有当月结账后，才可以开始下月工作。

进行月末处理时，一次只能选择一个月进行结账；前一个月没有结账，则本月不能结账；结算单还有未审核的，不能结账；如果选择“单据日期为审核日期”选项，则应收单据在结账前应该全部审核；如果选择“月末全部制单”选项，则月末处理前应该把所有业务生成凭证；年度末结账，应对所有核销、坏账、转账等处理全部制单。在执行了月末结账功能后，该月将不能再进行任何处理。

实验八　应收款管理系统

【实验目的】

1. 掌握用友 U8 10.1 管理软件中应收款管理系统的相关内容。
2. 掌握应收款管理系统初始化、日常业务处理及月末处理的操作。
3. 理解应收款在总账核算与在应收款管理系统核算的区别。

【实验内容】

1. 初始化：设置账套参数、初始设置。
2. 日常处理：形成应收款、收款结算、转账处理、坏账处理、制单、查询统计。
3. 期末处理：月末结账。

【实验准备】

引入“实验二”账套数据。

【实验要求】

以账套主管“01 李达”的身份进行应收款业务的处理。

【实验资料与操作指导】

◉业务1：基本设置

1. 选项设置。

应收款管理基本控制参数设置如表7－1所示。

表7－1 应收款管理基本控制参数

控制参数	参数设置
应收款核销方式	按单据
单据审核日期依据	单据日期
汇兑损益方式	月末处理
坏账处理方式	应收余额百分比法
代垫费用类型	其他应收单
应收款核算类型	详细核算
是否自动计算现金折扣	√
是否登记支票	√
核销是否生成凭证	√

►【操作提示】

①以账套主管“01 李达”的身份登录企业门户，操作时间2016年1月31日。

②执行“业务工作→财务会计→应收款管理→设置→选项”命令，进入“选项”窗口。

③点击“编辑”，按照表7－1进行选项参数设置（如图7－3至图7－5所示）。

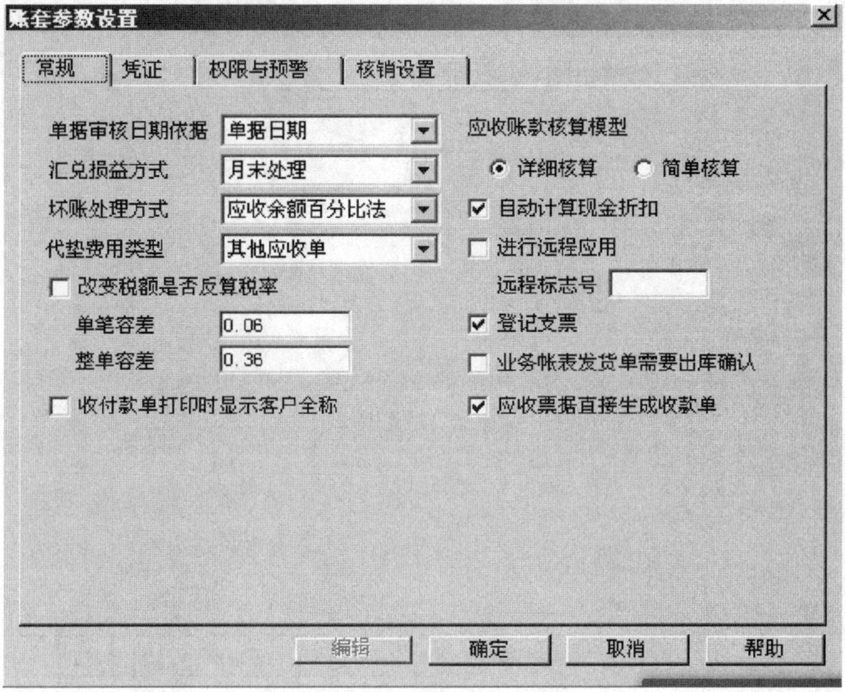

图 7－3　账套参数设置——常规

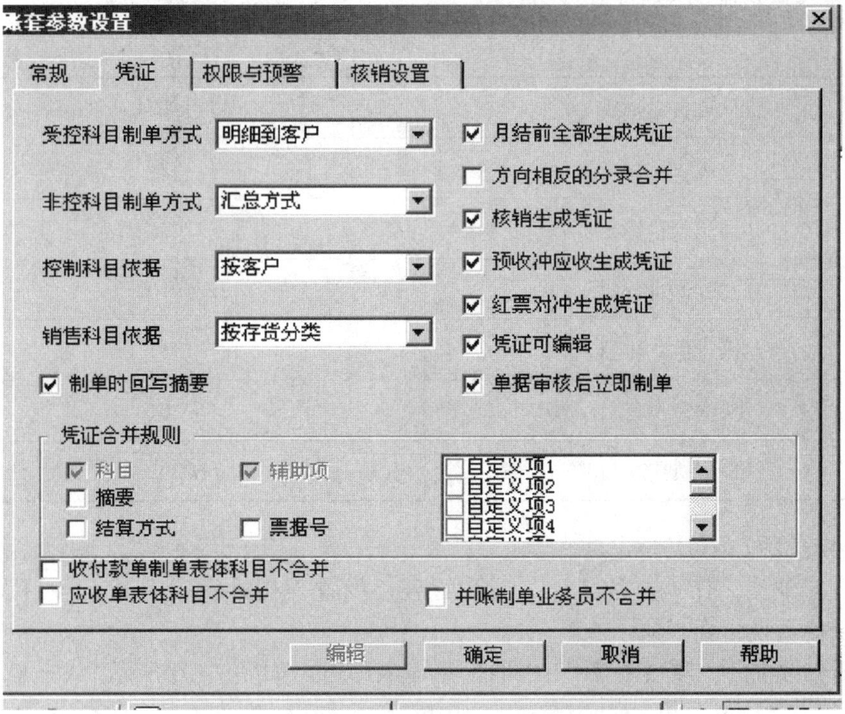

图 7－4　账套参数设置——凭证

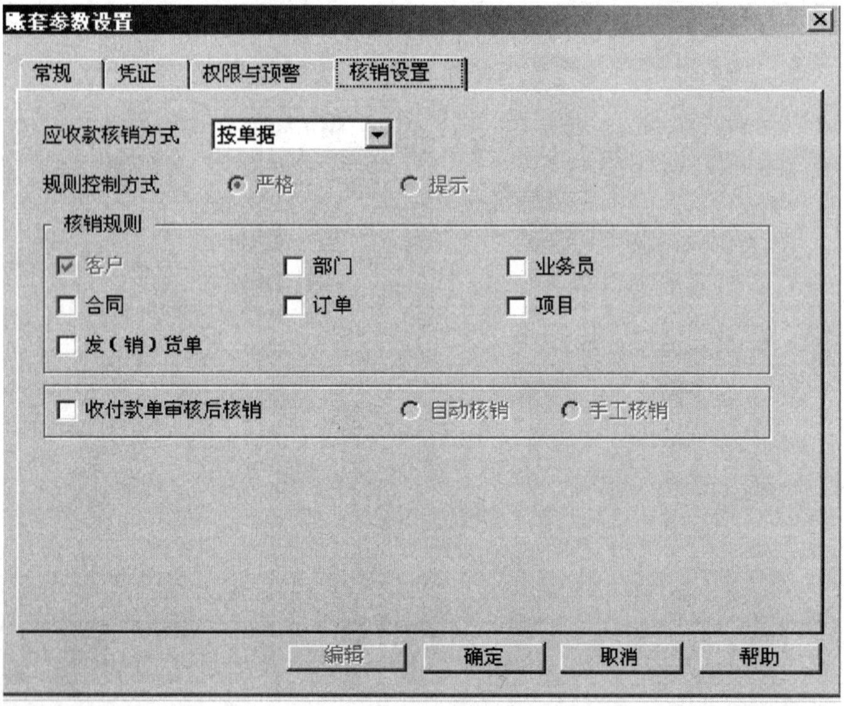

图 7－5　账套参数设置——核销设置

2．初始设置。

（1）应收款系统的基本科目设置。

表 7－2　基本科目设置

科目名称	科目编号
应收科目	1122
预收科目	2203
应交增值税科目	22210102
银行承兑科目	1121
票据利息科目	660301
票据费用科目	660302

►【操作提示】

①执行“业务工作→财务会计→应收管理→设置→初始设置→基本科目设置 1”命令进入基础科目设置窗口。

②点击“增加”，参照表 7－2 中的信息输入即可。如图 7－6 所示。

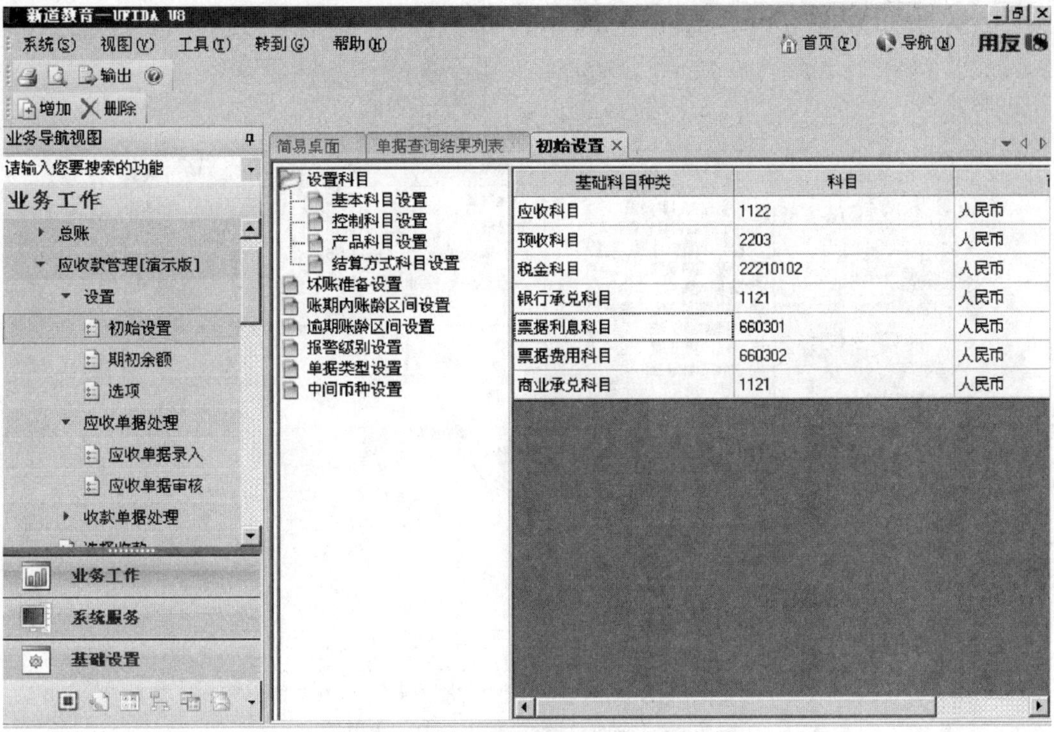

图 7－6 应收款管理基本科目设置

（2）应收款系统的结算方式科目设置。见表 7－3。

表 7－3 结算方式科目设置

结算方式	币种	科目
现金结算	人民币	1001（库存现金）
现金支票	人民币	1001（库存现金）
转账支票	人民币	100201（银行存款——人民币户）
银行汇票	人民币	100201（银行存款——人民币户）

►【操作提示】

①执行“业务工作→财务会计→应收款管理→设置→初始设置→结算方式科目设置”命令。

②点击“增加”，参照表 7－3 中的信息输入即可。如图 7－7 所示。

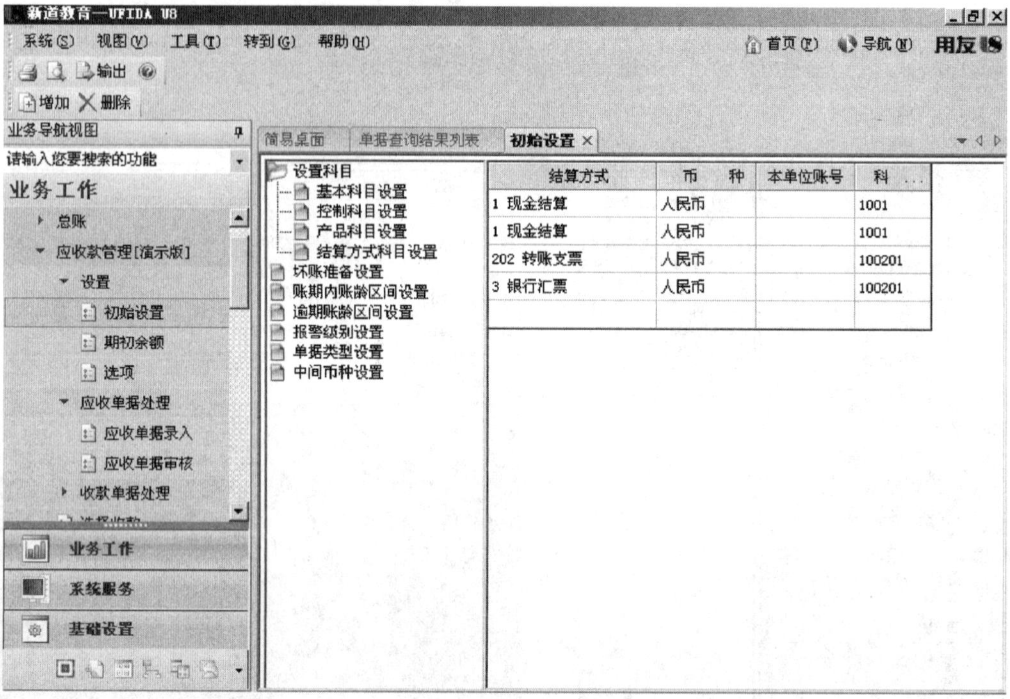

图7－7　应收款管理结算方式科目设置

（3）应收款系统的账龄区间设置。见表7－4。

表7－4　账龄区间设置

序号	起止天数/天	总天数/天
01	0～30	30
02	31～60	60
03	61～90	90
04	91～120	120
05	121以上	

►【操作提示】

①执行“业务工作→财务会计→应收款管理→设置→初始设置→账期内账龄区间设置”命令。

②参照表7－4进行账期内账龄区间设置。如图7－8所示。

③执行“业务工作→财务会计→应收款管理→设置→初始设置→逾期账龄区间设置”命令。

④同样参照表7－4进行逾期账龄区间设置。如图7－9所示。

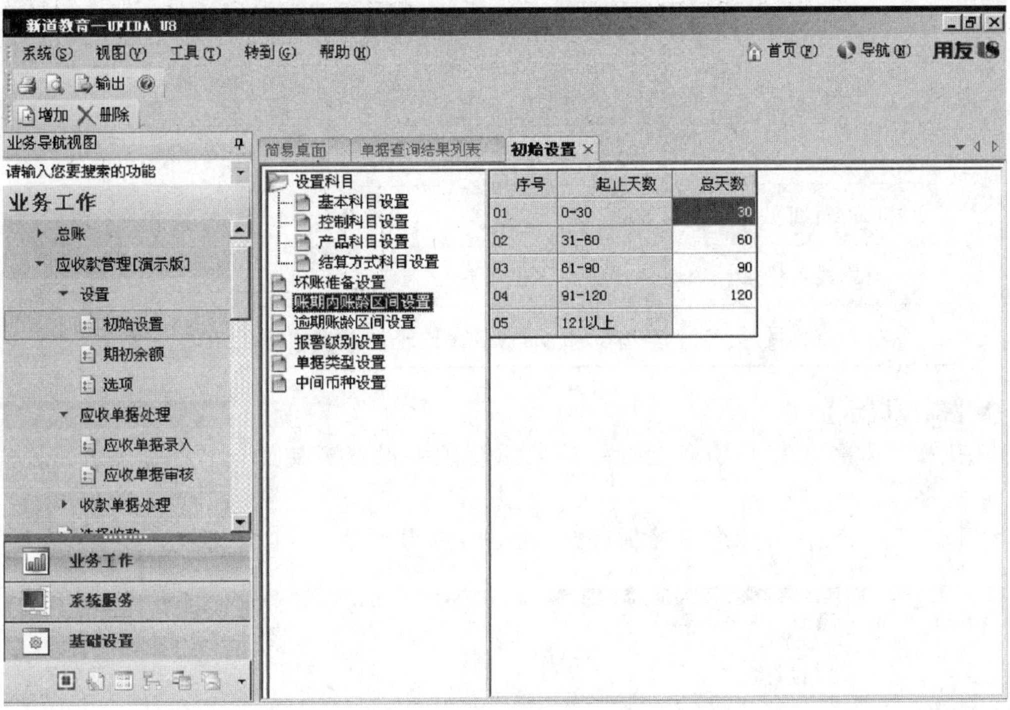

图 7－8　应收款账期内账龄区间设置

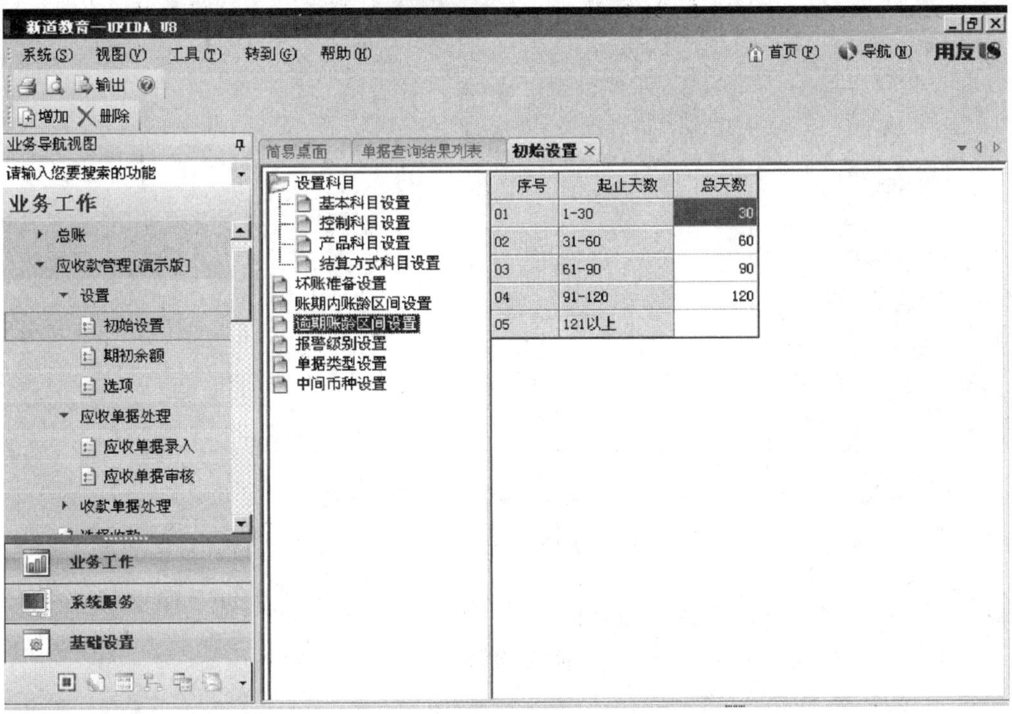

图 7－9　应收款管理逾期账龄区间设置

（4）坏账准备设置。见表7－5。

表7－5　坏账准备控制参数

控制参数	参数设置
提取比率	0.5%
坏账准备期初余额	800
坏账准备科目	1231（坏账准备）
对方科目	670101（资产减值损失——计提的坏账准备）

►【操作提示】

①执行“业务工作→财务会计→应收款管理→设置→初始设置→坏账准备设置”命令。

②按表7－5输入坏账准备控制参数。如图7－10所示。

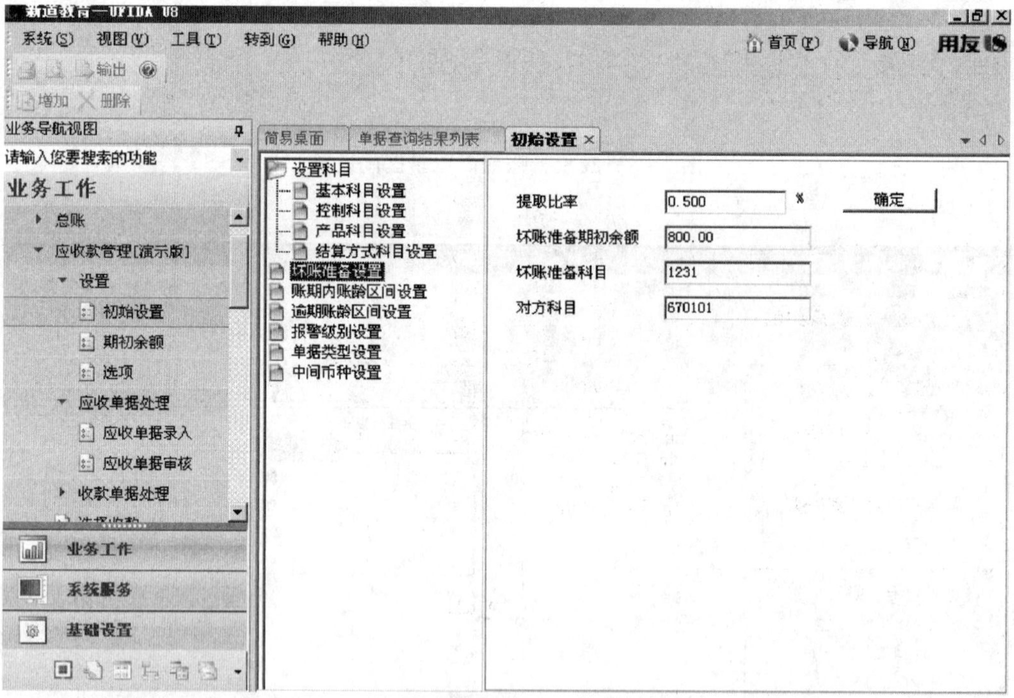

图7－10　应收款管理坏账准备设置

注意：

输入完成后，点击“确定”按钮，保存该项记录。

（5）应收款管理系统报警级别设置。见表7－6。

表 7－6　报警基本设置参数

序号	起止比率/%	总比率/%	级别名称
01	0～10	10	A
02	10～30	30	B
03	30～50	50	C
04	50～100	100	D
05	100 以上		E

▶【操作提示】

①执行“业务工作→财务会计→应收款管理→设置→初始设置→报警级别设置”命令。

②按照表 7－6 输入系统报警参数。如图 7－11 所示。

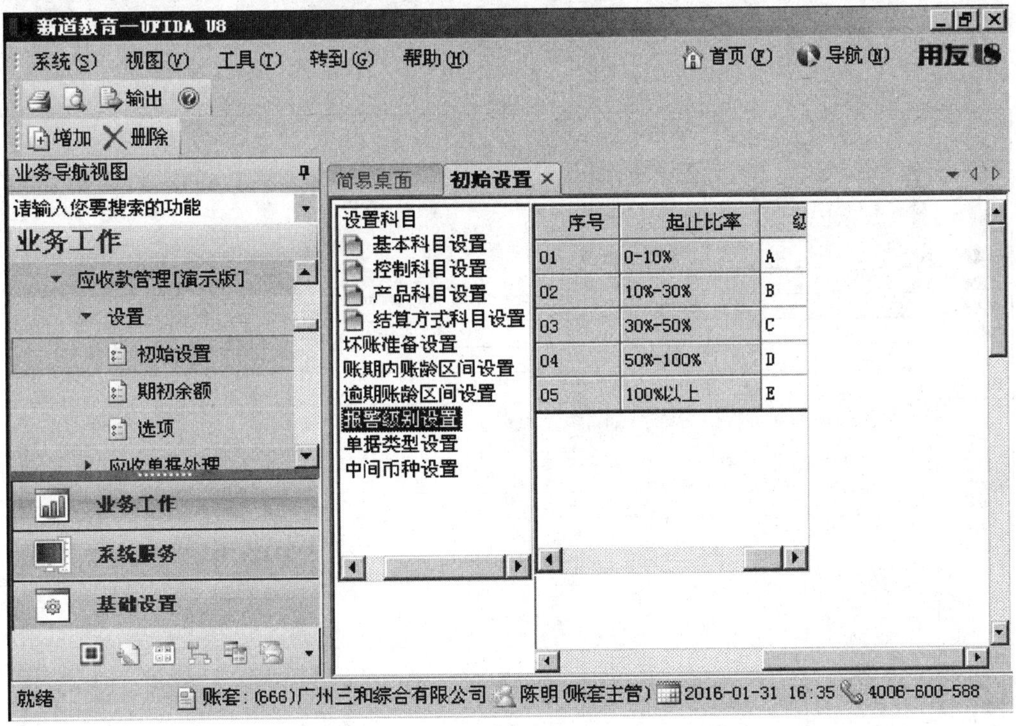

图 7－11　应收款管理报警级别设置

◉业务 2：输入期初销售发票

▶【操作提示】

①执行“业务工作→财务会计→应收款管理→设置→期初余额”命令。

②在弹出的“期初余额明细表”中点击“增加”，单据名称选“销售发票”。

③按表7－7中的信息分别增加一张期初销售普通发票（如图7－12所示）和期初销售专用发票（如图7－13所示）。

表7－7　期初应收单据

单据类型	单据编号	单据日期	客户	科目	摘　要	方向	金额	部门	业务员
普通发票	P1111	2015－10－24	启迪	1122	销售财务软件产品1套	借	100 000.00	市场部	杜海航
专用发票	Z1111	2015－11－10	梅林	1122	销售网站内容1部分	借	60 000.00	市场部	杜海航

注意：

必须先在“基础设置→单据设置→单据编号设置→销售管理”中找到“销售普通发票”和“销售专用发票”两种对应的单据，并修改选项，勾选“手工改动，重号时自动选取”，方可手工将发票编号分别修改为“P1111”和“Z1111”。

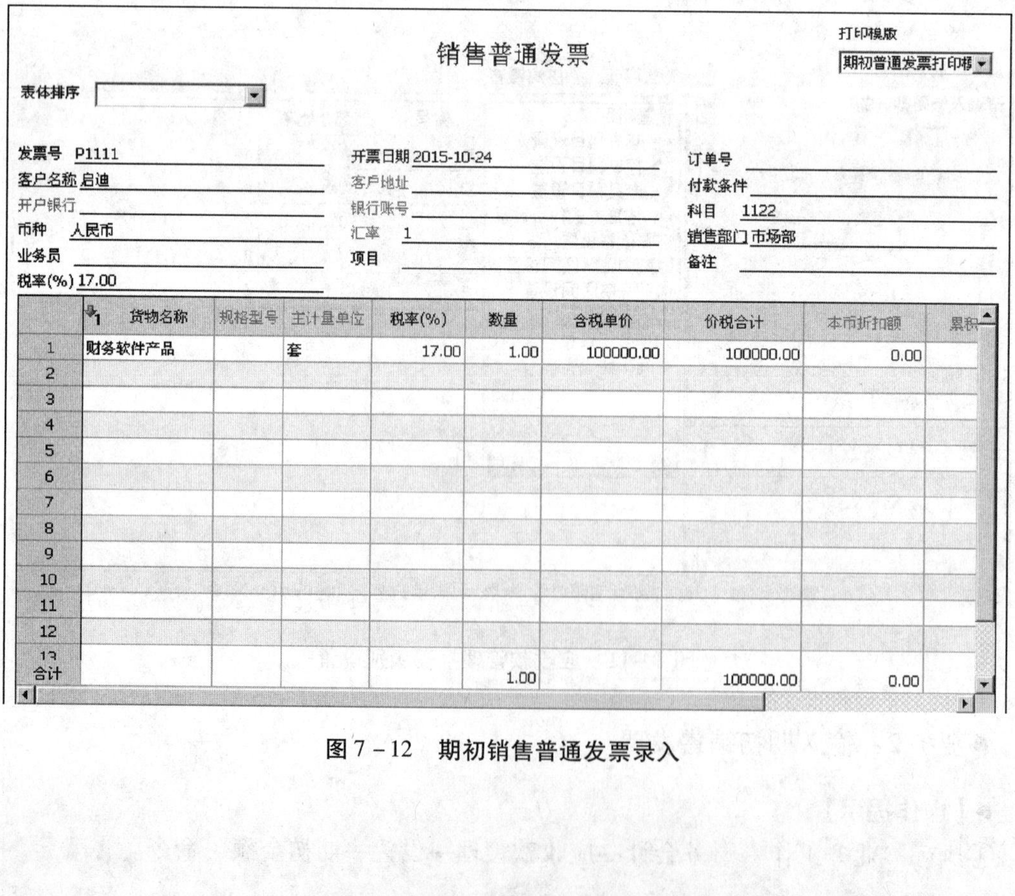

图7－12　期初销售普通发票录入

销售专用发票

打印模版 期初专用发票打印模

表体排序

开票日期 2015-11-10　　发票号 Z1111　　订单号

客户名称 梅林　　客户地址　　电话

开户银行 工行　　银行账号 234567　　税号

付款条件　　税率(%) 17.00　　科目 1122

币种 人民币　　汇率 1　　销售部门 市场部

业务员　　项目　　备注

	货物名称	规格型号	主计量单位	税率(%)	数量	无税单价	含税单价	税额	无税金额	价税合计
1	网站内容		部分	17.00	1.00	51282.05	60000.00	8717.95	51282.05	60000.00
2										
3										
4										
5										
6										
7										
8										
9										
10										
11										
12										
13										
合计					1.00			8717.95	51282.05	60000.00

图 7－13　期初销售专用发票录入

◉业务 3：发生销售业务，录入应收单据并进行审核

1．按信息录入应收单据。

1 月 12 日，市场部杜海航向广州博雅书店售出《电子商务讲座》600 套，单价 25 元，开具销售专用发票，货税款尚未收到（开户银行：工行丰台支行，账号：345678），税率 17%。

▶【操作提示】

①执行“业务工作→财务会计→应收款管理→应收单据处理→应收单据录入”命令。如图 7－14 所示。

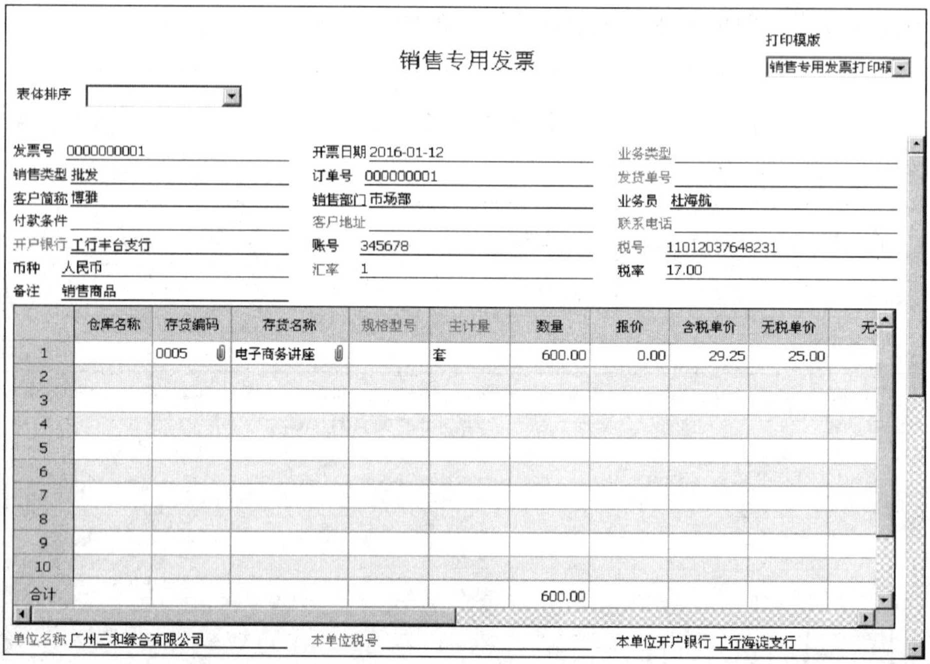

图 7－14　应收款管理应收单据录入

注意：

税率 17%，直接输入 17 即可。备注要写上，生成凭证时摘要即是备注的内容。此处的销售类型为“批发”。

②按业务情况输入完成后，点击“保存”按钮，再点击“审核”，提示“是否立即制单”。如图 7－15 所示。

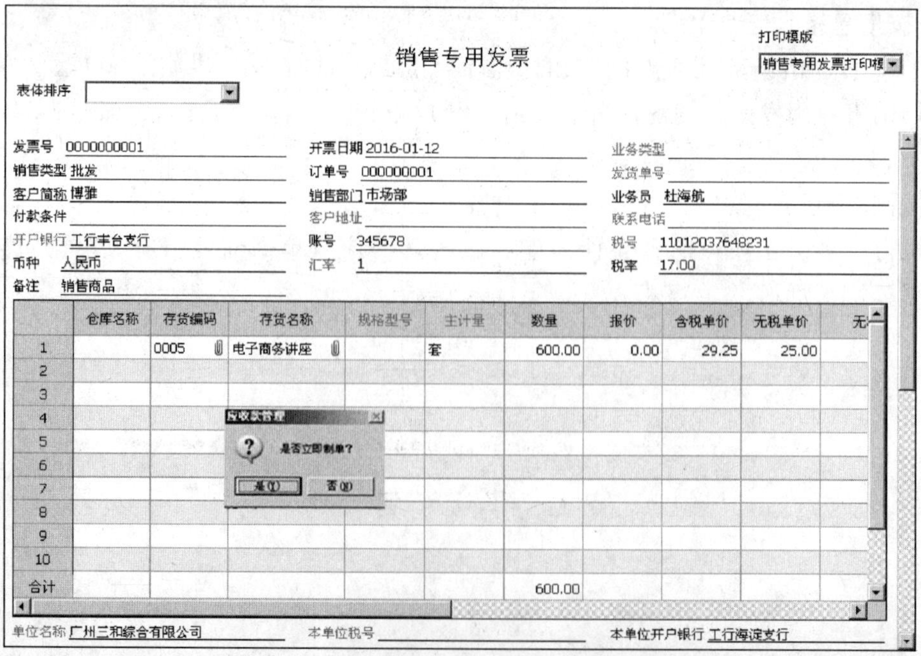

图 7－15　应收款管理应收单据审核并立即制单

③选择“是”，即可生成一张记账凭证。如图 7－16 所示。

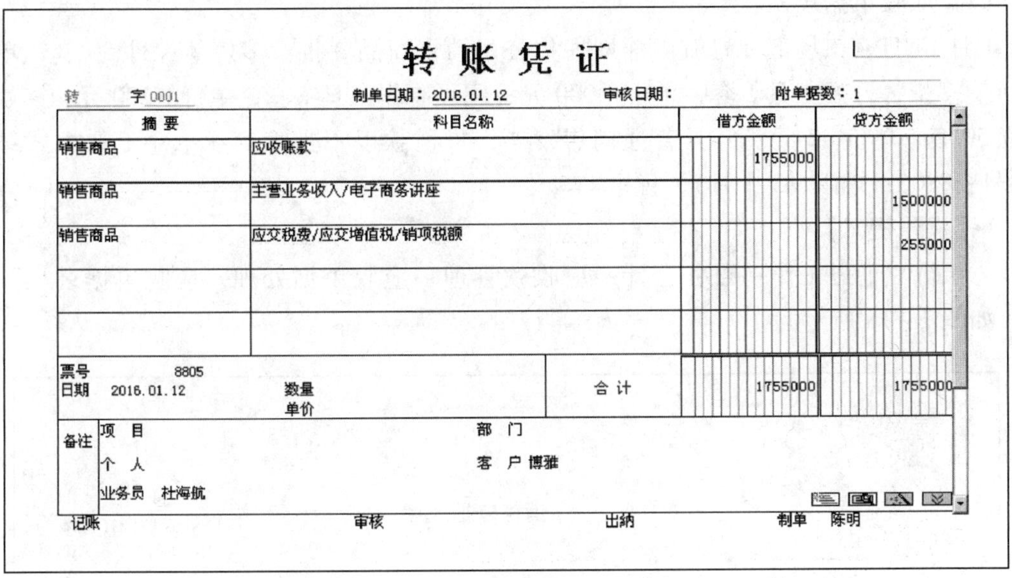

图 7－16　应收单据制单所生成的凭证

④对照下面的凭证内容信息对凭证进行修改，保存凭证即可。如图 7－17 所示。

借：应收账款（1122）　　17 550

　贷：主管业务收入——电子商务讲座（600102）　　15 000

　　　应交税费——应交增值税（销项税额）（22210102）　　2 550

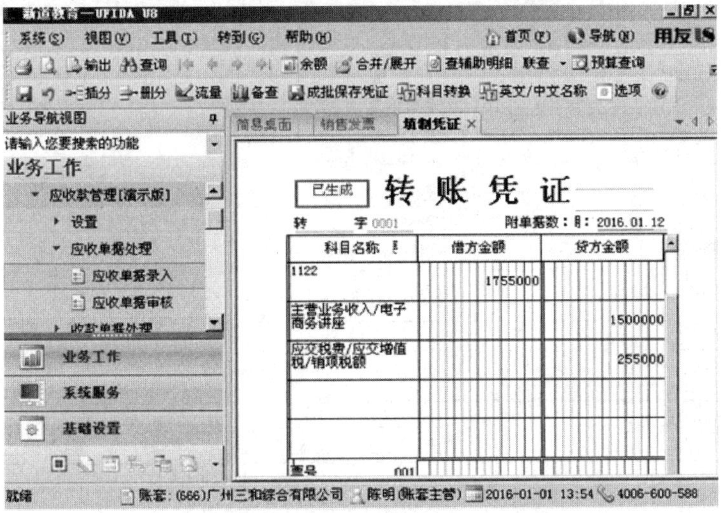

图 7－17　对制单所生成的凭证进行修改并保存

注意：

此处的“应收账款”科目应该注明票号。

2. 按信息录入应收单据。

（1）应收单据录入。

1 月 14 日，市场部杜海航向深圳梅林公司销售商品一批：多媒体课件 50 套，单价 58 元；多媒体开发工具 1 套，单价 8 000 元；网页制作工具 1 套，单价 1 200 元；多媒体教程 50 套，单价 32 元。开具普通销售发票，货税款以不带息商业承兑汇票方式结算（票号：8806；期限：3 个月），税率 17%。

►【操作提示】

①执行“业务工作→财务会计→应收款管理→应收单据处理→应收单据录入”命令。如图 7－18 所示。

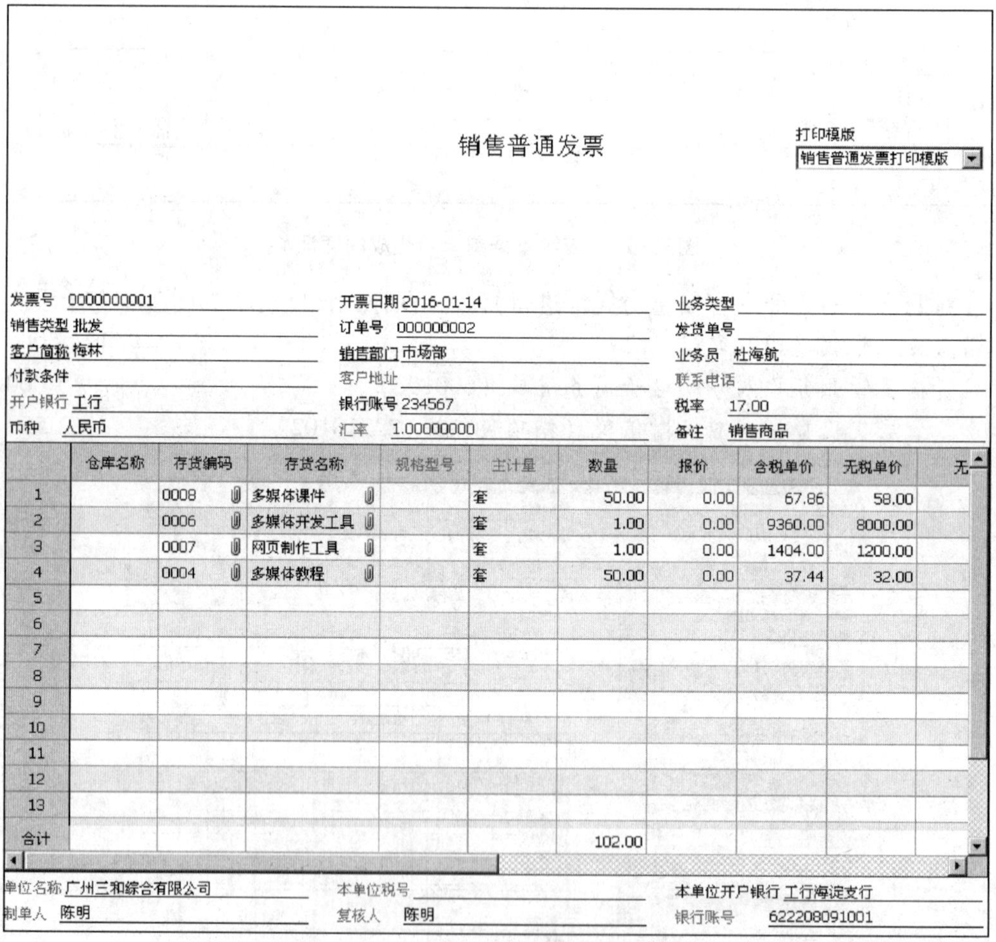

销售普通发票

打印模版：销售普通发票打印模版

发票号 0000000001	开票日期 2016-01-14	业务类型
销售类型 批发	订单号 000000002	发货单号
客户简称 梅林	销售部门 市场部	业务员 杜海航
付款条件	客户地址	联系电话
开户银行 工行	银行账号 234567	税率 17.00
币种 人民币	汇率 1.00000000	备注 销售商品

	仓库名称	存货编码	存货名称	规格型号	主计量	数量	报价	含税单价	无税单价	无
1		0008	多媒体课件		套	50.00	0.00	67.86	58.00	
2		0006	多媒体开发工具		套	1.00	0.00	9360.00	8000.00	
3		0007	网页制作工具		套	1.00	0.00	1404.00	1200.00	
4		0004	多媒体教程		套	50.00	0.00	37.44	32.00	
5										
6										
7										
8										
9										
10										
11										
12										
13										
合计						102.00				

单位名称 广州三和综合有限公司	本单位税号	本单位开户银行 工行海淀支行
制单人 陈明	复核人 陈明	银行账号 622208091001

图 7－18　应收款管理应收单据录入

②对应收单据进行审核，弹出“是否立即制单？”提示框。如图 7－19 所示。

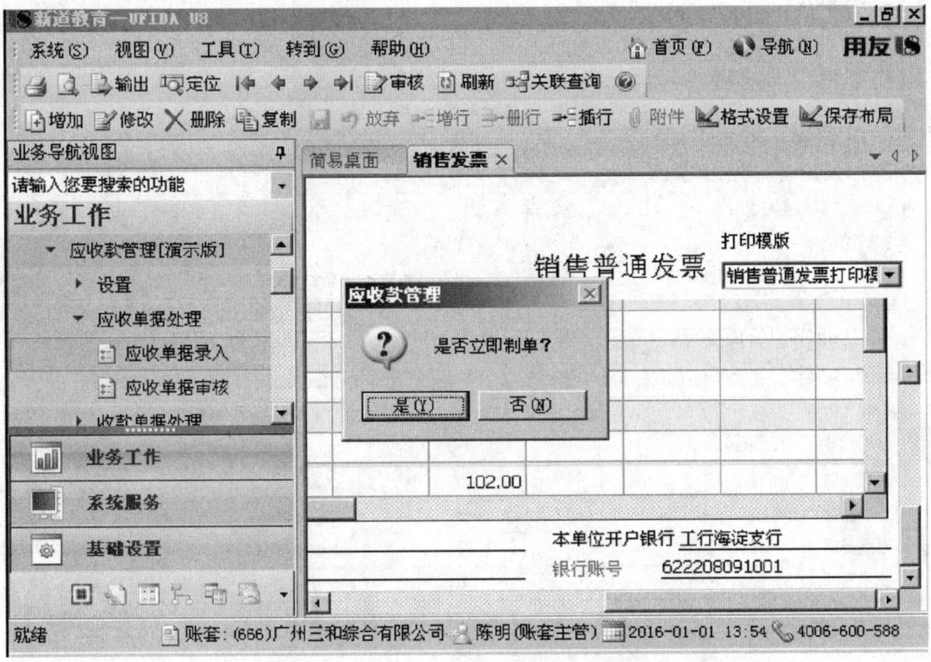

图 7－19　应收款管理应收单据审核

③选择“是”，立即生成凭证并保存。如图 7－20 所示。

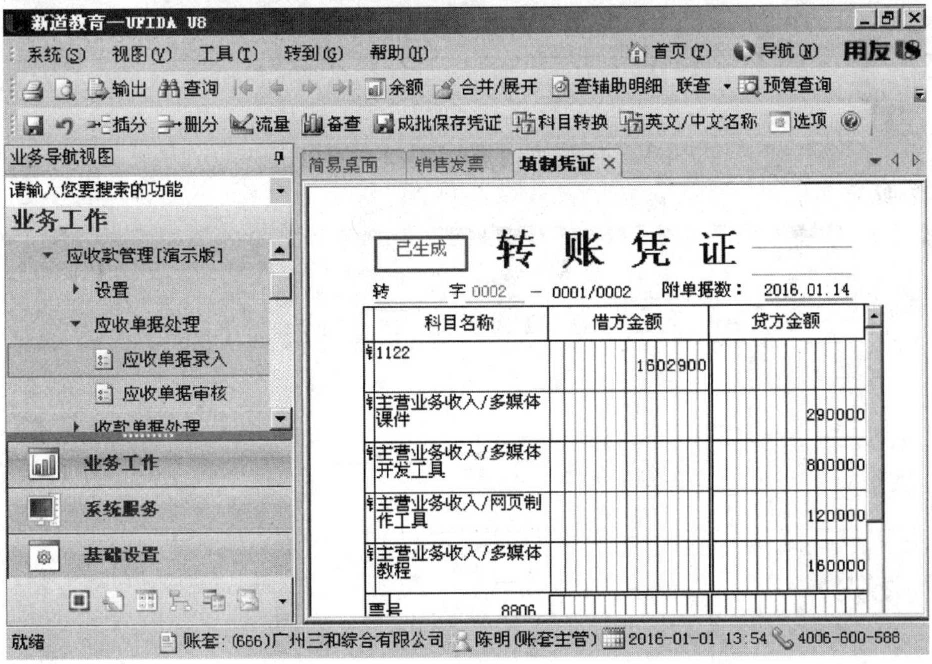

图 7－20　应收单据制单生成凭证

（2）上述销售业务的货税款以不带息商业承兑汇票方式结算，故在此录入收到的商业承兑汇票（票号：8806；期限：3 个月），税率 17%。

►【操作提示】

①执行“业务工作→财务会计→应收款管理→票据管理”命令。

②填写筛选条件，点击“确定”按钮。如图 7－21 所示。

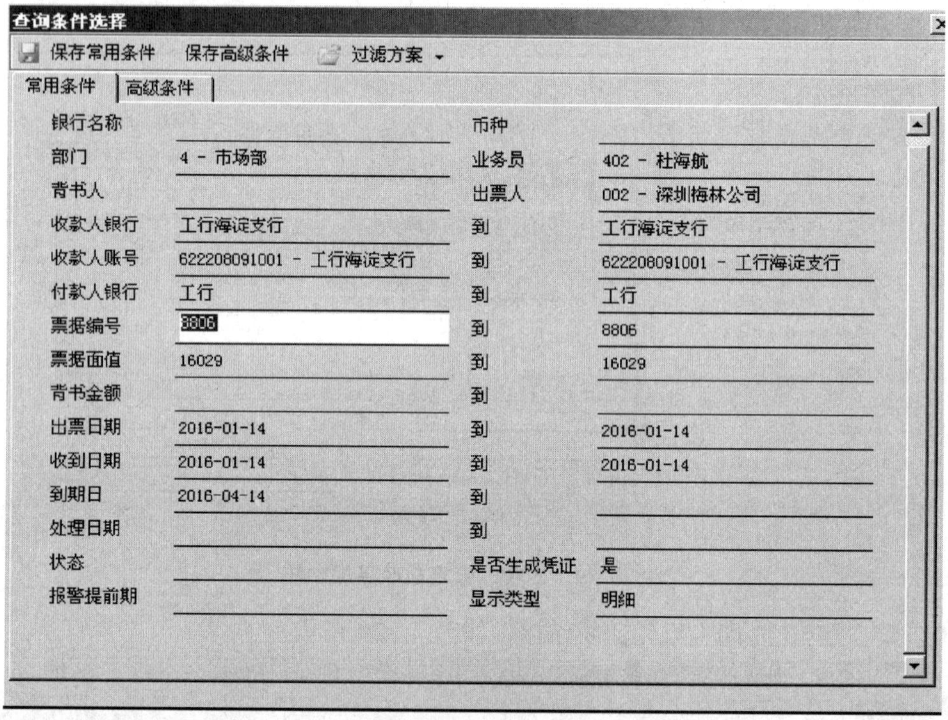

图 7－21　票据管理

③出现“票据管理”窗口，点击“增加”按钮，即可录入收到的商业承兑汇票。如图 7－22 所示。

图 7－22　应收款管理商业承兑汇票录入

◉业务 4：收到应收货款，填制收款单据和审核

（1）录入收款单据。

1 月 16 日市场部杜海航收到广州博雅书店用于偿还《电子商务讲座》货款 17 550 元的转账支票一张。

►【操作提示】

①执行“业务工作→财务会计→应收款管理→收款单据处理→收款单据录入”命令。

②点击“增加”按钮，录入信息。如图 7－23 所示。

图 7－23　应收款管理收款单据录入

③录入完成后，点击“保存”按钮，再点击“审核”按钮，弹出“是否立即制单?”窗口。如图 7－24 所示。

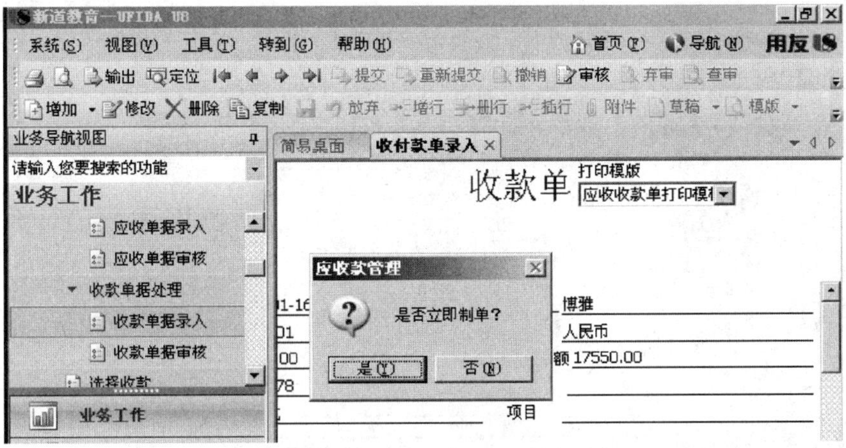

图 7－24　收款单审核

④选择“是”，立即生成凭证。如图 7－25 所示。

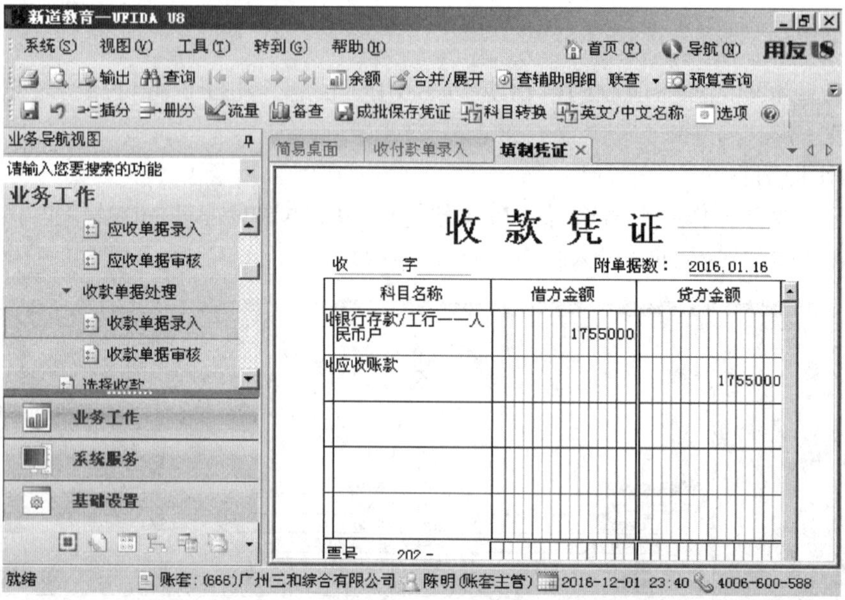

图 7－25　收款单制单生成的凭证

注意：

由于凭证中的“应收账款”和“银行存款”科目涉及辅助项，在此需要分别录入“应收账款”及“银行存款”科目的相关辅助项信息，客户为“博雅”，业务员为“杜海航”，结算方式为“202”（转账支票），票号设为“8805”号（如图 7－26 与图 7－27 所示）。录入完科目的辅助项信息后，方可保存生成收款凭证（如图 7－28 所示）。

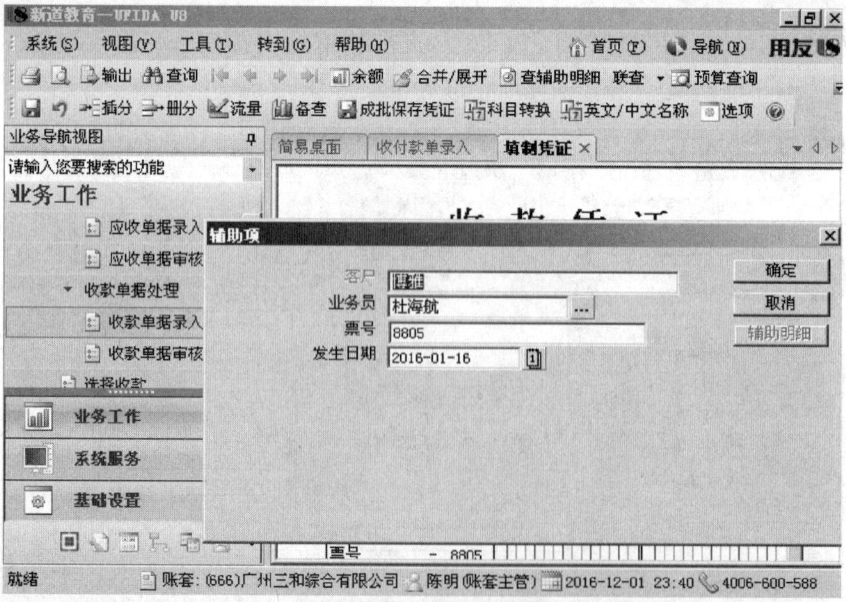

图 7－26　收款凭证——应收账款科目辅助项录入

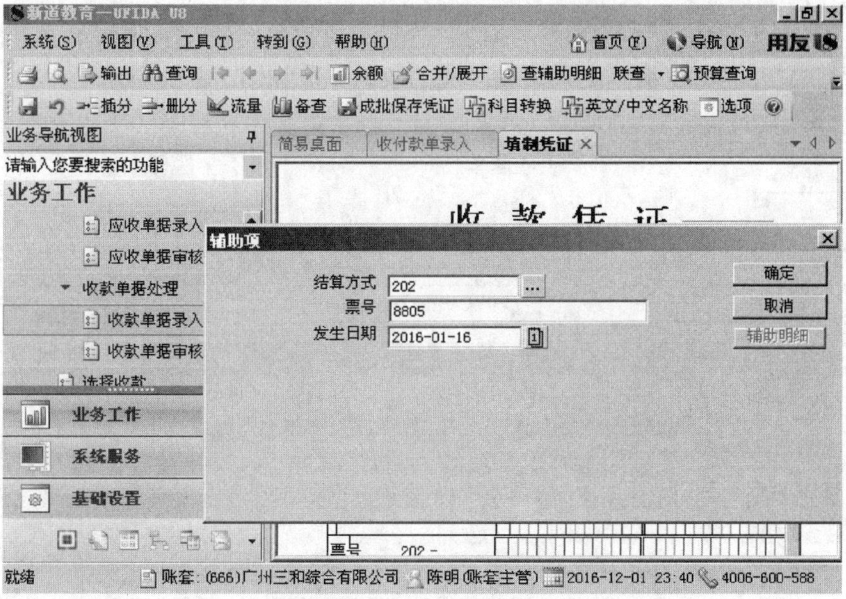

图 7－27　收款凭证——银行存款科目辅助项录入

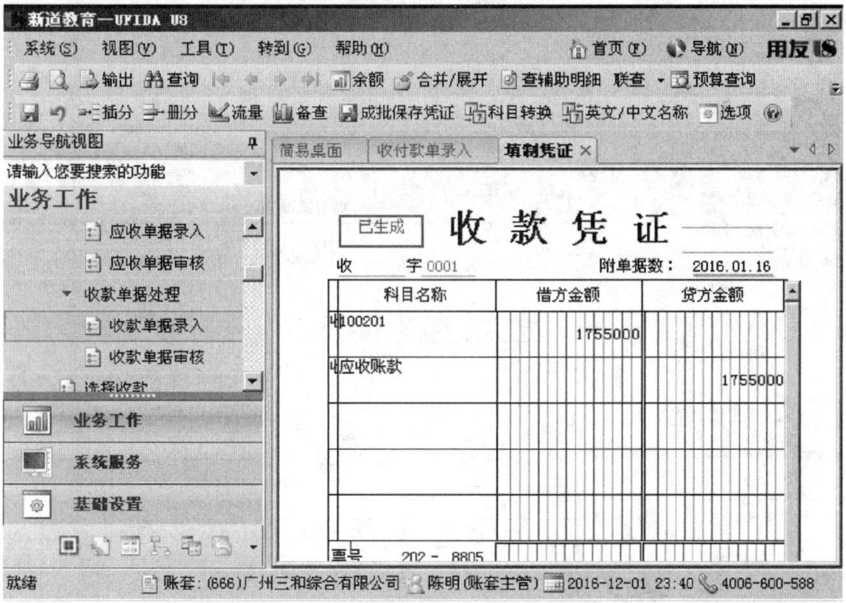

图 7－28　应收款管理收款凭证生成

（2）审核另一收款收据（即此前向深圳梅林公司销售商品取得的商业承兑汇票），并立即生成如下凭证：

借：应收票据　　16 029

　　贷：应收账款　　16 029

►【操作提示】

①执行“业务工作→财务会计→应收款管理→收款单据处理→收款单据审核”命令。

②找到并打开由商业承兑汇票关联生成的收款单。如图 7－29 所示。

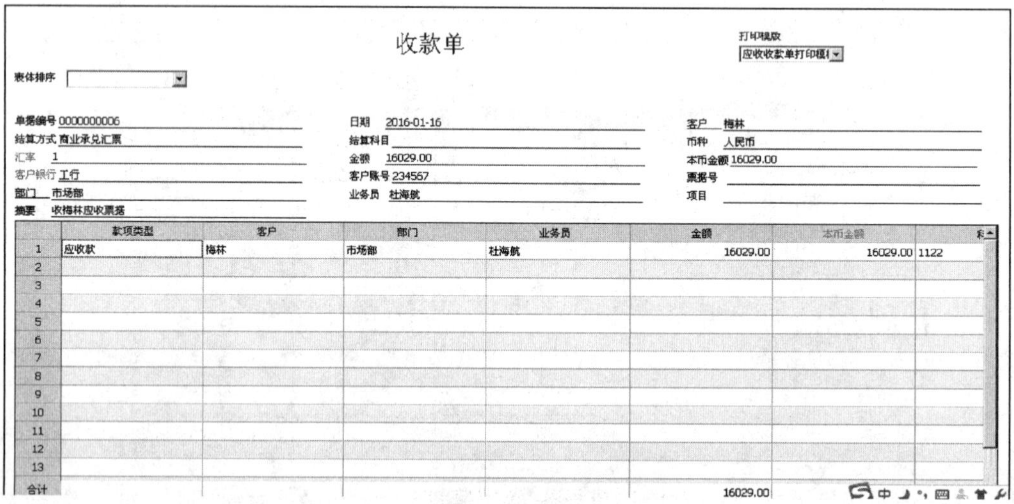

图 7－29　应收款管理收款单审核

③审核该收款单，弹出“是否立即制单?”窗口。如图 7－30 所示。

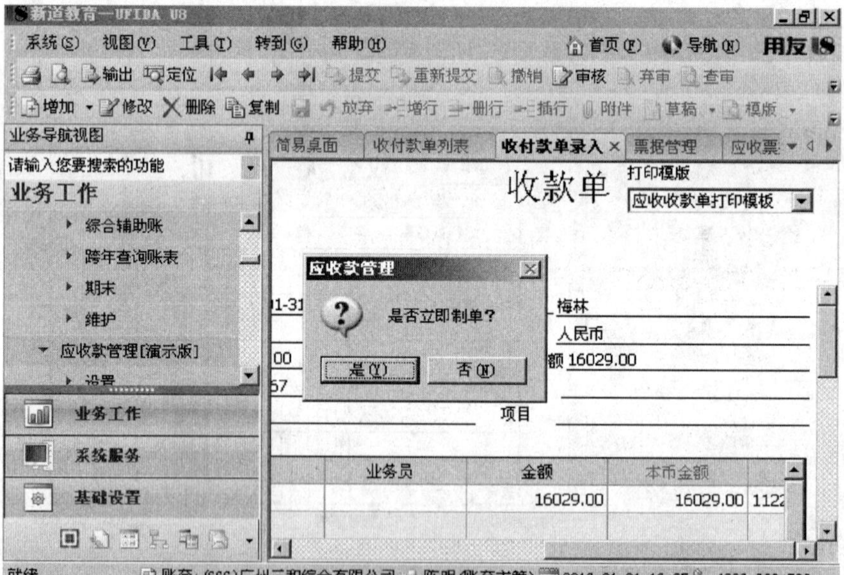

图 7－30　应收款管理收款单审核——立即制单

④选择“是”，生成转账凭证。如图 7－31 所示。

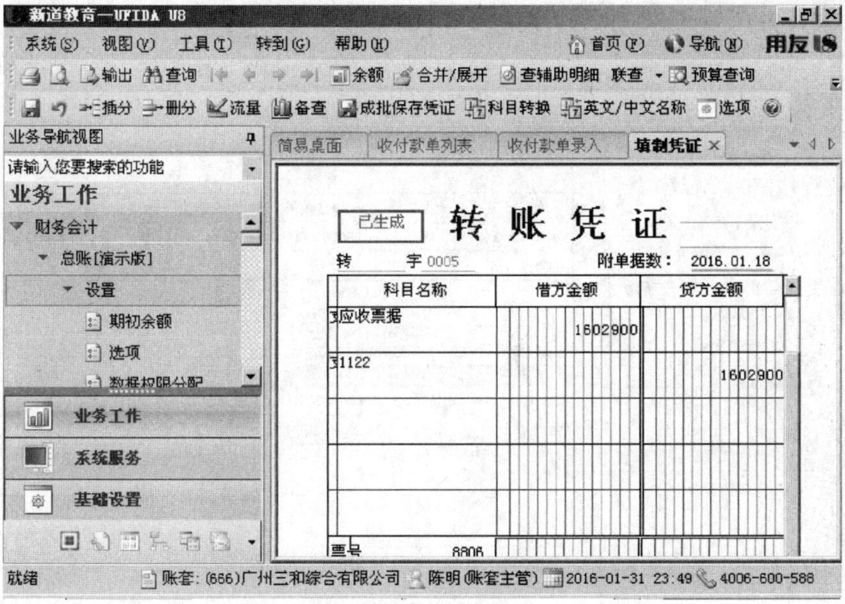

图7-31 应收款管理收款单审核制单——生成转账凭证

注意：

该张转账凭证涉及的两个科目均需要填写辅助项。

◉业务5：手工核销以上两笔销售及收款业务

▶【操作提示】

①执行“业务工作→财务会计→应收款管理→核销处理→手工核销”命令。

②分别核销广州博雅和深圳梅林的应收账款，根据各自收款单金额输入应收单据的结算金额，保存即可。如图7-32和图7-33所示。

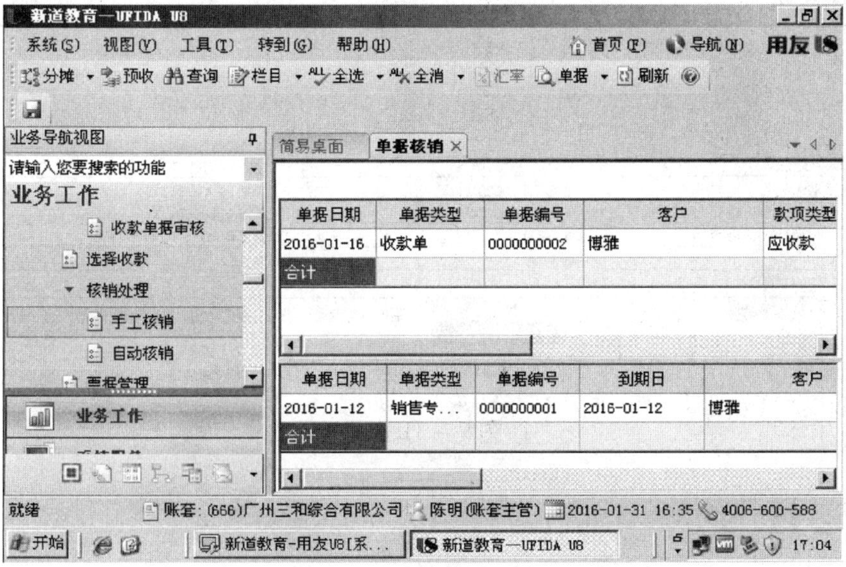

图7-32 应收款管理核销——博雅

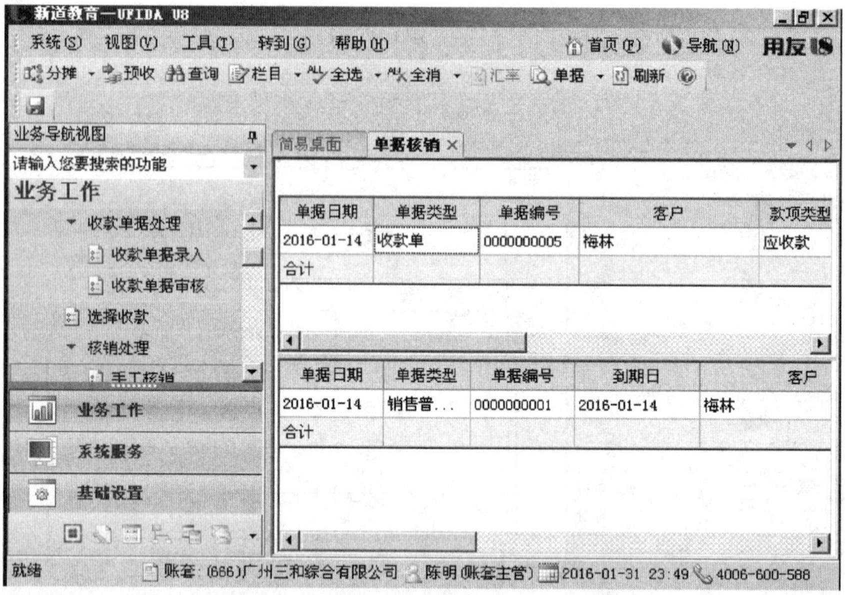

图 7－33　应收款管理核销——梅林

注意：
商业汇票业务的核销过程与以上的相同。

◉业务 6：预收款录入

1 月 18 日，广州启迪学校交来转账支票一张，金额 10 000 元（支票号：1805），作为预购多媒体课件的定金。

►【操作提示】

①执行“业务工作→财务会计→应收款管理→收款单据处理→收款单据录入”命令。

②点击“增加”按钮，录入预收款信息，审核，弹出“是否立即制单?”窗口。如图 7－34 所示。

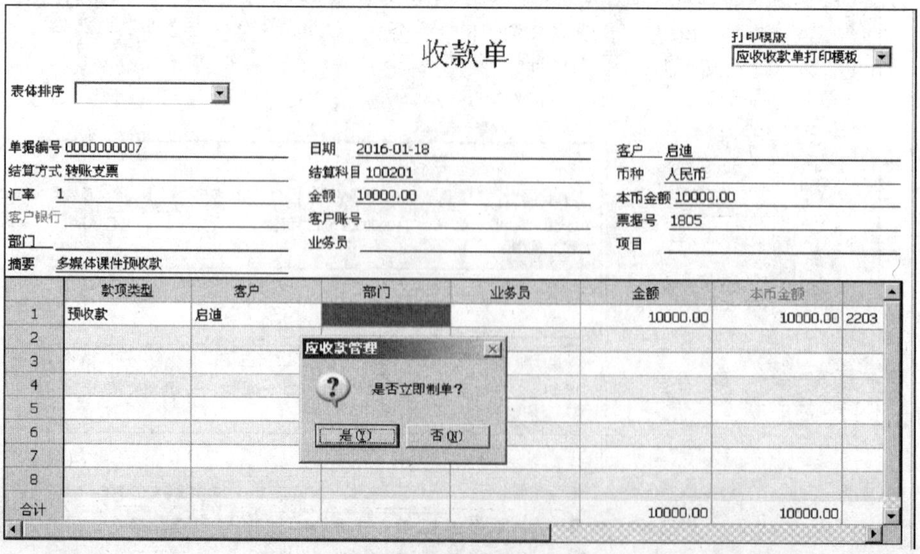

图 7－34　预收款录入

③选择“是”，生成收款凭证。如图 7－35 所示。

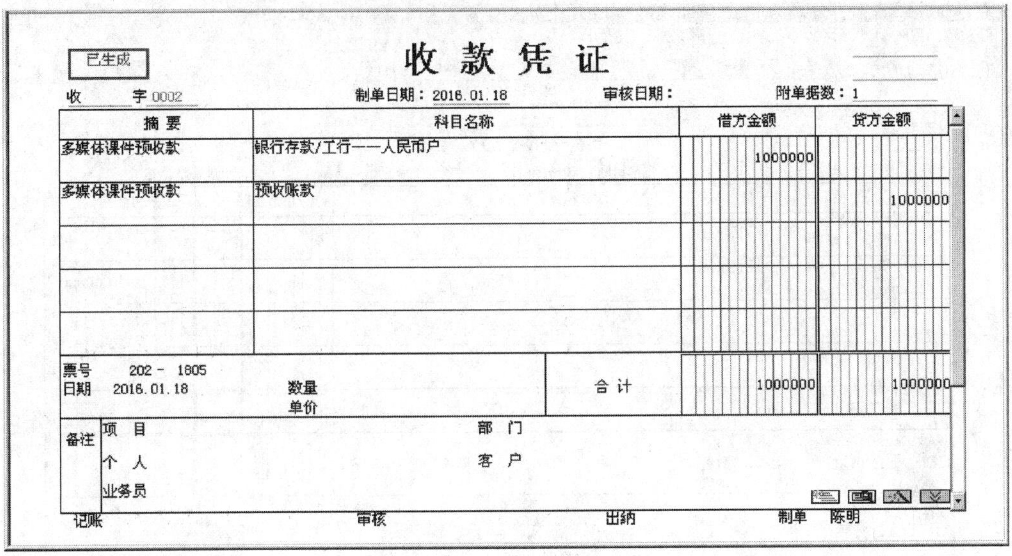

图 7－35　生成收款凭证

注意：

预收账款科目涉及辅助核算，需录入辅助项（客户：启迪；业务员：402；票号：1805；发生时间：2016－01－18）。

◉业务 7：预收冲应收

1 月 20 日，用广州启迪学校交来的 10 000 元定金冲抵其期初应收款项。

►【操作提示】

①执行“业务工作→财务会计→应收款管理→转账→预收冲应收”命令。

②选择客户“01－广州启迪学校”，分别过滤出进行转账处理的预收款单和应收单，将转账金额修改为 10 000 元，点击“确定”，弹出“是否立即制单？”窗口。如图 7－36 所示。

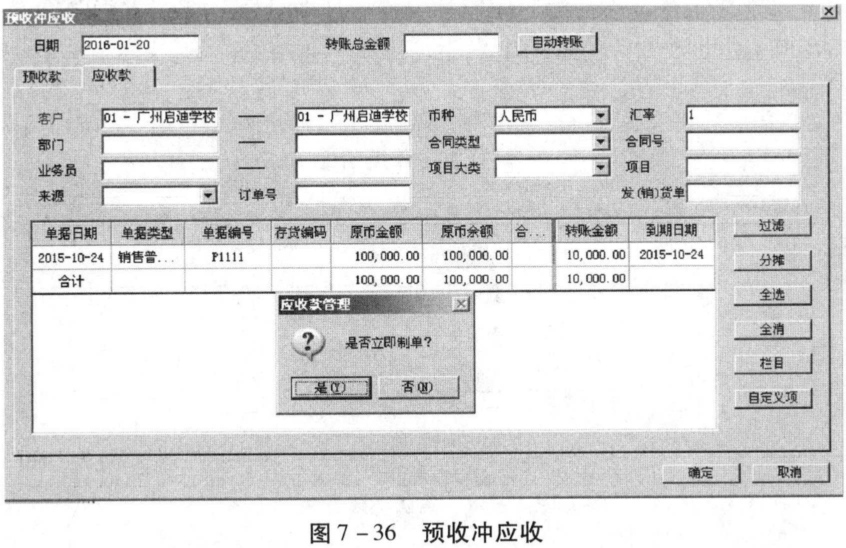

图 7－36　预收冲应收

③选择“是”，生成转账凭证。如图 7－37 所示。

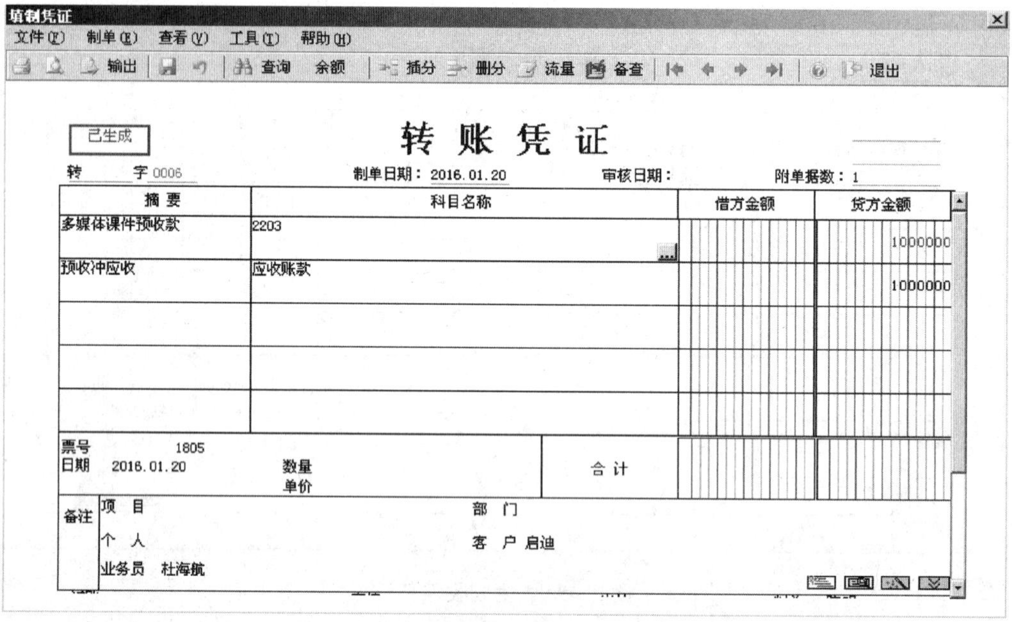

图 7－37　预收冲应收转账凭证生成

注意：

预收账款及应收账款科目涉及辅助核算，需录入辅助项（客户：启迪；业务员：402；票号：1805；发生时间：2016－01－20）。

◉业务 8：发生坏账

1 月 27 日，确认 2015 年 11 月 10 日与深圳梅林公司达成的销售网站项目部分无法继续履行，所涉及的 60 000 元应收账款中，有 30 000 元需要作为坏账处理。

►【操作提示】

①执行“业务工作→财务会计→应收款管理→坏账处理→坏账发生”命令。

②选择客户“深圳梅林”，筛选出发生坏账的应收单据，确认本次发生坏账的金额（30 000 元）。如图 7－38 所示。

坏账发生单据明细

单据类型	单据编号	单据日期	合同号	合同名称	到期日	余额	部门	业务员	本次发生坏账金额
销售专用发票	Z1111	2015-11-10			2015-11-10	60,000.00	市场部		30000
合计						60,000.00			30,000.00

图 7－38　确认坏账发生

③点击菜单上的“OK（确认）”，选择“立即制单”，生成相应的转账凭证。如图 7－39所示。

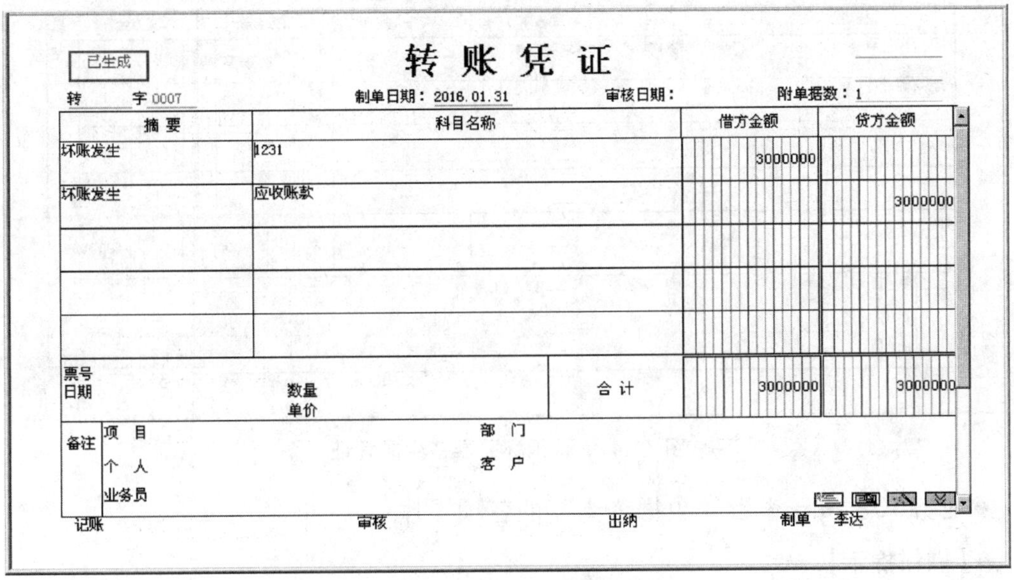

图 7－39　坏账发生转账凭证生成

注意：应收账款科目涉及辅助核算，需录入辅助项（客户：梅林；业务员：402；票号：20160127；发生时间：2016－01－27）。

◉业务 9：计提坏账准备

1 月 31 日，计提坏账准备。

►【操作提示】

①执行“业务工作→财务会计→应收款管理→坏账处理→计提坏账准备”命令。

②进入“应收账款百分比法”窗口。如图 7－40 所示。

③弹出“是否立即制单?”窗口，选择“是”，生成转账凭证。如图 7－41 所示。

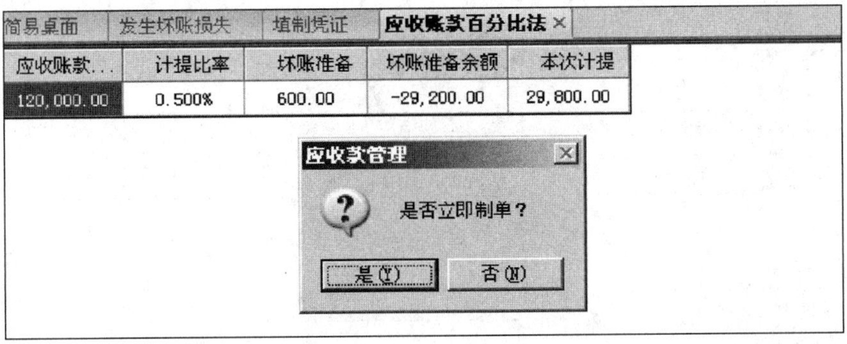

图 7－40　计提坏账准备

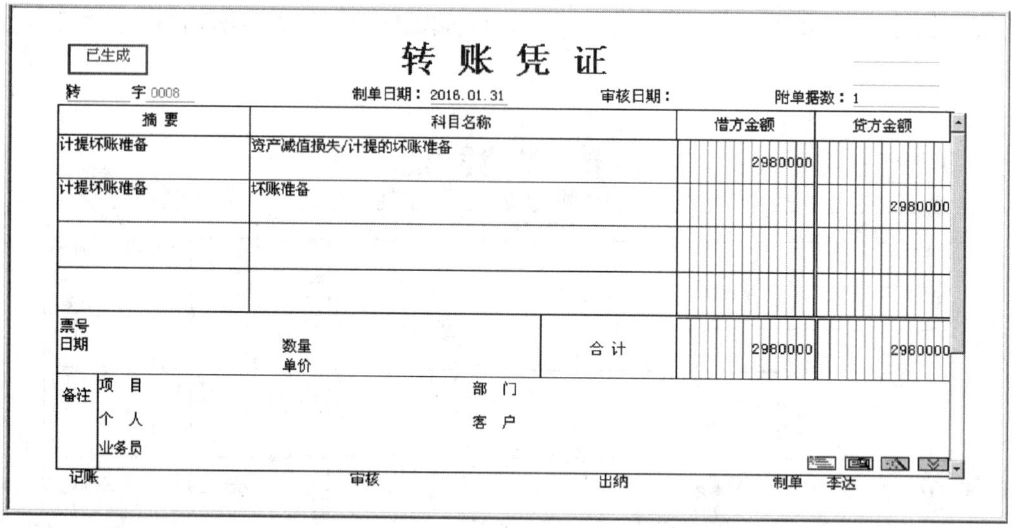

图 7-41 计提坏账准备生成凭证

◉业务 10：执行查看“单据查询”的各项操作

►【操作提示】

执行“业务工作→财务会计→应收款管理→单据查询”命令。

◉业务 11：账表管理（查看总账、明细账等）

►【操作提示】

执行“业务工作→财务会计→应收款管理→账表管理→业务报表”命令。

◉业务 12：进行月末结账处理

►【操作提示】

①执行“业务工作→财务会计→应收款管理→月末处理→月末结账”命令。

②选择要结账的月份，点击，出现结账标志“Y”。如图 7-42 所示。

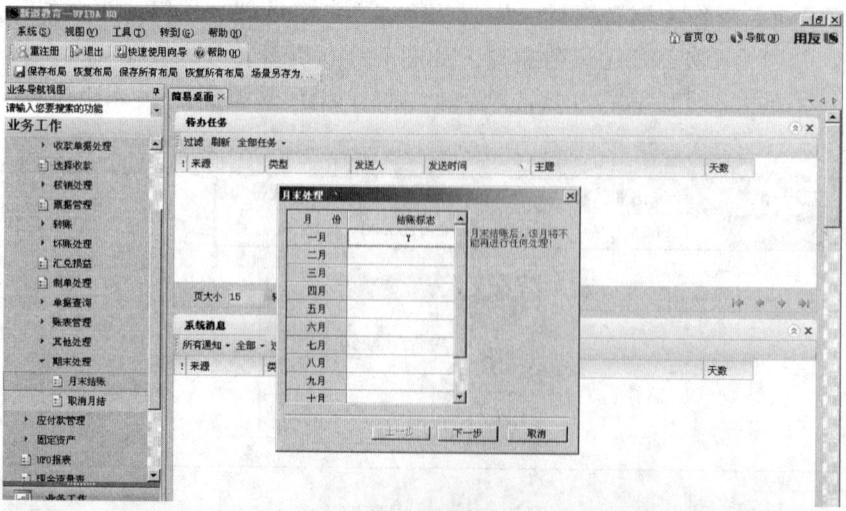

图 7-42 选择结账月份

③选择“下一步”，进行结账前检查，只有各项处理的完成情况均为“是”，才能完成结账。如图 7－43 所示。

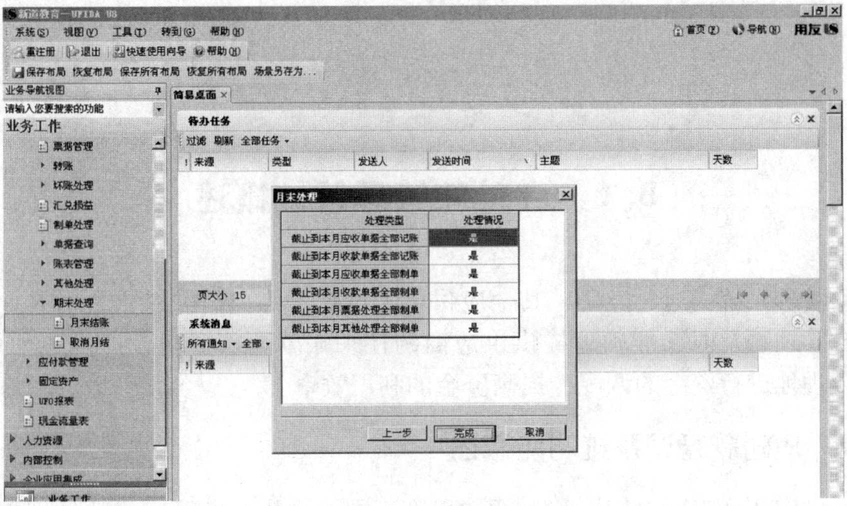

图 7－43　检查各项处理完成情况

实验结束，备份账套。

第 8 章 应付款管理系统

8.1 应付款管理系统概述

应付款管理系统，通过发票、其他应付单和付款单等单据的录入，对企业的往来账款进行综合管理，及时、准确地提供供应商的往来账款余额资料，提供各种分析报表，帮助企业合理地进行资金的调配，提高资金的利用效率。

8.1.1 应付款管理系统功能概述

根据对供应商往来款项核算和管理的程度不同，系统提供了应付款详细核算和简单核算两种应用方案，应付款详细核算即应付账款在应付系统进行核算，包括记录应付账款的形成及偿还的全过程。简单核算即应付账款在总账进行核算制单，在应付款管理系统进行查询。

1. 详细核算应用方案：在应付管理系统核算客户往来款项

如果企业的应付款核算管理内容比较复杂，需要追踪每一笔业务的应付款、付款等情况，或者需要将应付款核算到产品级，那么可以选择该方案。详细核算应用方案下所有客户往来凭证全部由应付款管理系统生成，其他系统不再生成这类凭证。应付款管理系统有以下几个主要功能。

（1）根据输入的单据或由采购系统传递过来的单据，记录应付款的形成。

（2）处理应付项目的付款及转账业务。

（3）对应付票据进行记录和管理。

（4）在应付项目的处理过程中生成凭证，并向总账管理系统进行传递。

（5）对外币业务及汇兑损益进行处理。

（6）根据所提供的条件，进行各种查询及分析。

2. 简单核算应用方案：在总账管理系统核算客户往来款项

如果企业应付业务比较简单，或者采购业务很多，则可以选择在总账管理系统通过辅助核算完成客户往来核算。总账管理有以下主要功能。

（1）若同时使用采购管理系统，可以按采购管理系统的发票，对其进行制单处理。

（2）供应商往来业务在总账管理系统生成凭证后，可以在应付款管理系统进行查询。

本章采用详细核算应用方案介绍应付款管理系统的应用。

8.1.2 应付款管理系统与其他系统的主要关系

应付款管理系统与其他系统的主要关系如图 8－1 所示。

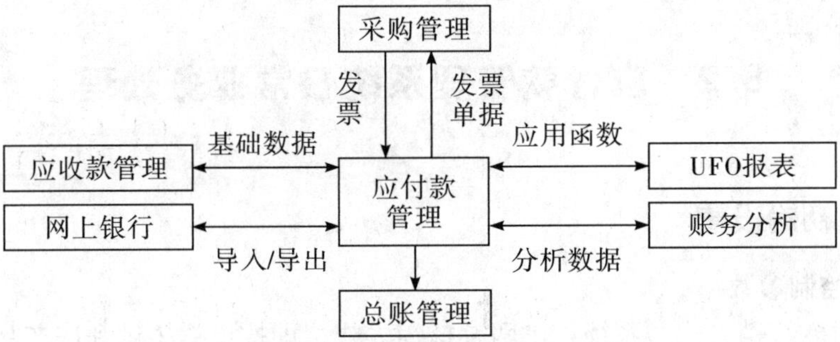

图 8－1　应付款管理系统与其他系统的主要关系

采购管理系统向应付款管理系统传递已复核的采购发票、采购调拨单以及对方代垫费用单，在应付款管理系统中对发票进行审核并进行付款结算处理，生成凭证。应付款管理系统为采购系统提供各种单据的付款结算情况以及对方代垫费用的核销情况。

（1）应付款系统和应收款系统之间可以进行转账处理。

（2）应付款系统向总账系统传递凭证。

（3）应付款系统向财务分析系统提供各种分析数据。

（4）应付款系统向 UFO 提供应用函数。

（5）应付款系统与网上银行进行付款单的导入和导出。

8.1.3　应付款管理系统的业务处理流程

应付款管理系统的业务处理流程如图 8－2 所示。

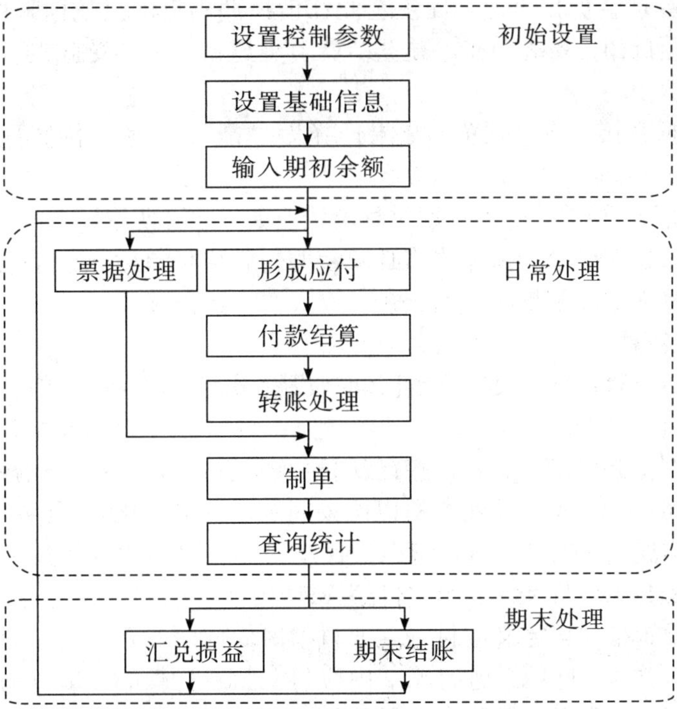

图 8－2　应付款管理系统的业务处理流程

8.2 应付款管理系统日常业务处理

8.2.1 初始设置

1. **设置控制参数**

（1）应付款核销方式。系统提供两种核销方式，即按单据核销和按产品核销。

（2）设置控制科目依据。控制科目在本系统指所有供应商往来辅助核算的科目。本系统提供6种设置控制科目的依据：按供应商分类、按供应商、按地区、按采购类型、按存货和按存货分类设置。

（3）设置采购科目依据。本系统提供5种设置货物采购科目的依据：按供应商分类、按供应商、按采购类型、按存货和按存货分类设置。

（4）受控科目制单方式。系统提供2种受控科目制单方式：明细到供应商和单据。

（5）非受控科目制单方式。系统提供3种非受控科目制单方式：明细到供应商、单据和汇总。

（6）汇兑损益方式。系统提供2种计算汇兑损益的方式：外币结清时计算和月末计算。

（7）费用支出单类型。根据初始设置中“单据类型设置”，应付单的类型若分为多种时，在此选择核算各种代垫费用的单据类型。若应付单不分类，则无此选项。

（8）自动计算现金折扣。为了促使企业在信用期内提前付款而采用现金折扣政策，选择自动计算现金折扣，系统会在“单据结算”中显示“可享受折扣”和“本次折扣”，并计算可享受的折扣。

（9）应付票据直接生成付款单。如果选择为“是”，则表示应付票据保存时，同时生成付款单。

（10）启用付款申请单。只有启用付款申请业务，才可使用付款申请单；否则相关菜单不可见。启用付款申请单后，付款单必须参照付款申请单生成，系统自动生成的付款单和红字的付款单不受此限制。

2. **设置基础信息**

基础信息包括设置科目、设置账龄区间、设置报警级别、设置单据类别和设置中间币种等。

（1）设置科目。包括基本科目、控制科目、产品科目及结算方式科目。如果企业应付业务类型比较固定，生成的凭证类型也比较固定。为了简化凭证生成操作，可将应付业务的各业务类型凭证中的常用科目预先设置好。

（2）设置账龄区间。账龄区间设置分为账期内账龄区间设置与逾期账龄区间设置。账期内账龄区间设置指用户定义应付账款或付款时间间隔的功能，它的作用是便于用户根据自己定义的账款时间间隔，进行账期内应付账款或付款的账龄查询和账龄分析，清楚了解在一定期间内所发生的应付款、付款情况。逾期账龄区间设置指用户定义应付账款或付款时间间隔的功能，它的作用是便于用户根据自己定义的账款时间间隔，进行逾期应付账款或付款的账龄查询和账龄分析，清楚了解在一定期间内所发生的应付款、付款情况。

（3）设置报警级别。通过对报警级别的设置，将供应商按照供应商欠款余额与其授信额度的比例分为不同的类型，以便于掌握各个供应商的信用情况。

（4）设置单据类型。系统提供了发票和应付单两大类型的单据。

应付单记录采购业务之外的应付款情况。应付单可以分为不同的类型，以区分应付款以外的其他应付款，例如，应付代垫费用、应付利息款、应付罚款、其他应付款等。应付单的对应科目由自己定义。可以增加应付单的类型，而发票的类型是固定的，不能修改删除。应付单中的“其他应付单”为系统默认类型，不能删除修改，同时也不能删除已经使用过的单据类型。

3. **输入期初余额**

初次使用本系统时，要将启用应付款管理系统时未处理完的所有该公司的应付款、预付款和应付票据等数据输入到本系统，以便于以后的核销处理。当进入第二年度处理时，系统自动将上年度未处理完的单据转为下一年度的期初余额。在下一年度的第一会计期间，可以进行期初余额的调整。

输入应付款管理系统的期初数据时应该注意以下问题。

（1）发票和应付单的方向。应付单方向包括正向和负向，类型包括系统预置的各类型以及用户定义的类型。如果是预付款和应付票据，则不用选择方向，系统默认预付款为“借”，应付票据方向为“贷”。

（2）单据日期必须小于该账套启用期间（第一年使用），或者该年度会计期初（以后年度使用）。如果在初始设置的级别科目设置中，设置了承兑汇票的入账科目，则可以输入该科目下期初应付票据；否则不能输入期初应付票据。单据中的科目栏目，用于输入该笔业务的入账科目，该科目可以为空。建议在输入期初单据时，最好输入科目信息，这样不仅能执行与总账的对账功能，还可以查询正确的科目明细账和总账。

8.2.2 日常处理

日常处理主要包括应付单据处理、付款单据处理、核销处理、票据管理、转账、制单处理和单据查询等。

1. **应付单据处理**

应付单据处理包括应付单据录入和应付单据审核。

（1）应付单据录入。采购发票和应付单是应付款管理系统日常核算的原始单据。采购发票是指采购业务中的各类普通发票和专用发票。应付单是指采购业务之外的应付单据。

如果同时使用应付款管理系统和采购管理系统，则采购发票和应付代垫费用产生的单据由采购系统录入、审核，自动传送到应付款管理系统。在应付款管理系统可以对这些单据进行查询、核销、制单，且需要录入的单据仅限于应付款。如果没有使用采购管理系统，则各类发票和应付单均在应付款管理系统录入。

（2）应付单据审核。对于应付单据审核，系统提供手动审核、自动批审核的功能。应付单据审核窗口中显示的单据包括全部已审核、未审核的应付单据，也包括从采购管理系统传入的单据。进行过后续处理如核销、制单、转账等处理的单据在应付单据审核中不能显示。对这些单据的查询，可以在“单据查询”中进行。

2. **付款单据处理**

付款单据处理主要是对结算单据（付款单、收款单即红字付款单）进行管理，包括付款单、收款单的录入、审核以及单张结算单的核销。

（1）付款单据录入。付款单据的录入，是将已付的客户款或退回已付客户的款项，录入到应付款管理系统，包括付款单、收款单（即红字付款单）的录入。付款单用来记录企业应付的客户款项，款项性质包括应付款、预付款和其他费用等。其中应付款、预收款性质的付款单将与发票、应付单进行核销勾对。收款单用来记录发生采购退货时，客户开具的退给企业的款项。该收款单可与应付、预付性质的付款单、红字应付单、红字发票进行核销。

（2）付款单据审核。对于付款单据核销，系统提供手工核销、自动批核销的功能。结算单列表窗口中显示的单据包括全部已审核、未审核的收（付）款单，可以进行结算单的增加、修改、删除等操作。

3. **核销处理**

核销处理指日常进行的付款核销应付款的工作。单据核销的作用是解决应付供应商款项，核销企业应付款的处理；建立付款与应付款的核销记录；监督应付款及时核销；加强往来款项的管理。

系统提供自动核销和手工核销两种核销方式。

对应付款单据和付款单据进行核销时，分为以下几种情况。每种情况又都分为同币种核销和异币种核销。

（1）付款单据与原有单据完全核销。如果付款单的数据等于收款单据的数额，则付款单与原有单据完全核销。

（2）在核销时使用预付款。如果企业事先预付了一部分款项，在业务完成后又付清了剩余的款项，并且要求这两款项同时结算，则在核销时需要使用预付款。如果预付款的币种与需要核销的应付单的币种不一致，则需要将预付款的金额折算成中间币种后进行核销。

（3）单据仅得到部分核销。如果已付款项小于原有单据的数据，那么单据只能得到部分核销，未核销的余款留待下次核销。

（4）预付款余款退回。如果预付往来单位款项大于实际结算的货款，则应将余款收回企业。处理方式为：按余款数额输入收款单，与原付款单核销。

4. **票据管理**

票据管理主要是对商业承兑汇票和银行承兑汇票进行日常的业务处理，所有涉及票据的收入、结算、贴现、背书、转出、计息等的处理都应该在票据管理中进行。

5. **转账**

转账包括以下 4 种情况。

（1）预付冲应付用于处理客户的应付款（即红字预付款）与该企业应付款（红字应付）之间的核算业务。

（2）应付冲应收功能将应付款业务在供应商与客户之间进行转账，实现应付业务的调整，解决应付债务与应收债权的冲抵。

（3）红票对冲可实现企业的红字应付单与其蓝字应付单据、付款单与收款单之间进行冲抵的操作。系统提供两种处理方式：自动冲销和手工冲销。

（4）应付冲应付用于当一个供应商为另一个供应商代付款时，通过应付冲应付功能将付账款在客商之间进行转入、转出，实现应付业务的调整。

6. **制单处理**

制单处理分为立即制单和批量制单。

（1）立即制单是在单据处理、转账处理和票据处理等功能操作中，有许多地方系统询问是否立即制单，可以单击“是”按钮，便立即生成凭证。

（2）批量制单是在所有业务发生完成后，使用制单功能进行批处理制单。

7. **单据查询**

应付款系统提供对发票、应付单、结算单和凭证等的查询。在查询列表中，系统提供自定义显示栏目、排序等功能，在进行单据查询时，若启用客户、部门数据权限控制，则在查询单据时只能查询有权限的单据。

8.2.3 账表管理及期末处理

1. **账表管理**

账表管理包括业务账表、统计分析和科目查询等内容。

（1）业务账表。通过业务账表查询，可以及时了解一定期间内期初应付款结存汇总情况，应付款发生的汇总、累计情况及期末应收款结存汇总情况；还可以了解各个供应商期初应付款结存明细情况，应付款发生、付款发生的明细账、累计情况及期末应付款结存明细情况。可及时发现问题，并加强对往来款项的监督管理。

（2）统计分析。通过统计分析，可以按用户定义的账龄区间，进行一定期间内应付款账龄分析、付款账龄分析、往来账龄分析，了解各个供应商应付款周转天数、周转率，了解各个账龄区间内应付款、付款及往来情况，以便及时发现问题，加强对往来款项动态的监督管理。

统计分析包括应付账龄分析、付款账龄分析、收款分析和付款预测。

（3）科目查询。科目查询包括科目明细账及科目余额表的查询。

2. **期末处理**

如果当月业务已经全部处理完毕，则需要执行“月末结账”功能。只有当月结账后，才可开始下月工作。

进行月末处理时，一次只能选择一个月进行结账；前一个月没有结账，则本月不能进行结账；结算单位还有未审核的，不能结账；如果选择“单据日期”为“审核日期”选项，则应付单据在结账前应该全部审核；如果选择“月末全部制单”选项，则月末处理前应该把所有业务生成凭证；年度末结账，应对所有核销、转账等处理全部制单。

在执行了月末结账功能后，该月将不能再进行任何处理。

实验九　应付款管理系统

【实验目的】

1. 掌握用友管理软件中应付款管理系统的相关内容。
2. 掌握应付款管理系统初始化、日常业务处理及月末处理的操作。
3. 了解应付款在总账核算与应付款管理系统核算的区别。

【实验内容】

1. 初始化：设置账套参数。初始设置。
2. 日常处理：形成应付款、付款结算、转账处理、制单、查询统计。
3. 期末处理：月末结账。

【实验准备】

引入“实验二”账套数据。

【实验要求】

以“陈明”或“李达”的身份进行应付业务的处理。

【实验资料与操作指导】

◉业务 1：选项设置

表 8－1　应付款管理系统业务控制参数

业务控制参数	参数设置
应付款核销方式	按单据
单据审核日期依据	单据日期
汇兑损益方式	月末处理
应付款核算类型	详细核算
是否自动计算现金折扣	√
是否登记支票	√
核销是否生成凭证	√

►**【操作提示】**

①以 01 操作员登录企业门户。

②执行“业务→财务会计→应付款管理系统→设置→选项”命令。

③参照表 8－1 中的资料进行应付款系统的业务控制参数设置。如图 8－3 所示。

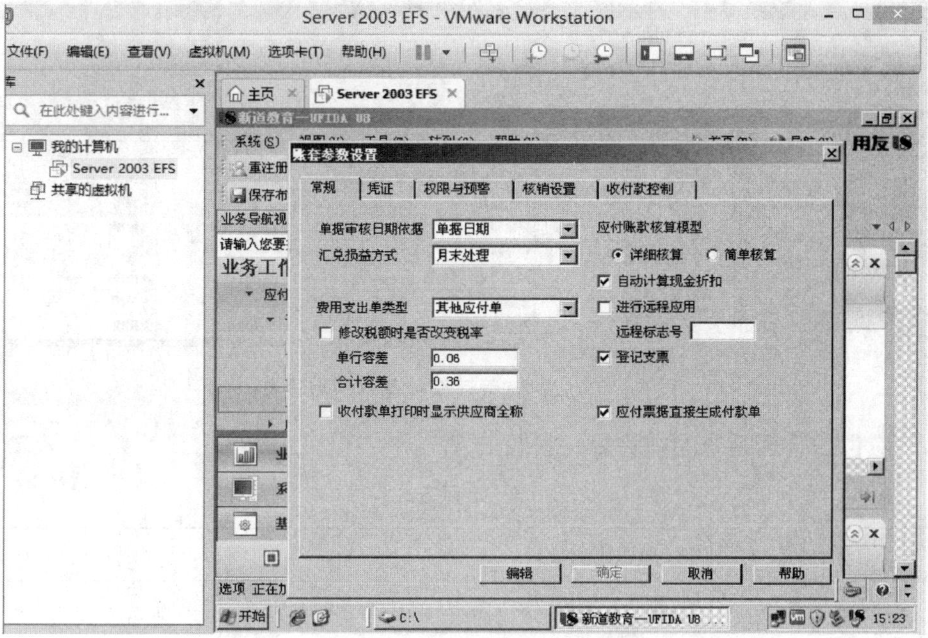

图 8－3　应付款管理系统业务常规控制参数设置

◉业务 2：初始设置

参照表 8－2 的资料进行基本科目、结算方式科目、账龄区间及报警级别等参数的设置。

（1）基本科目设置。见表 8－2。

表 8－2　基本科目

会计科目	科目编码
应付科目	2202
预付科目	1123
采购科目	1401
税金科目	22210101
商业承兑科目	2201
票据利息科目	660301
票据费用科目	660302

►【操作提示】

①执行“业务→财务会计→应付款管理系统→设置→初始设置→基本科目设置”命令。

②参照表 8－2 资料进行基本科目设置。如图 8－4 所示。

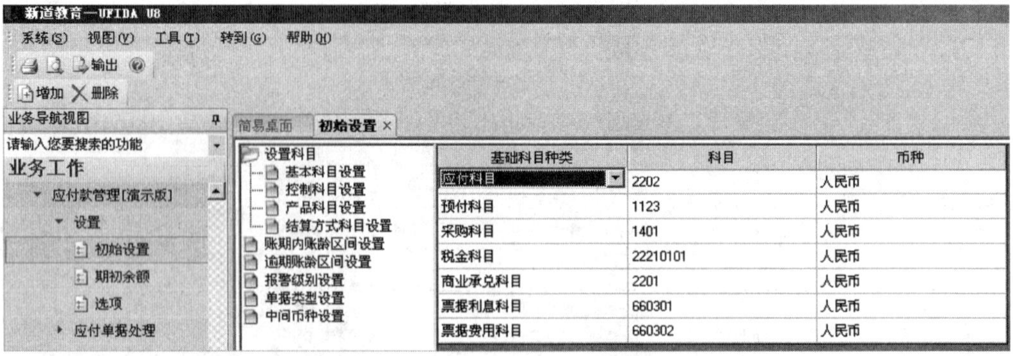

图 8－4 应付款管理系统基本科目设置

（2）应付款管理系统的结算方式科目。见表 8－3。

表 8－3 结算方式科目

结算方式	币种	科目
现金结算	人民币	1001（库存现金）
现金支票	人民币	1001（库存现金）
转账支票	人民币	100201（银行存款——人民币户）
商业承兑汇票	人民币	1401（材料采购）
银行承兑汇票	人民币	1401（材料采购）

►【操作提示】

①执行"业务→财务会计→应付款管理系统→设置→初始设置→结算方式科目设置"命令。

②参照表 8－3 资料进行结算方式科目设置。如图 8－5 所示。

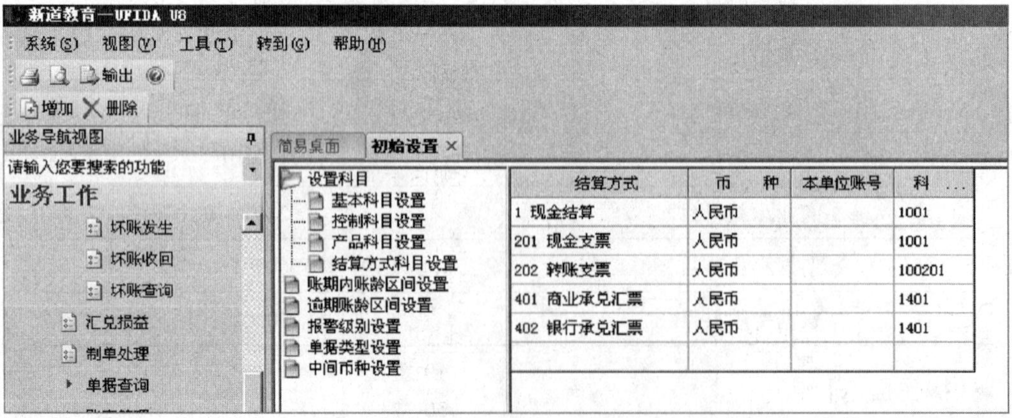

图 8－5 应付款管理系统结算方式科目设置

（3）应付款管理系统的账龄区间。见表 8－4。

表 8－4　账龄区间

序号	起止天数/天	总天数/天
01	0 ~ 30	30
02	31 ~ 60	60
03	61 ~ 90	90
04	91 ~ 120	120
05	121 以上	

►【操作提示】

①执行“业务→财务会计→应付款管理系统→设置→初始设置→账期内账龄区间设置”命令。

②参照表 8－4 资料进行账龄区间设置。如图 8－6 所示。

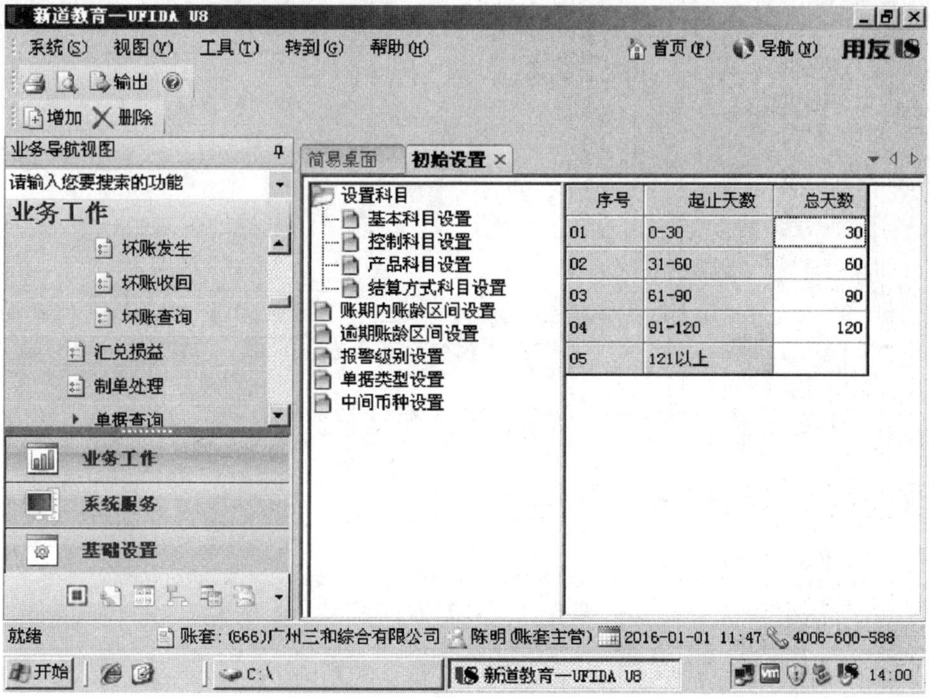

图 8－6　应付款管理系统账期内账龄区间设置

（4）应付款管理系统的报警级别。见表 8－5。

表 8－5　报警级别

序号	起止比率/%	总比率/%	级别名称
01	0 ~ 10	10	A
02	10 ~ 30	30	B
03	30 ~ 50	50	C
04	50 ~ 100	100	D
05	100 以上		E

▶【操作提示】

①执行“业务→财务会计→应付款管理系统→设置→初始设置→报警级别设置”命令。

②参照表 8 – 5 资料进行报警级别设置。如图 8 – 7 所示。

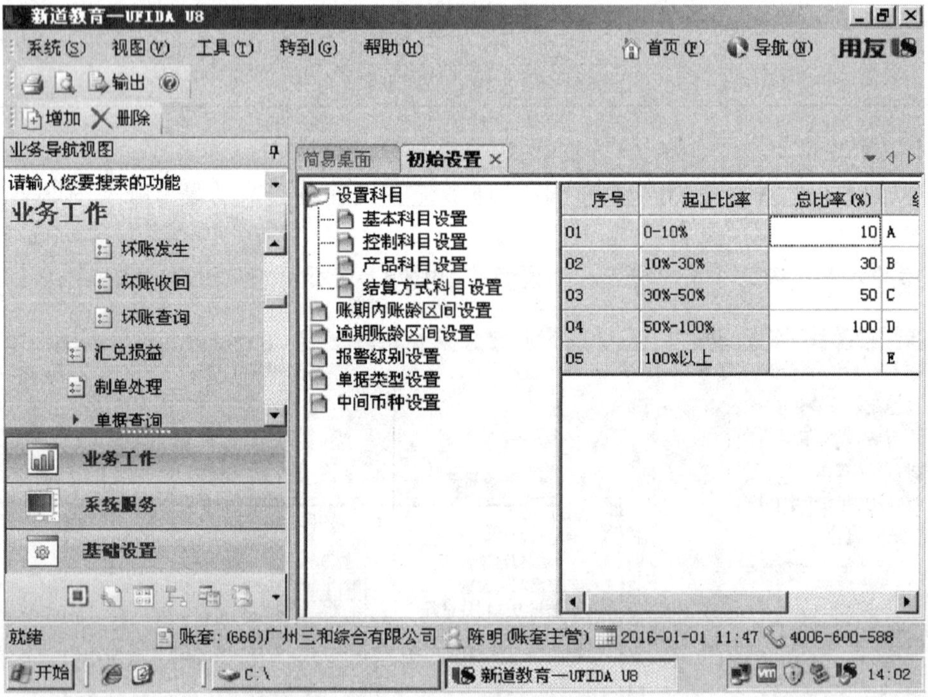

图 8 – 7　应付款管理系统报警级别设置

◉业务 3：期初采购发票及预付款单录入

期初应付单据如表 8 – 6 所示。

表 8 – 6　期初应付单据

单据类型	单据编号	单据日期	供应商	科目	摘　要	方向	金额	部门	业务员
专用发票	C3333	2015 – 09 – 19	益民	2202	购买 CD – RW 光盘片 3 705 片	贷	222 300.00	市场部	商端
预付款单	Y6666	2015 – 11 – 17	天空	1123	多媒体课件预付款	借	20 000.00	市场部	崔达民

▶【操作提示】

①执行“业务→财务会计→应付款管理系统→设置→期初余额”命令。

②按照表 8 – 6 中的资料分别录入期初采购发票（如图 8 – 8 所示）及期初预付款单（如图 8 – 9 所示）。

注意：

录入时，应正确选择单据名称（分别为“采购发票”和“预付款”）及单据类型（分别为“采购专用发票”和“付款单”）。方向都选“正向”。

图 8－8　期初采购专用发票录入

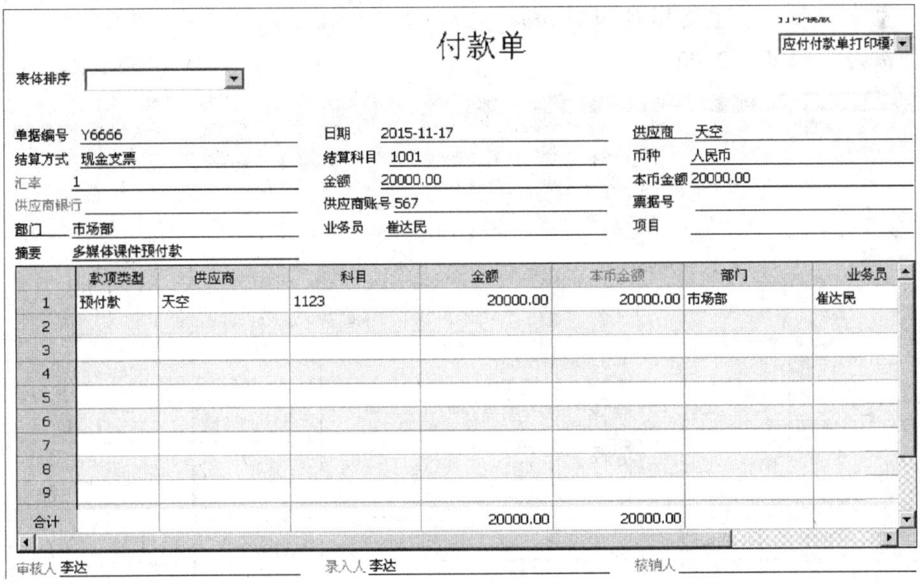

图 8－9　期初预付款录入

◉业务 4：发生采购业务 1（录入应付单据并进行审核）

按以下信息录入应付单据：

1 月 17 日，市场部商端从广州天空软件公司购入多媒体开发工具 5 套，单价 6 500

元，对方开具销售专用发票，货税款暂欠，商品已验收入库。

►【操作提示】

①执行“业务→财务会计→应付款管理系统→应付单据处理→应付单据录入”命令。

②按上述业务信息录入采购专用发票并保存。如图8－10所示。

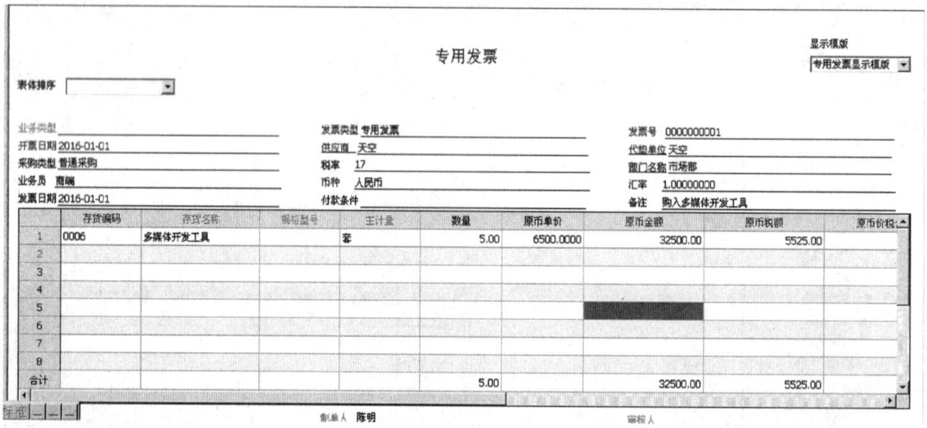

图8－10 应付票据录入

③对该发票进行审核，弹出“是否立即制单?”窗口，选择“是”，并立即生成如下凭证。如图8－11所示。

借：库存商品——多媒体开发工具（140503） 32 500

应交税费——应交增值税（进项税额）（22210101） 5 525

贷：应付账款（2202） 38 025

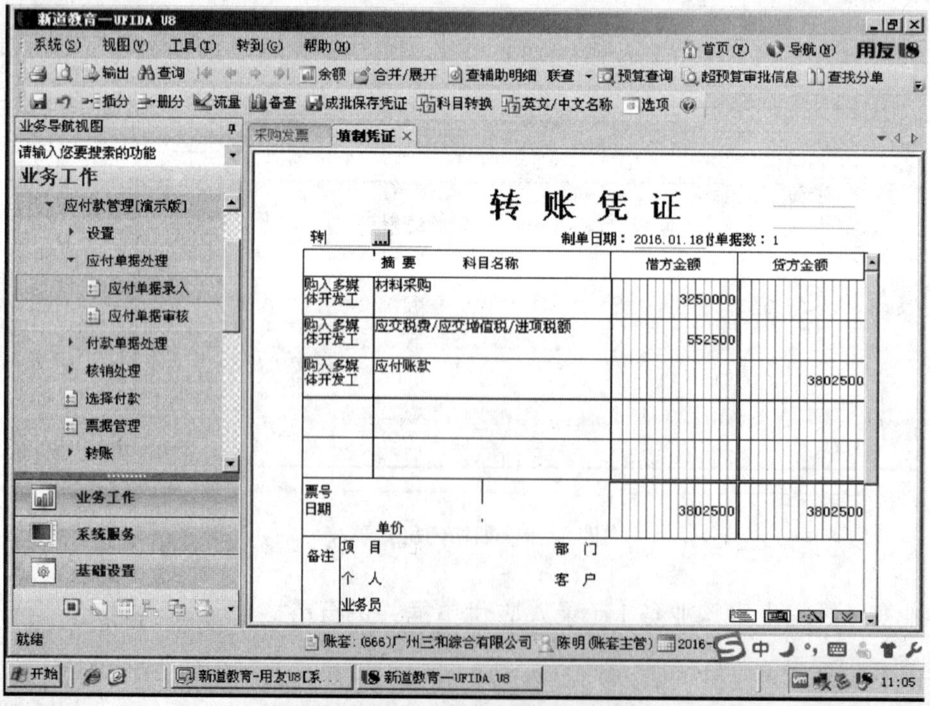

图8－11 自动生成转账凭证草稿

④保存凭证前，应注意辅助项目填制，将光标放置在辅助核算科目的凭证行上，之后移动鼠标，可见到鼠标光标变为绿色粗铅笔头，双击，填制相关辅助项信息。如图 8－12所示。

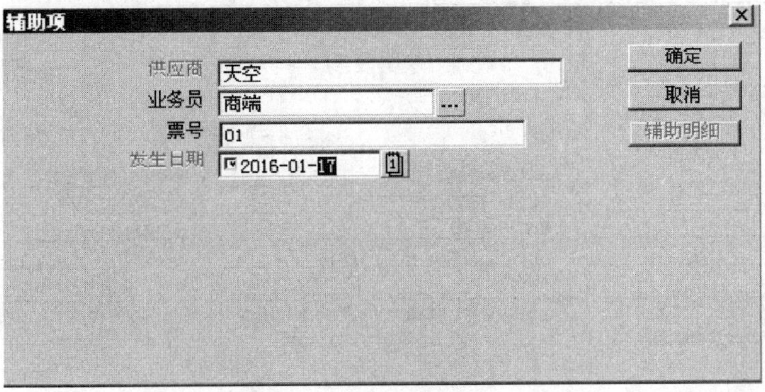

图 8－12　辅助项信息录入

⑤辅助项信息录入完成后，点击“确定”生成相关转账凭证。如图 8－13 所示。

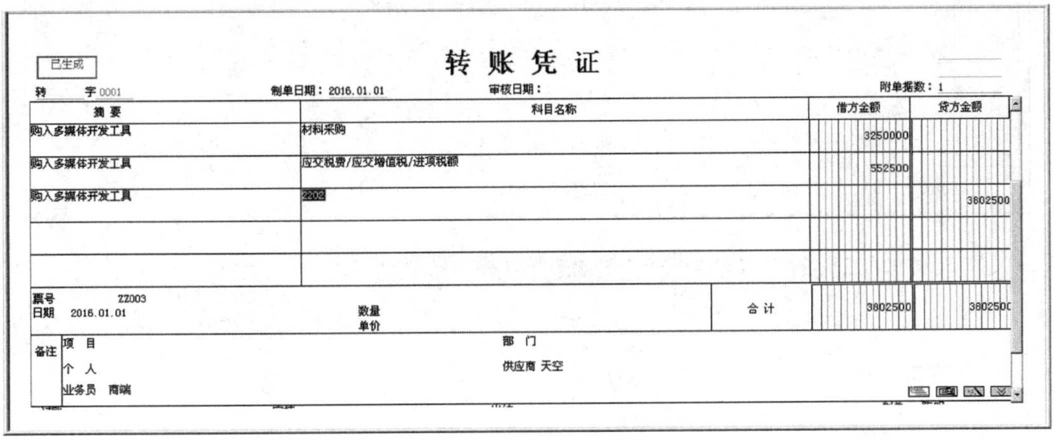

图 8－13　生成转账凭证

◉业务 5：发生采购业务 2（录入应付单据并进行审核）

按以下信息录入应付单据：

1 月 18 日，市场部商端从前进出版社购入《电子商务讲座》1 000 套，单价 20 元，对方开具销售专用发票，货税款暂未支付，商品已验收入库。

►【操作提示】

①执行“业务→财务会计→应付款管理系统→日常处理→应付单据处理→应付单据录入”命令。

②单击“增加”，按照上述业务信息输入采购专用发票。如图 8－14 所示。

③审核该张发票，弹出“是否立即制单?”窗口，选择“是”，立即生成如下凭证。如图8－15所示。

借：库存商品——电子商务讲座（140502）　　20 000

　　应交税费——应交增值税（进项税额）（22210101）　　3 400

　贷：应付账款（2202）　　23 400

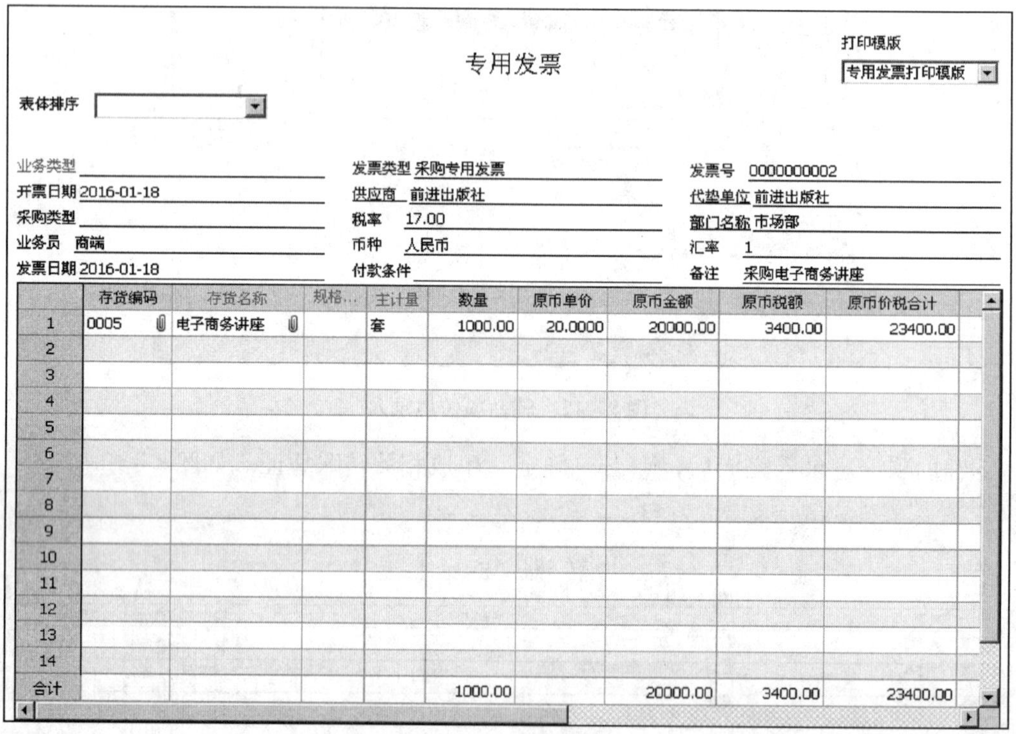
专用发票

打印模版 专用发票打印模版

表体排序

业务类型　　发票类型 采购专用发票　　发票号 0000000002

开票日期 2016-01-18　　供应商 前进出版社　　代垫单位 前进出版社

采购类型　　税率 17.00　　部门名称 市场部

业务员 商端　　币种 人民币　　汇率 1

发票日期 2016-01-18　　付款条件　　备注 采购电子商务讲座

	存货编码	存货名称	规格…	主计量	数量	原币单价	原币金额	原币税额	原币价税合计
1	0005	电子商务讲座		套	1000.00	20.0000	20000.00	3400.00	23400.00
2									
3									
4									
5									
6									
7									
8									
9									
10									
11									
12									
13									
14									
合计					1000.00		20000.00	3400.00	23400.00

图 8－14　采购专用发票录入

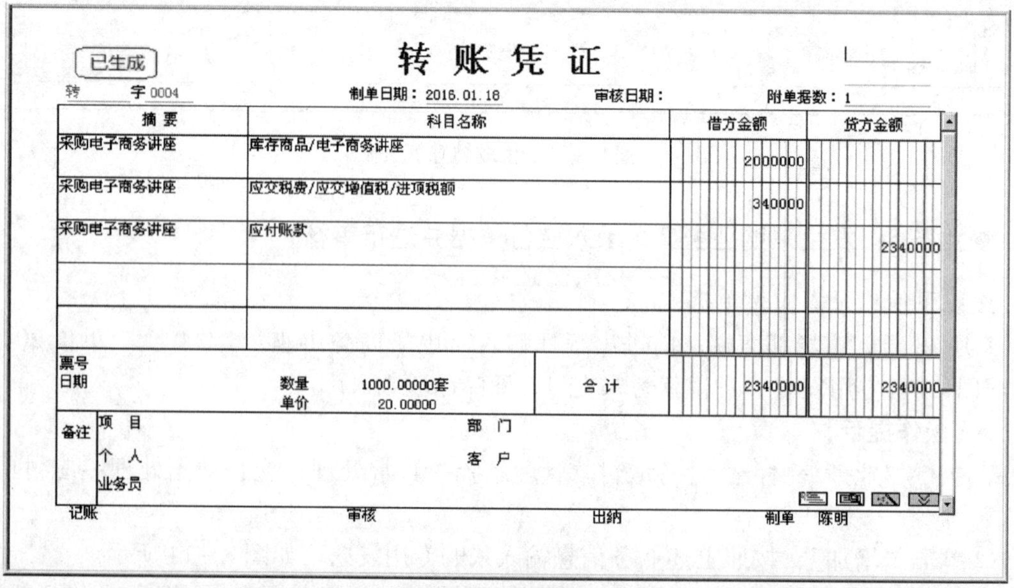
已生成

转账凭证

转 字 0004　　制单日期：2016.01.18　　审核日期：　　附单据数：1

摘要	科目名称	借方金额	贷方金额
采购电子商务讲座	库存商品/电子商务讲座	2000000	
采购电子商务讲座	应交税费/应交增值税/进项税额	340000	
采购电子商务讲座	应付账款		2340000
票号 日期　数量 1000.00000套 单价 20.00000	合计	2340000	2340000

备注　项目　　部门

　　　个人　　客户

　　　业务员

记账　　审核　　出纳　　制单 陈明

图 8－15　生成转账凭证

注意：

应付账款科目涉及辅助核算，必须补充相关凭证行的辅助项信息后方可保存生成转账凭证。

◉业务 6：支付应付账款 1（填制付款单据并审核）

1 月 19 日，市场部商端支付之前所欠天空软件货款 38 025 元，以转账支票支付，票据号为 1237。

►【操作提示】

①执行“业务→财务会计→应付款管理系统→付款单据处理→付款单录入”命令。

②单击“增加”，按照上述业务信息输入付款单据。如图 8 – 16 所示。

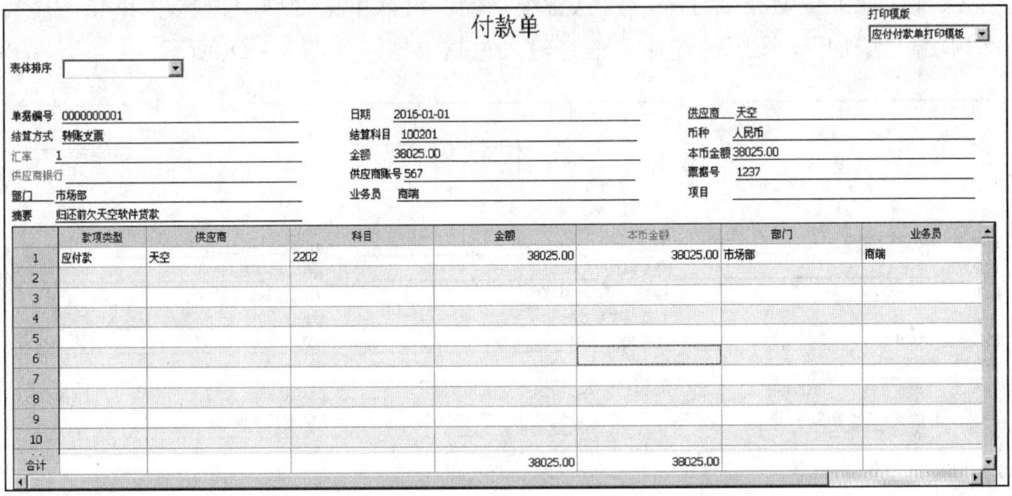

图 8 – 16　填制付款单

③审核付款单据，弹出“是否立即制单?”窗口，选择“是”，立即生成付款凭证。如图 8 – 17 所示。

借：应付账款（2202）　　38 025

　贷：银行存款——人民币户（100201）　　38 025

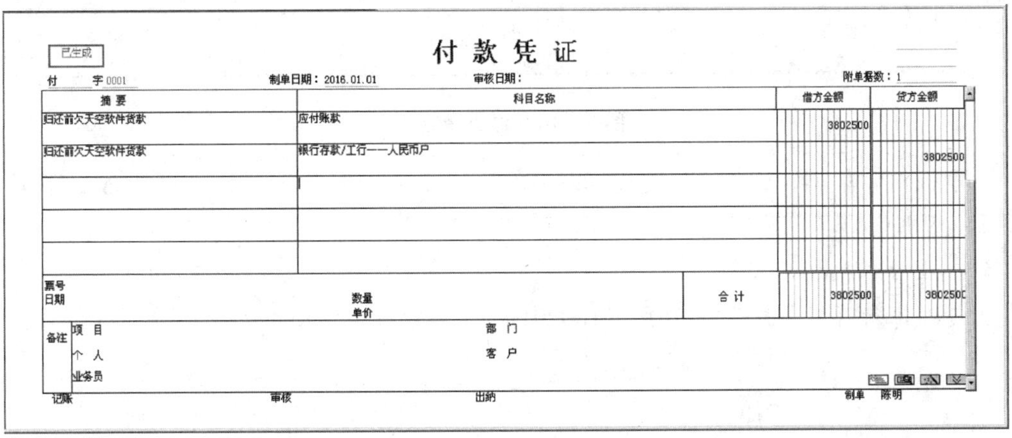

图 8 – 17　生成付款凭证

> **注意：**
>
> 应付账款科目涉及辅助核算，必须补充相关凭证行的辅助项信息后方可保存生成付款凭证。

◉业务 7：支付应付账款 2（填制付款单据并审核）

1 月 19 日，市场部商端支付之前所欠前进出版社货款 23 400 元，以转账支票支付，票据号为 8810。

▶【操作提示】

①执行“业务→财务会计→应付款管理系统→付款单据处理→付款单录入”命令。

②单击“增加”，按照上述业务信息输入付款单据。如图 8 – 18 所示。

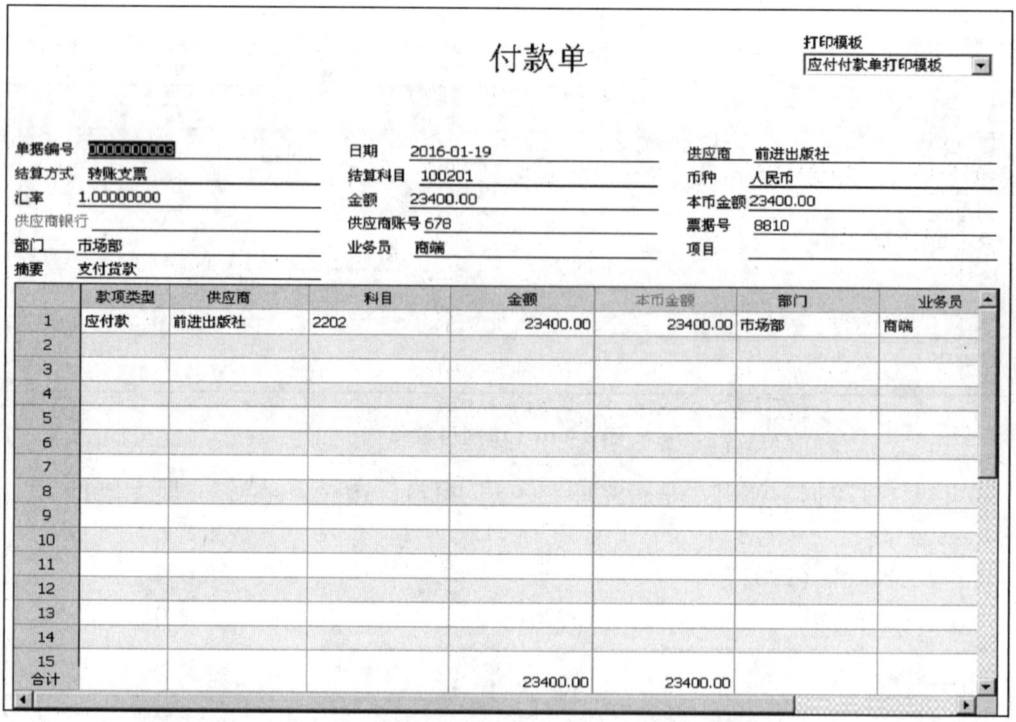

付款单

打印模板 应付付款单打印模板

单据编号 0000000003　日期 2016-01-19　供应商 前进出版社
结算方式 转账支票　结算科目 100201　币种 人民币
汇率 1.00000000　金额 23400.00　本币金额 23400.00
供应商银行　供应商账号 678　票据号 8810
部门 市场部　业务员 商端　项目
摘要 支付货款

	款项类型	供应商	科目	金额	本币金额	部门	业务员
1	应付款	前进出版社	2202	23400.00	23400.00	市场部	商端
2							
3							
4							
5							
6							
7							
8							
9							
10							
11							
12							
13							
14							
15							
合计				23400.00	23400.00		

图 8 – 18　付款单录入

③审核付款单据，弹出“是否立即制单?”窗口，选择“是”，立即生成如下凭证。如图 8 – 19 所示。

借：应付账款（2202）　　23 400

　贷：银行存款——人民币户（100201）　　23 400

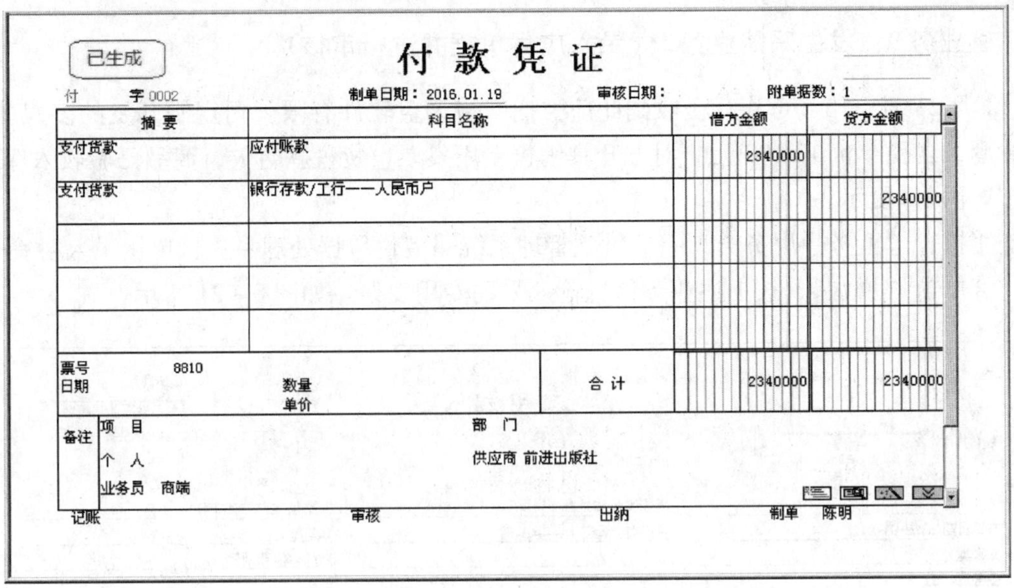

图 8－19　生成付款凭证

◉业务 8：自动核销以上两笔销售及收款业务

►【操作提示】

①执行“业务→财务会计→应付款管理系统→核销处理→自动核销”命令。

②供应商选择“002”——“003”，即将天空软件和前进出版社均包括在内（如图 8－20所示），点击“确定”按钮，出现核销报告后直接关闭即可。

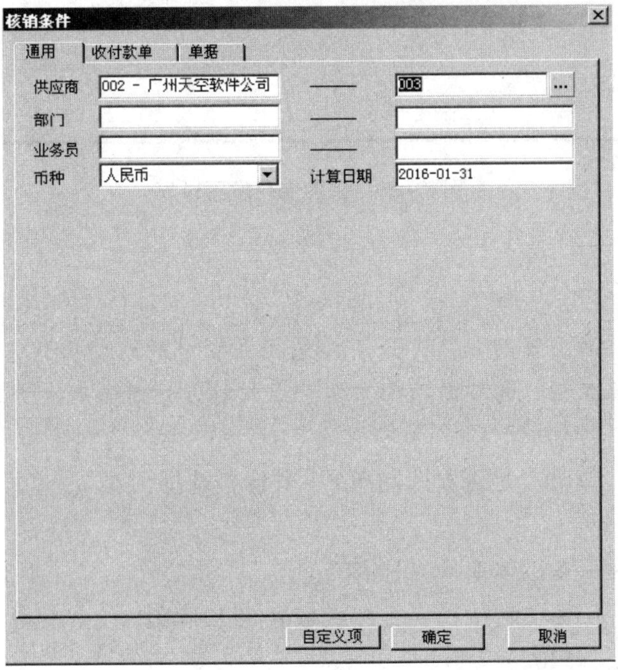

图 8－20　核销处理——自动核销

◉业务9：发生采购业务3（录入应付单据并进行审核）

1月21日，市场部崔达民收到此前委托广州天空软件有限公司定制开发的多媒体课件3套，含税单价12 000元，对方开具销售专用发票，货税款暂欠，商品已验收入库。

►【操作提示】

①执行“业务→财务会计→应付款管理系统→应付单据处理→应付单据录入”命令。

②单击“增加”，按上述业务信息输入采购专用发票。如图8－21所示。

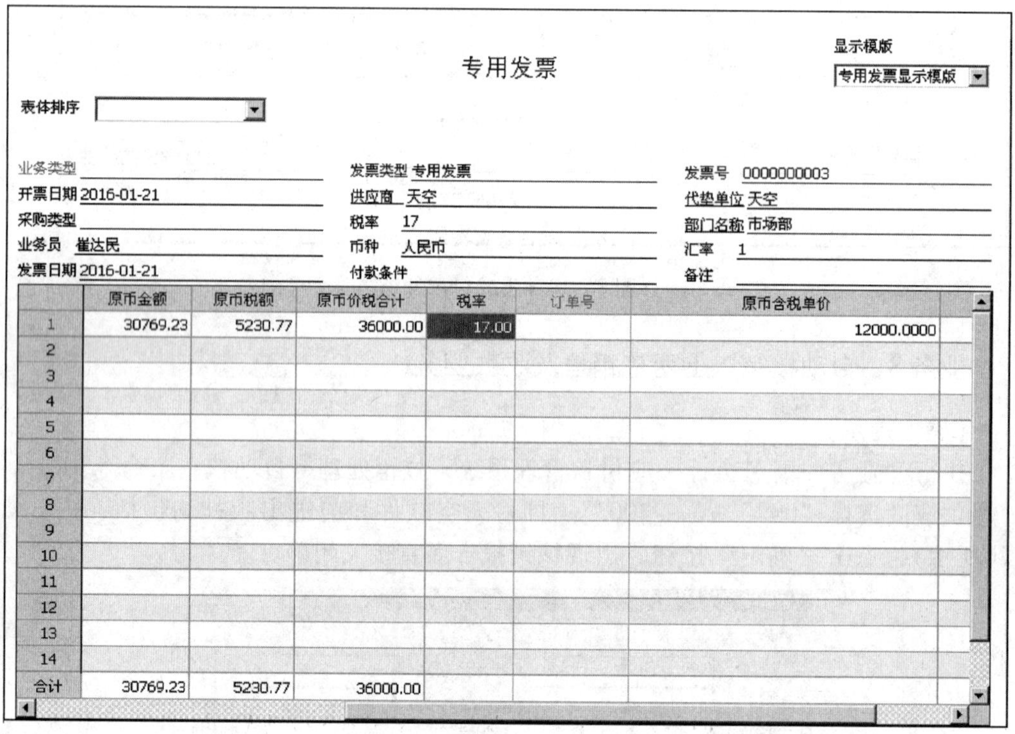

专用发票

显示模版 专用发票显示模版

表体排序

业务类型 | 发票类型 专用发票 | 发票号 0000000003

开票日期 2016-01-21 | 供应商 天空 | 代垫单位 天空

采购类型 | 税率 17 | 部门名称 市场部

业务员 崔达民 | 币种 人民币 | 汇率 1

发票日期 2016-01-21 | 付款条件 | 备注

	原币金额	原币税额	原币价税合计	税率	订单号	原币含税单价
1	30769.23	5230.77	36000.00	17.00		12000.0000
2						
3						
4						
5						
6						
7						
8						
9						
10						
11						
12						
13						
14						
合计	30769.23	5230.77	36000.00			

图8－21　采购专用发票录入

注意：

应付账款科目涉及辅助核算，必须补充相关凭证的辅助项信息后方可保存生成转账凭证，应收账款科目的辅助项中，票号录入对方销售专用发票的号码。

③审核该发票，弹出“是否立即制单?”窗口，选择“是”，立即生成如下凭证。如图8－22所示。

借：库存商品——多媒体课件（140505）　　30 769. 23

　　应交税费——应交增值税（进项税额）（22210101）　　5 230. 77

　贷：应付账款（2202）　　36 000. 00

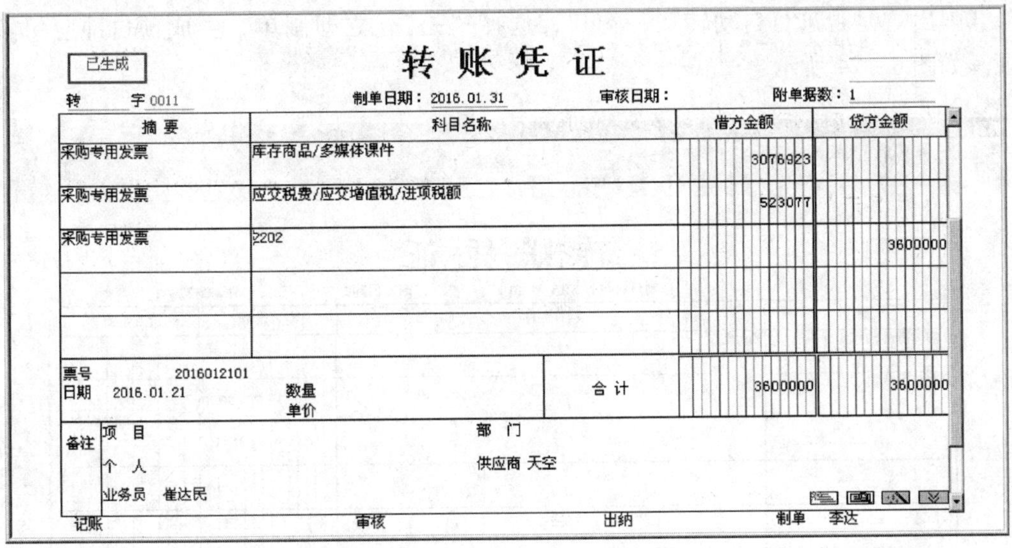

图 8－22　生成转账凭证

◉业务 10：预付冲应付＋签发并承兑商业汇票

1 月 22 日，用期初的预付款（2015 年 11 月 17 日向广州天空软件有限公司支付）冲抵应付账款，同时签发并承兑商业承兑汇票一张，票据号 26338，面值为 16 000 元（冲抵后的剩余金额），到期日为 2016 年 4 月 22 日。

（1）用期初的预付款冲抵应付账款。

►【操作提示】

①执行“业务→财务会计→应付款管理系统→转账→预付冲应付”命令。

②在弹出的“预付冲应付”界面中选择供应商“002－广州天空软件”，过滤出转账对应的付款单和应付单，输入转账总金额 20 000 元，点击选择“自动转账”。如图 8－23 所示。

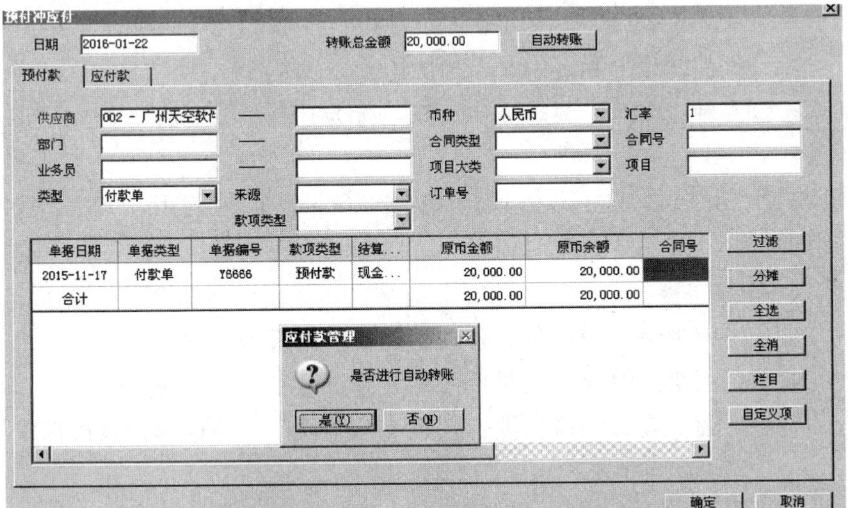

图 8－23　预付冲应付

③弹出“是否进行自动转账”窗口，选择“是”，立即制单，生成预付冲应付转账凭证。如图 8－24 所示。

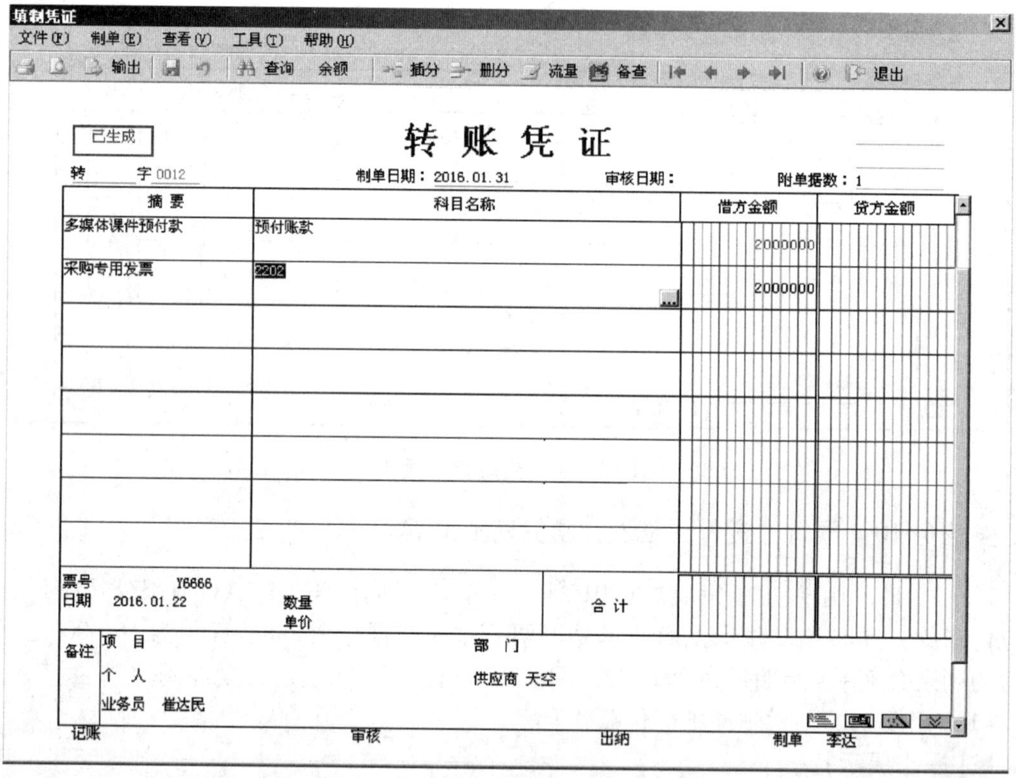

图 8－24　生成预付冲应付转账凭证

注意：

应付账款科目涉及辅助核算，必须补充相关凭证行的辅助项信息后方可保存生成转账凭证。保存时，系统会提示赤字（请思考为什么），忽略，继续保存。

（2）签发并承兑商业承兑汇票一张，票据号 26338，面值为 16 000 元（冲抵后的剩余金额），到期日为 2016 年 4 月 22 日。

►【操作提示】

①执行“业务→财务会计→应付款管理系统→票据管理”命令。

②录入商业承兑汇票，保存。如图 8－25 所示。

③执行“业务→财务会计→应付款管理系统→付款单据处理→付款单据审核”命令。

图 8－25　商业承兑汇票录入

④找到商业承兑汇票关联生成的付款单，审核，弹出“是否立即制单?”窗口。如图 8－26 所示。

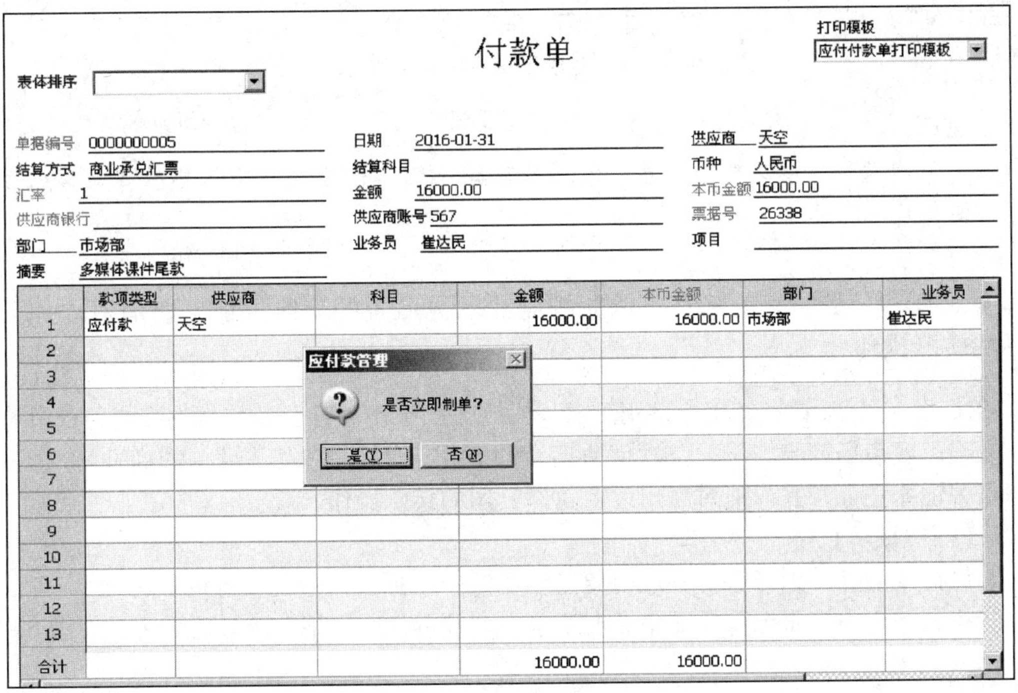

图 8－26　付款单审核并制单

⑤选择“是”，立即生成转账凭证。如图 8－27 所示。

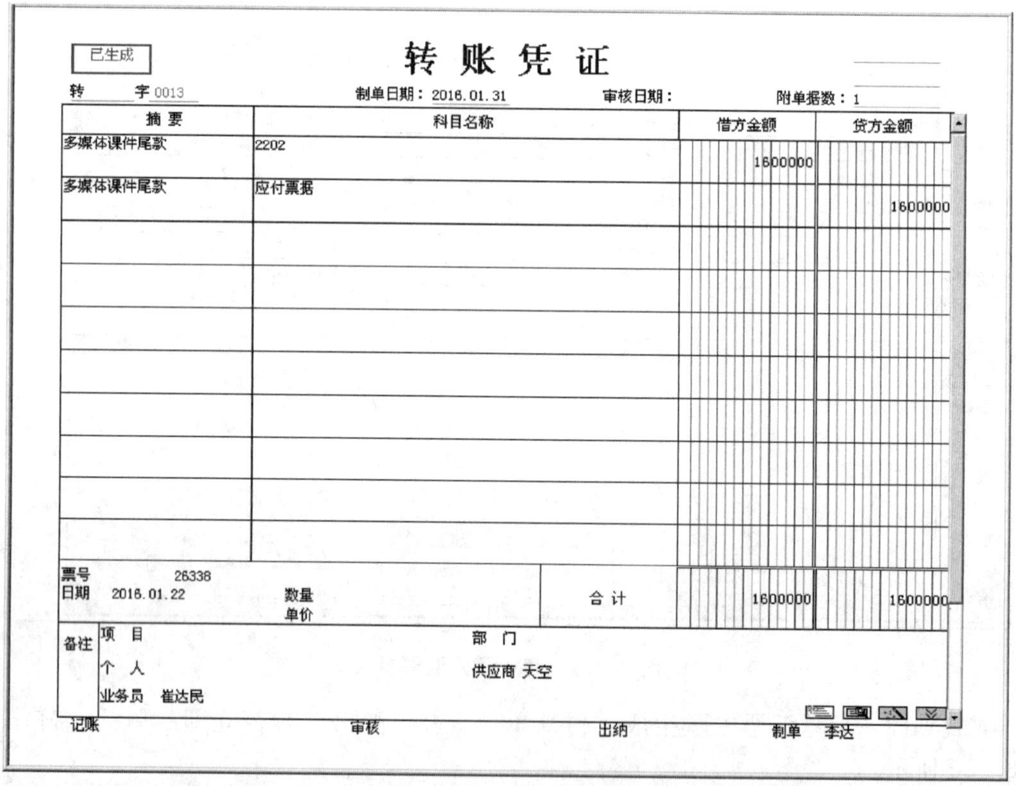

已生成

转 账 凭 证

转 字 0013　　制单日期：2016.01.31　　审核日期：　　附单据数：1

摘要	科目名称	借方金额	贷方金额
多媒体课件尾款	2202	1600000	
多媒体课件尾款	应付票据		1600000
票号 26338 日期 2016.01.22	数量 单价	合计 1600000	1600000

备注　项目　部门
个人　供应商 天空
业务员 崔达民

记账　审核　出纳　制单 李达

图 8－27　生成转账凭证

注意：

应付账款科目涉及辅助核算，必须补充相关凭证行的辅助项信息后方可保存生成转账凭证。

◉业务 11：删除之前签发并承兑的商业承兑汇票的记账凭证，取消对广州天空软件的转账操作

2016 年 1 月 27 日，经用户试用测试，发现广州天空软件公司交付的多媒体课件存在设计缺陷，经市场部与广州天空软件协商，同意作废 22 日签发并承兑的商业承兑汇票，删除相关记账凭证，并取消对广州天空软件公司的转账操作。

▶【操作提示】

①执行“业务→财务会计→应付款管理系统→单据查询→凭证查询”命令。

②找到并选中该张记账凭证，点击菜单中“删除”，可直接删除该凭证。如图 8－28 所示。

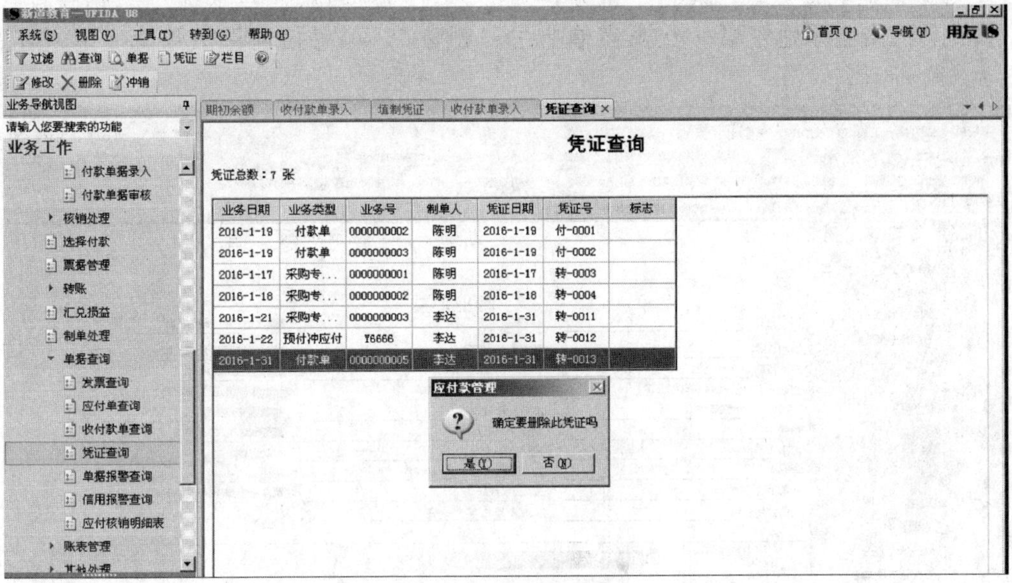

图 8－28　删除记账凭证

③记账凭证删除后，执行“业务→财务会计→应付款管理系统→付款单据处理→付款单据审核”命令，找到商业承兑汇票关联生成的付款单，选择“弃审”。如图 8－29 所示。

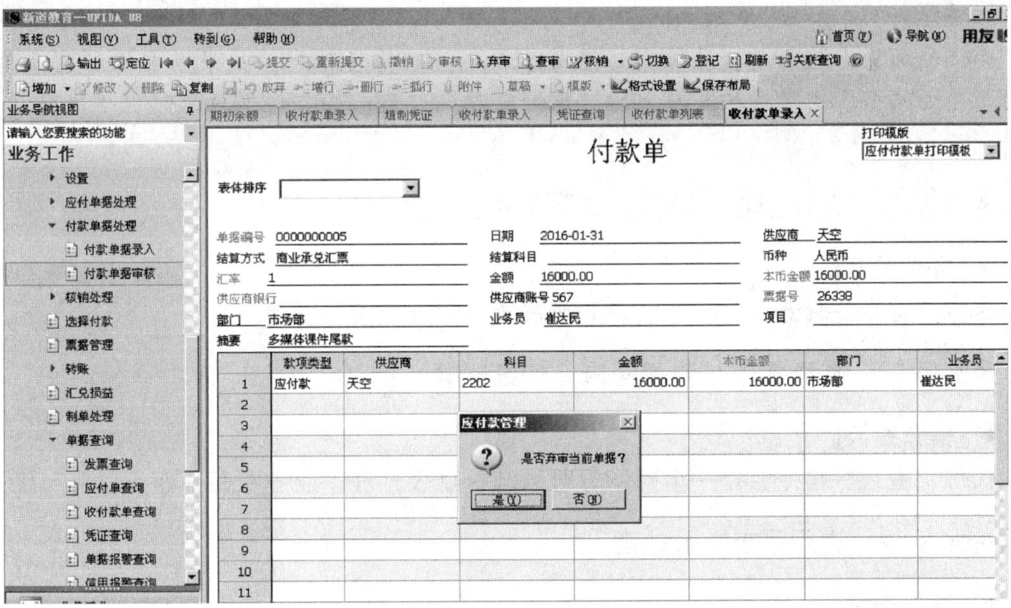

图 8－29　弃审商业承兑汇票

④付款单弃审成功后，执行“业务→财务会计→应付款管理系统→票据管理”命令，找到该张商业承兑汇票，点击菜单中的“删除”，可直接删除该张商业承兑汇票。如图8－30所示。

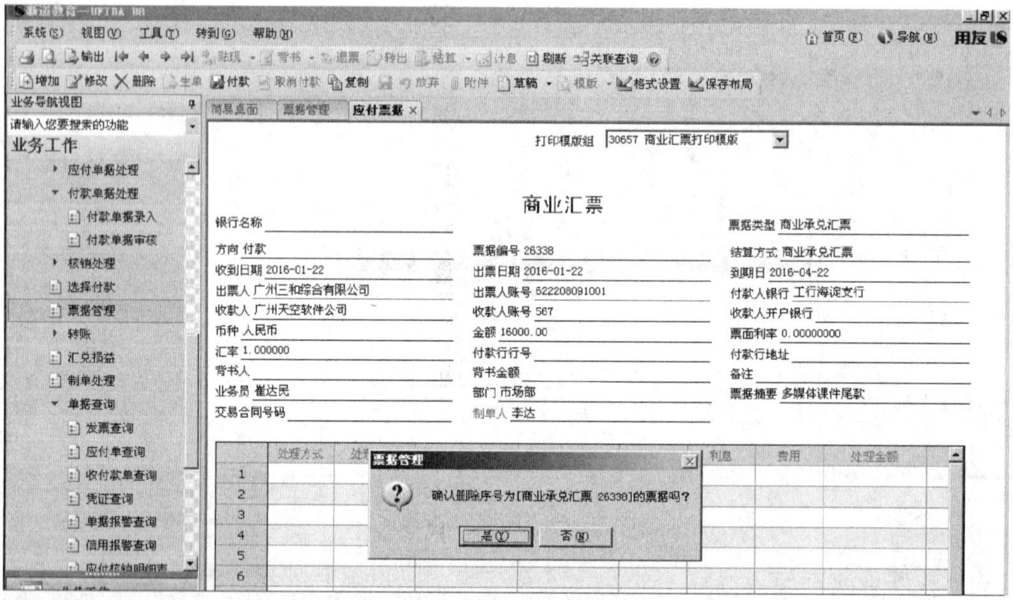

图8－30 删除商业承兑汇票

> **注意：**
> 删除商业承兑汇票，系统将自动删除与之关联的付款单。如果需要保留商业承兑汇票的草稿，也可通过菜单上的“取消付款”自动删除与之关联的付款单。

◉业务12：执行查看“单据查询”下的各项操作

▶【操作提示】

执行“业务→财务会计→应付款管理系统→单据查询”命令。

◉业务13：账表管理（查看总账、明细账等）

▶【操作提示】

执行“业务→财务会计→应付款管理系统→账表管理→业务账表→业务总账”命令。

◉业务14：进行月末结账处理

▶【操作提示】

①执行“业务→财务会计→应付款管理系统→期末处理→月末结账”命令。

②弹出“月末处理”窗口，双击“一月”，使之出现一个“Y”字。如图8－31所示。

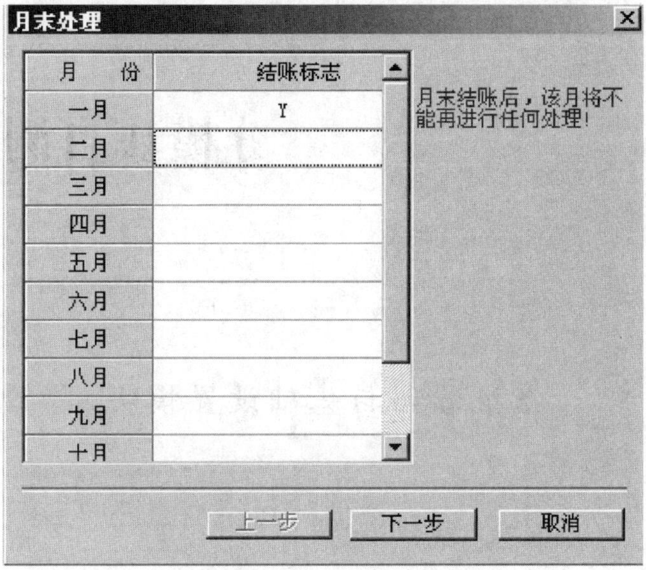

图 8－31　月末处理

③单击“下一步”，进行结账前检查，只有“处理类型”下的各项事务均处理完成时（如图 8－32 所示），方可进行月末结账。

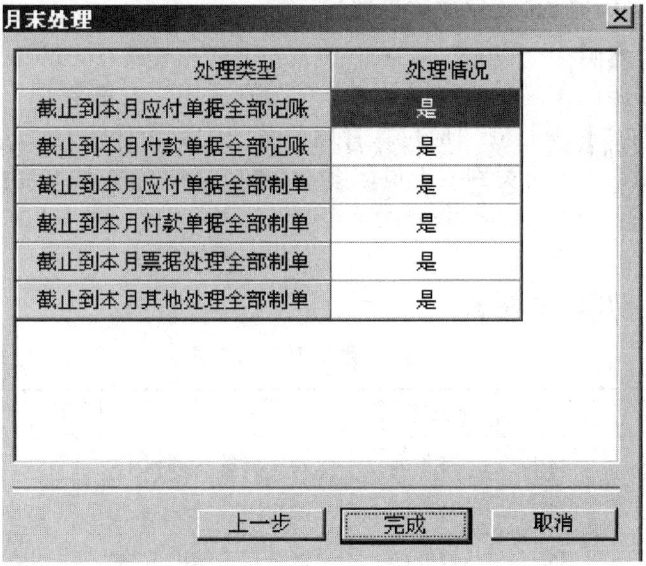

图 8－32　月末处理工作检查

④点击“完成”，完成月末结账。

实验结束，备份账套。

附录
分模块自测实验资料

系统管理与基础设置模块

【实验准备】

安装用友 ERP－U8 软件，将系统日期修改为“2016 年 1 月 31 日”。

【实验要求】

1. 设置操作员。
2. 建立账套（不进行系统启用的设置）。
3. 设置操作员权限。
4. 由 701 号操作员在“企业应用平台”中分别启用“总账管理”“薪资管理”“固定资产管理”“应收款管理”及“应付款管理”系统，启用日期为“2016 年 1 月 1 日”。
5. 设置部门档案、人员类别、人员档案、客户分类、客户档案和供应商档案。

【实验资料】

1. 操作员及其权限，见附表 1。

附表 1

序号	姓名	口令	所属部门	权限
701	吴建军	001	财务部	账套主管的全部权限
702	蔡　云	002	财务部	总账权限
703	黄　平	003	财务部	总账管理系统中出纳签字及出纳的所有权限

2. 账套信息。

账套号：700

单位名称：华夏股份有限公司

简称：华夏公司

单位地址：广州市黄花岗大街 1 号

法人代表：李明亮

邮政编码：510035
税号：100011010255689
启用会计期：2016 年 1 月
企业类型：工业
行业性质：2007 新会计制度科目
账套主管：吴建军
基础信息：对客户进行分类，供应商无须进行分类
分类编码方案：
科目编码级次——4222
客户分类编码级次——123
部门编码级次——122
总账启用日期：2016 年 1 月 1 日

3．部门档案，见附表 2。

附表 2

部门编码	部门名称
1	综合部
2	财务部
3	市场部
301	采购部
302	销售部
4	加工车间

4．人员类别，见附表 3。

附表 3

人员类别编码	人员类别名称
1011	企业管理人员
1012	采购人员
1013	销售人员
1014	其他人员

5．人员档案，见附表 4。

附表 4

人员编码	姓名	性别	行政部门	人员类别	是否为业务员	是否为操作员
01	张　宏	男	综合部	企业管理人	是	是
02	江　涛	男	综合部	企业管理人	是	是

续上表

人员编码	姓名	性别	行政部门	人员类别	是否为业务员	是否为操作员
03	吴建军	男	财务部	企业管理人	是	否
04	蔡　云	男	财务部	企业管理人	是	否
05	宋　风	男	采购部	采购人员	是	是
06	张　伟	男	销售部	销售人员	是	是

6. 客户分类，见附表5。

附表5

类别编码	类别名称
1	本地
2	外地

7. 客户档案，见附表6。

附表6

客户编码	客户简称	所属分类
01	强胜公司	本地
02	同达公司	本地
03	亿力公司	外地
04	银飞集团	外地

8. 供应商档案，见附表7。

附表7

供应商编码	供应商简称	所属分类
01	力兴公司	00
02	光明公司	00

总账管理系统模块

【实验准备】

已完成了“实验一”的操作，将系统日期修改为“2016年1月31日”，由701号操作员注册进入700账套。

【实验要求】

1. 总账系统初始化。

（1）设置账套参数。

（2）设置会计科目。

（3）设置凭证类别。

（4）输入期初余额。

（5）设置结算方式。

（6）设置项目目录。

2. 总账管理系统日常业务处。

由 701 号操作员设置常用摘要并审核凭证；由 702 号操作员对除“设置常用摘要”“审核凭证”和“出纳签字”以外的业务进行操作；由 703 号操作员进行出纳签字。

（1）填制凭证。

（2）审核凭证。

（3）出纳签字。

（4）修改第 2 号付款凭证的金额为 3 000 元。

（5）删除第 1 号收款凭证并整理断号。

（6）设置常用凭证。

（7）记账。

（8）查询已记账的第 1 号转账凭证。

3. 总账期末处理。

（1）银行对账。

（2）定义转账分录。

（3）生成机制凭证。

（4）对账。

（5）冲销第 1 号付款凭证。

【实验资料】

1. 700 账套总账管理系统的参数。

不允许修改、作废他人填制的凭证；可以使用应收受控科目；可以使用应付受控科目。

2. 会计科目。

（1）增加会计科目，见附表 8。

附表 8

科目编码	科目名称	辅助账类型
100201	工行借款	日记账　银行账
122101	职工借款	个人往来

续上表

科目编码	科目名称	辅助账类型
660201	办公费	部门核算
660202	差旅费	部门核算
660203	工资	部门核算
660204	折旧费	部门核算
660205	其他	

（2）修改会计科目："应收账款（1122）"科目辅助账类型为"客户往来"（受控系统为应收款管理系统）；"应付账款（2202）"科目辅助账类型为"供应商往来"（受控系统为应付款管理系统）；"应收票据（1121）"科目辅助账类型为"客户往来"（受控系统为应收款管理系统）；"应付票据（2201）"科目辅助账类型为"供应商往来"（受控系统为应付款管理系统）；"预付账款（1123）"科目辅助账类型为"供应商往来"（受控系统为应付款管理系统）；"工程物资（1605）"科目及所属明细科目辅助账类型为"项目核算"。

（3）指定"现金（1001）"为现金总账科目，"银行存款（1002）"为银行总账科目。

3．凭证类别，见附表9。

附表9

类别名称	限制类型	限制科目
收款凭证	借方必有	1001，100201
付款凭证	贷方必有	1001，100201
转款凭证	凭证必无	1001，100201

4．期初余额。

现金：14 000（借）

工行存款：196 000（借）

职工借款——宋风：10 000（借）

库存商品：60 000（借）

短期借款：60 000（贷）

实收资本：820 000（贷）

固定资产：870 000（借）

累计折旧：65 259（贷）

利润分配——未分配利润：204 741（贷）

5. 结算方式，见附表10。

附表10

结算方式编码	结算方式名称	是否票据管理
1	现金结算	
2	现金支票结算	是
3	转账支票结算	是
4	商业承兑汇票结算	

6. 项目目录。

项目大类为“一号工程”，核算科目为“工程物资”及明细科目，项目内容为“办公楼”和“商务楼”，其中“办公楼”包括“1号楼”和“2号楼”两项工程。

7. 常用摘要，见附表11。

附表11

摘要编码	摘要内容
1	报销差旅费
2	提现金
3	业务借款

8. 2016年1月份发生的经济业务。

(1) 1月8日，以现金支付办公费800元。

借：管理费用——办公费（财务部）　　800

　贷：现金　　800

(2) 1月8日，以建行存款3 300元支付销售部修理费。

借：销售费用　　3 300

　贷：银行存款——工行存款（转账支票4455）　　3 300

(3) 1月12日，销售给强胜公司库存商品一批，货税款7 0200元（货款60 000元，税款10 200元）尚未收到。

借：应收账款（强胜公司）　　70 200

　贷：主营业务收入　　60 000

　　应交税费——应交增值税——销项税　　10 200

(4) 1月22日，收到宋风偿还借款8 000元。

借：现金　　8 000

　贷：其他应收款——职工借款——宋风　　8 000

9. 常用凭证。

摘要：从工行提现金；凭证类别：付款凭证；科目编码：1001和100201。

10. 银行对账期初数据。

单位日记账余额为195 000元，银行对账单期初余额为200 000元，有银行已收而企业未收的未达账（2015 年 12 月 20 日）5 000 元。

11．2016 年 1 月份银行对账单，见附表 12。

附表 12

日期	结算方式	票号	借方金额/元	贷方金额/元	余额/元
2016－01－08	转账支票	1122		3 000	197 000
2016－01－22	转账支票	1234	6 000		20 3000

12．期末转账的内容。

“应交税费——应交增值税——销项税”贷方发生额转入“应交税费——未交增值税”；“期间损益”转入“本年利润”。

UFO 报表管理系统模块

【实验准备】

已完成了“实验二”的操作，将系统日期修改为“2016 年 1 月 31 日”，由 701 号操作员注册进入 700 账套“UFO”报表。

【实验要求】

1．设计利润表的格式。
2．按新会计制度设计利润表的计算公式。
3．生成自制利润表的数据。
4．将已生成数据的自制利润表另存为“1 月份利润表”。
5．利用报表模板按新会计制度科目生成 700 账套“2016 年 1 月”的“资产负债表”。
6．保存“资产负债表”实验。

【实验资料】

1．表格内容，见附表 13。

附表 13

1	A	B	C	D
2	利润表			
3	编制单位　　　　　　　年　　月			
4	项目	行数	本月数	本年累计数
5	一、营业收入	1		
6	减：营业成本	2		

续上表

7	营业税金及附加	3		
8	销售费用	4		
9	管理费用	5		
10	财务费用（收益以“－”号填列）	6		
11	资产减值损失	7		
12	加：公允价值变动净收益（净损失以“－”号填列）	8		
13	投资收益（净损失以“－”号填列）	9		
14	其中对联营企业与合营企业的投资收益	10		
15	二、营业利润（亏损以“－”号填列）	11		
16	营业外收入	12		
17	减：营业外支出	13		
18	其中：非流动资产处置净损失（净收益以“－”号填列）	14		
19	三、利润总额（亏损总额以“－”号）	15		
20	减：所得税	16		
21	四、净利润（净亏损以“－”号填列）	17		

2. 报表中的计算公式，见附表14。

附表14

位置	单元公式
C5	fs（6001，月，“贷”，，年）＋fs（6051，月，“贷”，，年）
C6	fs（6401，月，“借”，，年）＋fs（6402，月，“借”，，年）
C7	fs（6403，月，“借”，，年）
C8	fs（6601，月，“借”，，年）
C9	fs（6602，月，“借”，，年）
C10	fs（6603，月，“借”，，年）
C11	fs（6701，月，“借”，，年）
C12	fs（6101，月，“贷”，，年）
C13	fs（6111，月，“贷”，，年）
C15	C5－C6－C7－C8－C9－C10－C11＋C12＋C13
C16	fs（6301，月，“贷”，，年）
C17	fs（6711，月，“借”，，年）
C19	C15＋C16－C17

续上表

位置	单元公式
C20	fs（6801，月，“借”,，年）
C21	C19－C20
D5	？C5＋select（？D5，年@＝年 and 月@＝月＋1）
D6	？C6＋select（？D6，年@＝年 and 月@＝月＋1）
D7	？C7＋select（？D7，年@＝年 and 月@＝月＋1）
D8	？C8＋select（？D8，年@＝年 and 月@＝月＋1）
D9	？C9＋select（？D9，年@＝年 and 月@＝月＋1）
D10	？C10＋select（？D10，年@＝年 and 月@＝月＋1）
D11	？C11＋select（？D11，年@＝年 and 月@＝月＋1）
D12	？C12＋select（？D12，年@＝年 and 月@＝月＋1）
D13	？C13＋select（？D13，年@＝年 and 月@＝月＋1）
D15	？C15＋select（？D15，年@＝年 and 月@＝月＋1）
D16	？C16＋select（？D16，年@＝年 and 月@＝月＋1）
D17	？C17＋select（？D17，年@＝年 and 月@＝月＋1）
D19	？C19＋select（？D19，年@＝年 and 月@＝月＋1）
D20	？C20＋select（？D20，年@＝年 and 月@＝月＋1）
D21	？C21＋select（？D21，年@＝年 and 月@＝月＋1）

薪资管理系统模块

【实验准备】

已经完成了“实验三”的操作，将系统日期修改为“2016年1月31日”，由701号操作员注册进入700账套“薪资”。

【实验要求】

1. 建立工资账套。
2. 工资管理基础设置。
3. 工资类别管理。
4. 设置基本人员工资套的工资项目。
5. 设置人员档案。
6. 设置计算公式。

7. 录入并计算1月份的工资数据。

8. 扣缴个人所得税。

9. 银行代发工资。

10. 分摊工资并生成转账凭证。

【实验资料】

1. 700账套薪资系统的参数。

工资类别有两个；工资核算本位币为人民币；不核算计件工资；自动代扣个人所得税；进行扣零设置且扣零到元；人员编码长度采用系统默认。工资类别为“基本人员”和“编外人员”，并且基本人员分布各个部门，而编外人员只属于综合部门。

2. 人员附加信息。

人员的附加信息为“学历”和“技术职称”。

3. 人员类别。

企业的人员类别包括“企业管理人员”“采购人员”“销售人员”和“其他人员”。

4. “基本人员”的工资项目，见附表15。

附表15

工资项目名称	类型	长度	小数	增减项
基本工资	数字	8	2	增项
职务补贴	数字	8	2	增项
福利补贴	数字	8	2	增项
交通补贴	数字	8	2	增项
奖金	数字	8	2	增项
缺勤扣项	数字	8	2	减项
住房公积金	数字	8	2	减项
缺勤天数	数字	8	2	其他

5. 银行名称。

银行名称为“工商银行”。账号长度为11位，录入时自动带出的账号长度为8位。

6. 工资类别。

基本人员和编外人员（注：如果在建立工资套后已经设置了“基本人员”的工资类别，此处只需设置“编外人员”的工资类别，否则两处工资类别均需在此设置）。

7. 基本人员档案，见附表16。

附表16

职员编号	姓名	学历	职称	所属部门	人员类别	银行代发账号
0000000001	张　宏	大学	经济师	综合部（1）	企业管理人员	11022088001
0000000002	江　涛	大学	经济师	综合部（1）	企业管理人员	1102208 8002

续上表

职员编号	姓名	学历	职称	所属部门	人员类别	银行代发账号
0000000003	吴建军	大学	会计师	财务部（2）	企业管理人员	11022088003
0000000004	蔡　云	大专	助理会计师	财务部（2）	企业管理人员	11022088004
0000000005	宋　风	大学		采购部（301）	采购人员	11022088005
0000000006	张　伟	大专		销售部（301）	销售人员	11022088006

8．计算公式。

缺勤扣款 = 基本工资 / 22 × 缺勤天数

住房公积金 =（基本工资 + 职务补贴 + 福利补贴 + 交通补贴 + 奖金）×0.08

采购人员和销售人员的交通补贴为 300 元，其他人员的交通补助为 100 元。

9．个人所得税相关项目设置。

个人收入所得税应按“实发工资”扣除 3 500 元后计税。

10．2016 年 1 月份有关的工资数据，见附表 17。

附表 17

职员编号	姓名	所属部门	人员类别	基本工资/元	职务补贴/元	福利补贴/元	奖金/元	缺勤天数/元
0000000001	张　宏	综合部（1）	企业管理人员	4 500	2 000	200	1 800	
0000000002	江　涛	综合部（1）	企业管理人员	3 000	1 500	200	800	
0000000003	吴建军	财务部（2）	企业管理人员	4 000	1 500	200	800	
0000000004	蔡　云	财务部（2）	企业管理人员	2 000	900	200	700	3
0000000005	宋　风	采购部（301）	采购人员	2 000	900	200	1 200	
0000000006	张　伟	销售部（301）	销售人员	1 900	800	200	1 100	

11．分摊构成设置，见附表 18。

附表 18

计提类型	部门名称	人员类别	项目	借方科目	贷方科目
应付工资	综合部	企业管理人员	应发合计	管理费用——工资（660203）	应付职工薪酬——应付工资（221101）
	财务部	企业管理人员	应发合计	管理费用——工资（660203）	
	采购部	采购人员	应发合计	销售费用（6601）	
	销售部	销售人员	应发合计	销售费用（6601）	
应付福利费	综合部	企业管理人员	应发合计	管理费用——工资（660203）	应付职工薪酬——应付福利费（221102）
	财务部	企业管理人员	应发合计	管理费用——工资（660203）	
	采购部	采购人员	应发合计	销售费用（6601）	
	销售部	销售人员	应发合计	销售费用（6601）	

注：按工资总额的 14% 计提福利费。

固定资产管理系统模块

【实验准备】

已经完成了“实验四”的操作，将系统日期修改为“2016年1月31日”，由701号操作员注册进入700账套“固定资产”。

【实验要求】

1. 建立固定资产子账套。
2. 基础设置。
3. 录入原始卡片。
4. 修改固定资产卡片。
5. 增加固定资产。
6. 计提本月折旧并制单。
7. 生成增加固定资产的记账凭证。

【实验资料】

1. 700账套固定资产管理系统的参数。

固定资产账套的启用月份为“2016年1月”，固定资产采用“平均年限法”计提折旧，折旧汇总分配周期为一个月；当“月初已计提月份=可使用月份-1”时将剩余折旧全部提足。固定资产编码方式为“2-1-1-2”；固定资产编码方式采用自动编号方式，编码方式为“类别编码+序号”；序号长度为5。要求固定资产管理系统与总账进行对账；固定资产对账科目为“固定资产（1601）”；累计折旧对账科目为“累计折旧（1602）”；对账不平衡的情况下允许固定资产月末结账。

2. 部门对应折旧科目，见附表19。

附表19

部门名称	贷方科目
综合部	管理费用——折旧（660204）
财务部	管理费用——折旧费（660204）
采购部	销售费用（6601）
销售部	销售费用（6601）

3．固定资产类别，见附表20。

附表20

类别编码	类别名称	使用年限/年	净残值率	计提属性	折旧方法	样式
01	房屋及建筑物				平均年限法（一）	通用样式
011	办公楼	30	2%	正常计提	平均年限法（一）	通用样式
012	厂房	30	2%	正常计提	平均年限法（一）	通用样式
02	机器设备				平均年限法（一）	通用样式
021	办公设备	5	3%	正常计提	平均年限法（一）	通用样式

4．固定资产增减方式，见附表21。

附表21

增加方式	对应入账科目	减少方式	对应入账科目
直接购入	银行存款——工行存款（100201）	出售	固定资产清理（1606）
投资者投入	实收资本（4001）	投资转出	长期股权投资——其他股权投资（151102）
捐赠	营业外收入（6301）	捐赠转出	固定资产清理（1606）
盘盈	待处理固定资产损溢（190102）	盘亏	待处理固定资产损溢（190102）
在建工程转入	在建工程（1604）	报废	固定资产清理（1606）

5．固定资产原始卡片，见附表22。

附表22

卡片编号	00001	00002	00003
固定资产编号	01100001	01200001	02100001
固定资产名称	1号楼	2号楼	计算机
类别编号	011	012	021
类别名称	办公楼	厂房	办公设备
部门名称	综合部	加工车间	财务部
增加方式	在建工程转入	在建工程转入	直接购入
使用状况	在用	在用	在用
使用年限	30年	30年	5年
折旧方法	平均年限法（一）	平均年限法（一）	平均年限法（一）
开始使用日期	2011-01-08	2012-03-10	2013-06-01
币种	人民币	人民币	人民币
原值	400 000	450 000	20 000
净残值率	2%	2%	3%
累计折旧	37 800	25 515	1 944
对应折旧科目	管理费用——折旧费	制造费用	管理费用——折旧费

6. 修改固定资产卡片。

将卡片编号为00003的固定资产（计算机）的折旧方式由“平均年限法（一）”修改为“双倍余额递减法”。

7. 新增固定资产。

2016年1月15日直接购入并交付销售部使用一台计算机，预计使用年限为5年，原值为12 000元，净残值率为3%，采用年数总和法计提折旧。

8. 计提本月固定资产折旧。

应收款管理系统模块

【实验准备】

已经完成了“实验五”的操作，将系统日期修改为“2016年1月31日”，由701号操作员注册进入700账套“应收款管理”。

【实验要求】

1. 应收款管理系统初始化。

（1）设置系统参数。

（2）设置科目。

（3）坏账准备设置。

（4）账龄区间设置。

（5）报警级别设置。

（6）录入期初余额。

2. 应收款管理系统日常业务处理。

（1）录入应收单据（其他应收单）并在审核后制单。

（2）录入收款单据并在审核后制单。

（3）核销收款单据。

（4）填制商业承兑汇票并制单。

（5）应收冲应收暂不制单。

（6）处理坏账发生业务并制单。

（7）取消对同达公司的核销操作。

（8）将未制单的单据制单。

【实验资料】

1. 700账套应收款管理系统的参数。

坏账处理方式为“应收余额百分比法”；启用客户权限，并且按信用方式根据单据提前7天自动报警。

2. 基本科目。

应收科目为“应收账款（1122）”，销售收入科目为“主营业务收入（6001）”，应交增值税科目为“应交税费——应交增值税——销项税额（22210102）”，销售退回科目为“主营业务收入（6601）”，商业承兑科目为“应收票据（1121）”。

3. 结算方式科目。

现金结算方式科目为“现金（1001）”，现金支票结算方式科目为“现金（1001）”，转账支票结算方式科目为“工行存款（100201）”。

4. 坏账准备。

提取比率为0.5%，坏账准备期初余额为0，坏账准备科目为“坏账准备（1231）”，坏账准备对方科目为“资产减值损失”。

5. 账龄区间。

总天数分别为90天和120天。

6. 报警级别。

A级时的总比率为10%，B级时的总比率为20%，总比率在20%以上为C级。

7. 收发类别。

1 正常入库

101 采购入库

3 正常出库

301 销售出库

8. 采购类型：1 普通采购（入库类别：采购入库）。

9. 销售类型：1 经销（出库类别：销售出库）。

10. 存货分类：01 产品，02 原材料。

11. 计量单位组：01 无换算，计量单位：011 吨。

12. 存货档案。

001　A产品　存货属性：内销、外销

002　原材料　存货属性：外购

13. 期初余额，见附表23。

附表23

单据名称	方向	开票日期	客户名称	销售部门	科目编码	价税合计/元
其他应收单	正	2015-12-22	亿力公司（03）	销售（302）	1122	20 000

注：开票日期为2015年。

14. 2016年1月份发生的经济业务。

（1）1月2日，收到亿力公司签发并承兑的商业承兑汇票一张，票据号6612，面值为20 000元，到期日为2016年5月20日。

（2）1月15日，向同达公司销售产品58吨，形成应收款价税合计共计58 000元；向银飞集团销售产品33吨，形成应收款价税合计共计33 000元。均开具增值税专用发票。

（3）1 月 21 日，经三方同意将 1 月 15 日形成的应向同达公司收取的应收款余款 10 000元转为向强胜公司的应收账款。

（4）1 月 20 日，收到同达公司转账支票一张，还款共计 58 000 元。

（5）1 月 31 日，将 1 月 15 日形成的应向银飞集团收取的应收账款 33 000 元转为坏账。

（6）1 月 31 日，计提坏账准备。

应付款管理系统模块

【实验准备】

已经完成了“实验六”的操作，将系统日期修改为“2016 年 1 月 31 日”，由 701 号操作员注册进入 700 账套“应付款管理系统”。

【实验要求】

1．应付款管理系统初始化。

（1）设置系统参数。

（2）基础设置。

（3）报警级别设置。

（4）录入期初余额。

2．应付款管理系统日常业务处理。

（1）录入应付单据（其他应付单）并审核暂不制单。

（2）修改应付单据并审核。

（3）录入付款单据并在审核后制单。

（4）核销力兴公司的付款单据。

（5）填制商业承兑汇票并制单。

（6）预付冲应付并制单。

（7）查询并删除凭证。

（8）取消对光明公司的转账操作。

（9）将未制单的单据制单。

【实验资料】

1．700 账套应付款管理系统的参数。

启用供应商权限，并且按信用方式根据单据提前 7 天自动报警。

2．基本科目。

应付科目为“应付账款（2202）”，预付科目为“预付账款（1123）”，采购科目为“在途物资（1402）”，采购税金科目为“应交税费——应交增值税——进项税额（22210101）”，商业承兑科目为“应付票据（2201）”。

3. 结算方式科目。

现金结算方式科目为“现金（1001）”，转账支票结算方式科目为“工行存款（100201）”。

4. 报警级别。

A 级时的总比率为 20%，B 级时的总比率为 40%，总比率在 40% 以上为 C 级。

5. 期初余额。

开票日期为 2013 年。

附表 24

单据名称	方向	开票日期	结算方式	供应商名称	采购部门	科目编码	金额/元
预付款单	正	2013－12－23	转账支票	光明公司（02）	采购部（301）	1123	8 000

6. 2016 年 1 月份发生的经济业务。

（1）1 月 15 日，从力兴公司采购 10 吨原材料，单价为 500 元/吨，增值税率为 17%，原材料已验收入库，货税款尚未支付。

（2）1 月 15 日，从光明公司采购 20 吨原材料，单价为 1 600 元/吨，增值税率为 17%，原材料已验收入库，货税款尚未支付。

（3）1 月 18 日，发现 2016 年 1 月 15 日从力兴公司采购 10 吨原材料的单价应为 550 元/吨。

（4）1 月 22 日，以转账支票向力兴公司支付采购 10 吨原材料的货税款 6 435 元。

（5）1 月 22 日，向光明公司签发并承兑商业承兑汇票一张，票据号 56591，面值为 30 000 元，到期日为 2016 年 6 月 22 日。

（6）1 月 28 日，经双方同意，将向光明公司 2016 年 1 月 15 日购买 20 吨原材料货税款的余款 7 440 元与预付款冲抵。

（7）删除 1 月 22 日填制的签发并承兑商业承兑汇票的记账凭证，并取消对光明公司的转账操作。